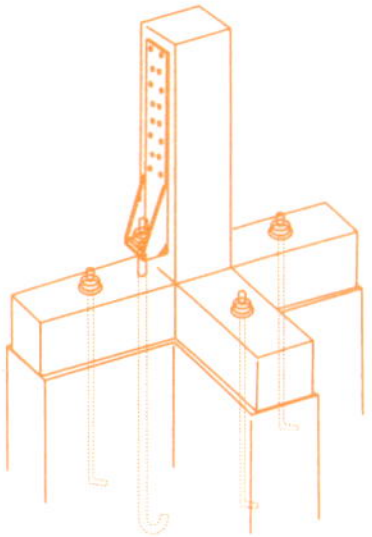

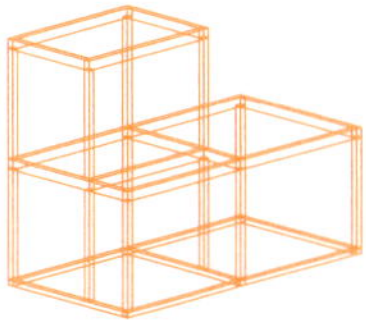

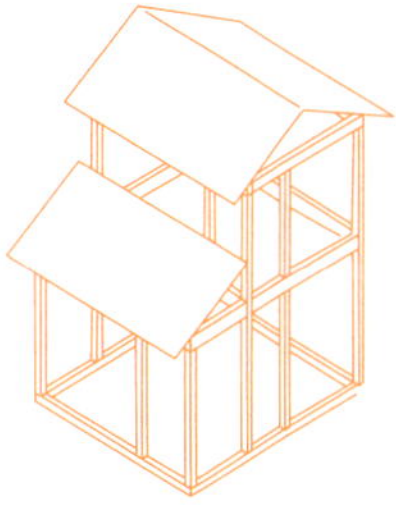

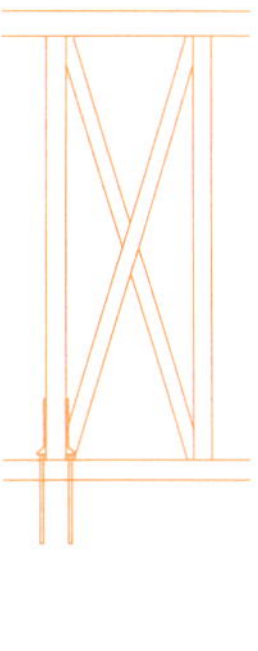

楽しく分かる！木構造入門

増補改訂版

佐藤 実 著

超実践内容で
今日から
フル活用！

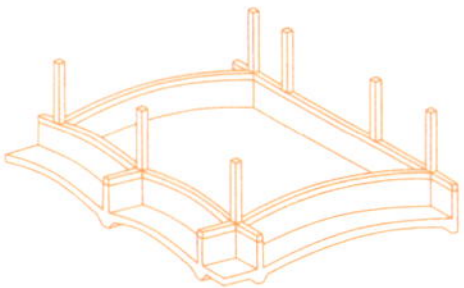

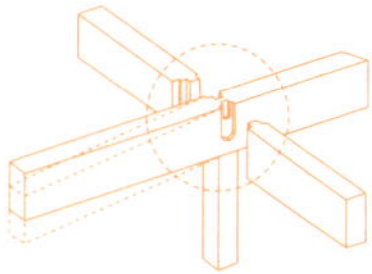

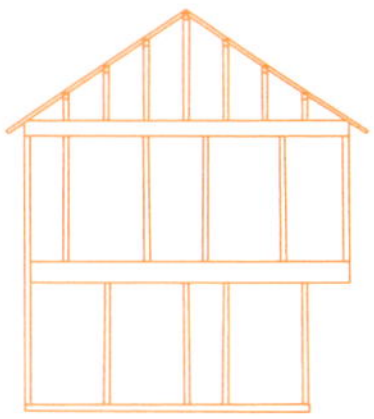

JN137540

X-Knowledge

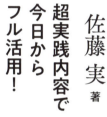

②構造のセミナーを受講しても理解できない、③構造を教えてくれる人が身近にいないという方は、筆者が行っている「構造塾」をご活用ください。筆者自らが、本書の内容をわかりやすく解説する講座を開催し、「構造」を気軽に相談できる相談窓口も開設しています。

本書は、2025年4月の建築基準法改正による構造部分の改正ポイント、注意点を盛り込みました。改正前と改正後どちらの内容も比較できるよう、記載しています。ぜひともご活用ください。

いつか、すべての木造住宅が構造計算に基づいて建てられ、震災による倒壊被害がこの世からなくなることを切に願っています。

2024年10月　佐藤　実

本書の構成とねらい

本書は、項目ごとに会話形式の文章と図解で構成されています。

読者の方は、最初に会話を通じて興味や疑問を持ち、その後の図解で理解力を高めることができます。本書の世界に楽しく入っていただけるよう、専門用語や難しい言葉をできるだけ使わないよう心掛けました。

木造住宅にかかわる方々（設計事務所・工務店・ビルダー・ハウスメーカー・プレカット業者・地盤調査業者・地盤補強工事業者・建材流通業者など）、建築を学んでいる学生、木造住宅を建築しようと考えている一般消費者の方々などに幅広く読んでいただけるよう構成しています。

本書では、木造住宅の構造に関する知識はもちろん、構造安全性に対する法律や実務の現状、問題点も取り上げています。

問題点にも向き合うことで、「なぜ、構造検討や構造計算が必要なのか」「設計段階で考えるべき構造安全性とは」「施工段階で注意する構造に関連する事項」など、実務に即した知識や考え方が身に付きます。

難しいと思われていた木造住宅の「構造」が実は面白いもので、重要なものであることを理解し、それぞれの立場でご活用いただければ幸いです。

はじめに

本書は、木造住宅の「構造」について解説をしています。

木造住宅に「なぜ、構造？」と思われるかもしれません。一般的に「構造計算」は、鉄骨造や鉄筋コンクリート造などの大規模な建築物に対して行うものだと思われているからです。一方、木造住宅の世界では、経験と勘で「構造」を考えてきた歴史があります。しかし、木造住宅は多くの人々が最も長い時間を過ごすところであり、これから発生すると予測されている震災による被害を抑えるためにも、木造住宅の「構造」は大変重要なのです。

木造住宅にとって大切なこの「構造」は、専門知識が必要で難しいと敬遠されがちです。また、「構造」を勉強したいと考える設計者が挫折し、意欲をなくす姿も多く目にします。私も「構造」を勉強してきた過程で常に壁にぶつかり、回り道をしてきました。そこで、その理由を考えてみました。

①構造の本を読んでも理解できない

②構造のセミナーを受講しても理解できない

③構造を教えてくれる人が身近にいない

さらに、①の**構造の本を読んでも理解できない**理由を、整理してみました。

- 言い回しや使っている言葉、数値が難しい
- 構造に対する法律や計算方法などの全体像が見えない
- 構造を理解している人が理解している目線で書くため、途中のプロセスが省略されている
- 教えるべき本なのに、わかっていて当然として書かれている矛盾がある
- とても大切なことが「さらり」と書いてあるため、重要性がわからない

本書は「誰でも理解できる構造の本」を目指してつくりました。世の中にある「難しい構造の本」を読む前にぜひ読んで、「構造」の面白さを実感してください。

第2章 仕様規定：3つの簡易計算 その1 壁量計算

第7章 基礎と地盤

DTP／竹下隆雄（TKクリエイト）
本文デザイン・装幀／chichols
イラスト／tent、髙栁浩太郎

序章1

2025年4月建築基準法改正で知っておくべきこと

序章1に掲載の内容は2024年9月時点のため、2024年10月以降に正式に交付される政省令・告示と異なる部分があり得る可能性につきましてはご了承ください

★FILE 01

木造住宅の耐震性能の移り変わり

木造住宅の耐震性能は、どのように変わってきたのでしょうか。
時系列で見ていきましょう!

「木造住宅の耐震性能って、どんな風に変わってきたの？」

建築基準法ができたのが１９５０年（昭和25年）、そこから現在の耐震性能へと改正されたのが１９８１年（昭和56年）だよ。この**１９８１年に改正された耐震性能**を「**新耐震基準**」と呼ぶよ。

「新耐震基準って最新のようだけど、随分古い基準だね」

そうだね…。２０２４年1月1日に発生した能登半島地震では、新耐震基準の木造住宅が倒壊した！　と話題になったけど、能登半島地震発生当時から見ると、新耐震基準は43年前の基準なんだよね。

「新耐震基準から耐震性能は変わっていないの？」

新耐震基準で、現在使われている壁量計算が基準となり、その後、**１９９５年**（平成7年）の阪神淡路大震災における木造住宅の倒壊被害調査により、耐力壁の量だけではなく、**耐力壁の配置バランス、耐力壁両端柱の上下の接合**（柱頭柱脚の接合）が重要であることがわかり、**２０００年**（平成12年）に**壁量計算**に加え、**壁の配置バランス、柱頭柱脚の接合方法**が耐震の基準に追加されたんだよ。

「耐震の基準も少しずつ変わってきているんだね」

木造住宅の法改正ロードマップ

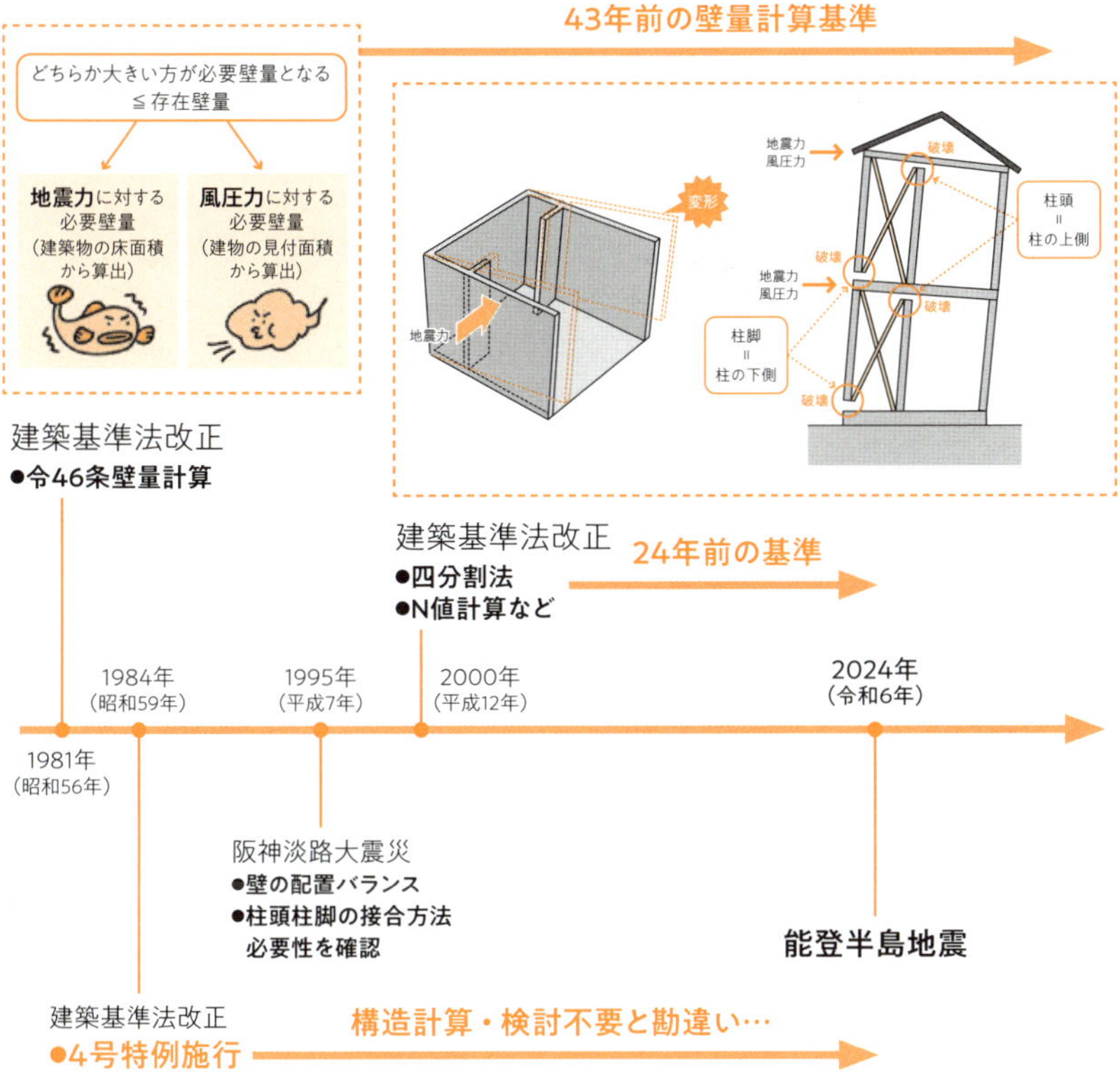

耐震基準が変わっても対応しなければ建物の耐震性能は向上しません。新耐震基準ができた3年後の1984年に「4号特例」が始まりました。この4号特例は確認申請で構造の計算書等の提出省略をするもの。それを計算省略と勘違いしていたら、耐震性能は不明確なままなのです。

★FILE 02

耐震性能が向上しない理由

**1981年の新耐震基準が改正されずにいるのはなぜなのか?
建築基準法が考える「安全な家」の基準と、一般的に考えられている「安全な家」とに大きなギャップがあるようです。**

「木造住宅の耐震性能はずっと変わっていないけれど、どうして?」

大きな地震がたくさん発生しているけれど、木造住宅の耐震性能における1981年の壁量計算、2000年の壁の配置バランス、柱頭柱脚の接合方法は変わっていないんだよ。
過去の地震被害を調査しても、建築基準法で考える「安全な家」は基準を満たしているからなんだよ。

「えええ! でも木造住宅は地震でたくさん倒れているよね」

そう思うよね…。だけど、倒壊している木造住宅の多くは1981年の新耐震基準前の旧耐震の木造住宅なんだよ。新耐震基準の建物は建築基準法で考える「安全な家」の基準を満たしていたから、耐震性能を強化しないんだよ。

「建築基準法で考える「安全な家」ってなに?」

これはね、「**震度5強程度の地震では損傷しない程度**（住み続けることができる）、**震度6強から7の地震**（一度だけ）**では倒壊、崩壊しない程度**」なんだ。
わかりやすく言えば、**震度6強から7の大地震では、命を守るけど住み続けることまでは考えられていない**、これが建築基準法で考える**「安全な家」の基準**だよ。

耐震等級1がアップデートされない理由

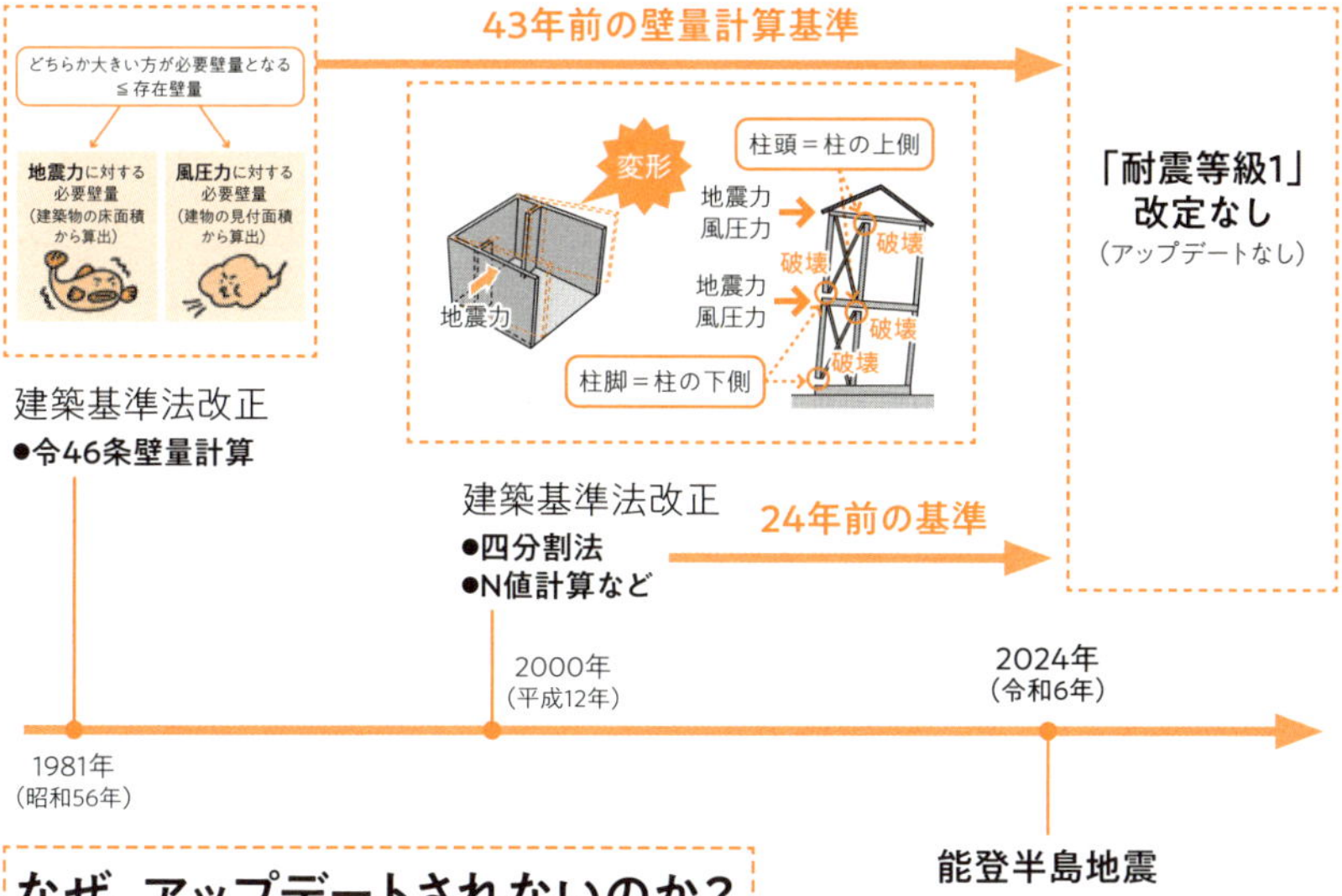

なぜ、アップデートされないのか？
「安全な家」の認識の違い
ここがポイント！

●「倒壊防止」と「損傷防止」の違い

構造躯体の「倒壊防止」

極めてまれに（数百年に一度程度）発生する地震による力に対して倒壊、崩壊等しない程度

（たとえば東京を想定した場合、気象庁の震度階で震度6強から震度7程度）

震度6強から震度7程度
命を守るけれど住み続けることはできない

構造躯体の「損傷防止」

まれに（数十年に一度程度）発生する地震による力に対して損傷を生じない程度

（たとえば東京を想定した場合、気象庁の震度階で震度5強程度）

震度5強程度
住み続けることができる

★FILE 03

2025年建築基準法改正 どこが変わるの？

2025年４月に建築基準法が改正され、４号特例の範囲が縮小されます。同時に、壁量計算の強化、柱の小径の強化も行われます。

「木造住宅の耐震性能はまだこのままなの？」

じつはね、２０２５年４月には建築基準法が改正されて、木造住宅の耐震性能はちょっとだけ強化されるんだよ。

「やっと変わるんだ!!」

だけど、耐震性能がちょっと強化される理由は、地震被害じゃないんだよ。

２０２５年４月に省エネ法が改正され、木造住宅も**省エネ基準が義務化**されるんだ（品確法の断熱等性能等級４）。それに伴い、**木造住宅の重量増加**を見込んで、**壁量計算と柱の小径の基準が強化**されるんだよ。

それと同時に、４号特例の範囲縮小も行われて、**木造２階建ての建物は確認申請に壁量計算など仕様規定の計算を提出する**ことになるんだよ。

「どうして、省エネ基準が強化されるのに、構造部分も変わるの？」

それはね、省エネ基準義務化により、建物が重くなるからだよ。今の壁量計算は、１９８１年当時の建物の仕様や性能から建物の重さを想定して、作用する地震力から壁量計算、柱が負担する重さから柱の小径（断面寸法）を定めた基準なんだよ。

省エネによる建物重量の増加対策

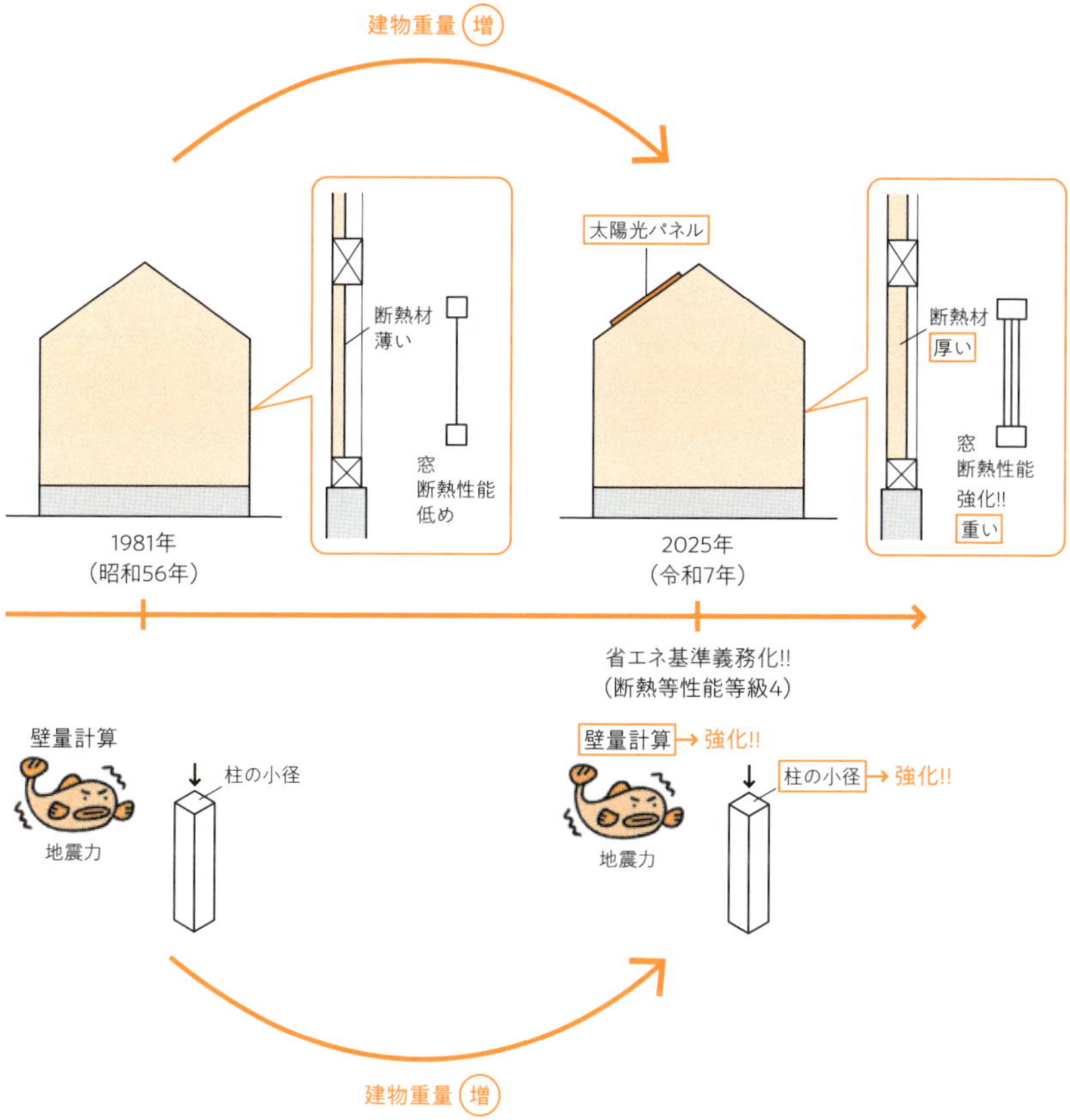

★FILE 04

4号特例が縮小される!!

2025年4月に建築基準法が改正され、4号特例の範囲が縮小されます。
まずは4号特例と法改正で何が変わるのかをしっかり理解しましょう!

「4号特例ってなんだっけ？　忘れちゃった…」

まず、「**4号建築物**」「**仕様規定の計算**」「**4号特例**」の3つを覚えてね。

法改正前では、「**4号建築物**」は**木造2階建てや平屋建ての建物**で、木造住宅の大半は4号建築物だよ。

次に、4号建築物に建築基準法で求められている**構造安全性確認方法**が「**仕様規定の計算**」だよ。壁量計算、四分割法、N計算などがあるね。

そして、**4号建築物に求められている仕様規定の計算を確認申請に提出してチェックを受けない制度**（図書の省略）が、「**4号特例**」だよ。

「思い出してきた！」

よかった！

「じゃあ4号特例縮小って、廃止とは違うの？　特例がどうなっちゃうの？」

4号特例は廃止されるわけじゃなく、一部は残るので特例範囲が縮小されるんだよ。

大雑把に言えば、**木造2階建ての特例はなくなり、平屋建ては特例が残る**といった感じだよ。

4号特例はどう変わる？

❶現在の4号特例

仕様規定
（簡易な構造安全性検討）

1. 壁量の確保（壁量計算）
2. 壁配置のバランス（四分割法）
3. 柱の柱頭・柱脚の接合方法（N値計算法）

簡易な計算方法で確認

＋

4. 基礎の仕様
5. 屋根ふき材の緊結
6. 土台と基礎の緊結
7. 柱の小径等
8. 横架材の欠き込み
9. 筋かいの仕様
10. 火打材等の設置
11. 部材の品質と耐久性の確認

仕様を守って計画

建築士が必ず検討する

▼

4号特例

確認申請時に提出義務がない

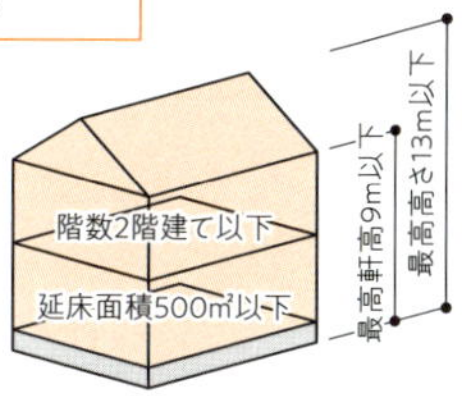

4号建築物
（建築基準法第6条1項4号）

❷法改正による4号特例

1. 壁量の確保（壁量計算）
2. 壁配置のバランス（四分割法）
3. 柱の柱頭・柱脚の接合方法（N値計算法）

簡易な計算方法で確認

＋

4. 基礎の仕様
5. 屋根ふき材の緊結
6. 土台と基礎の緊結
7. 柱の小径等
8. 横架材の欠き込み
9. 筋かいの仕様
10. 火打材等の設置
11. 部材の品質と耐久性の確認

仕様を守って計画

建築士が必ず検討する

▼

特例なし

基本、 確認申請時に提出義務

2号建築物の一部

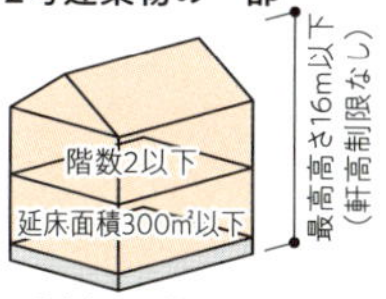

最高高さ16m以下
かつ
階数2以下
かつ
延床面積300㎡以下
➡ **仕様規定でOK 特例なし**

▼

3号特例

一部、 確認申請時に提出義務がない

3号建築物

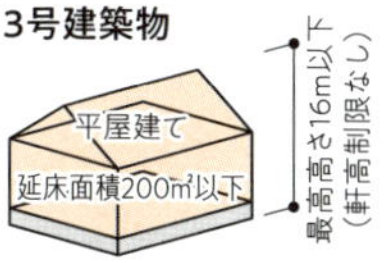

最高高さ16m以下
かつ
平屋建て
かつ
延床面積200㎡以下
➡ **仕様規定でOK 特例あり**

3号建築物のみ特例が残る

新3号建築物（平屋建てかつ延床面積面積200㎡以下）の木造建築物の特例がなぜ残るのか?それは、鉄骨造、 鉄筋コンクリート造の特例物件(現在の4号建築物)と特例物件の規模を合わせたためです。

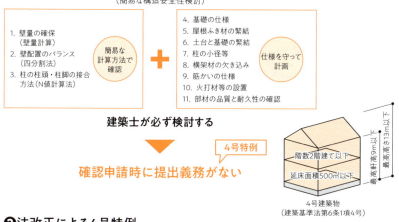

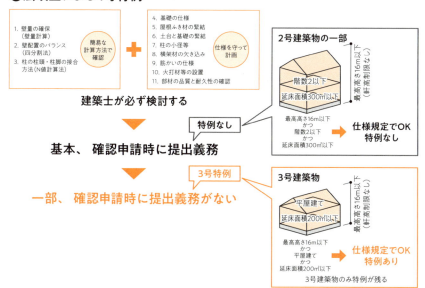

★FILE 05

壁量計算の変更

2025年4月に建築基準法が改正され、
仕様規定の計算にある「壁量計算」が改正されます。
壁量計算の改正ポイントを理解しましょう！

「壁量計算はどんな風に変わるの？」

壁量計算は詳細になり、強化されるんだよ。現在の壁量計算は、木造住宅を屋根の種類ごとに「軽い屋根」、「重い屋根」の2つに分けて計算していくけれど、改正される壁量計算は、**屋根の種類を3種類、外壁の種類を5種類から選び、**さらに、**1階と2階の床面積割合、断熱材の厚さ、太陽光パネルの有無などにより壁量計算をしていく**んだよ。

「計算が詳細になると良いことあるの？」

壁量計算は詳細になることで、建物の実情に応じた壁量が算出できるんだよ。詳細な計算である許容応力度計算の地震力の算出を参考にした計算になっているんだ。

「壁量計算は厳しくもなるの？」

そうだよ。必要壁量が増えるので、耐力壁の量が増えて耐震性能は向上するよ。今までの必要壁量に比べて、1.6倍くらい増えるよ。でもね、安易に耐震性能が高くなるとは言えないんだ。だって、建物の重さが重くなることによる壁量の増加だから、建物の耐震性能自体が1.6倍高くなるわけじゃないんだよ。

省エネによる建物重量の増加対策

❶法改正で変更となる部分

- 建築物の**荷重の実態に応じて**、 **算定式により**、 **必要壁量を算定**(いわゆる「軽い屋根」、「重い屋根」は廃止)
- 特定の仕様等の組合せを確認することで、 必要壁量を容易に把握できる**試算例(早見表)を整備**
- 重量などのデータを入力することで、**必要壁量を容易に算定**できる**表計算ツールを整備**

荷重(W1)算定のイメージ

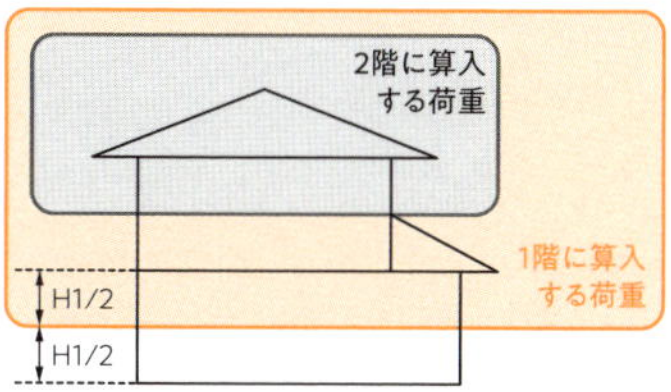

❷建物の壁量計算は「重い/軽い」から「仕様別」に

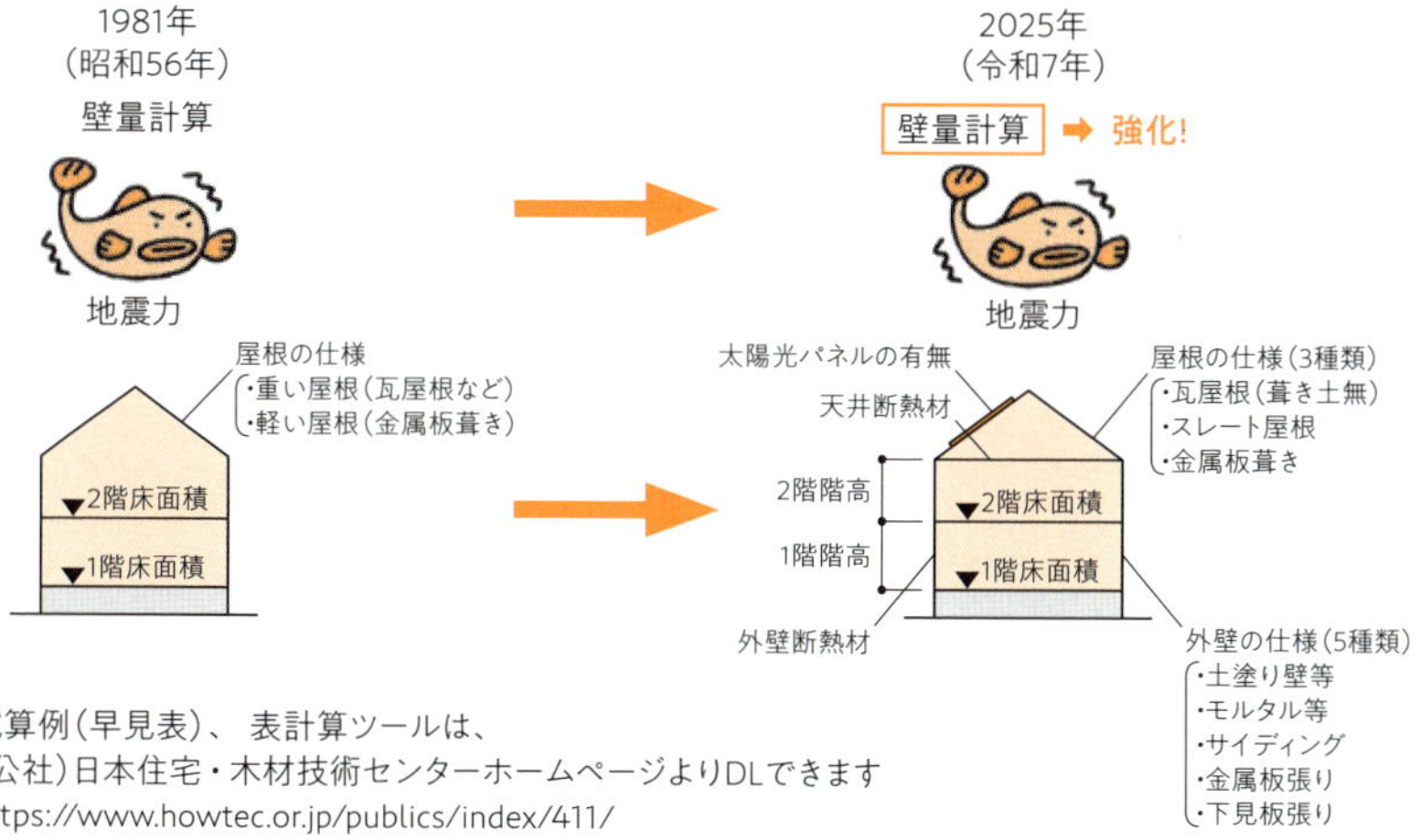

試算例(早見表)、 表計算ツールは、
(公社)日本住宅・木材技術センターホームページよりDLできます
https://www.howtec.or.jp/publics/index/411/

新しい壁量計算は、 屋根の仕様、 外壁の仕様が詳細になります。 また、 各階の階高や1階、 2階の床面積に割合、 断熱材の仕様、 太陽光パネルの有無などを考慮した計算となります。

★FILE 06

ここが変だよ 壁量計算

2025年4月に改正される「壁量計算」、ちょっと「変な部分」もいくつかあります。おかしな内容もしっかり理解して壁量計算を行いましょう。

壁量計算の改正ポイントを説明したけれど、じつはちょっと変な部分もあるんだよ。

「変な部分って?」

壁量計算という簡易計算なのに、**準耐力壁等を計算に見込めたり、高倍率の耐力壁を使えたり、雪の降る地域の壁量計算に雪の重さを考慮していなかったり、床面積を見下げの面積のままだったり**と、おかしな部分があるんだよ。

「壁量計算を詳しく理解していないと、何が変なのかわからないよ」

そうだよね。

変な部分を簡単に言うと、壁量計算を強化しなければいけないのに、必要となる壁量をさほど増やさなくても壁量計算をクリアしてしまうよう、設計者に対する「忖度」があるように見えるんだ。

「確かに、せっかく壁量計算が厳しくなっても、耐力壁を増やさなくても壁量計算がクリアすることもありそうだね」

壁量基準の見直し

❶法改正で変更となる部分

◯仕様の実況に応じた必要壁量の算定方法への見直し
現行：「軽い屋根」「重い屋根」の区分により必要壁量を算定
⇒ 見直し：建築物の荷重の実態に応じて、算定式により、必要壁量を算定

◯存在壁量に準耐力壁等を考慮可能化
現行：存在壁量として、耐力壁のみ考慮
⇒ 見直し：存在壁量として、耐力壁に加え、
腰壁、垂れ壁等の準耐力壁を考慮可能

◯高耐力壁を使用可能化
現行：壁倍率は5倍以下まで
⇒ 見直し：壁倍率の上限撤廃（壁倍率5倍も使用可）

◯構造計算による安全性確認の合理化
現行：構造計算による場合も壁量計算が必要
⇒ 見直し：構造計算による場合は壁量計算は不要

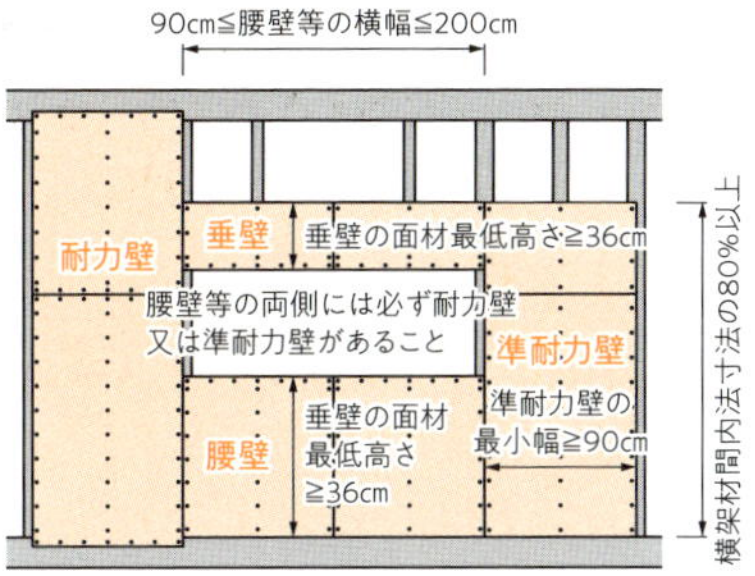

㈱インテグラルHPより　http://jutaku.homeskun.com/

❷建物の壁量計算は「重い／軽い」から「仕様別」に

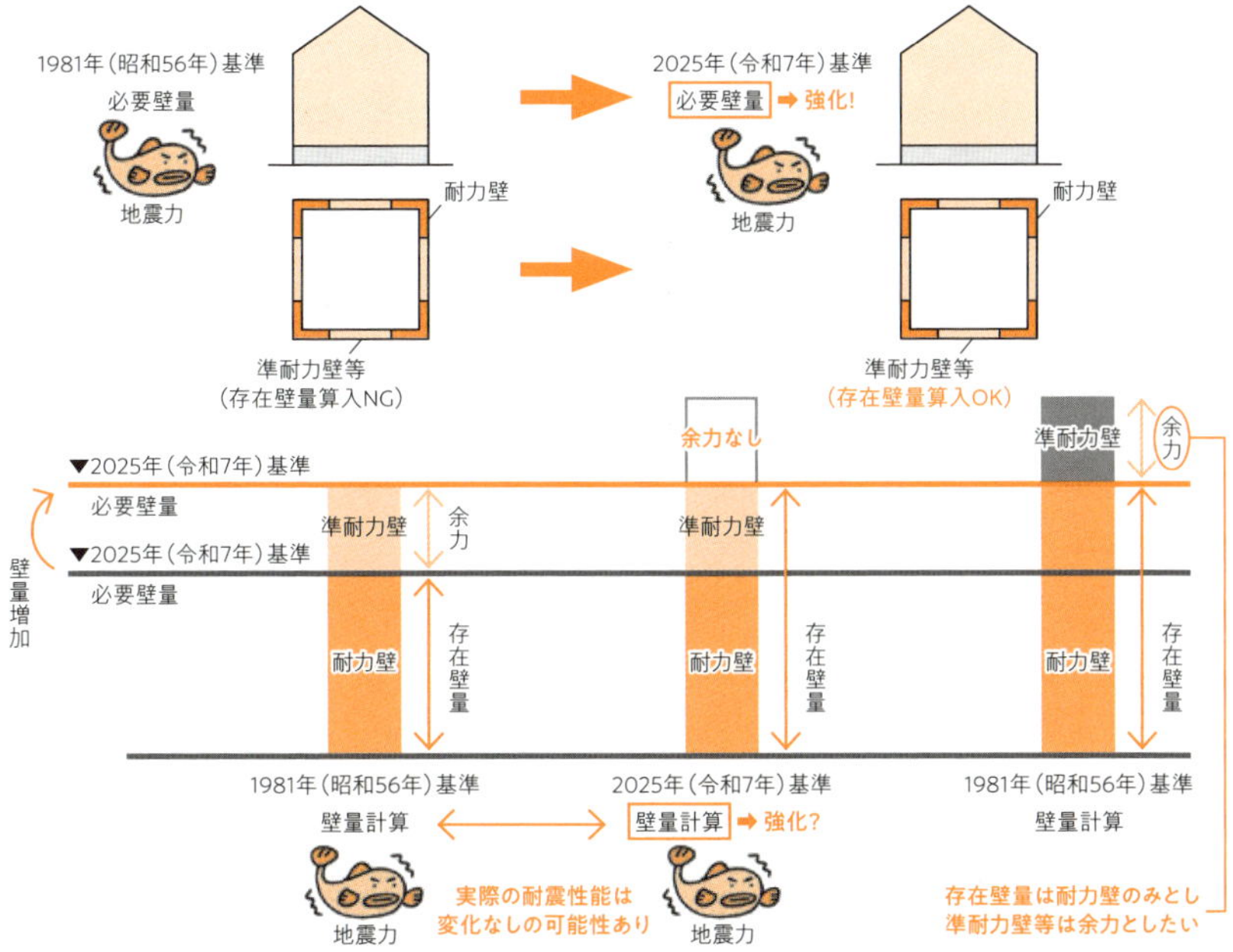

準耐力壁等を余力とせず、存在壁量に見込んでしまうと、壁量計算が強化されても、存在壁量を増やすことなく壁量計算がクリアしてしまう可能性があります。この考えは、お得な考えではありません！準耐力壁等は余力として考え、耐震性能向上を検討してください。

★FILE 07

柱の小径の変更

**2025年4月に建築基準法が改正され、
仕様規定の計算にある「柱の小径の算定方法」が改正されます。
改正ポイントを理解しましょう!**

「柱の小径ってなんだっけ？」

柱の小径とは、建物を支える**柱の大きさを決める簡易的な検討**だよ。木造住宅は一般的に105㎜角の柱、120㎜角の柱を使うのだけど、その柱の大きさが安全な大きさなのかを検討するんだ。

「柱の小径はどんな風に変わるの？」

柱の小径も壁量計算と同様に、**屋根の種類を3種類、外壁の種類を5種類から選び**、さらに、**1階と2階の床面積割合、断熱材の厚さ、太陽光パネルの有無などにより柱の小径を算出**するんだよ。

「柱の小径も雪の重さは含まれていないの？」

そうなんだよ…。雪の降る地域では雪の重さを含んで柱の小径を決める必要があるのに、改正される柱の小径の検討では、今までと同じく**雪の重さを考慮しない**んだ。

「雪は重いから、雪の重さも考慮した方が良いのにね…」

柱の小径の算定方法は3通り

❶法改正で規定される柱の小径の算定方法

○建築物の重量に応じた柱の小径の算定式を規定
○より精緻な算定式（座屈の理論式）の活用も可能。 柱の小径の算定のほか、 柱の負担可能面積の算出が可能
○特定の仕様等の組合せを確認することで、 柱の小径を容易に把握できる**試算例（早見表）**［※］を整備
○諸元を入力することで、 柱の小径や柱の負担可能面積を容易に算定できる**表計算ツール**［※］を整備

❷表計算ツールを用いて柱の小径を算定する方法は①～③のいずれか

①「算定式」と「有効細長比」より柱の小径を求める

階	出力結果	
	dc/l	柱の小径dc（mm以上）
2階	1/34.9	**80**
1階	1/27.6	**104**

・階高や床面積、太陽光発電の有無、断熱材の厚さなどを入力して柱の小計を算出
・樹種はスギ（無等級品）のみ
・②、③よりも小径は大きくなることが多い

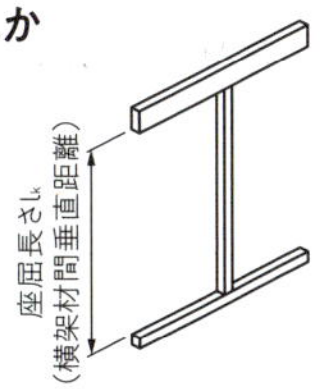

②「樹種を選択」して「算定式」と「有効細長比」より柱の小径を求める

柱材の種類		入力値			出力結果	
		JAS規格	樹種等	等級等（積層数）	圧縮の基準強度Fc（N/㎟）	柱の小径（mm以上）
2階	①	JAS目視等級区分構造用製材	すぎ	二級	20.4	**77**
	②	JAS同一等級構成集成材	―	E95-F315（4層以上）	26.0	**71**
	③				該当なし	
	④	国土交通大臣が基準強度の数値を指定した木材等		使用する場合は基準強度を記入		
1階	①	JAS目視等級区分構造用製材	すぎ	二級	20.4	**101**
	②	JAS同一等級構成集成材	―	E95-F315（4層以上）	26.0	**95**
	③				該当なし	
	④	国土交通大臣が基準強度の数値を指定した木材等		使用する場合は基準強度を記入		

・JAS規格は5種類、 樹種はアカマツ、 ベイマツ、 ヒバ、 ヒノキなど10種類から選択
・樹種等を選択することで、 ①より柱の小径が小さくなることが多い

③柱の小径別に柱の負担可能面積を求める

柱材の種類		入力値			出力結果：柱の負担可能面積（㎡）						
		JAS規格	樹種※	等級	圧縮の基準強度Fc（N/㎟）	105角 長辺・短辺（mm）	120角 長辺・短辺（mm）	任意入力① 長辺（mm）	任意入力① 短辺（mm）	任意入力② 長辺（mm）	任意入力② 短辺（mm）
						105	120				
1階外周部の柱*	①	JAS目視等級区分構造用製材	すぎ	二級	20.4	6.2	10.9				
	②	JAS同一等級構成集成材	―	E95-F315（4層以上）	26.0	7.9	13.9				
	③	国土交通大臣が基準強度の数値を指定した木材等		使用する場合は基準強度を記入		0.0	0.0				
1階内部の柱	①	JAS目視等級区分構造用製材	すぎ	二級	20.4	8.7	15.2				
	②	JAS同一等級構成集成材	―	E95-F315（4層以上）	26.0	11.0	19.3				
	③	国土交通大臣が基準強度の数値を指定した木材等		使用する場合は基準強度を記入		0.0	0.0				

・柱の小径を個別に算定することができる
・柱は105角などの正角材以外の平角材にも対応

※ 試算例（早見表）、 表計算ツールは（公財）日本住宅・木材技術センター HPにおいて公開されている（2024年9月時点）

★FILE 08

4号特例縮小による落とし穴

4号特例縮小には、さまざまな落とし穴があります。
仕様規定の計算だけでは安全性を検討できていない部分があることも理解して、
構造計算（許容応力度計算）の必要性を考えましょう。

「4号特例縮小は、壁量計算、柱の小径が変わるだけだから、理解しちゃえば簡単だね」

そうだね。**仕様規定の計算をしっかり行い、確認申請に検討書などを提出**するだけだから簡単なんだけど、気を付けてほしいことがいくつかあるよ。

「どこに気を付けるの？」

仕様規定の計算は最低基準なんだけど、最低基準過ぎて木造住宅の構造安全性をすべて確認できていないんだよ。たとえば、屋根や床を支える梁（横架材）では、梁の断面寸法を決める基準がないんだ。さらに基礎は建物の重さを支えて地盤に伝達する重要な部分なのに、基礎も地盤や建物に応じた断面寸法や配筋を決める基準がないんだよ（48ページ参照）。

「そうだったね…」

4号特例縮小で、壁量や柱の小径の変更部分、確認申請の手続きなどが注目されているけれど、仕様規定の計算では、そもそも建物の構造安全性がすべて確認できてはいないことを忘れちゃいけないよね。

4号特例の仕様規定を再チェック

●4号特例の仕様規定　3つの簡易計算と8つの仕様ルール

4号建築物
（建築基準法第6条1項4号）

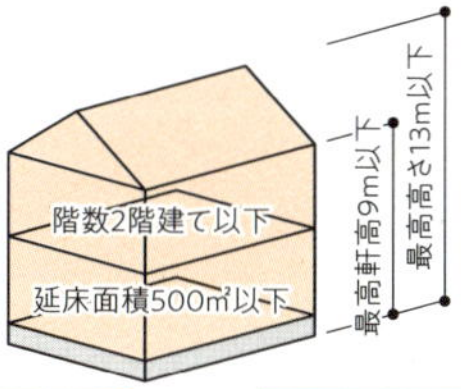

1. 壁量の確保（壁量計算）
2. 壁配置のバランス（四分割法）
3. 柱の柱頭・柱脚の接合方法（N値計算法）

簡易な計算方法で確認

＋

4. 基礎の仕様
5. 屋根ふき材の緊結
6. 土台と基礎の緊結
7. 柱の小径等
8. 横架材の欠き込み
9. 筋かいの仕様
10. 火打材等の設置
11. 部材の品質と耐久性の確認

仕様を守って計画

仕様規定
（簡易な構造安全性検討）

●4号特例の仕様規定　落とし穴①

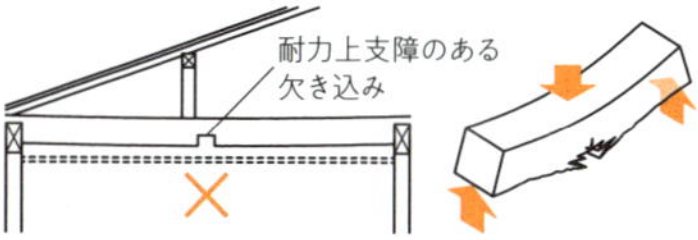

間柱の欠き込みに注意

欠損を残したままの梁　**欠損部分をすべてなくした梁**

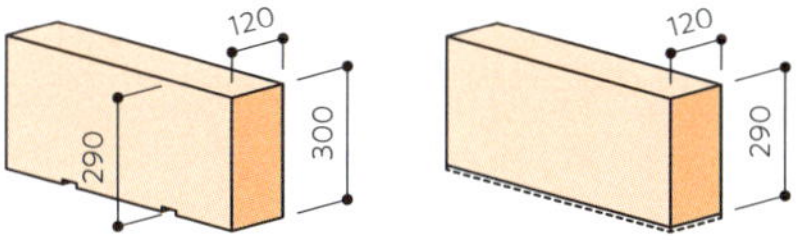

欠損を残したままの梁は、欠損部分をすべてなくした梁よりも曲げ性能が40%低くなる

●4号特例の仕様規定　落とし穴②

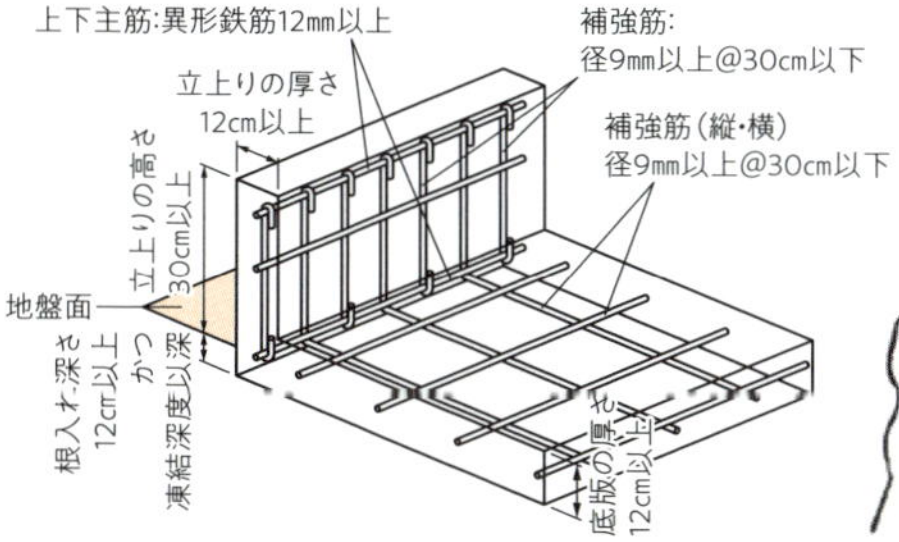

基礎の仕様規定は最低基準（足切り基準）であって、安全な基準ではないよ。そのため、安全性能は、地盤ごと、建物ごとに構造計算を行う必要があるんだね

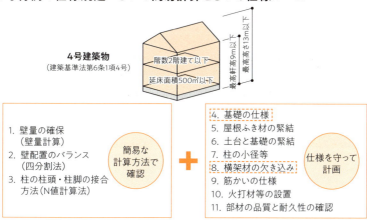

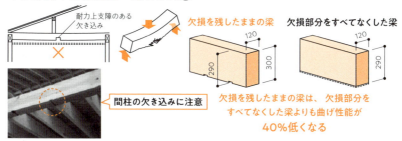

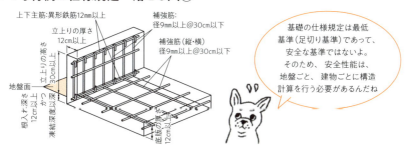

★FILE 09

耐震等級3の必要性

建物全体の構造安全性をしっかりと確認する方法として「許容応力度計算」が必要です。
さらに、耐震性能は「耐震等級3」を基本としてください！

「木造住宅は法律で義務化されていないけど、やっぱり構造計算（許容応力度計算）が必要なんだね」

そうだね。木造2階建てや平屋建ても、木造3階建てのように許容応力度計算を義務化すればいいのにと思うよ。

「そうしたら木造住宅は安全になるね！」

そう、できれば耐震性能は「耐震等級3」を基本としてほしいんだ。なぜなら、２０１６年に発生した熊本地震で震度7が2度発生した益城町の悉皆《しっかい》調査（全棟調査）で、**耐震等級3の木造住宅は、全棟住み続ける性能があった**んだよ。だから、繰り返し地震でも住み続けられる性能として「耐震等級3」が注目されているんだよ。

「耐震等級3ってすごいね！　耐震等級3は品確法の計算でもできるけど、熊本地震で住み続けることができた16棟には、品確法の計算による耐震等級3はあったの？」

品確法の計算による耐震等級3もあったよ。だから、品確法の計算による耐震等級3も耐震性能は高いと言えるけれど、許容応力度計算の耐震等級3の方がより高い耐震性能となるから、許容応力度計算による耐震等級3がおススメだよ。

木造住宅における法改正の流れ

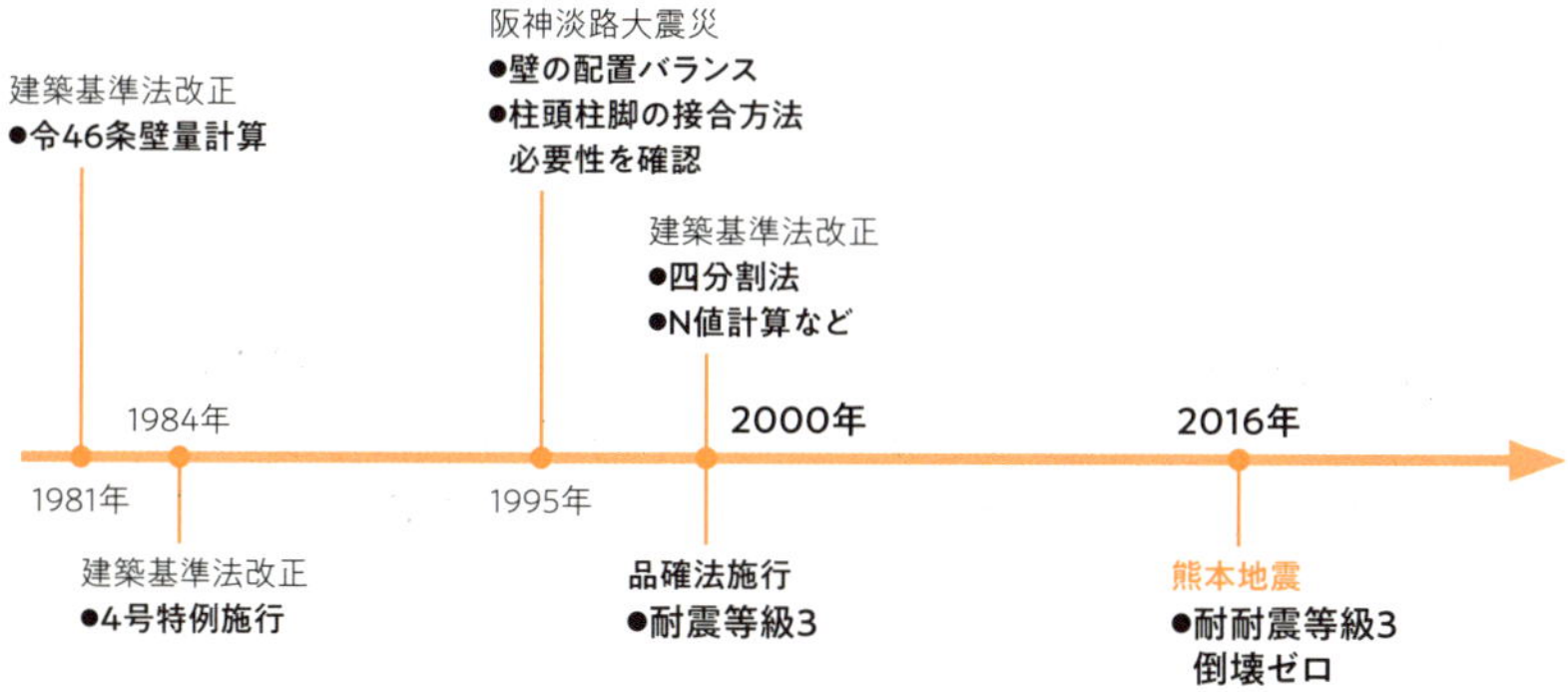

●**熊本地震における木造住宅の建築時期別の損傷比率**（建築学会によって実施された益城町中心部における悉皆調査より）

損傷ランク		V（破壊）倒壊	IV（大破）全壊	III（中破）大規模半壊	II（小破）半壊	I（軽微）一部損壊	無被害
損傷比率	旧耐震基準 ～1981年6月	214棟（28.2%）	133棟（17.5%）		373棟（49.1%）		39棟（5.1%）
新耐震基準	1981年6月～2000年5月	76棟（8.7%）	85棟（9.7%）		537棟（61.2%）		179棟（20.4%）
	2000年6月～	7棟（2.2%）	12棟（3.8%）		104棟（32.6%）		196棟（61.4%）
	うち耐震等級3	0棟（0%）	0棟（0%）	0棟（0%）	2棟（12.5%）		14棟（87.5%）
損傷イメージ	概念図						

建築基準法の最低基準
「安全な家」
一度だけ命を守る
住み続けることはできない

耐震等級3の
「安全な家」
大地震でも
住み続けることができる!

（一社）くまもと型住宅生産者連合会：「耐震等級3のススメ」より引用

実際の計算方法と耐震等級のレベル差

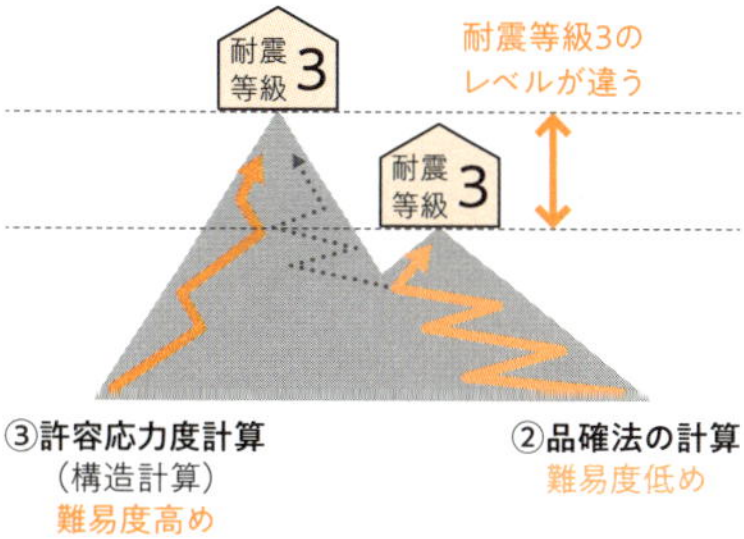

木造住宅の耐震性能を確認する計算方法は3種類あります（59ページ参照）。【耐震等級3】は、品確法の計算と許容応力度計算で設計できます。しかし、**品確法の計算と許容応力度計算による耐震等級3の内容は連動していない**ため、**耐震性能が異なる計算結果になります**。品確法の計算に比べて、許容応力度計算による耐震等級3の方が耐震性能が高くなるのです。

★FILE 10

構造から考えるコストダウン

耐震等級3はコストアップになる、構造計算（許容応力度計算）すると大きな梁が必要などと思っていませんか？本当にコストアップの原因は耐震等級3と構造計算なのでしょうか？

「許容応力度計算による耐震等級3は、コストアップになるって聞いたことがあるよ」

これはね、大きな間違いだよ。そもそも構造計算（許容応力度計算）は、間取りが決まった後に行う「受け身」の設計なんだ。間取りに対する確認作業だね、だから、コストアップするもしないも「**間取り次第**」というのが正しい答えだよ。

「あと、耐震等級3は間取りの制約があるとも聞くけれど、これも誤解？」

誤解だよ。構造を考えて間取りをつくることは「制約」じゃなくて「**常識**」なんだ。上下階の柱をそろえること、梁の両端に柱を配置すること、これらは常識なんだよ。それを制約とか、構造を考えたらデザインがイマイチなど、完全な言い訳だよね。

「自由設計ってダメなの？」

一概にダメとは言えないね。自由設計とはオーダーメイドのことだよね。でもね、構造の基本まで自由にしちゃダメなんだよ。上下階の柱がずれていても自由設計、梁の両端に柱が無くて自由設計、構造計算すればいいんでしょという考えは良くないよね。それは力業の構造計算になってしまい、コストアップにつながるからね。

正しい設計は「コストダウン」につながる

●ルールに基づいた意匠設計でコストダウン

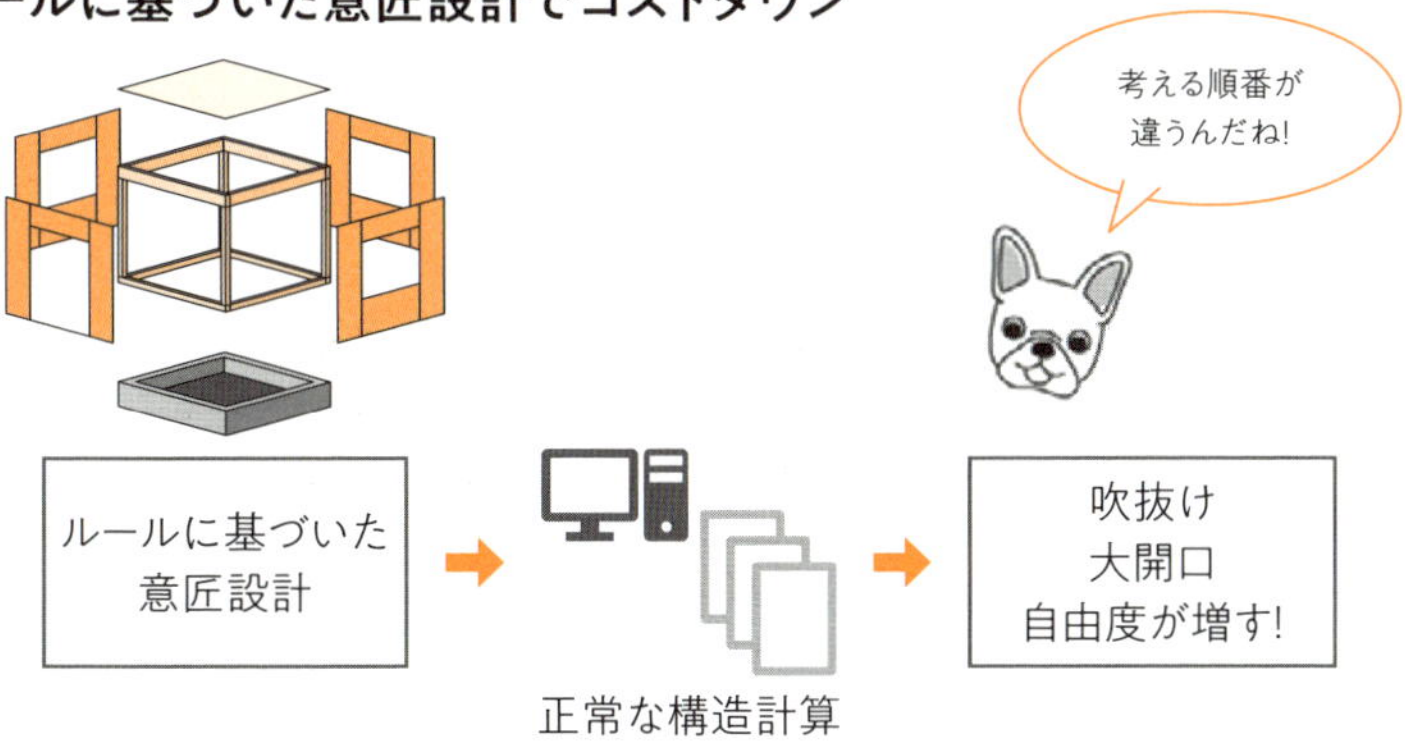

●構造計画の基本概念とルール

構造計画ルール
1つの絶対ルールと、5つの基本ルールで構成
【絶対ルール1】構造区画(構造計画ルールの超基本) **→構造の整理**
【基本ルール1】構造区画内部柱(柱を対に配置)
【基本ルール2】耐力壁(構造区画を囲うことが基本)
【基本ルール3】水平構面(耐力壁線を蓋するイメージ)
【基本ルール4】基礎(構造区画下に基礎区画)
【基本ルール5】スケルトンインフィル(構造区画ごとに構成)
(基本ルール1〜5) **経済設計・コストダウン**

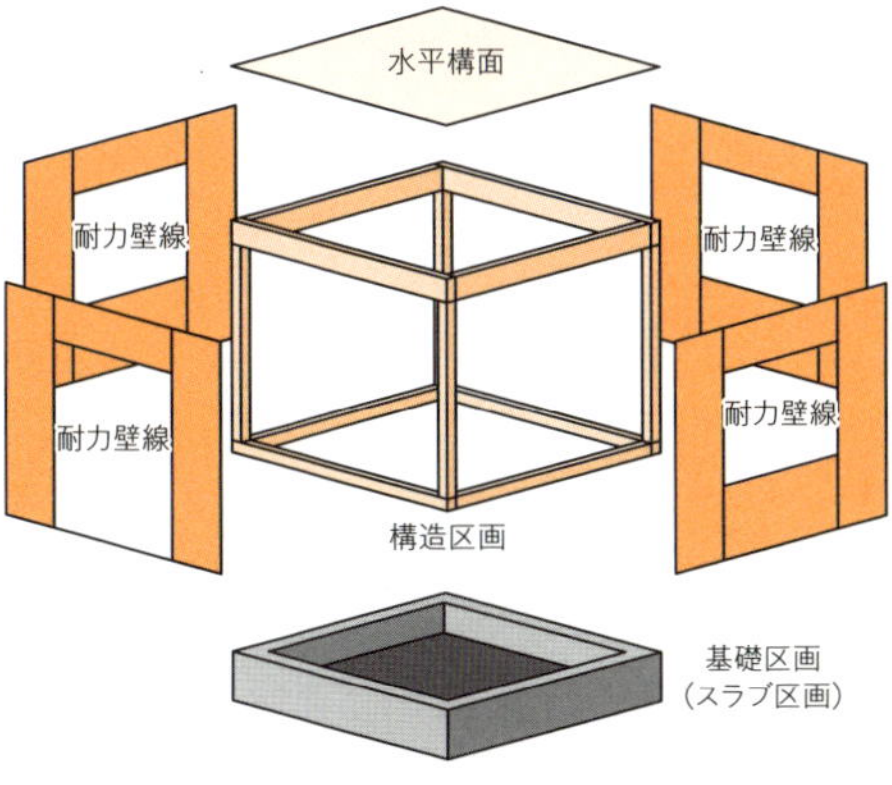

構造計画の基本概念
- **構造区画**
- **耐力壁線+水平構面**
- **スラブ区画(基礎区画)**

この3つは連動して考えます

この構造計画ルールは、建物の骨組みを構成する基本であり、「構造塾」のルールのような流派ではありません。構造の大原則です! この大原則であるルールに基づいて、間取り、デザインを考えていきましょう!

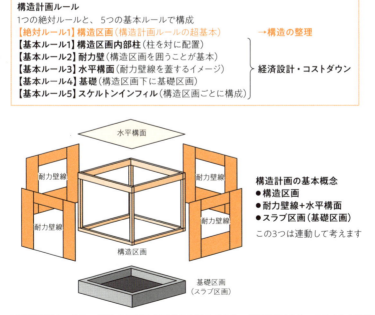

★FILE 11

微動探査による家屋の耐震性能実測

建物の耐震性能を数値で確認する新技術「微動探査」。
耐震性能を実測することが、これからの常識になると思います。
また、微動探査は地震後の耐震性能も実測できます。

「地震が起きた後、建物の耐震性能は確認できるの？」
従来の方法として耐震診断を行えば耐震性能は確認できるよ。だけど、耐震診断を行うには、壁や床を剥がしたりして建物の骨組みなど細かく確認しないと正確な耐震性能はわからないんだ。だから、建物も壁や床を剥がさずに**耐震性能を確認できる**「**微動探査**」による耐震性能実測がおススメだよ。

「びどうたんさ・・初めて聞いた」
だよね。建物や地盤は人や犬が感じないくらい僅かに揺れているんだ。これを**常時微動**と呼ぶんだけれど、微動探査の精密な機械で、この常時微動を計測することで、**建物の耐震性能や地盤の状況がわかる**んだよ。地震の後だけじゃなく、**新築時や改修の時にも実測できる**よ。

「おもしろいね！　建物の耐震性能を測るのって気密測定みたいだね」
そうそう！　気密測定も上手に施工したから大丈夫！　と終わることがなく実測するよね。それと同じで、耐震性能も実測して確認してほしいよね。

新築、改修、震災後に微動探査

●建物の施工時に耐震性能の実測を行う

今までの流れ

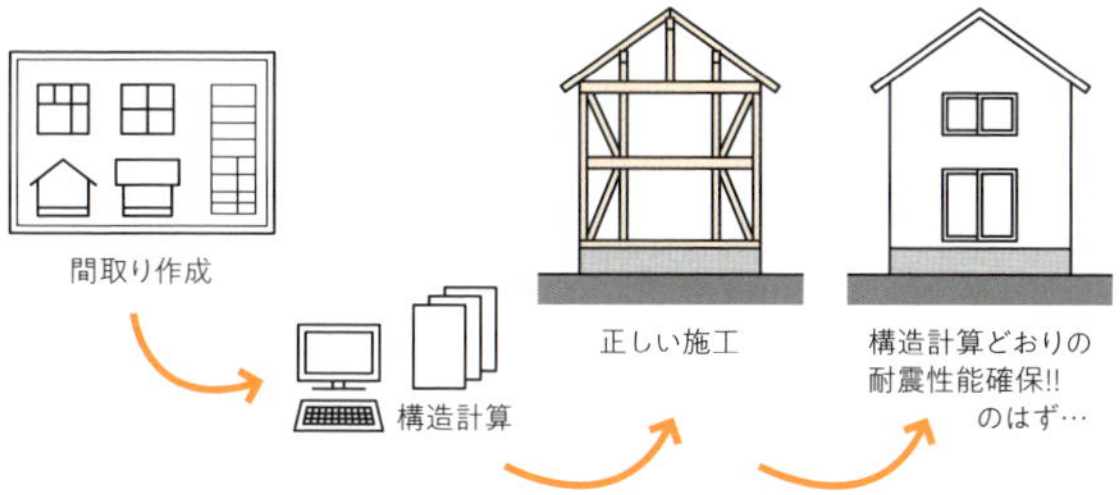

正しい施工で設計上の耐震性能は確保できているはずですが、気密測定のように建物ごとに耐震性能が実測できると、安心できますよね。

これからの流れ

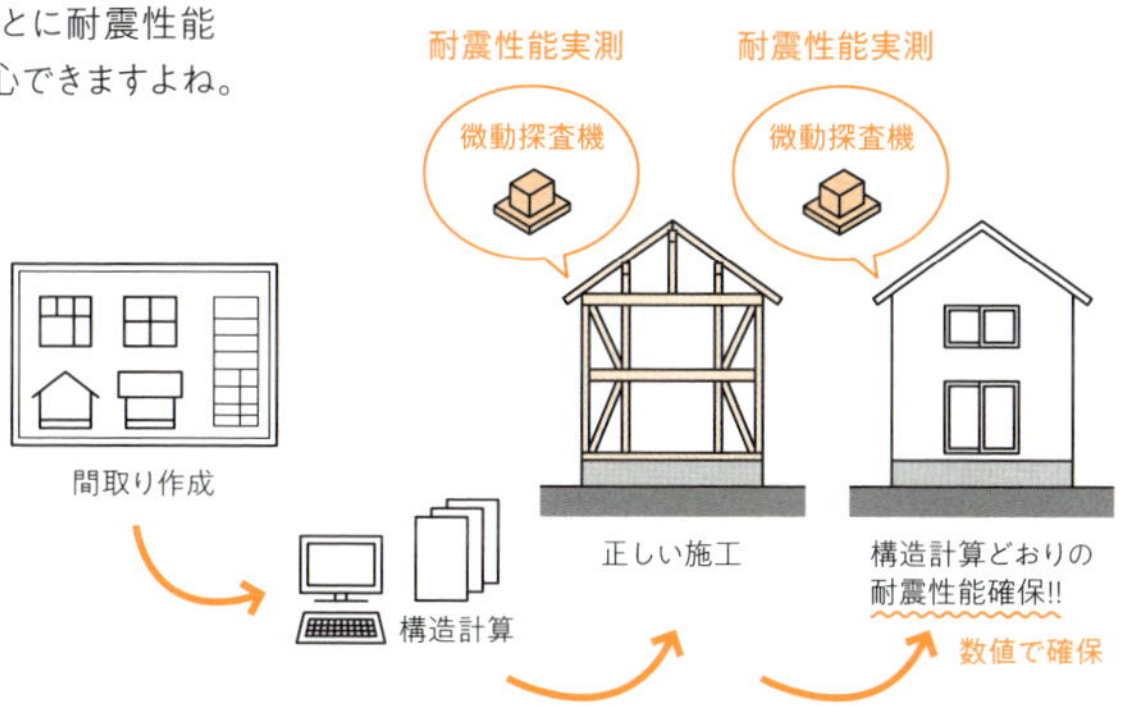

●微動探査機で行えること

建物と地盤の固有振動数の実測　　**建物の剛心の実測**

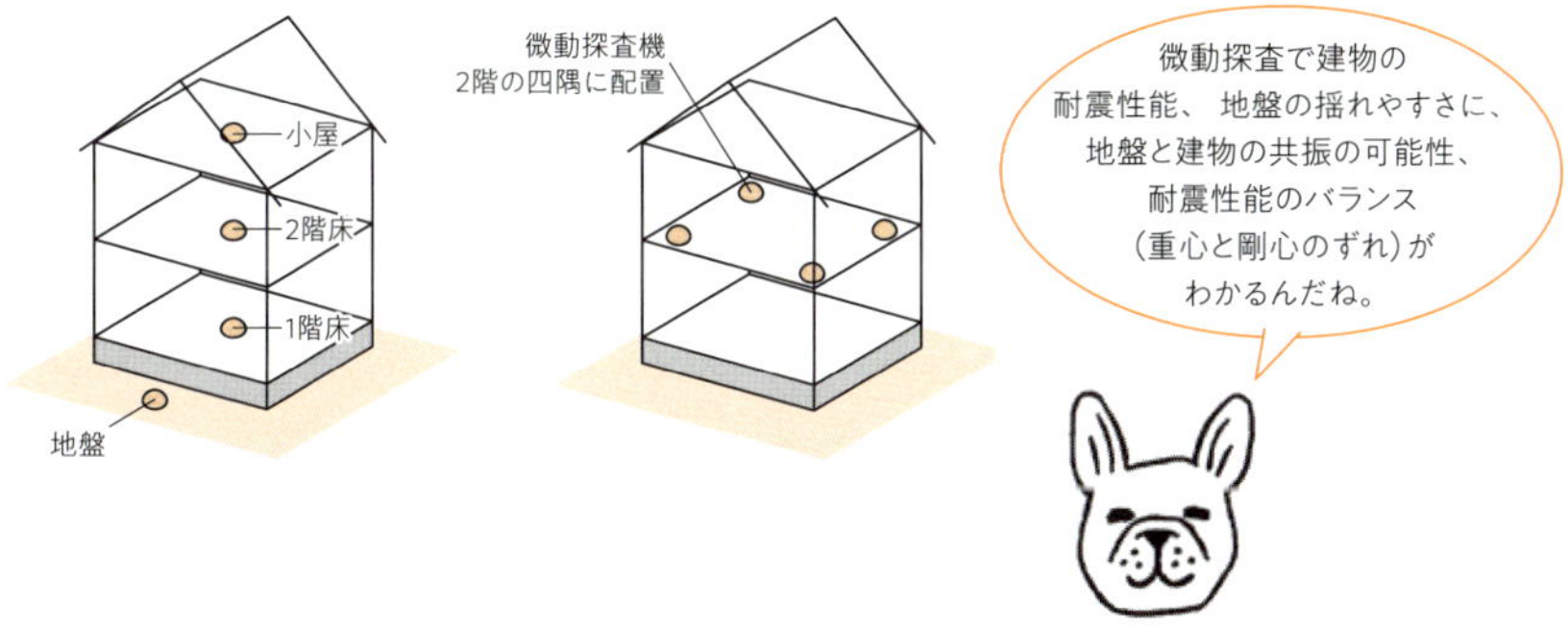

高性能は贅沢なのか

高性能な住宅とは耐震性能を高めた家（耐震等級3の家）、省エネ性能を高めた家のことです。そんな高性能な住宅は、建築費用が高くなるため「贅沢」と思われています。本当にそうなのでしょうか？

たとえば、耐震性能。耐震等級1の住宅と比べて、耐震等級3の住宅は建築費用が高くなるため「贅沢」と思われています。実際には、耐震等級3にする費用は、「**地震保険費用**」として**50%**割り引かれます［※］。地域によっては、この割引で差額費用は賄えたりします。さらに地震が来たときの建物被害を考えると、耐震等級3の方が圧倒的に安全かつ安価になります。

また、省エネ性能は、高めると建築費用が高くなるため「贅沢」と思われています。しかし、省エネ性能が高いと、光熱費が抑えられランニングコストが低くなります。生涯コストを考えると、省エネ性能を高めた住宅のほうが掛かる費用は低くなります。

低性能な住宅の方が、結果的にお金がかかるので、ある意味「贅沢」なのかもしれません。

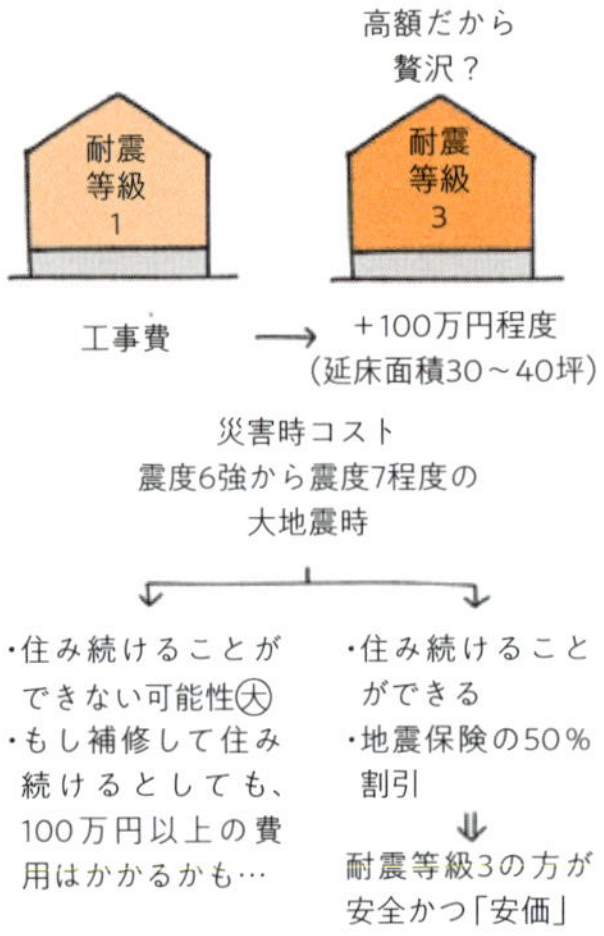

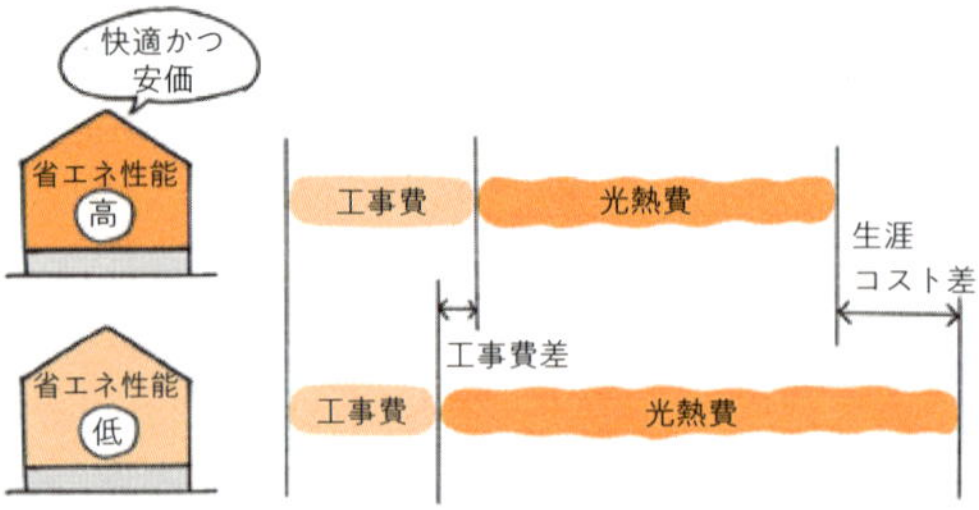

※ 2024年9月時点

序章2

「構造」に対する誤解の数々

序章2に掲載の内容は、2025年4月に予定されている建築基準法改正前のものです

第1節 構造計算の現状

構造計算って、いったい何?
詳しい構造計算をしてない木造住宅
構造検討(仕様規定)は何をするの?

第2節 構造計算をしない理由

勘違いされている4号特例
確認申請OK≠建築基準法適合
建て主が構造計算を求めていない?
建て主と建築士との大きなギャップ
誰かが確認していると勘違い
column02 津波と耐震性能

FILE 001

構造計算って、いったい何？

木造住宅で大切なのは「地震に対する安全性」。ところが、デザインやネームバリュー、営業マンの人柄で建築業者を選びがちです。

「最近たくさん地震があるけど、家を建てるときに地震で壊れないようにするにはどうしたらいいの？」

地震で壊れないようにするには、**構造計算**で安全を確かめるんだよ。

「こうぞうけいさん？　何それ」

構造計算は家を建ててから寿命を迎えるまでの間、**家族みんなが安全で快適に過ごせるか、家の安全性を確認する**ことだよ。地震だけじゃなくて、台風のときの安全についても計算するよ。家そのものの重さや、人や家具の重さ、雪がたくさん降る地域では、**屋根に積もる雪の重さによって、家が壊れないかも計算**するんだよ。

「そんなにたくさん考えて計算するの！」

そうだよ。だって、家は家族が過ごす大切な場所だからね。

荷重の種類は2つある

1. **水平（方向）荷重**は建物に対して主に**横方向から作用する荷重**で、次の2つがあります。
   - **❶地震力** → 地震のときに受ける力
   - **❷風圧力** → 風によって受ける力

2. **鉛直（方向）荷重**は**地球の重力によって作用する荷重**で、次の3つがあります。
   - **❸固定荷重** → 建物そのものの重さ自《じ》重《じゅう》とも言います
   - **❹積載荷重** → 人や家具などの重さ
   - **❺積雪荷重** → 屋根などに積もる雪の重さ

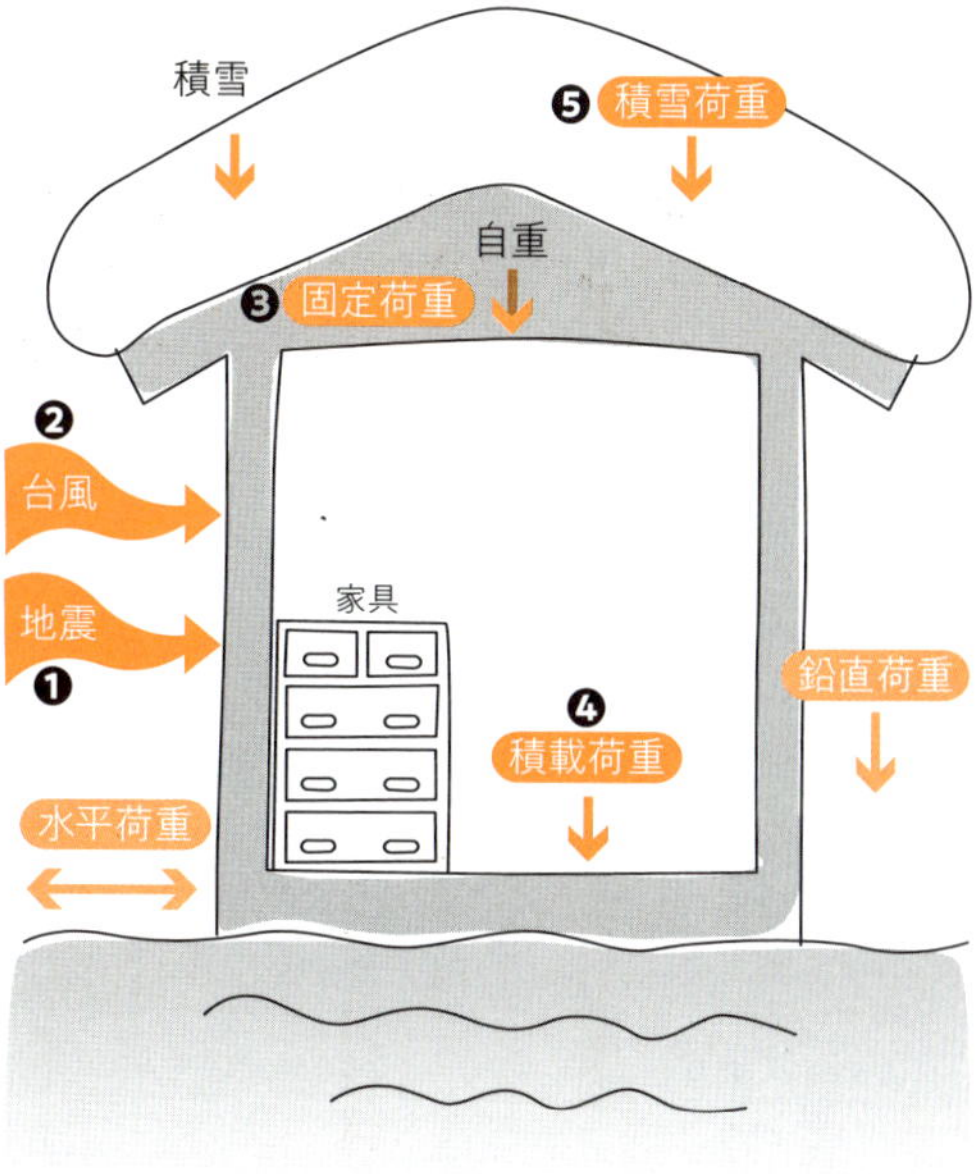

そのほかに、土《ど》圧《あつ》や水圧などの荷重もありますが、一般的な木造住宅では❶~❺についての安全性の確認が基本となります。

※木造住宅における「構造計算」とは「**許容応力度計算**」を示します。
※木造住宅では「構造検討」として、「**仕様規定の計算**」と「**品確法の計算**」があります。
　それぞれの安全レベル、計算項目は58～65ページを参照

- 構造安全性確認方法
  - 構造計算 ― **許容応力度計算（詳細計算）**
  - 構造検討
    - **品確法の計算（簡易計算）**
    - **仕様規定の計算（最低基準）**

荷重とは、建物に作用するさまざまな力のことです。
さまざまな荷重に、どれだけ家が耐えられるかを計算するのが構造計算です。
荷重は作用する方向によって「**水平（方向）荷重**」と「**鉛直（方向）荷重**」の2つに分けられます。

詳しい構造計算をしてない木造住宅

構造計算（許容応力度計算）は、木造住宅の建築にはとても大切ですが、実際には構造計算（許容応力度計算）までは行われていないことが多いです。ここではその理由を考えます。

「家を建てるときに、構造計算（許容応力度計算）って大切なんだね！」

でも、残念ながら木造の家はほとんど**構造計算（許容応力度計算）までしないまま建てられている**のが現実なんだよ。

「どうして？ やらなきゃいけないんじゃないの？」

それにはいろいろな理由や誤解があるんだ。

1つは、木造の家は身近にある材料（木材）を使っていて、社寺仏閣に比べると手軽につくれるし、人々が実際に住んできた歴史があって、**構造の安全性を考えるという意識が薄い**から。

もう1つは、建築基準法でも、木造の家は手軽に建築できると考えられていて、**構造計算（許容応力度計算）は義務化されていない**んだよ（詳しい内容は第2章で解説）。

「木造の家は詳しい構造計算（許容応力度計算）をしなくても安全なの？」

地震や台風、大雪、地盤の沈下が起きたとき、家が耐えられるかを確認できないから、構造計算（許容応力度計算）をしていなければ安全とは言えないよ。「木造の家は小さくて軽いから、構造計算（許容応力度計算）をしなくても大丈夫」という意識を変えることが必要だね。

設計のプロセス

❶鉄骨造や鉄筋コンクリート造の場合

間取りを考えるとき、柱の位置や梁のスパンを考える（構造設計者に相談することも）

❷木造の場合

柱の位置や梁のスパンを考えず、間取りを先行させることが多い

↓

間取り完成

↓

構造計算

（間取りの段階で構造を考えているので設計しやすく、安全性が高い）

構造計算をほとんどしない

（構造を考えていないため、設計しにくく、安全性が低い）

↓

施工

木造住宅に
詳しい構造計算？
そんなもの必要ないよ！
どんな小さな建物でも
構造計算をしなければ、
安全とは言えないよ

木造住宅の建築で最も大きな問題は、 建築士（設計をする人）や施工者（工事をする人）の大半が、 構造計算によって安全性を確認する意識が低いことです。
一方、 鉄骨造や鉄筋コンクリート造の建物は、 小規模でも初期段階に構造計算によって、 柱や梁の大きさ、 配置を決めて地震や台風の安全性を確認していきます。

FILE 003

構造検討（仕様規定）は何をするの？

木造２階建（４号建築物）がやらなければいけない構造検討（仕様規定）とはいったいどのような検討なのでしょうか。

「家を設計する人（建築士）や建てる人たちは、構造検討をしなくても心配じゃないの？」

木造の家はずっと昔からあったよね。身近で手に入る木を使って**経験や勘でつくってきた歴史**は、今でもあまり変わっていないんだ。だから構造検討をしなくても心配していないんだよ。

「構造検討していないと、地震が来たら建物は壊れたりしないの？」

壊れてしまう可能性はあるよね。
構造検討していなければ耐震性能が不明確だから、地震でどのくらい安全なのかはわからないからね。
４号特例の勘違いによる法律を守っていない建物もあるんだよ。

「法律を守らなくても怒られないの」

本当は怒られるんだけど、**法律を守っていない家がたくさんありすぎて**、対応が追いつかない状態なんだよ。

構造検討（仕様規定）主な検討項目

近年では、1995年の阪神淡路大震災を受けて、2000年に改正され、木造建築物の仕様規定（構造安全性に関する最低限のルール）が大きく変わりました。

❶壁量《かべりょう》計算（1981年）

改正なし。従来どおり地震力、風圧力に対して**耐力壁《たいりょくへき》の量を確保**する計算。

❷四分割法《よんぶんかつほう》（2000年）

2000年改正による。壁量計算による耐力壁の量だけではなく、**配置のバランス**を確認。

❸N値《えぬち》計算（2000年）

2000年改正による。**耐力壁両端柱の柱頭柱脚《ちゅうとうちゅうきゃく》に発生する浮き上がり金物を算出**する（告示の仕様もある）。

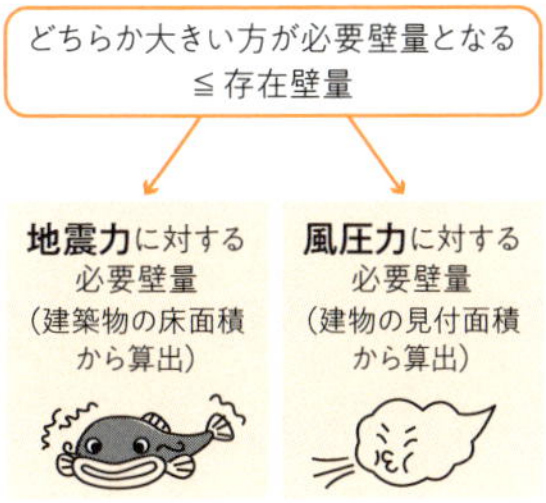

●耐力壁による建物のねじれ

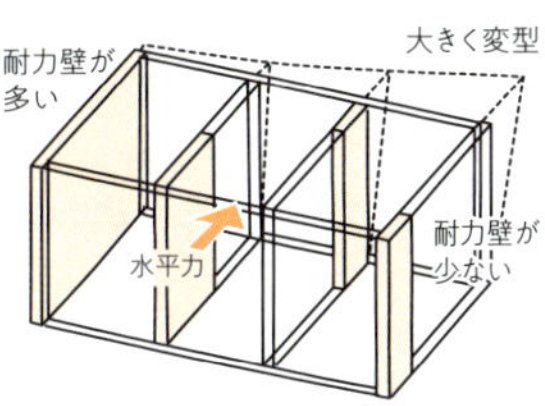

●柱の引抜き

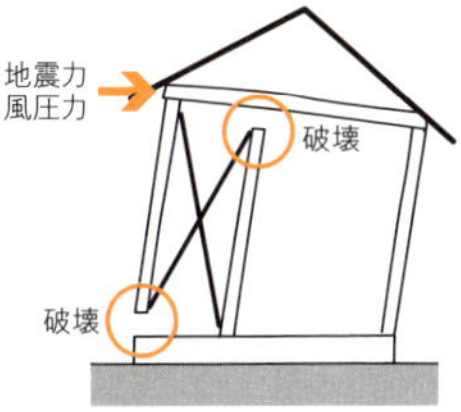

❹基礎の配筋（2000年）

布基礎、べた基礎の断面寸法、根入れ深さ、地盤面からの高さ、配筋が具体的に示されました。

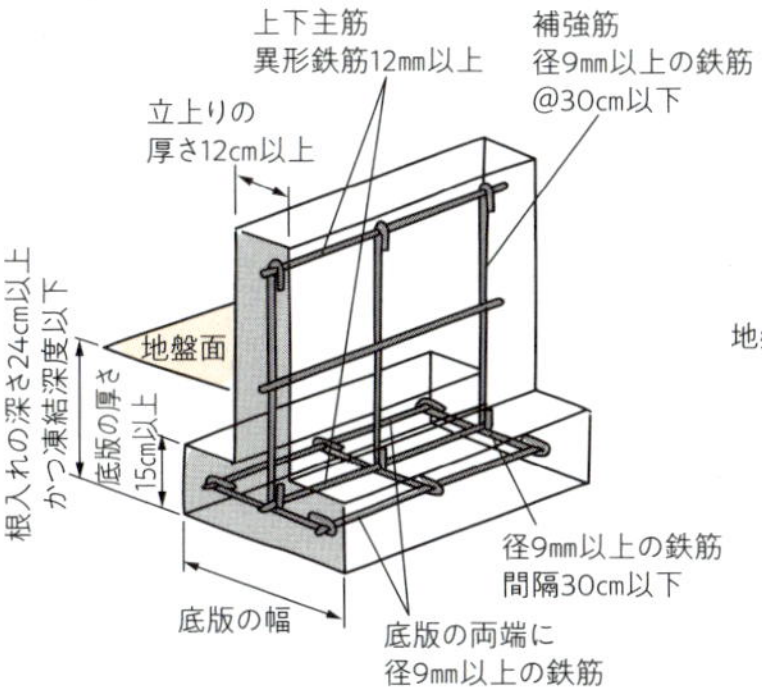

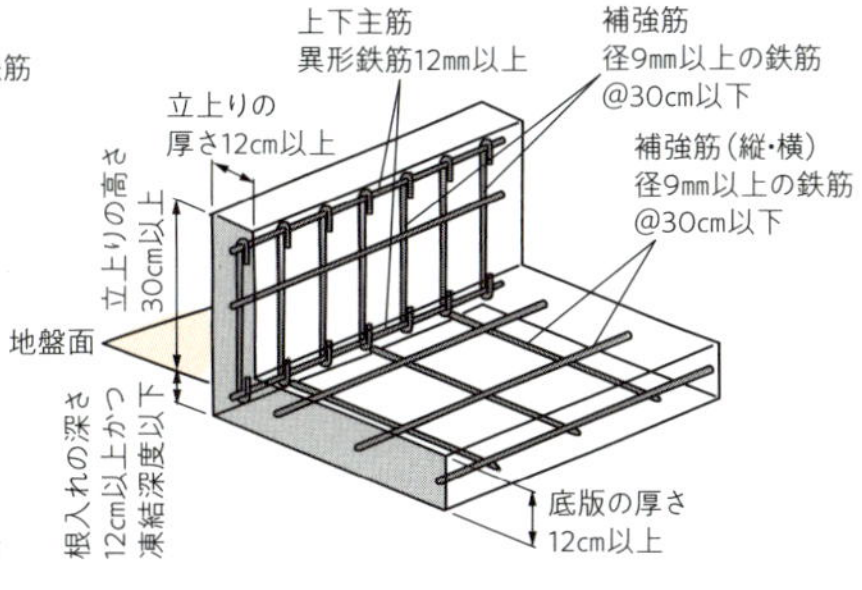

底版の厚さをより厚くするか、建物外周基礎部分のみ掘り下げて、厚くコンクリートを打つことで、鉄筋のかぶり厚さと建物外周基礎の根入れ深さを確保すること

しかし配筋などが甘い基準になっていて、今までの経験と勘だけで大丈夫だと思われている。

❶～❹の規定により、木造建築物の耐震性能は高くなりました。しかし実際に運用する（計算をする）部分が甘いため、きちんとされていない現状があります…。

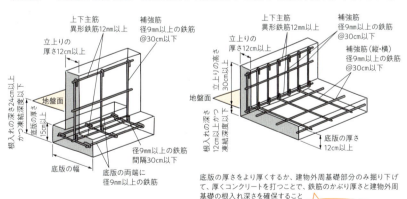

FILE 004

勘違いされている4号特例

**建築士が構造計算をしない理由に大きくかかわる、4号建築物確認の特例。
確認申請には構造検討を提出しなくてもよいだけなのに、
構造検討不要と勘違いされています。**

「法律で『構造計算（許容応力度計算）をしなさい』と書いてなくても、木造2階建ての家を安全確認する規定はあるの？」

木造2階建て以下の木造住宅は建築基準法で、構造計算まで義務化されていないんだよ。木造2階建てでの構造安全性の確認は、簡易的な構造検討である「**仕様規定**」なんだ。仕様規定による構造検討は**簡単な計算ばかりで建物全体の構造安全性は確認できていない**んだよ。さらに、この仕様規定には「**特例**」があって、**確認申請の時は仕様規定の構造検討を提出しない**んだ。

「なんで構造検討（仕様規定）を確認申請に出さなくていいの？」

家を設計できるのは国家資格である「建築士」。もちろん、法律を熟知していて、安全性の確認を当然するはずだよね。だから、小規模な木造2階建ての家は、確認申請では構造の安全性を建築士におまかせして、建築主事のチェックを省略しているんだよ。これを**4号建築物確認**の特例（**4号特例**）と言うんだ。

「確認申請には出さなくても計算はしているんでしょ？」

残念ながら、建築士の中には確認申請時に出さなくていいから、**構造検討をしなくていいと思っている**人もいるんだ。だから構造検討ができなかったり、建築基準法に書いてあることをよく知らない建築士もいるんだよ。

建築物は2種類に分けられる

木造建築物は建築基準法上、大きく2種類に分けられます。階数や高さ、面積によって安全性の確認方法を定めており、それぞれの建築物の種類によって、確認申請[※]の提出義務の内容が異なります。

❶2号建築物（建築基準法第6条第1項）

確認申請時に構造計算書（許容応力度計算等）を審査機関に提出して、構造計算などが間違っていないかチェックしてもらいます。

いずれか
- 木造3階建て
- 延床《のべゆか》面積（各階の面積を全部足した面積）500㎡超
- 最高高さ13m超
- 最高軒高9m超

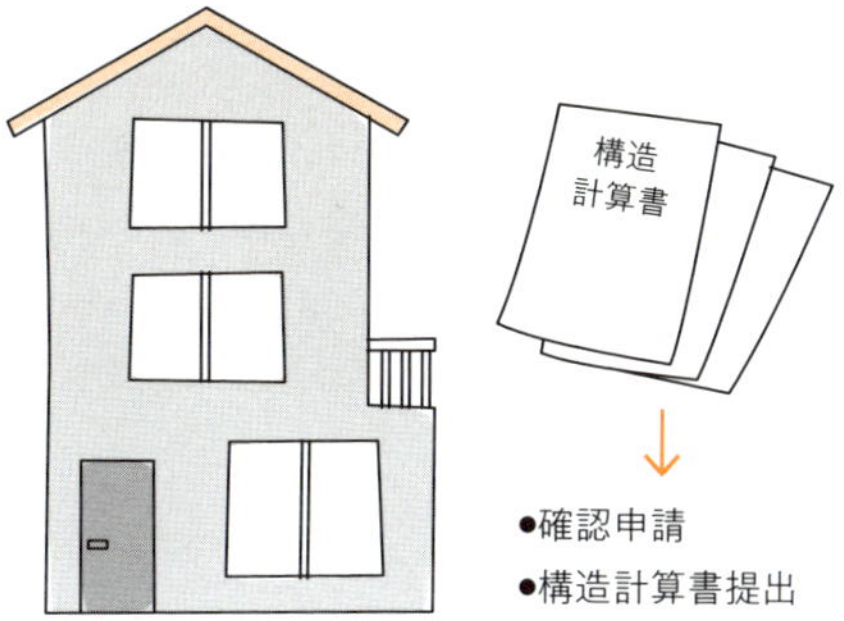

❷4号建築物（建築基準法第6条第1項）

簡易的な構造検討（仕様規定）が最低限必要です。建築士が設計すれば確認申請時に提出は不要。

■2号建築物以外の2階建てまでの一般的な木造住宅

すべて
- 最高高さ13m以下　かつ
- 最高軒高9m以下　かつ
- 階数2階建て以下　かつ
- 延床面積500㎡以下

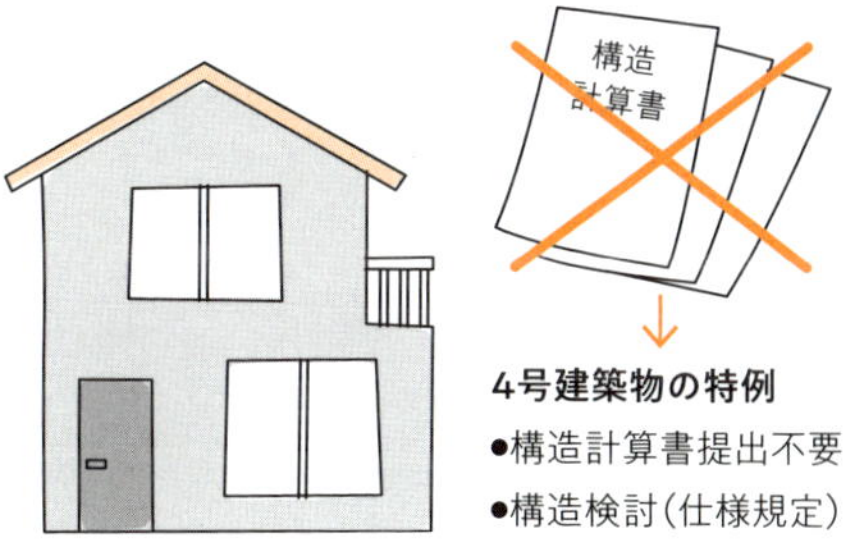

4号建築物は、建築士が設計しているため、確認申請時に構造計算書の提出義務がありません。当然、計算が間違っているかをチェックされないし、計算していなくても建築できてしまうのです…。それどころか、構造計算ができなかったり、そんな法律の規定があることすら知らない建築士もいます。
もともと4号建築物確認の特例は、建築士の資質を信頼し、確認申請のチェックを省略することで、木造2階建ての建物が少しでも早く着工できるようにと設けられました。

小規模な木造2階建ての家は、構造安全性については建築主事のチェックを省略（**4号建築物確認の特例**）しています。

※ 確認申請とは、建物をつくる前に、建築基準法という法律に合っているかを第三者がチェックする手続きのこと

FILE 005

確認申請OK ≠《ではない》 建築基準法適合

確認申請が通れば、建築基準法を満たしていると思ったら大間違い！法律の裏にひそむ落とし穴を探ってみましょう。

「法律を守っていない木造2階建ての家って、たくさん建っているの？」

残念だけど、そう考えられるよね。

「建築士さんって家を設計したり建てたりするプロだよね。法律を守っていないことに対して、何も思っていないの？」

誰も法律違反をしているとは思っていないよ。大半の建築士が**建築基準法をしっかり守って真面目に家を建てている**と思っているんだよ。

「それはどうして？」

前ページで説明した確認申請のときに、**構造検討書類を提出しなくてもよい特例**（**4号建築物確認の特例**）の内容を理解していないため、確認申請ですべての項目について建築基準法の適合チェックをしてもらっていると誤解しているんだ。だから、**確認申請がOK＝建築基準法適合**と思っているんだね。

木造住宅の設計プロセス

4号建築物確認の特例の内容を知らない建築士がいます。なぜ知らないのか、その理由は設計プロセスにあります。
建築士が木造住宅を建築するうえで、法律にひそんでいる落とし穴をたどってみましょう。

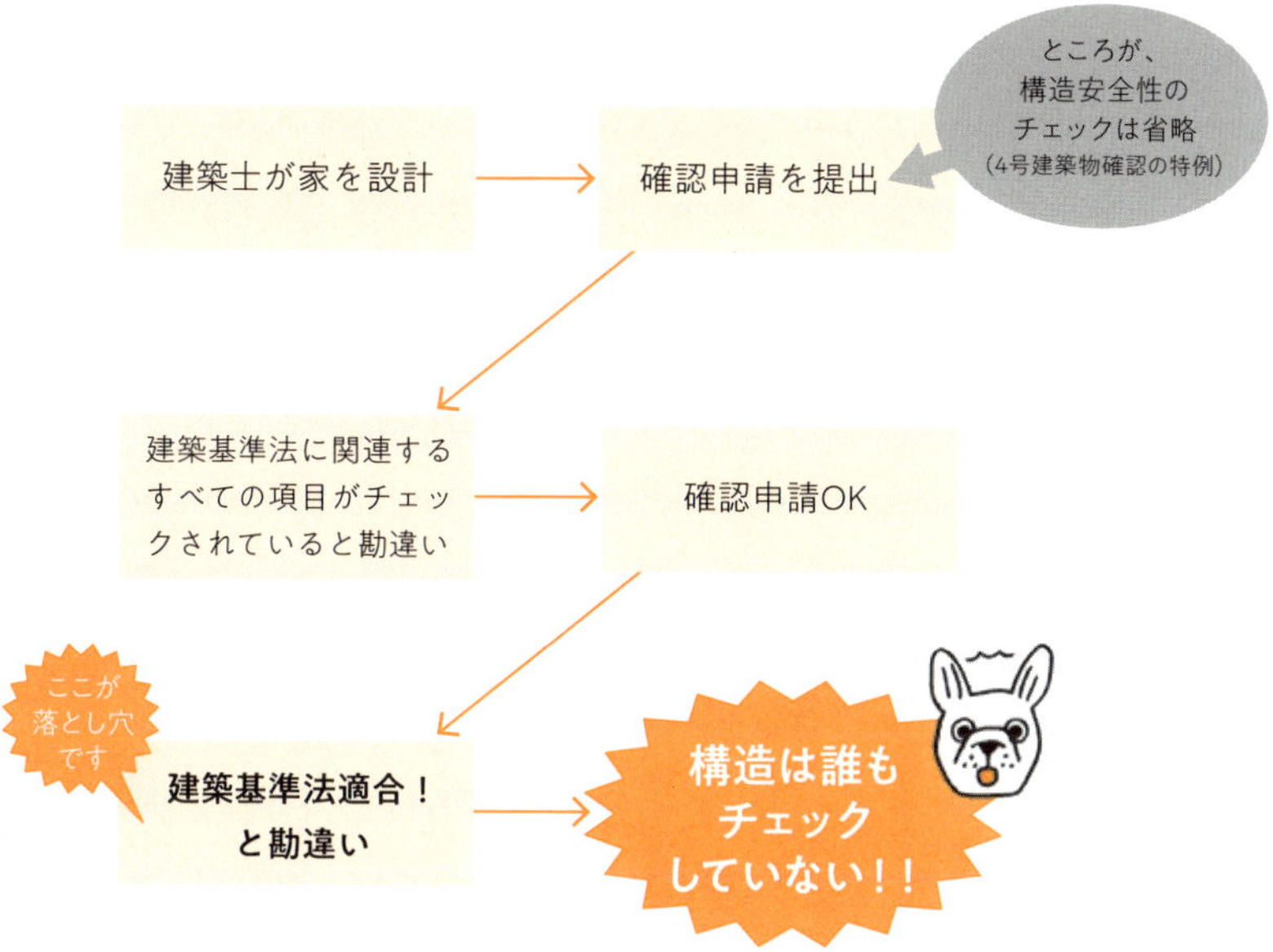

特例により、構造安全性に関するチェックは省略されているため、
構造は誰もチェックしていない。

確認申請 → ○ OK

建築基準法(構造安全性) → × 未確認

建築士は、特例の内容を理解し、**構造計算を行う必要**がある

確認申請がOKでも、建築基準法に適合しているわけではありません。

建て主が構造計算を求めていない？

建築士が設計していれば、家が安全なのは当たり前？
車の場合にたとえて、安全性を考えてみます。

「木造の家を建ててほしいと思っている人（建て主）は、建築士の中に法律を守っていない人がいることや、地震や台風に対する安全を確かめていないことがあるのを知らないの？」

知らないことがほとんどだね。地震がたくさんあって、家が壊れている映像がテレビで流れ、誰もが耐震性が大切だと思っていても、**構造計算がされないまま、木造の家は建てられたりしているん**だよ。

「地震でも壊れない安全な木造の家を建ててほしい、とお願いしないのかな？」

安全な家を建ててほしいと誰もが考えているけど、**「構造計算してほしい」とはお願いしない**よね。構造計算という言葉自体を知らないからね。それに、何十年も住む大切な家を、まさか構造計算をしないで、「経験と勘」だけで建てているとは夢にも思わないものね。

建築士の中には、建て主さんから言われたことがなくて、**構造計算など誰も求めていない**と本気で思っている人もいるんだよ。

「木造の家に住むのが怖くなってきたよ…」

構造計算をしない建築士を、車のディーラーにたとえると

実際に家を建てるまでを、車を買う場合と比べて考えてみましょう。

車を買う場合

好きなメーカー、デザイン、エコ、燃費などの性能を考えて選ぶことが多いもの。安全性能はどこのメーカーも当然実験や計算をして実証しており、深く追求しなくても安全性は保たれていると信じられています。

家を建てる場合

多くの人にとって、一生に一度、一番高価な買い物が住宅。でも、車のように実験をしたり、構造計算をして安全性能を実証していないことが多いのです。「**経験と勘**」に頼り、「**構造安全性についてはあいまい**」なこともあります。

この車はとても丈夫なボディでできていますよ。

衝突してもあなたをしっかりと守ります。

実験や計算で安全性を確認しているわけではありませんが、わが社の経験と勘で一生懸命つくりましたから。

他社同様にエアバッグも装着済みです。

どこに取り付けると効果的なのかよくわかりませんが、
わが社の経験と勘で取り付けました。

衝突の際、多分膨らむはずです。

わが社は今まで衝突事故を一度も起こしたことがありませんから、心配はいりません。

FILE 007

建て主と建築士との大きなギャップ

建て主と建築士の安全性のとらえ方はそれぞれです。
しかし、そのギャップを埋めなければ「本当に安全な家」は望めません。

「建て主さんが地震でも壊れない安全な家を建ててほしいってお願いしたとき、建築士さんは何て答えているの？」

「大丈夫ですよ、一生懸命つくりますよ」って答えることが多いよね。

「建築士さんの大丈夫って何を根拠に言っているの？」

いいところに気がついたね。ここに大きなギャップがあるんだ。建て主さんはプロである建築士に設計をお願いしているから、安全な家をつくるための構造計算など、根拠がある設計をして、**地震のときの安全性を確認していると思っている**よね。

でも、建築士の「大丈夫」とは、**今までの経験と勘をもとに、手抜き工事をしないで、一生懸命に家を設計して建てることが根拠**となっていることが多いんだ。

経験と勘はとても大切だし、手抜きをしないで一生懸命は当たり前のことだよね。だけど、**地震に対して、安全で丈夫な家になることとは別**だからね…。

「会話はできていても、思いはかなりすれ違っているんだね…」

打ち合わせをのぞいてみると

建て主が希望する家の条件を、 建築士に伝えています。

一見、 打ち合わせはスムーズに行われているようですが、
意志の疎通はできていませんよね。

「本当に安全な家」＝構造計算をしている家の実現ならず…

木造住宅の設計をお願いするとき、 建て主は建築士などに依頼します。
そのときの会話に大きなギャップがあるのです。

FILE 008

誰かが確認していると勘違い

構造計算にゆずり合いの精神を持ち込むのはNG。
「相手がやっているから大丈夫」。そこから災害に弱い家がつくられます。

「建築士の中には、構造計算が必要だと思っている人もいるよね」

もちろん！　でも、そんな建築士でも、誰かがどこかで構造計算をしていると勘違いしていることが多いんだ。

「どういうこと？」

木造の家を建てるとき、プレカットを利用することが多いんだけど、その場合**プレカット業者**から柱や梁の組み方、材料の寸法が出てくるんだ。**図面が出てくると建築士さんは構造計算してくれたと勝手に勘違い**しているみたいなんだよ。

さらに、地盤の強さを確認するために地盤調査をする場合も、**地盤調査業者から地盤を補強する案や基礎形状の提案があると、建築士さんは構造計算してくれたと勘違い**したりするよ。

「えっ、本当は誰がするの？」

家の骨組みとなる**柱や梁の組み方、材料の寸法や地盤調査結果から地盤の補強方法、基礎形状を決めるのは建築士さんの大切な設計**の1つだよ。経験と勘だけではなくて構造計算をしないと、この設計はできないよね。

木造住宅が建てられるまで

建築士とプレカット業者は、 それぞれの任務を果たそうとしています。
しかし、 その任務の中に構造計算は…

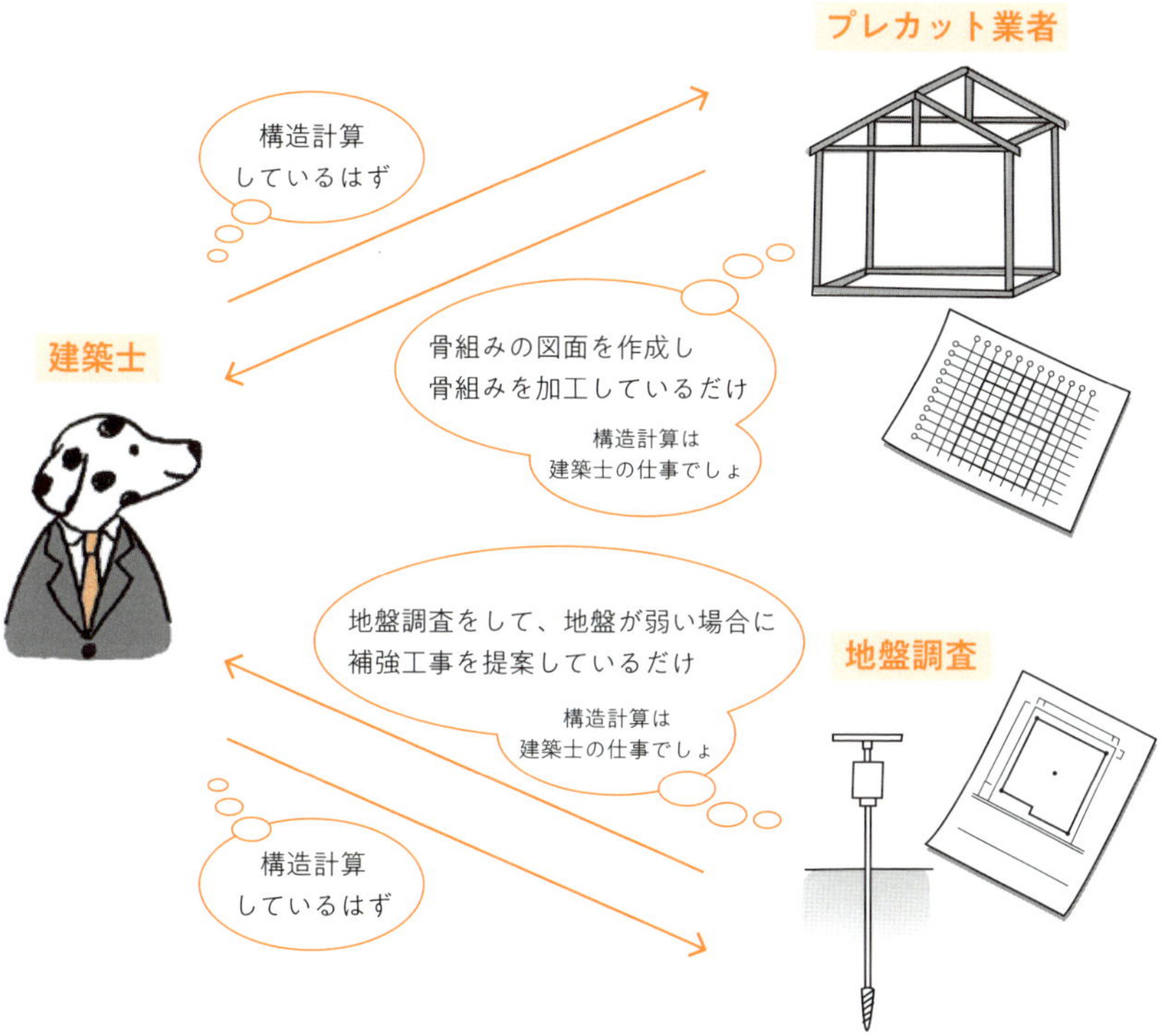

お互いに相手が構造計算していると思っているけど、
実際は誰もやっていない…

木造住宅の建築では、 電気工事、 給排水設備工事、 左官工事、 塗装工事、 内装工事など、 各専門業種におまかせするのが当たり前です。
そして、 建築士は住宅すべての内容を理解する必要があります。

津波と耐震性能

2011年に発生した東日本大震災の津波被害を見た建築業者から、いくら構造計算をしても木造住宅は津波で流されるから構造計算は無意味、と言われました。この考えは大きな間違いです。

構造計算の目的は、津波で流されない木造住宅を設計することではなく、建物を倒壊させずに命を守り、津波から逃げられるようにすることなのです。

地震で建物が倒壊すれば、津波が来る前に、住まい手は倒壊した家に巻き込まれます。または、倒壊した家が道路を塞いでしまい、地域の人々の避難経路を遮断します。津波を想定して行っていた避難訓練の避難経路が、倒壊した建物で塞がれてしまう…。建物倒壊は、そこに住む家族だけではなく、地域に住む方々の命をも巻き込むのです。

津波から確実に逃げて命を守るために構造計算を行い、建物を倒壊させないようにしましょう！

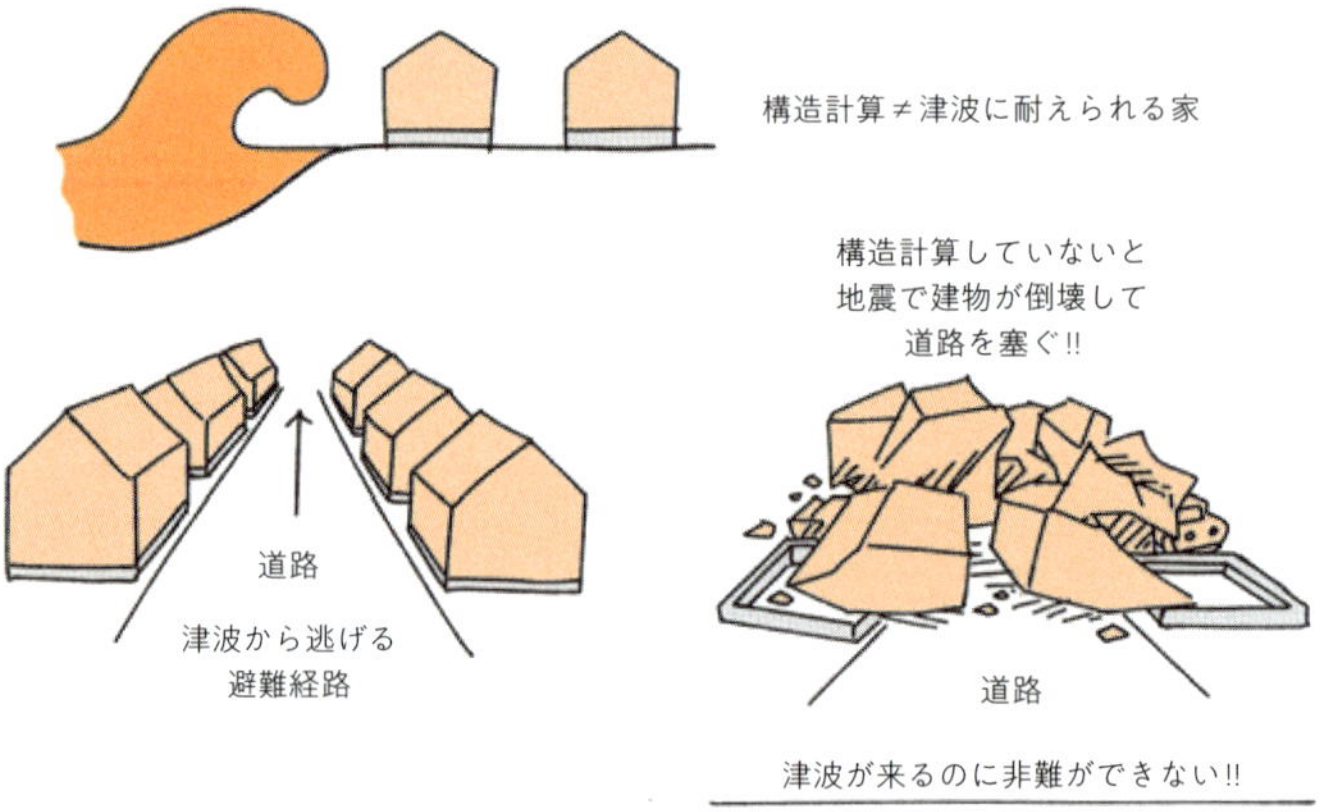

第1章

3つの構造検討方法と検討項目

第1章に掲載の内容は、2025年4月に予定されている建築基準法改正前のものです

第1節

木造住宅の構造検討項目は3種類

壁は丈夫か、壁量の検討をしよう
部材の検討で骨組みをチェック
地盤と基礎の検討

第2節

木造住宅の構造検討方法は3通り

一番簡易な仕様規定の計算
3つの簡易計算と8つの仕様ルール
品確法の計算
一番詳しくわかる許容応力度計算

第3節

何をするべきか

自社の安全基準を考えよう
column03 建築基準法が最低基準であり最適基準じゃない理由

FILE 009

壁は丈夫か、壁量の検討をしよう

壁は常に雨や風にさらされています。
どれほど我慢強いか、その検討が構造計算のカギを握っています。

「家の構造計算って難しいの？　建築士さんでも難しいものなの？」

構造計算は、どんな検討項目をどのような方法で行うかを整理すれば、決して難しいことではないんだよ。

「わかりやすく教えて！」

まずは、検討する項目から説明するね。

検討項目は等3種類あるよ。❶**「壁量《かべりょう》等の検討」**❷**「部材の検討」**❸**「地盤・基礎の検討」**だよ。

「壁量等の検討」とは、地震や台風で家が壊れないように、**筋かいや構造用合板**などの面材を張った丈夫な壁である**耐力壁《たいりょくへき》の数や配置を計算する**ことなんだよ。

「壁量等の検討をすると地震に強い家になるんだね！」

そうだよ。壁量等の検討をすることで初めて地震に強い安全な家と言えるよ。

耐力壁の検討の仕方

この3項目が基準をクリアすると、構造上安全な建物だと言えます。
まず、 検討しなければいけないのが**「壁量等の検討」**です。

3つの構造検討項目

検討項目その1
「壁量等の検討」
- ■壁量計算
- ■壁の配置バランス
- ■柱の柱頭柱脚の接合方法
- ■水平構面　など

検討項目その2
「部材の検討」
- ■柱、梁の設計
- ■たるき、母屋、棟木の設計
- ■土台の設計　など

検討項目その3
「地盤・基礎の検討」
- ■地盤調査
- ■地盤補強工事
- ■基礎設計　など

建物に作用する地震力や風圧力などの「水平荷重」に対して、 安全性を確認する検討項目です。

検討1

筋かいなどで構成した耐力壁の量を決めます。

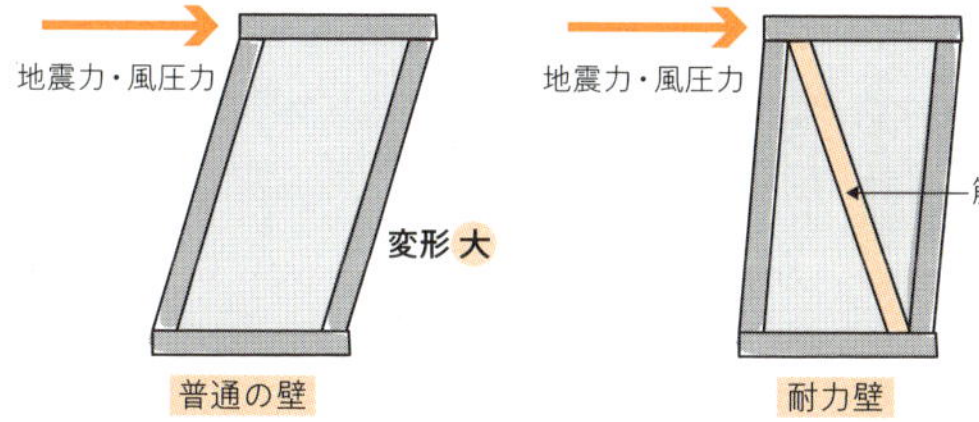

検討2

耐力壁の配置バランスを決めます。

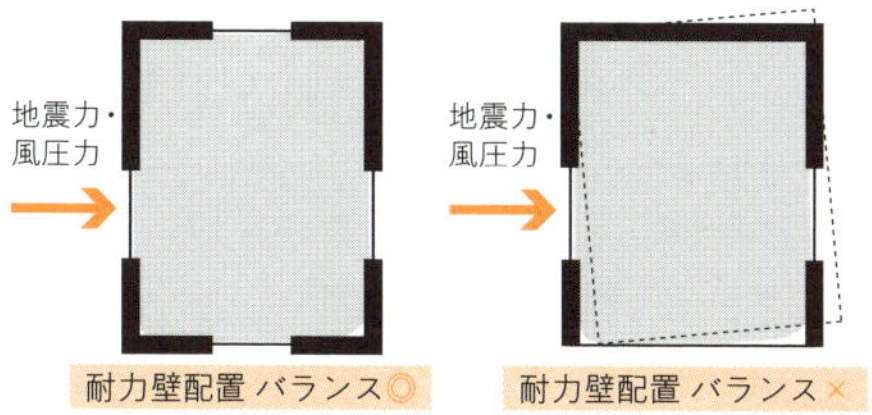

検討3

耐力壁の両端の柱の上下（柱頭《ちゅうとう》柱脚《ちゅうきゃく》）の接合金物を設計します。

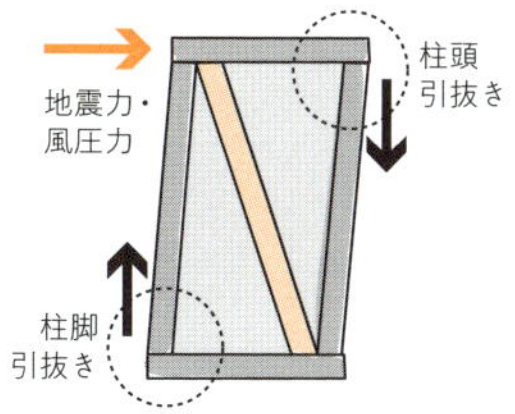

建物全体を支える壁がグラつくと、地震にもろい家になってしまう

部材の検討で骨組みをチェック

仲介役がしっかり者なら、大概のことは安心です。
ところが、壁がいくら頑丈でも支える部材が弱いと、
家はたちまち崩れてしまいます。

「ぶざいの検討って何？」

部材の検討とは、木造の家の骨組みである**柱や梁の組み方やサイズを決める**ことだよ。

柱や梁は家の重さを支えている大切な部材なんだよ。

「どうやって決めるの？」

柱や梁が支えている家の重さをもとに決めるんだよ。

家の重さ（固定荷重《かじゅう》）と人や家具の重さ（積載荷重）、屋根に積もる雪の重さ（積雪荷重）などがあって、これらの重さに対して梁が曲がったり、柱が折れたりしないか計算して、安全な組み方やサイズを決めるんだよ。

プレカット業者がこの検討をしていると思われがちだけど、**本当は建築士がしなきゃいけない**んだ（48ページ参照）。

「ここも勘違いされているんだね」

部材の検討の仕方

この検討は**主に**建物に作用する**「鉛直荷重」**に対して安全性を確認する検討項目です。

3つの構造検討項目

検討項目その1
「壁量等の検討」
- ■壁量計算
- ■壁の配置バランス
- ■柱の柱頭柱脚の接合方法
- ■水平構面　など

検討項目その2
「部材の検討」
- ■柱、梁の設計
- ■たるき、母屋、棟木の設計
- ■土台の設計　など

検討項目その3
「地盤・基礎の検討」
- ■地盤調査
- ■地盤補強工事
- ■基礎設計　など

部材によっては「水平荷重」を負担することもあるため、両方の荷重に対する検討が必要です。

検討1

建物の骨組みとなる**柱**や**梁**の**配置**、**サイズ**を設計します。

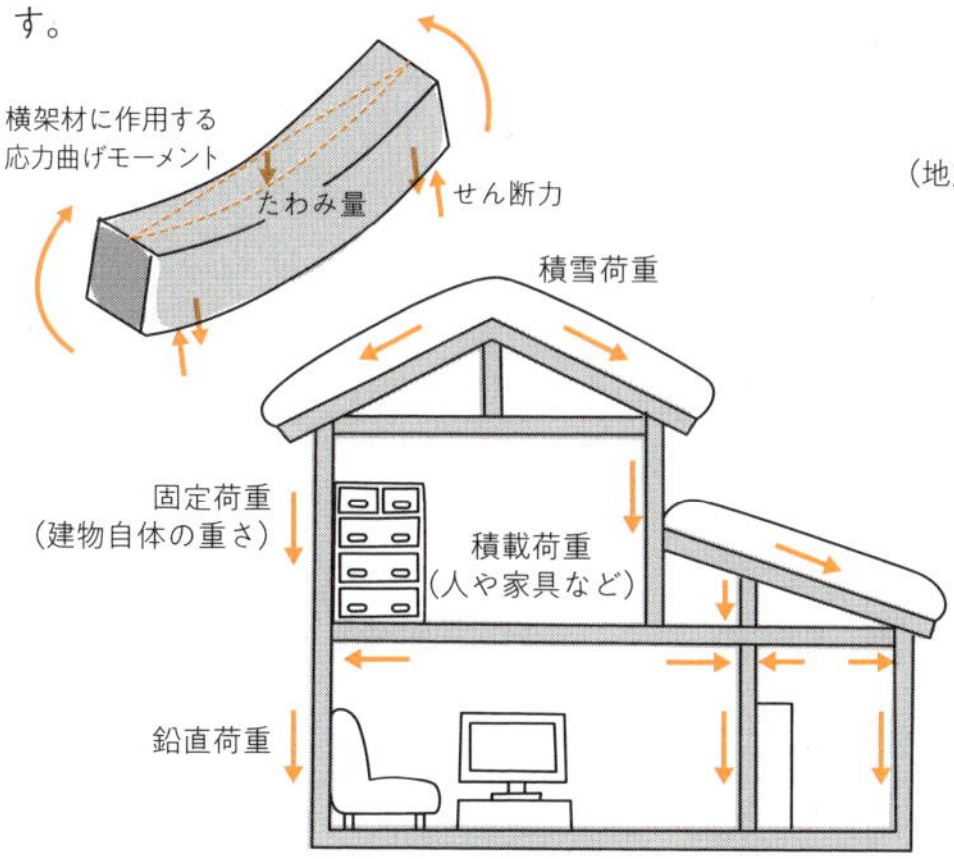

さまざまな荷重が骨組みである柱、梁などの部材に作用する。

検討2

水平荷重を負担する**柱や梁**の設計をします。

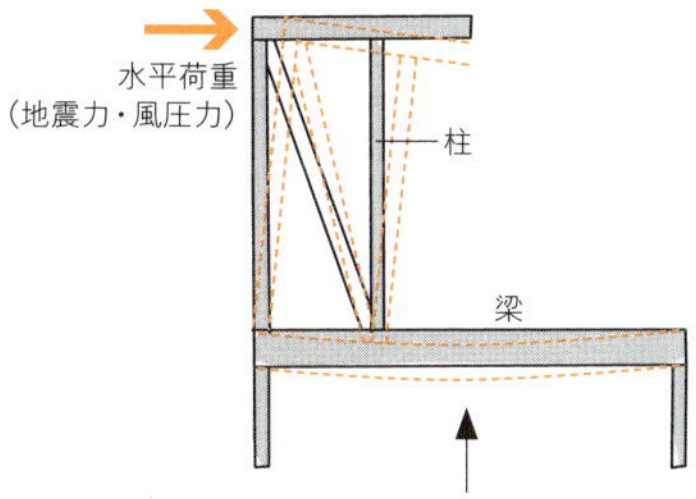

上階の耐力壁が取り付く柱の下に柱がなく、梁で受ける場合は、梁がたわむだけ変型量が大きくなってしまう。できるだけ下階にも柱を設ける必要がある。

壁が頑丈でも、それを支える梁などがもろいと、家の強度はガタ落ち

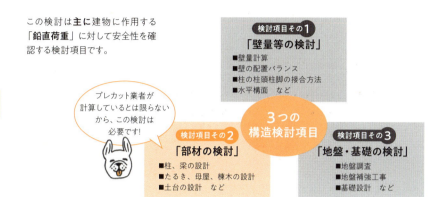

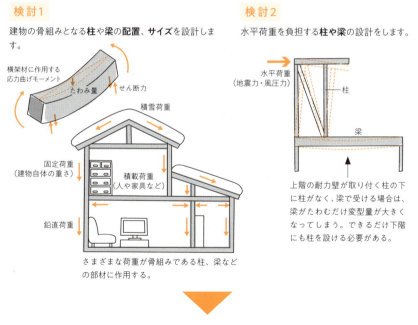

FILE 011

地盤と基礎の検討

地盤や基礎が弱い…考えただけでも、家の安全が心配になります。一見、頑丈そうな地盤や基礎もしっかり検討します。

「地盤と基礎の検討ってどんなことをするの？」

地盤と基礎は家を支えている大切なところだよ。「壁量等の検討」や「部材の検討」を一生懸命しても、家の足元で支えている地盤と基礎がしっかりしていないと安全で丈夫な家とは言えないよね。

「地盤と基礎って大切なんだね」

とっても大切だよ。

「でも、地盤って地面のことだよね。地面って硬いよね。それに基礎は見たことがあるけど、コンクリートでできていて丈夫そうだよ。それでも計算するの？」

構造計算しないと安全性は確認できないからね。

地面は表面だけ硬くても、その少し下は軟らかいこともあるんだよ。それに、木造の家でも、地盤が重さに耐えられなくて家が沈んだり傾いたりすることもあるんだ。

基礎はコンクリートでできているけど、家の重さで曲がったりすることがある。だからどちらも計算をして、安全性を確認する必要があるんだよ。

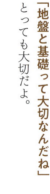

地盤・基礎の検討の仕方

地盤・基礎の検討では、主に建物に作用する「**鉛直荷重**」と「**水平荷重**」に対して安全性を確認する必要があります。

3つの構造検討項目

検討項目その1
「壁量等の検討」
- 壁量計算
- 壁の配置バランス
- 柱の柱頭柱脚の接合方法
- 水平構面　など

検討項目その2
「部材の検討」
- 柱、梁の設計
- たるき、母屋、棟木の設計
- 土台の設計　など

検討項目その3
「地盤・基礎の検討」
- 地盤調査
- 地盤補強工事
- 基礎設計　など

建物に作用する荷重は、すべて基礎から地盤へ伝わります。
壁量の検討、部材の検討をしっかり行っても、基礎や地盤の検討をしなければ安全性を確認できたとは言えません。建物にとって、とても大切なところです。

検討1

家全体を支えられるかどうか、**地盤調査**をします。

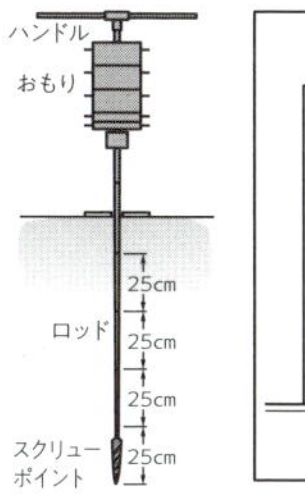

(スクリューウェイト貫入試験)

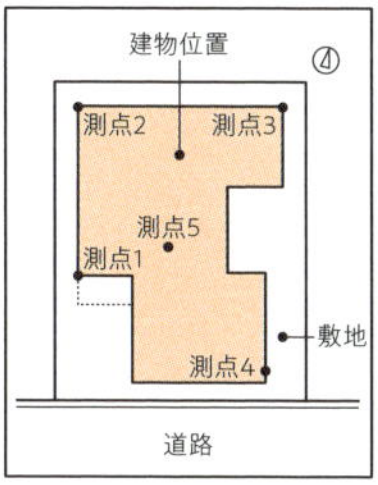

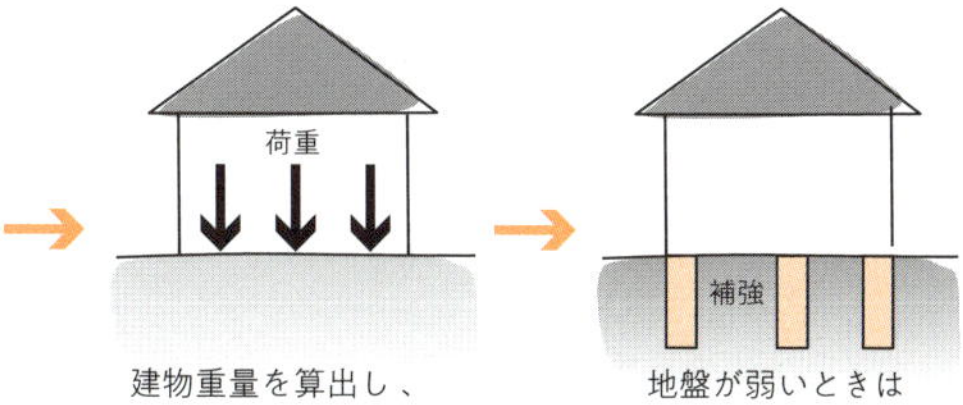

建物重量を算出し、地盤の強さと比較する。

地盤が弱いときは地盤を補強する。

検討2

建物と地盤に最適な**基礎の形状**を決めます。

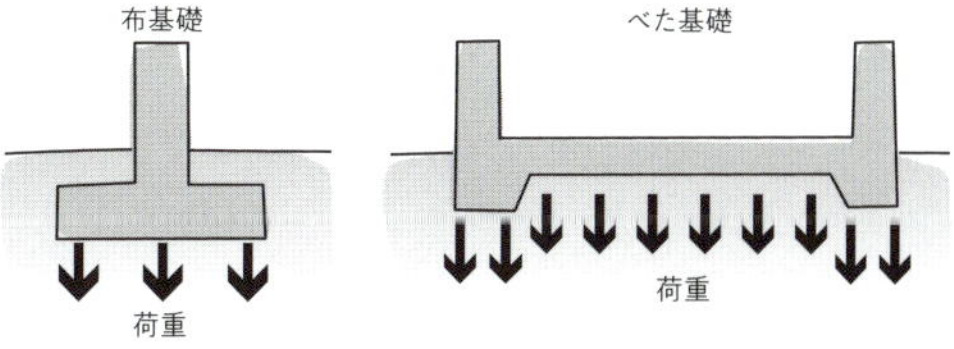

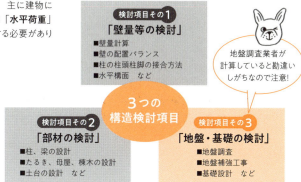

FILE 012

一番簡易な仕様規定の計算

壁量や部材、地盤・基礎の計算には、いくつかの方法があります。建物の構造によって、どのような方法があるのか覚えましょう。

「壁量《かべりょう》等の検討と部材の検討、地盤・基礎の検討が大切なことだってわかった！」

次は、この3項目を3種類の構造検討方法で安全性を確認するんだよ。

「えっ、今度は構造検討の方法が3種類？」

そうなんだ。3項目を検討するには**❶「仕様規定の計算」❷「品確法の計算」❸「許容応力《きょようおうりょく》度《ど》計算」**があって、それぞれ構造検討の方法が違うんだよ。

「なんか、めんどくさそうだね」

木造の2階建ての家で必ず検討しなければいけないのが**「仕様規定の計算」**。でも、安全性を図るには、仕様規定の計算だけではちょっと物足りないんだ。

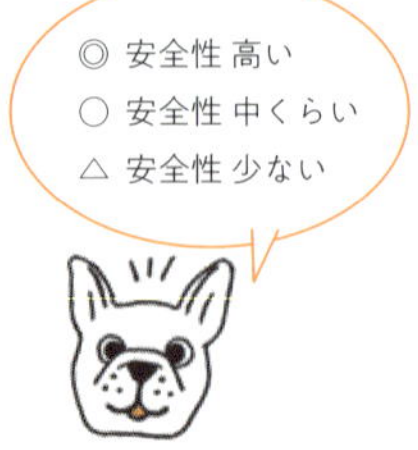

	❶仕様規定の計算	❷品確法の計算	❸許容応力度計算
壁量等の検討	○	○	◎
部材の検討	△	○	◎
地盤・基礎の検討	△	○	◎

「仕様規定の計算」とは？

木造2階建ては一番簡易的な**「仕様規定の計算」**を満たすことが最低条件ですが、これで安全性を判断するには検討項目が少なすぎます。

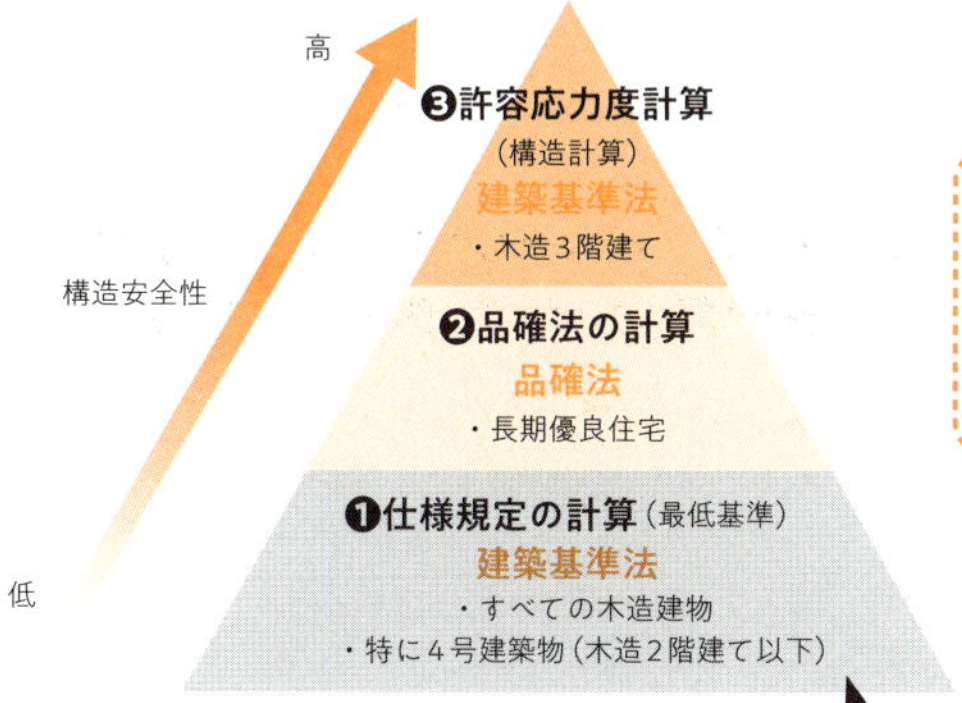

4号建築物	長期優良住宅	木造3階建て
	❷品確法の計算	❸許容応力度計算
	＋	＋
❶仕様規定の計算		

木造2階建てはここを満たしていればよいが、ちょっと物足りない…
なぜなら…

	4号建築物 ❶仕様規定の計算 建築基準法	長期優良住宅 ❷品確法の計算 品確法	木造3階建て ❸許容応力度計算 建築基準法
壁量計算	簡易計算	簡易計算+α	詳細計算
壁バランス	四分割法	四分割法	偏心率
水平構面	仕様規定	床倍率の確認	水平構面耐力の計算
柱の座屈	小径・有効細長比	小径・有効細長比	許容応力度以下の確認
接合部の検討	筋かい端部・N値計算	仕様規定+α	許容応力度以下の確認
横架材の検討	仕様規定	スパン表	許容応力度以下の確認
基礎の検討	仕様規定	スパン表	許容応力度以下の確認

「**仕様規定の計算**」の場合、この項目は計算をしていない。
その他も簡易的な計算となる。

建物の規模や種類により計算方法が決まります。

計算していないモレが、たくさん出てしまう

構造安全性確認方法には3種類あり、木造2階建ての住宅は仕様規定の計算を必ず守らなければいけない。

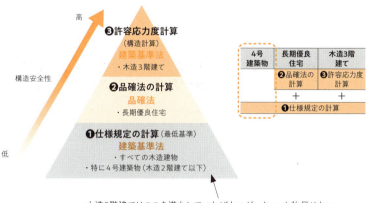

3つの簡易計算と8つの仕様ルール

仕様規定の計算では、「3つの簡易計算」と「8つの仕様ルール」から成り立つことと、「4号建築物確認の特例」との関係が重要です。

「3通りある構造安全性確認方法の中で、仕様規定の計算を詳しく教えて」

この計算には、**3つの簡単な計算と8つの仕様ルール**があるよ。

「そんなにたくさんあるんだ！」

でも、仕様規定の計算の11項目はとても初歩的な内容ばかりだから、3つの簡単な計算（簡易計算）もちょっと勉強すればすぐに覚えられる。

「仕様規定の計算だけでは物足りないって言ってたよね？」

そうなんだよ。だから、品確法の計算や許容《きょよう》応力《おうりょく》度《ど》計算と組み合わせて、**家全体の安全性検討**をすることが必要なんだ。

「そんな仕様規定の計算も守られてない家が多いんでしょ？」

そこが大きな問題だね。本当に大切なことだから繰り返すけど、木造2階建ての家（4号建築物）は**「4号建築物確認の特例」**（40ページ参照）があって、確認申請のときに仕様規定の計算書などを提出しなくてもよかったよね。これは計算しなくてもよいのではなくて、**建築士が計算をして安全性を確認するけれど、確認申請に提出してチェックを受けなくてよい**「特例」なんだ。

仕様規定の計算

4号建築物の復習をすると…
・階数2階建てまで
・延床面積500㎡以下（500㎡を含む）
・最高軒高9m以下
・最高高さ13m以下
すべてを満たすもの

3つの簡易計算

❶壁量計算
❷壁の配置バランス
❸柱の柱頭柱脚の接合方法

8つの仕様ルール

❶基礎の仕様
❷屋根葺き材等の緊結
❸土台と基礎の緊結
❹柱の小径等
❺横架材の欠き込み
❻筋かいの仕様
❼火打材等の設置
❽部材の品質と耐久性の確認

仕様規定の計算には、**3つの簡易計算**と**8つの仕様ルール**があります。**仕様規定の計算はすべての木造建築物に適用**する必要があるため、当然、**4号建築物も仕様規定を守らなければいけません。**

品確法の計算

構造安全性確認方法の2つ目は「品確法の計算」です。
長期優良住宅の認定基準である耐震等級2［※］の計算もここに含まれています。

「品確法の計算ってどんな計算なの？」

品確法の計算は、瑕疵保険のときに話した「住宅の品質確保の促進等に関する法律」に規定されている計算で、**耐震等級、耐風等級、耐雪等級**などの計算があるんだ。仕様規定の計算に比べると計算項目は多くて、計算もちょっとレベルが高いよ。

「難しい計算ってこと？　その方が家は安全になるの？」

仕様規定の計算に比べたら計算は難しいんだ。難しい計算だと、それだけ細かく計算するから、家の安全性は高くなるよね。それに、**長期優良住宅**は**品確法の計算**で**耐震等級2**［※］を確保する必要があるんだよ。

「じゃあ、品確法の計算をした方がいいんだね！」

そうだね、でも品確法の計算でも、すべての安全性について計算しているわけじゃないんだよ。

横架材（梁など）の検討や基礎の検討は、「**スパン表**」という、あらかじめいくつかの条件を決めて計算した表から、断面や鉄筋量を選ぶ方法があって、詳細に計算していない分、少し経済的にならないことが多いんだ。

「品確法の計算」とは？

「住宅の品質確保の促進等に関する法律（品確法）」にある計算方法です。

品確法では、住宅の性能を明確化するために**「性能表示制度」**があり、その表示項目の1つとして**「構造の安定」**があります。「構造の安定」には、**耐震等級、耐風等級、耐雪等級**があります。

長期優良住宅は**「耐震等級2」**［※］**が認定基準**であるため、長期優良住宅の普及とともに「耐震等級2」［※］の計算が行われることが多くなってきました。

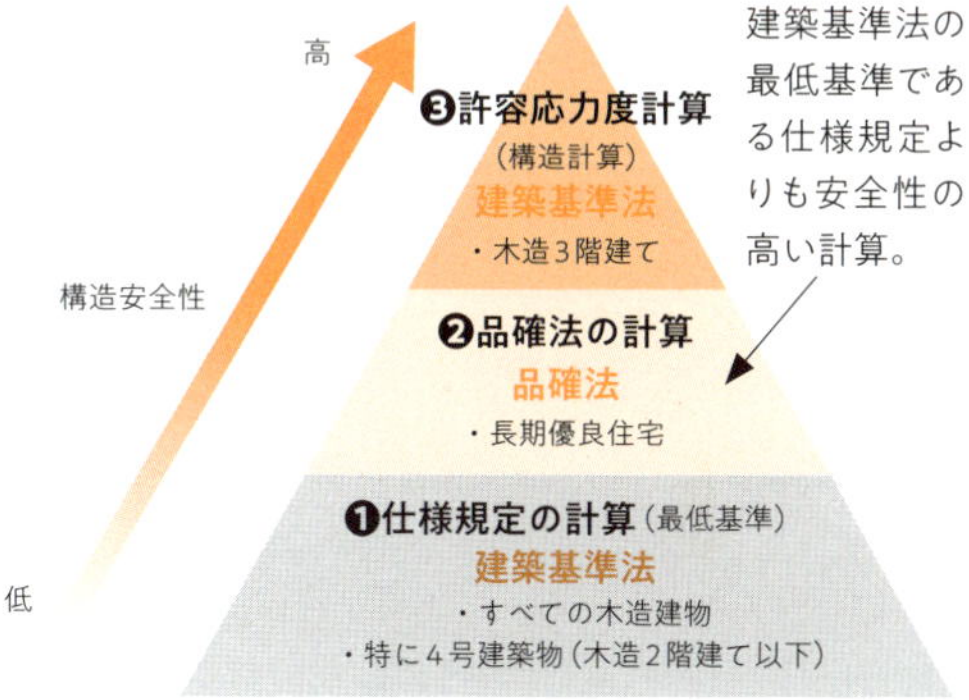

耐震等級のレベル

- **耐震等級1**
  建築基準法レベルの耐震性能
- **耐震等級2**
  建築基準法の1.25倍
- **耐震等級3**
  建築基準法の1.5倍の耐震性能

	4号建築物 ❶仕様規定の計算 建築基準法	長期優良住宅 ❷品確法の計算 品確法	木造3階建て ❸許容応力度計算 建築基準法
壁量計算	簡易計算	簡易計算+α	詳細計算
壁バランス	四分割法	四分割法	偏心率
水平構面	仕様規定	床倍率の確認	水平構面耐力の計算
柱の座屈	小径・有効細長比	小径・有効細長比	許容応力度以下の確認
接合部の検討	筋かい端部・N値計算	仕様規定+α	許容応力度以下の確認
横架材の検討	仕様規定	スパン表	許容応力度以下の確認
基礎の検討	仕様規定	スパン表	許容応力度以下の確認

床倍率の計算がある。これはとても大切な計算。

柱、横架材、基礎の設計がちょっと物足りない。

「品確法の計算」では、物足りない部分もあるが、ひと通り計算する

※2022年10月1日より、長期優良住宅の認定基準変更により、省エネに関する等級が4から5に変わりました。それに伴い、品確法の計算による耐震等級2を確保するために一時的に耐震等級3による壁量を用いることとしています（許容応力度計算は従来通り耐震等級2の問題なし）。品確法の壁量計算も2025年に見直される予定です

一番詳しくわかる許容応力度計算

構造安全性確認方法の3つ目は「許容応力度計算」です。
3つの構造安全性確認方法の中で、最も詳細に安全性検討を行う計算方法です。

「最後のきょようおうりょくどけいさんって何？」

許容応力度《きょようおうりょくど》計算は、3つの項目の中で最も詳細に計算する方法だよ。
木造の3階建てなどで必要となる計算で、この許容応力度計算を一般には**「構造計算」**と呼ぶことが多いよ。

「許容応力度計算が構造計算なんだ、なんかよくわからなくなってきた…」

許容応力度計算を構造計算と呼ぶんだよ。仕様規定の計算、品確法の計算を全部あわせて、家の**「構造安全性確認方法」**と呼ぶこともあるんだよ。

「許容応力度計算をすると、家は安全だってわかるの？」

許容応力度計算をクリアできるように建てれば、家はとっても安全で丈夫になるよ。

「許容応力度計算」とは？

木造3階建てなど規模の大きい建物で行う計算方法で、一般的に「**構造計算**」とはこの**許容応力度計算**のことです。仕様規定の計算、品確法の計算に比べ、すべての項目について詳細に計算を行うため、最も安全性の高い計算方法となります。しかし、計算を行うには、ほかの計算に比べ、構造に関する知識と経験が必要となります。

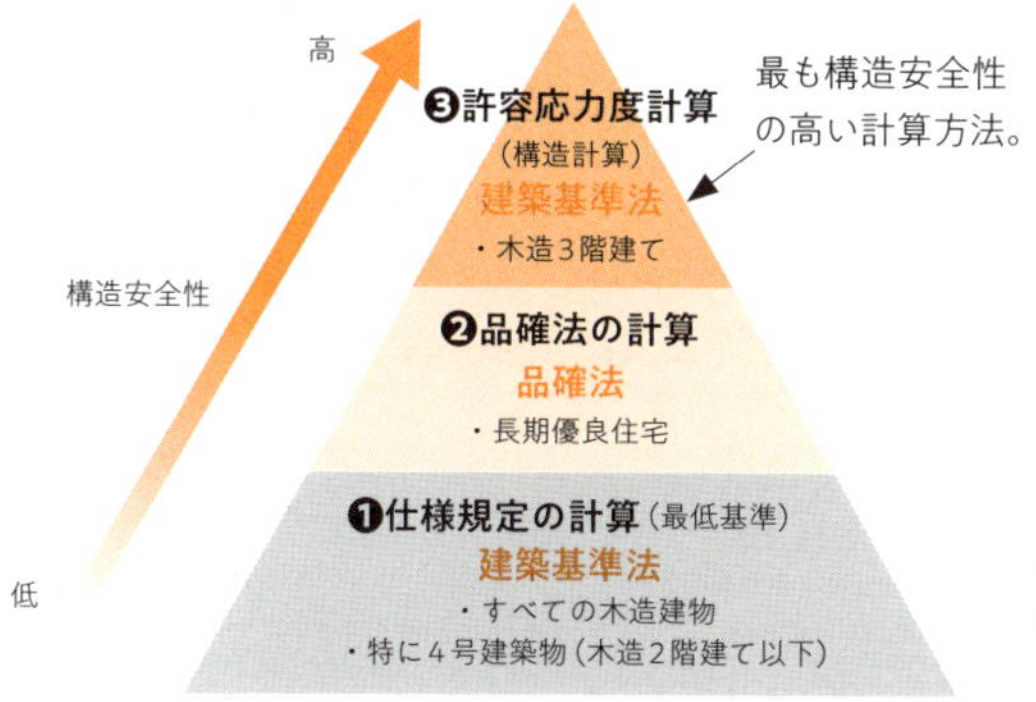

＊構造計算にはその他の方法があるが、本書では木造住宅で一般的に行われている許容応力度計算までを構造計算として扱う

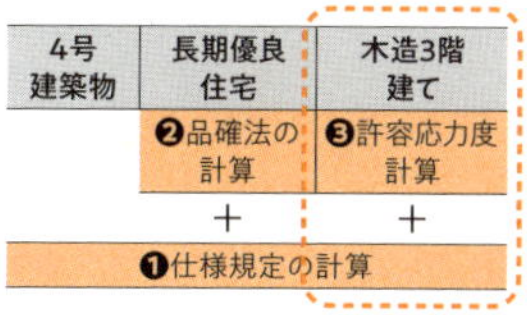

安全性を保証するすべての項目において詳細に計算するので、最も信頼性が高い。

	4号建築物 ❶仕様規定の計算 建築基準法	長期優良住宅 ❷品確法の計算 品確法	木造3階建て ❸許容応力度計算 建築基準法
壁量計算	簡易計算	簡易計算+α	詳細計算
壁バランス	四分割法	四分割法	偏心率
水平構面	仕様規定	床倍率の確認	水平構面耐力の計算
柱の座屈	小径・有効細長比	小径・有効細長比	許容応力度以下の確認
接合部の検討	筋かい端部・N値計算	仕様規定+α	許容応力度以下の確認
横架材の検討	仕様規定	スパン表	許容応力度以下の確認
基礎の検討	仕様規定	スパン表	許容応力度以下の確認

仕様ルールに遵守し、詳細計算が優先される

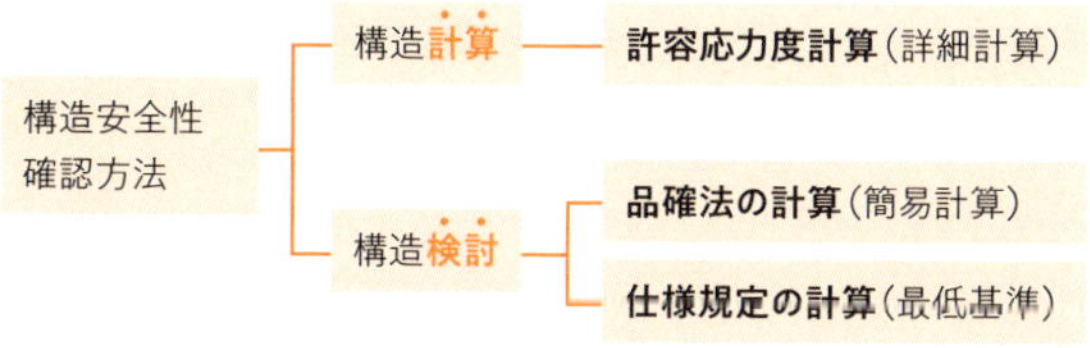

木造3階建てなどの大きな建物は**許容応力度計算**が必要です。

自社の安全基準を考えよう

3つの構造安全性確認方法を理解したら、自分の会社で使う安全基準を考えます。どの計算方法を使うか、または組み合わせるか考えてみましょう。

「ちょっと整理してみるよ。木造の家を地震に強く、安全で丈夫にするには、許容応力度《きょようおうりょくど》計算で壁量《かべりょう》等の検討、部材の検討、地盤・基礎の検討をすればいいんだね」

それが一番理想だね。でもね、許容応力度計算と品確法の計算や、仕様規定の計算をうまく組み合わせて計算する方法も考えられるよ。

「組み合わせってどうするの？」

建築士が設計する家の規模や形状、家を建てる場所を考えて組み合わせを考えるんだ。

「壁量等の検討」を仕様規定の計算または品確法の計算で行って、「部材の検討」と「地盤・基礎の検討」を許容応力度計算するというように、検討内容をよく理解して組み合わせるんだよ。

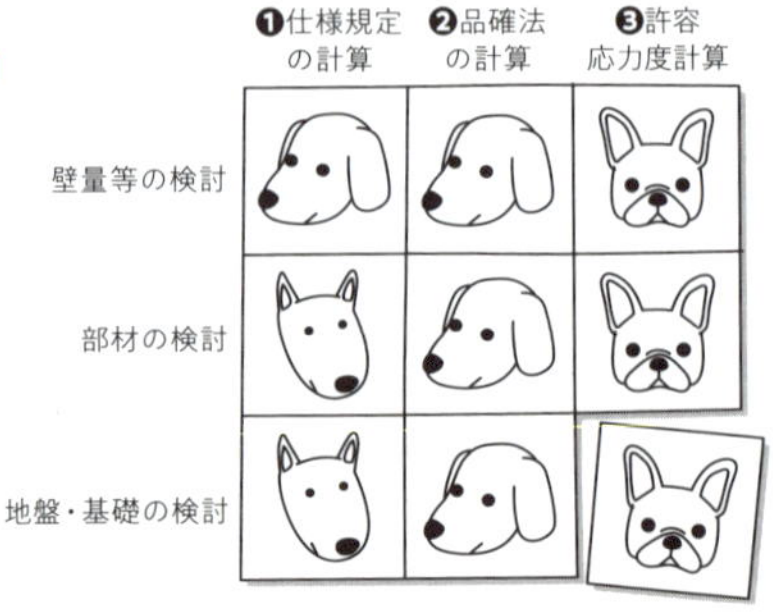

計算方法の組み合わせ

取り組みやすいのは、 品確法の計算による「耐震等級3」を基本にして、 部材の検討、 地盤･基礎の検討などの不足部分を許容応力度計算で補う方法です。

この計算方法に慣れてきたら、すべての検討を許容応力度計算とし、「耐震等級3」を目指してください。

❶仕様規定の計算の
壁量計算をする
時は、積雪荷重
も考慮しようね

基本（長期優良住宅の列）

	4号建築物 ❶仕様規定の計算 建築基準法	長期優良住宅 ❷品確法の計算 品確法	木造3階建て ❸許容応力度計算 建築基準法
壁量計算	簡易計算	簡易計算+α	詳細計算
壁バランス	四分割法	四分割法	偏心率
水平構面	仕様規定	床倍率の確認	水平構面耐力の計算
柱の座屈	小径・有効細長比	小径・有効細長比	許容応力度以下の確認
接合部の検討	筋かい端部・N値計算	仕様規定+α	許容応力度以下の確認
横架材の検討	仕様規定	スパン表	許容応力度以下の確認
基礎の検討	仕様規定	スパン表	許容応力度以下の確認

補助

部材の検討と地盤･基礎の検討は、 許容応力度計算をした方がスパン表に比べ経済設計になります。

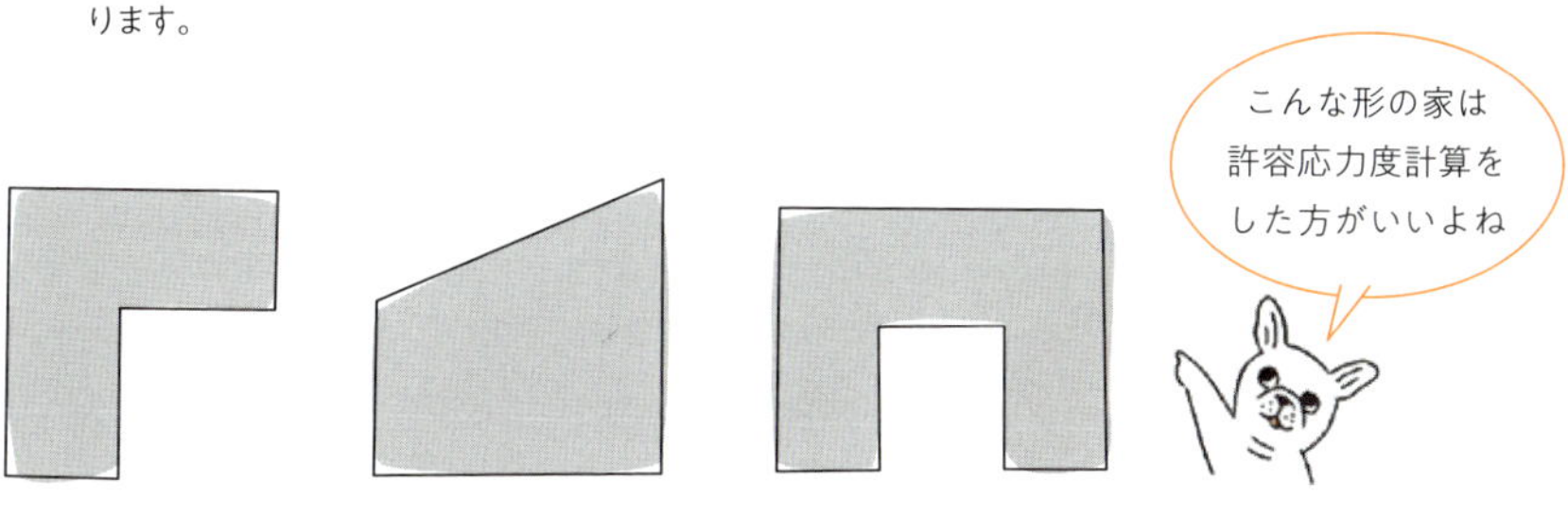
こんな形の家は
許容応力度計算を
した方がいいよね

図のように複雑な平面形状の建物は、荷重が複雑に作用するため注意して計算してください。 まずは全体で計算し、 次に矩形(四角形)になるように建物を分割し、 分割したそれぞれの建物を計算します。

それぞれの建物に合った計算の組み合わせを考えて行うのがベスト

すべての建物を許容応力度計算することが、 最も構造安全性が高くなるので理想的です。

建築基準法が最低基準であり最適基準じゃない理由

建築基準法の「**最低基準**」を「**最適基準**」と勘違いしている方が多いようです。

法律なのだからそれなりの基準のはず（最適基準）、耐震等級３が必要ならば、基準法で義務化するはず、法律で規定されていないことは国がそこまでいらないと考えている…

こう考えたい気持ちもわかります。

しかし、建築に対して法律で「**最適解**」を求めることは難しいのです。たとえば、耐震等級３を義務化します。そうすると日本中の木造住宅は劇的に耐震性能が向上します。

そのときに熊本地震［※］以上の地震が発生し、耐震等級３の住宅が倒壊した場合、国民は法律の甘さを指摘し、賠償責任を国に求めることに。

そこで、法律では「最低基準」を定め、都度進歩する「最適解」は、建築士という資格者に委ね、法律と建て主の間に立つ「建築士」の責任の元、建築行為を行う枠組みをつくったのです。

だから、建築基準法レベルの建築物は、とても性能が低い！　忘れずにいてください。

※耐震等級3の必要性がわかった地震

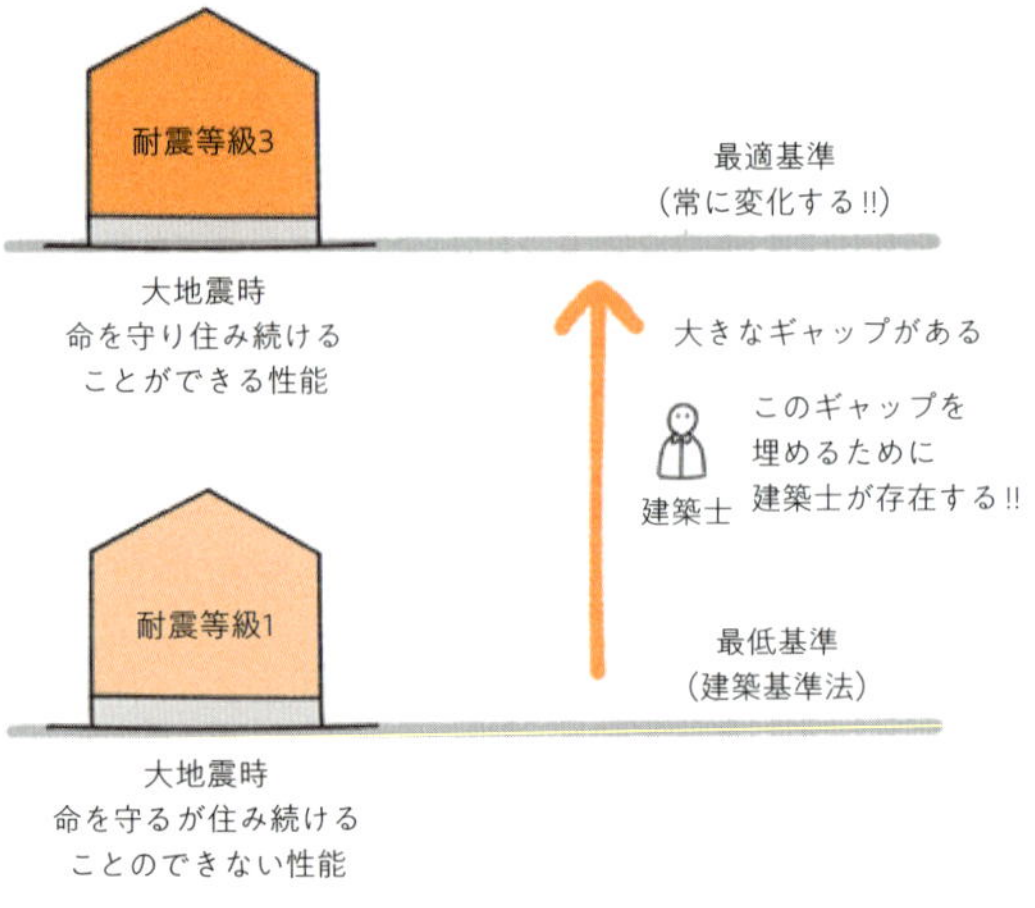

第2章

仕様規定：3つの簡易計算
その1 壁量計算

第2章に掲載の内容は、2025年4月に予定されている建築基準法改正前のものです

第1節 壁量計算

壁量計算って何?
必要壁量（地震力）を計算しよう
必要壁量（地震力）は積雪を考慮
品確法の計算による「耐震等級2」との比較
許容応力度計算（地震力）との比較
地震力は建物の重さで決まる
必要壁量（風圧力）を計算しよう
床から1.35mまではなぜ除く?
壁倍率とは耐力壁の「強さ」のこと
壁量を知り、存在壁量を求める
必要壁量≦存在壁量の確認
必要壁量≦存在壁量の精度を上げる

第2節 耐力壁の基礎知識

耐力壁の幅と高さの規定
耐力壁の長さの規定
高倍率で短い壁と、低倍率で長い壁
2階耐力壁を梁で受けるとき
同一階で高さが違う耐力壁
平面的な斜め壁、立面的な傾斜壁
スキップフロア
換気扇などの穴はどうする?
その他の耐力壁

第3節 筋かい耐力壁

筋かい寸法と壁倍率
筋かいには方向性がある
筋かいは左右交互に配置する
筋かいの欠き込みはNGだけど…
筋かい端部の接合方法
筋かいとホールダウン金物の整合

第4節 面材耐力壁

面材の種類と壁倍率
構造用合板は大壁仕様で外周部に使う
真壁仕様の注意点
室内側の面材耐力壁には床勝ち仕様の大壁が便利
面材耐力壁の釘打ちのルール
面材耐力壁を連続させるとき
バルコニー廻りの注意点
下屋は面材耐力壁が張れないことも
column04 デフォルト（初期設定）の見直しを

壁量計算って何？

安全で丈夫な家には、耐力壁が必要です。でも、壁量計算ができないと、耐力壁をどこに、どう入れればよいのかがわかりません。

3つの簡易計算（61ページ参照）から説明していくよ。まずは**壁量《かべりょう》計算**から。これから建てようとしている家が地震や台風で壊れたりしないように、筋かいなどの入っている**耐力壁《たいりょくへき》がどのくらい必要なのか計算で決めるんだ。**

「大工さんが、斜めの筋かいを入れているところを見たことがあるよ。あれは計算で入れるところを決めているんだね」

そうだよ。**計算して入れる位置や向き、本数を決めるんだ。**適当に入れちゃいけないよ。経験と勘で筋かいを入れる人がいるけれど、壁量計算をしたことがなければ、本当は経験も勘もないはずだよね。

「なるほど！」

壁量計算を何度も経験すれば、勘も働いてくるはずだよ。

3つの構造検討項目

検討項目その1
壁量等の検討
- ■壁量計算
- ■壁の配置バランス
- ■柱の柱頭柱脚の接合方法
- ■水平構面　など

検討項目その2
部材の検討
- ■柱、梁の設計
- ■たるき、母屋、棟木の設計
- ■土台の設計　など

検討項目その3
地盤・基礎の検討
- ■地盤調査
- ■地盤補強工事
- ■基礎設計　など

「仕様規定の計算」(61ページ参照)の「3つの簡易計算」はここの検討項目だよ

壁量計算の流れ

手順は以下のとおりです。

❶必要壁量を算出
❷存在壁量を算出
❸必要壁量 ≦ 存在壁量の確認

- 「**必要壁量**」とは、計算する建物が負担する地震力、風圧力に抵抗するために必要な耐力壁の量です。
- 「**存在壁量**」とは、設計上建物に配置する耐力壁の量です。
- 必要壁量と存在壁量を算出し、**存在壁量が必要壁量以上であること**を確認します。
- 存在壁量が少ない場合は、地震力や風圧力に対して安全ではないため、耐力壁を増やします。

❶必要壁量の算出

地震力

階ごとに平面図から床面積を求めます。

必要壁量＝床面積 × 床面積に乗ずる数値

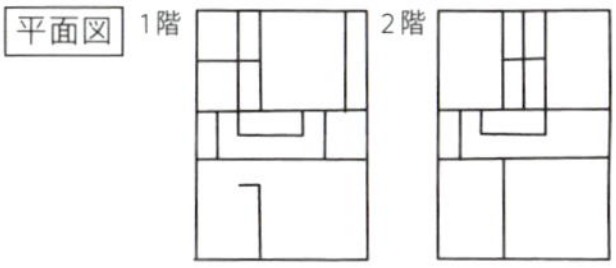

風圧力

階ごとに各方向の立面図から見付《みつけ》面積を求めます。

必要壁量＝見付面積×見付面積に乗ずる数値

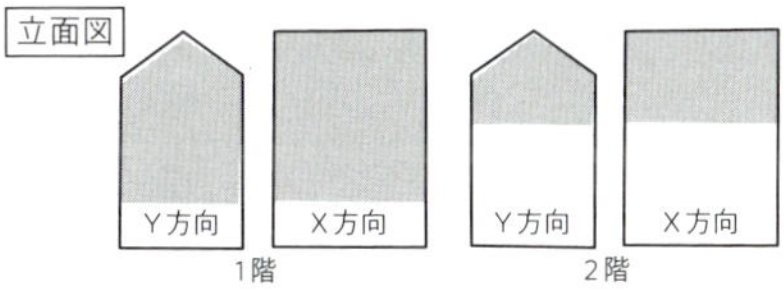

どちらか大きい方が必要壁量となります。

❷存在壁量の算出

各階、X方向とY方向の存在壁量を算出します。

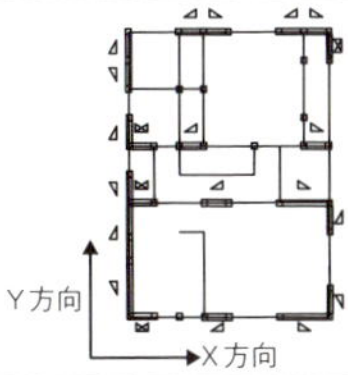

❸必要壁量 ≦ 存在壁量の確認

NGの場合は、存在壁量を追加する

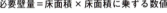

必要壁量（地震力）を計算しよう

壁量計算の第一歩は、地震力に対する必要壁量を求めること。
簡単に計算することができますが、床面積の取り方には注意しましょう。

壁量《かべりょう》計算の手順の1つ目、**地震力に対する必要壁量**を求めてみるよ。
各階（1階と2階）の床面積に、左ページの表にある数値をかけるだけ。簡単でしょ！

「それだけ？」

それだけ。地震力は建物自体を揺らすから、必要壁量はX方向、Y方向も同じ値なんだ。注意するのは**床面積の取り方**くらいだよ。

「床面積の取り方？」

壁量計算の床面積は、通常の見下げの面積（上から見た面積）で建築基準法の床面積を採用するんだけど、小屋裏収納やバルコニー、ポーチ屋根など面積に含まれないところが意外とたくさんあるんだ。
地震力は建物の重さに影響するから、**建物の重さとして影響するところはすべて面積として算入**した方が安全な設計となるよ。

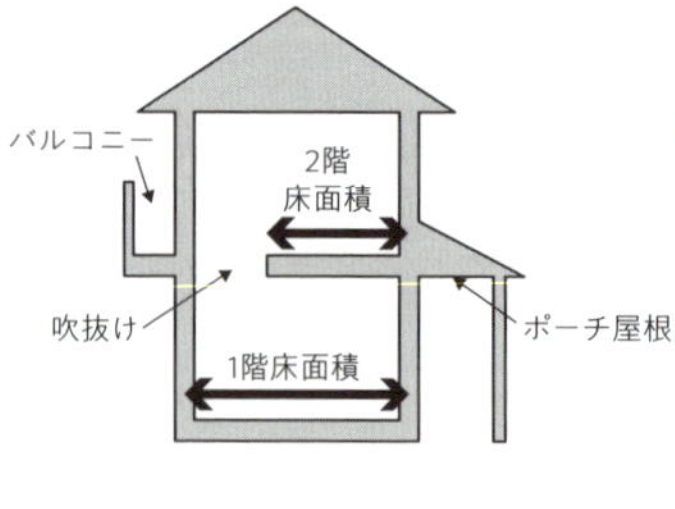

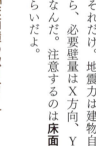

小屋裏収納やバルコニーの場合

手順は以下のとおりです。

●計算例

2階建ての1階、
1階床面積50㎡、軽い屋根(鉄板系)

1階必要壁量＝50㎡×29cm/㎡＝1,450cm(14.5m)

床面積に乗ずる数値(地震力)

建物の種類	床面積に乗ずる数値(cm/㎡)	
	平屋建て	2階建て
軽い屋根	11	2階：15 1階：29
重い屋根	15	2階：21 1階：33

※建築基準法施行令46条4項表2より

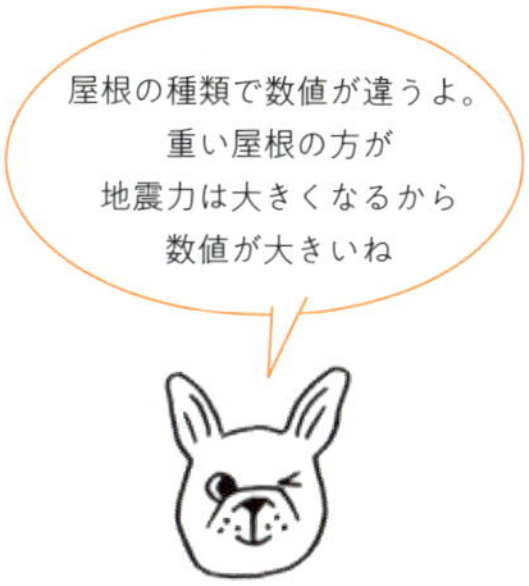
屋根の種類で数値が違うよ。
重い屋根の方が
地震力は大きくなるから
数値が大きいね

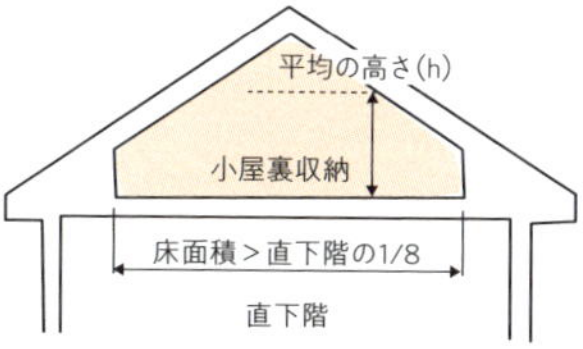
平均の高さ(h)
小屋裏収納
床面積＞直下階の1/8
直下階

●地震力算定用　小屋裏収納の床面積の求め方

$$\text{地震力算定用 小屋裏収納の床面積} = \frac{\text{小屋裏収納の平均の高さ(h)}}{2.1} \times \text{小屋裏収納の床面積}$$

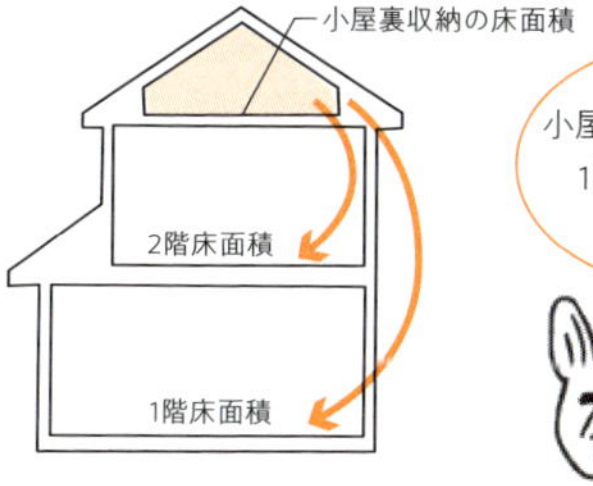
小屋裏収納の床面積
2階床面積
1階床面積

小屋裏収納の面積は
1階、2階両方に
加算しよう

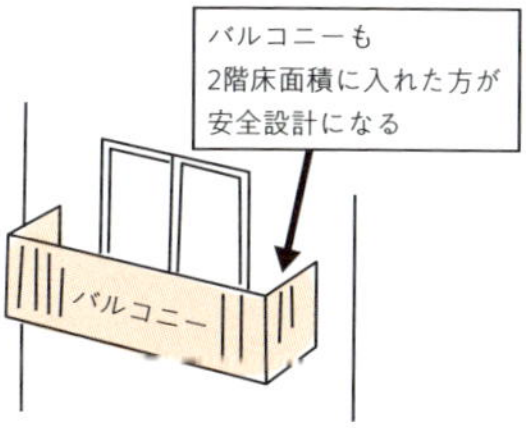
バルコニーも
2階床面積に入れた方が
安全設計になる
バルコニー

必要壁量（地震力）は積雪を考慮

**必要壁量は重量の大きい建物ほど大きくなります。
そのため積雪の多い地域では、雪の重さを考慮した壁量の計算が必要です。**

地震力に対する必要壁量《かべりょう》では、**雪を考慮した計算**があるんだよ。

「雪が計算に関係あるの？」

地震力に対する必要壁量は、重量の大きい建物ほど多くなるよね。雪が多い地域は**多雪区域**と呼ばれていて、**屋根に積もる雪の重さを計算に反映させる**ことで、安全な設計になるんだよ。

●多雪区域での計算例（2階建ての1階）

1階床面積50㎡、積雪量1.0m

必要壁量（地震力）＝
床面積×床面積に乗ずる数値（下表の数値）

1階必要壁量＝50㎡×43cm/㎡＝2,150cm（21.5m）

積雪1.0mの場合と、一般地域（雪の少ない地域）の計算例を比較すると…（73ページ参照）

1階床面積50㎡、軽い屋根（鉄板系）

1階必要壁量＝50㎡×29cm/㎡＝1,450cm（14.5m）
21.5m/14.5m＝1.48倍
必要壁量は多く必要です！

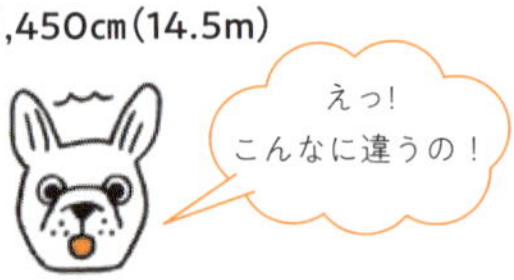

えっ！
こんなに違うの！

屋根の重さは
関係なくなるよ

建物の種類	床面積に乗ずる数値（cm/㎡）	
積雪 1.0m	25 平屋建て	33 43 2階建て
積雪 2.0m	39 平屋建て	51 57 2階建て

※枠組壁工法平成14年国土交通省告示1541号より。この数値はツーバイフォー工法で利用されているもの。建築基準法で規定されている数値ではないものの、在来軸組工法でも使いたい数値

直線補正で求める場合

多雪区域の雪の重さをイメージしてみましょう
建築基準法で決まっている雪の重さは雪1m^2で厚さ1cmあたり3kg（30N）です。
（ちなみに雪の少ない一般地域は2kg（20N））
ということは、1m^3で300kgの重さになります。

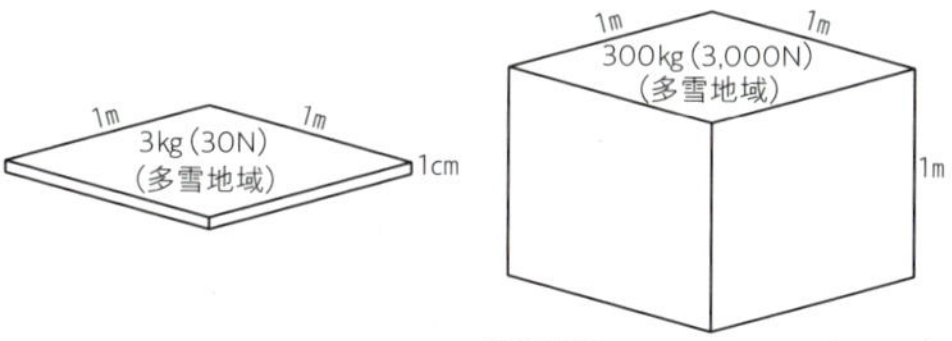

構造計算では×0.7の210kg（2,100N）

表以外の積雪量による数値は、直線補正で求めます。

平屋建ての例

建物の種類	床面積に乗ずる数値（cm/m^2）
積雪 1.0m	25 平屋建て
積雪 2.0m	39 平屋建て

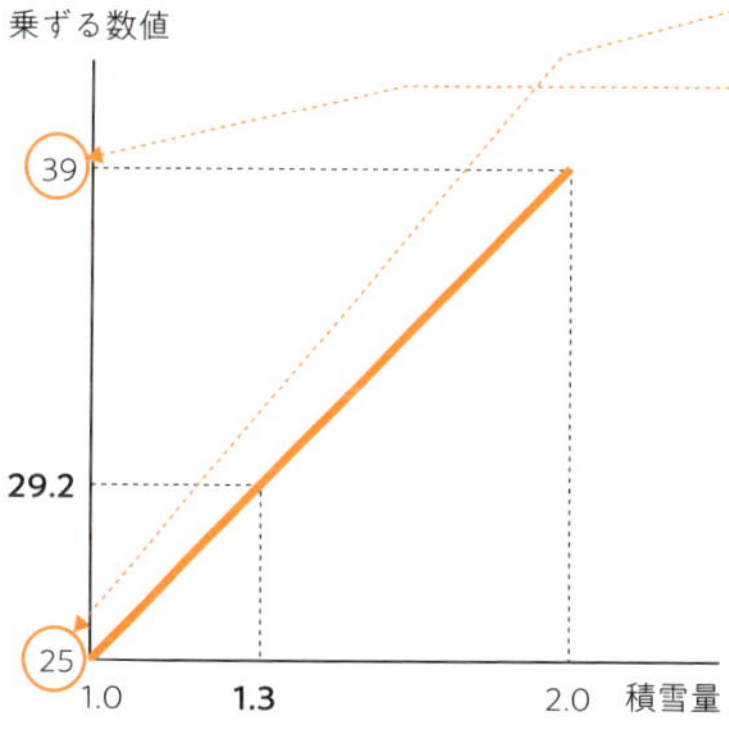

●直線補正を計算で行う場合

❶左のグラフより、積雪量1.0mと2.0mの床面積に乗ずる数値25と39の差を10等分します。
39−25=14 → 14/10=1.4

❷積雪量が1.3mの場合、❶で計算した1.4に3をかけます。
1.4×3=4.2

❸最後に❷で計算した4.2に1.0mのときの床面積に乗ずる数値25を足します。
4.2+25= 29.2 ←必要壁量

床面積に乗ずる数値（平屋建て）

積雪量（m）	1.0	1.1	1.2	1.3	1.4	1.5	1.6	1.7	1.8	1.9	2.0
床面積に乗ずる数値（cm/m^2）	25	26.4	27.8	29.2	30.6	32	33.4	34.8	36.2	37.6	39

「地震力」に対する必要壁量は建物の重さに影響されます。屋根に載る雪はとても重いので、雪が多い多雪地域では積雪を考慮した数値を使うとよいでしょう。

床面積に乗ずる数値の表では、積雪量1.0m、2.0mの2種類のみが記載されています。中間の積雪量や2.0mを超える積雪量は「直線補正」して求めます。

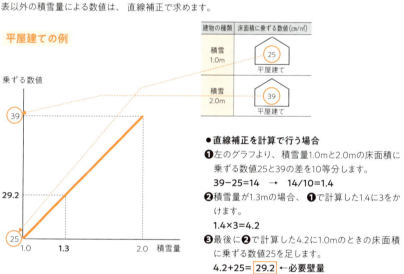

FILE 020

品確法の計算による耐震等級2との比較

最低基準である仕様規定の計算（耐震等級1）より、安全性の基準が高い品確法の計算による「耐震等級2」。この必要壁量の計算方法を確認しましょう。

「壁量《かべりょう》計算が少しずつわかってきたよ」

いま説明したのが、建築基準法の仕様規定の計算による壁量計算（地震力）だけど、**品確法の計算の「耐震等級2」**による必要壁量も計算してみよう。

「耐震等級2は計算方法が違うの？」

基本的な考え方は同じだけど、計算がちょっと違うよ。**雪の重さ、屋根の重さ、建てる地域、1階と2階の面積などを考慮し**て必要壁量（地震力）を算出するんだ。

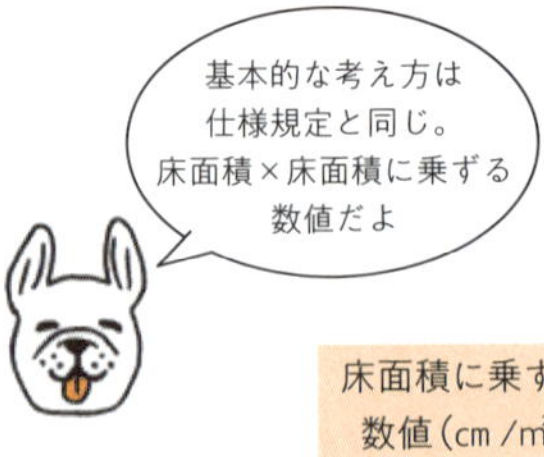
基本的な考え方は
仕様規定と同じ。
床面積×床面積に乗ずる
数値だよ

●耐震等級2による必要壁量計算

床面積に乗ずる数値（cm/m²）　床面積（m²）

		屋根の仕様	必要壁量
一般地域	1階	軽い屋根	(45×K1×Z)×S1
		重い屋根	(58×K1×Z)×S1
	2階	軽い屋根	(18×K2×Z)×S2
		重い屋根	(25×K2×Z)×S2
最深積雪量=1m	1階	軽い屋根	[(45×K1+16)×Z]×S1
		重い屋根	[(58×K1+16)×Z]×S1
	2階	軽い屋根	(34×K2×Z)×S2
		重い屋根	(41×K2×Z)×S2
最深積雪量=1.5m	1階	軽い屋根	[(45×K1+24)×Z]×S1
		重い屋根	[(58×K1+24)×Z]×S1
	2階	軽い屋根	(42×K2×Z)×S2
		重い屋根	(49×K2×Z)×S2
最深積雪量=2m	1階	軽い屋根	[(45×K1+32)×Z]×S1
		重い屋根	[(58×K1+32)×Z]×S1
	2階	軽い屋根	(50×K2×Z)×S2
		重い屋根	(57×K2×Z)×S2

積雪考慮

必要壁量（地震力）=床面積×床面積に乗ずる数値

耐震等級2による計算

●多雪区域の計算例（2階建ての1階）

1・2階床面積50㎡（見上げ）、積雪量1.0m、軽い屋根、Z=1.0

$Rf=S2/S1=50m^2/50m^2=1.0$

$K1=0.4+0.6\times Rf=1.0$

1階必要壁量=$\{(45\times K1+16)\times Z\}\times S1=61cm/m^2\times 50m^2=3{,}050cm$（30.5m）

仕様規定の計算での必要壁量（地震力）の計算例（73ページ参照）と比べると…

必要壁量30.5m/14.5m=2.10倍　必要壁量はより多くなります!

S1：1階床面積
S2：2階床面積
Z：地震地域係数［＊］
0.7~1.0
（昭和55年建告1739号）
K1=0.4+0.6×Rf
K2=1.3+0.07/Rf
Rf＝S2/S1

＊地震地域係数は地震力を低減する係数なので、地震力を低減しない1.0がお薦め

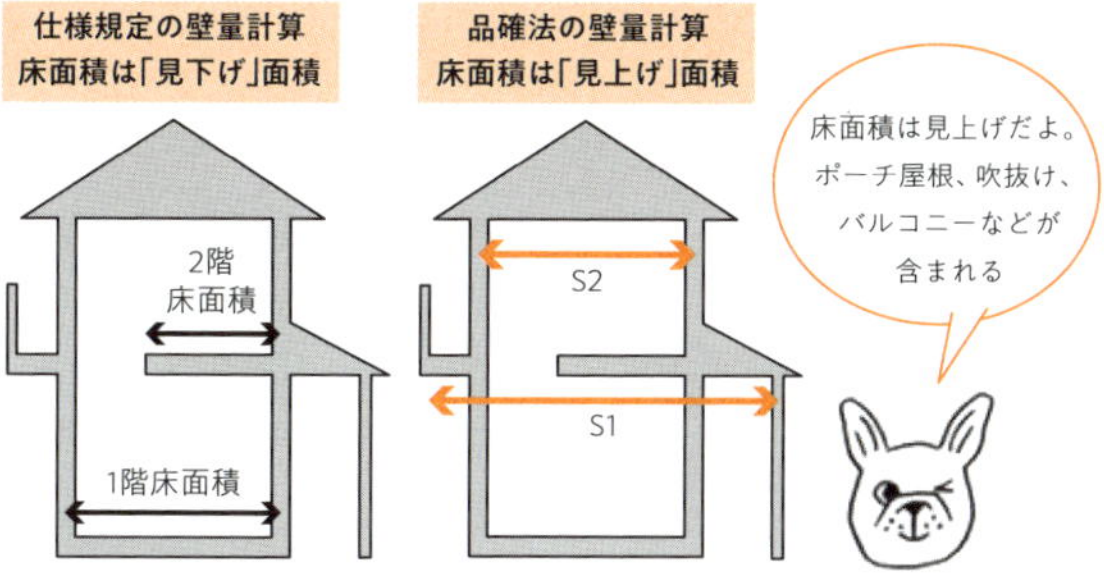

K1、K2は1階と2階の床面積割合に応じて決まります。

❶2階床面積が大きい場合：
面積が大きい（重い）2階を支える1階のK1は大きくなり、1階の必要壁量も多くなります。

❷2階床面積が小さい場合：
面積が小さい（軽い）2階は、地震のとき面積の大きな1階の揺れに影響され、大きく揺さぶられます。そのためK2は大きくなり、2階の必要壁量も多くなります。

品確法の計算による耐震等級2の計算で行う壁量計算は、仕様規定の計算で行う壁量計算と基本的な考え方は同じです。
仕様規定の計算に比べ、より詳細に必要壁量を算出します。

FILE 021

許容応力度計算（地震力）との比較

許容応力度計算による必要壁量を知ると、必要壁量が仕様規定の計算、品確法の計算による耐震等級2といった計算方法によって大きく変わることがわかります。

必要壁量《かべりょう》の比較として、**許容応力《きょようおうりょく》度《ど》計算による必要壁量（地震力）**も計算してみよう。

「許容応力度計算は難しいの？」

いままでの「建築基準法の仕様規定の計算」「品確法の計算による耐震等級2」に比べたらちょっと難しいよ。

「どこが難しいの？」

いままでの計算は「床面積×床面積に乗ずる数値（決まった表の数値）」で簡略計算していたけど、許容応力度計算は、**建物の重さを正確に算出して必要壁量を計算する**んだ。建物の重さを算出することに慣れてくるまで難しいと思うよ。

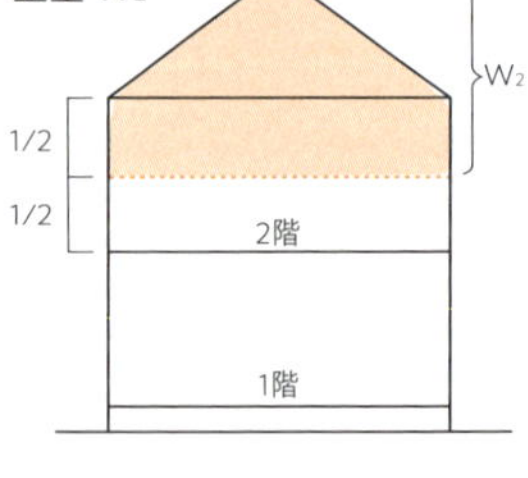

2階の地震算定用
重量 W_2

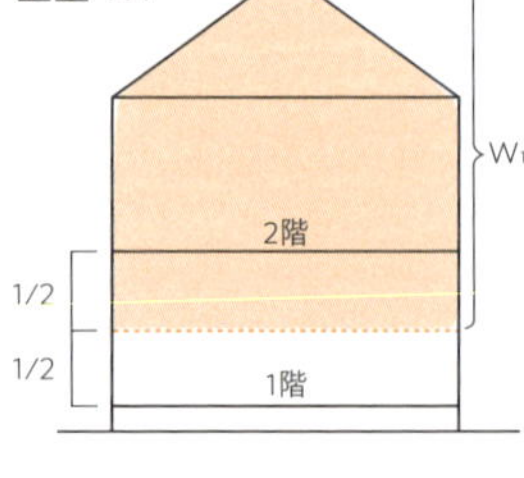

1階の地震算定用
重量 W_1

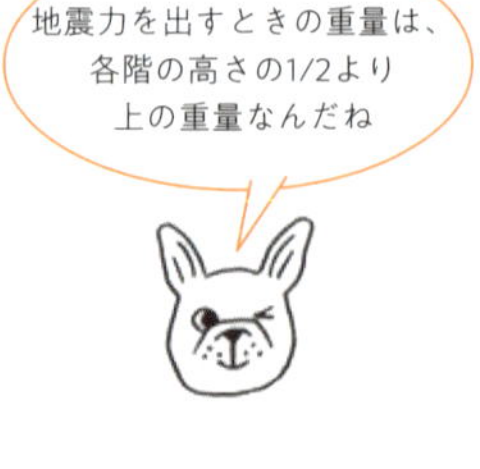

許容応力度計算の例

建築基準法施行令第88条によると…

地震力Qe = Ci×ΣWi

↑各階の地震力設計用重量を合計したもの
2階はW_2
1階はW_1

Ci＝Z・Rt・Ai・Co
Ci：地震層せん断力係数
Z：地震地域係数［＊］
Rt：振動特性係数（木造1.0）
Ai：層せん断力分布係数
Co：標準せん断力係数

＊地震地域係数は地震力を低減する係数なので、地震力を低減しない1.0がお薦め

いままでと違って
詳細な計算をしているよ。
建物の重さΣWiを算出して、
そこに係数Ciをかけて
地震力になるんだって!

●多雪区域での計算例（2階建ての1階）

Ci=1.0×1.0×1.0×0.2=0.2
地震力Qe=350kN×0.2=70kN
必要壁量=70kN/1.96kN/m=35.72m
（1.96kN/mについては87ページ参照）

1・2階床面積50㎡、積雪量1.0m、軽い屋根、Z=1.0、1階重量W=350kN（概算値）、1階のAi=1.0、木造のRt=1.0、Co=0.2

建物の重さに
0.2をかけているということは、
重さの20%が地震力に
なるんだね

計算方法によって大きく異なる必要壁量

下のように、**地震力に対する必要壁量は計算方法によって大きく違ってきます。**

- **仕様規定（一般地域）：14.50m**（73ページ参照）
- **仕様規定（多雪区域）：21.50m**（74ページ参照）
- **耐震等級2（多雪区域）：30.50m**（77ページ参照）
- **許容応力度計算（多雪区域）：35.72m**

←建築基準法が最低基準であることがわかります。

計算方法によって、必要壁量は大きく異なってくる

許容応力度計算では、仕様規定の計算、品確法の計算による耐震等級2と違い、建物ごとの詳細な設計により地震力に対する必要壁量を算出します。

地震力は建物の重さで決まる

3通りの計算方法に共通して、重要なポイントとなっているのが「建物の重さ」です。地震力と建物の重さの関係を確認しましょう。

「3通りの計算を見たけど、家の重さが関係ありそうだね」

そのとおり！　**地震力に対する必要壁量《かべりょう》は建物の重さで決まってくるよ。**

重量が大きい建物は必要壁量が多くなるため、**耐力壁《たいりょくへき》をたくさん配置**しないといけないよ。

「どうして家の重さと地震が関係あるの？」

簡単に言うと、地震の力は家の**重さと地震による加速度をかけたもの**になるんだよ。

「よくわからないけど、重い家の方が地震の力を多く受けるってことだね」

そういうことだよ。だから地震対策としては、家の重量を小さくすることも1つの考えだし、家の重量を大きくするなら耐力壁を多めにつくれば丈夫になるよ。

建物の重さと地震力

重い建物に大きな地震力が作用するため、屋根や雪が重いと必要壁量が多くなります。

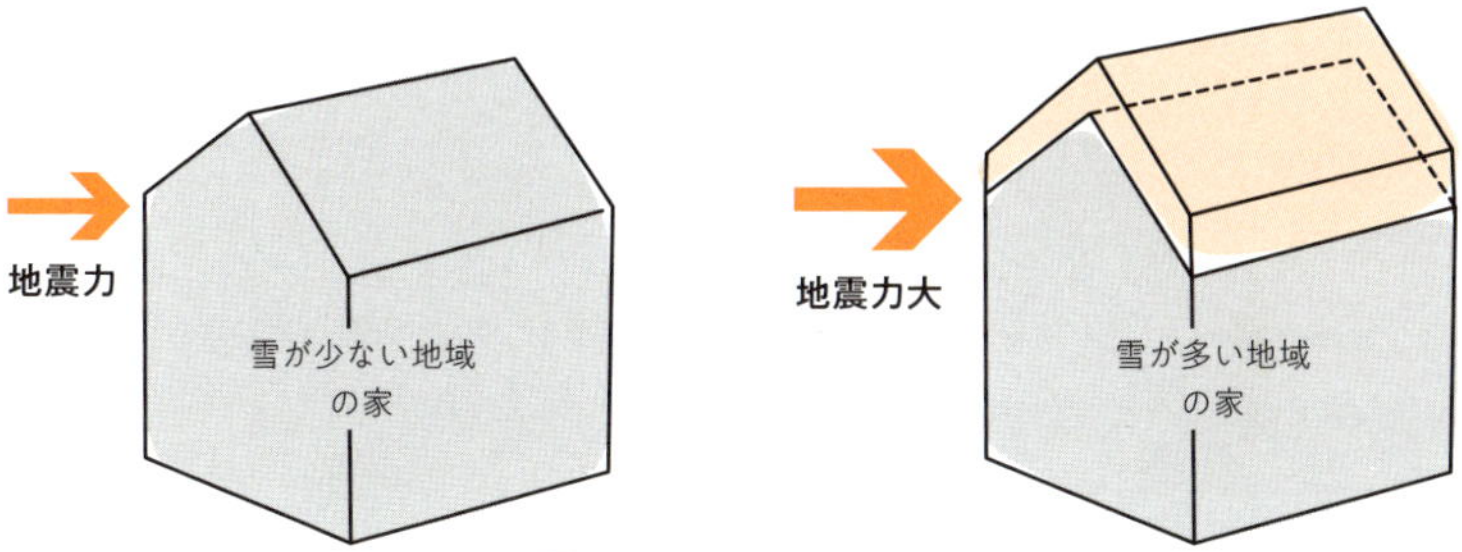

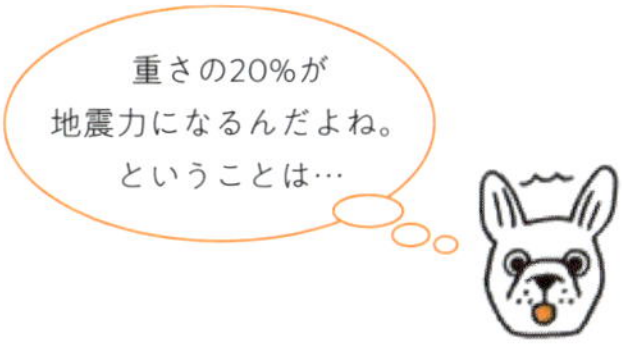

体重50kgの人
50kg×0.2＝10kgの地震力

体重100kgの力士
100kg×0.2＝20kgの地震力

仕様規定の計算、品確法の計算による耐震等級2、許容応力度計算で共通することは、重量の大きな建物は地震力に対する必要壁量が多いことです。
重い建物には大きな地震力が作用するのです。

必要壁量（風圧力）を計算しよう

必要壁量の算出には、風圧力に対する必要壁量も必要。
地震力と風圧力に対して、どちらか壁量の大きい方が必要壁量となります。

壁量《かべりょう》計算の手順の2つ目、**風圧力に対する必要壁量**を求めてみるよ。**各階（1階と2階）、各方向（X・Y方向）の見付《みつけ》面積に、左下の表にある数値をかける**だけ。

「今度はXとY方向があるんだね。それと見付面積って何？」

風圧力は建物にぶつかる風の力だから、立面形状（横から見た形）が影響するよ。X方向とY方向で建物の形は違うので、**両方向の計算**をするんだ。それと、見付面積は建物の立面形状の面積のことだよ。

「風圧力の注意点は？」

風圧力で間違えやすいのは、**必要壁量を算出する方向と見付面積が逆**だということ。

左の図のように、X方向の必要壁量は、直交するY方向の見付面積から算出するんだ。**X方向の耐《たい》力壁《りょくへき》が支える見付面積**と考えるとわかるよ。

●風圧力に対する必要壁量の計算例

2階建ての1階、1階X方向 見付面積25㎡、一般の地域

必要壁量（風圧力）＝見付面積×
見付面積に乗ずる係数（表の数値）

1階 X方向 必要壁量＝25㎡×50㎝／㎡
＝1,250㎝（12.5m）

地域	見付面積に乗ずる数値（㎝／㎡）
一般の地域	50
特定行政庁が定めた地域	50超～75以下

※建築基準法施行令46条4項表3より

見付面積の求め方

●各階ごとの見付面積

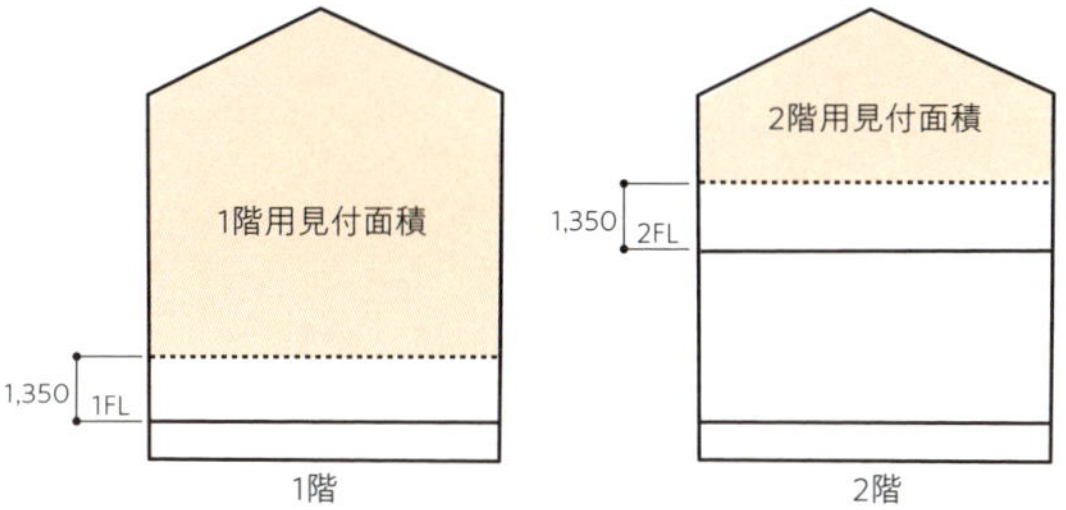

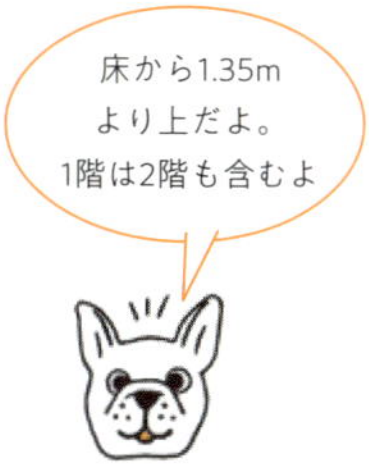

●見付面積の外郭線

外郭線は、計算を簡単にするため、実際の線より外側をとった方が簡単です。

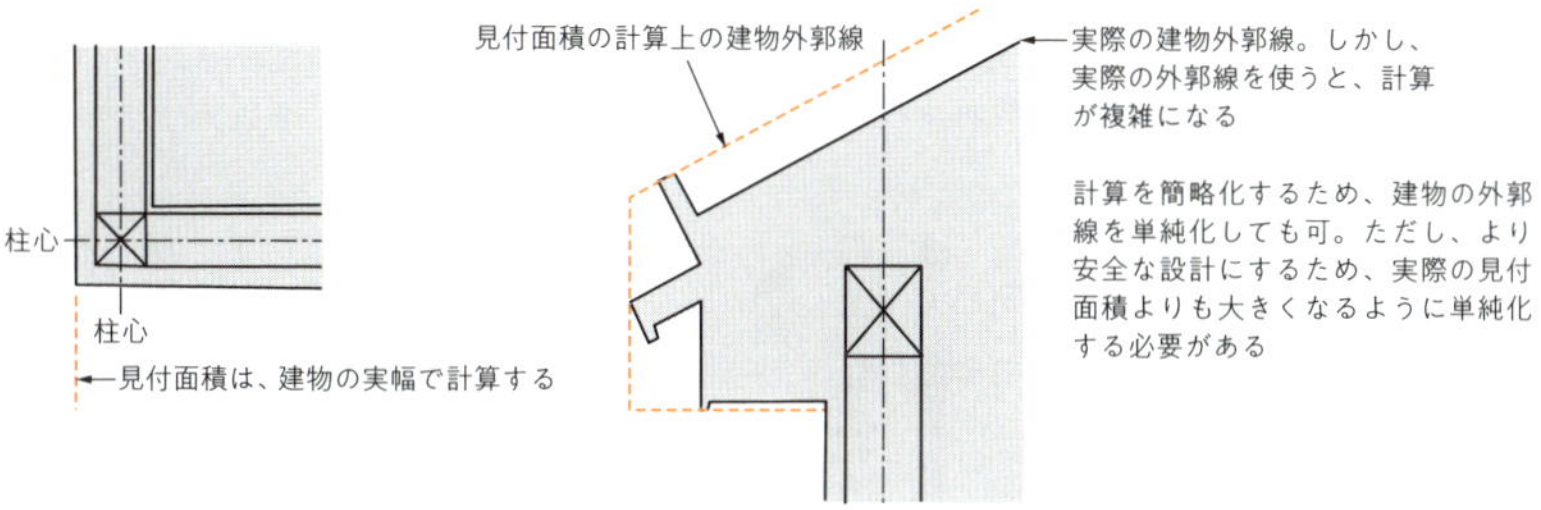

●X方向とY方向の考え方

Y面が受ける風圧力を支えるのは、X方向の耐力壁です。

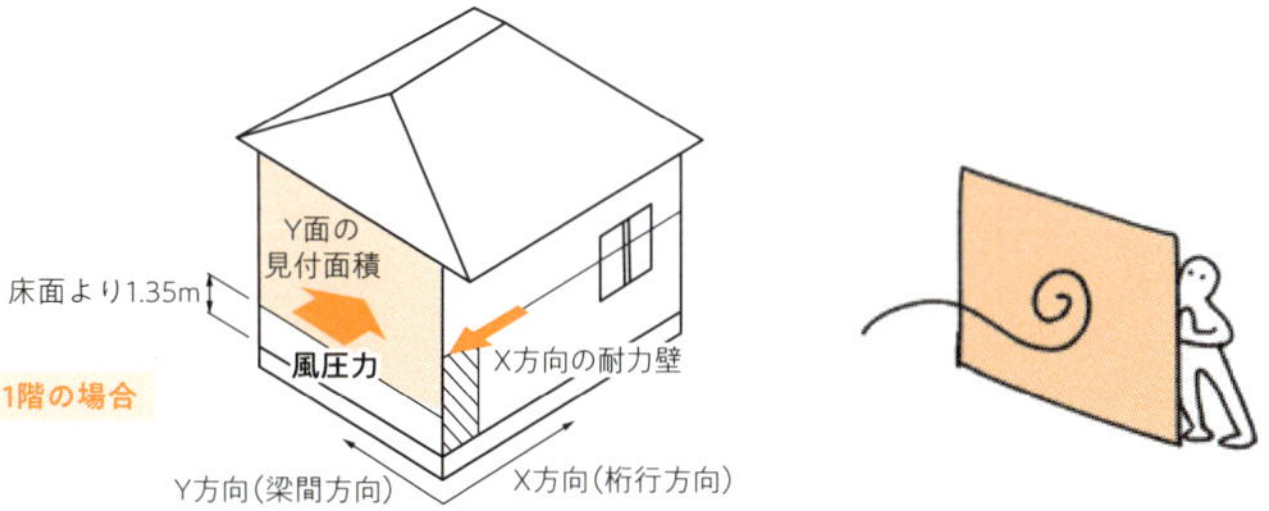

見付面積と計算する壁の方向を間違えないように注意

各階（1・2階）、各方向（X・Y方向）の見付面積の求め方を見てみましょう。

FILE 024

床から1.35mまではなぜ除く?

風圧力に対する必要壁量の算出では、床から1.35mまでの見付面積は除きます。その理由を知っておくと、より理解が深まります。

「風圧力の必要壁量《かべりょう》を出すときの見付面積《みつけ》で、床から1・35mより上で面積を出しているけど、それはどうしてなの?」

床（FL）から1・35mまでの見付面積で負担する**風圧力は耐《たい》力壁《りょくへき》には伝わらず、柱や間柱《まばしら》を通して下の階（床梁）や土台に伝わる**と考えているからだよ。

「どうして床から1・35mなの?」

それはね、計算方法ができた当初、家の階高《かいだか》（各階の高さ）を2.7mと想定していて、その半分の1・35mにしたんだ。

「階高ってそんなに低いの?」

最近の家はもっと高いよ。階高が高くなれば、床から1・35mより上の見付面積も大きくなるんだ。

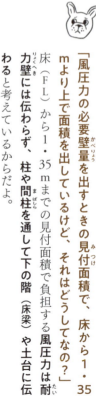

床から1.35mまでを除く理由

1.35mとするのは、 建物の階高を2.7mと考えていたからで、 2.7mの半分の1.35mとなっています。
階高が2.7mより高い場合は問題ありませんが、 低い場合には、 階高の半分を見付面積として計算した方が安全です。 ただし、 最近では、 階高が2.7mより低い建物は少なくなっています。

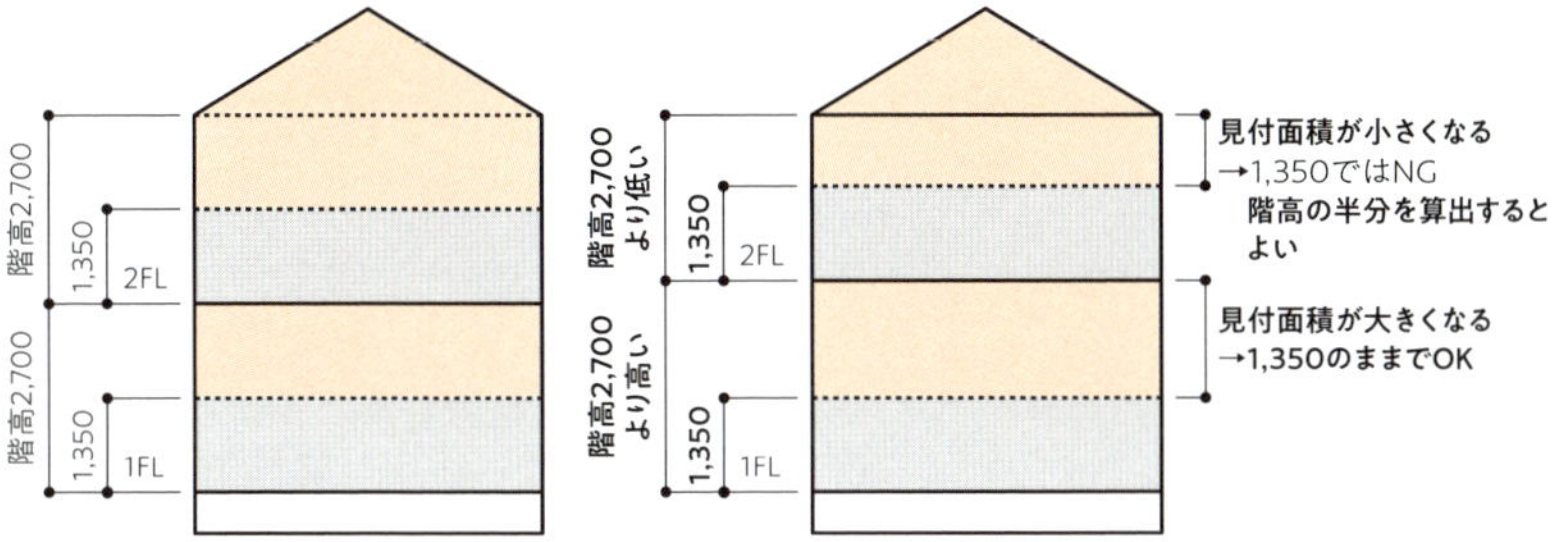

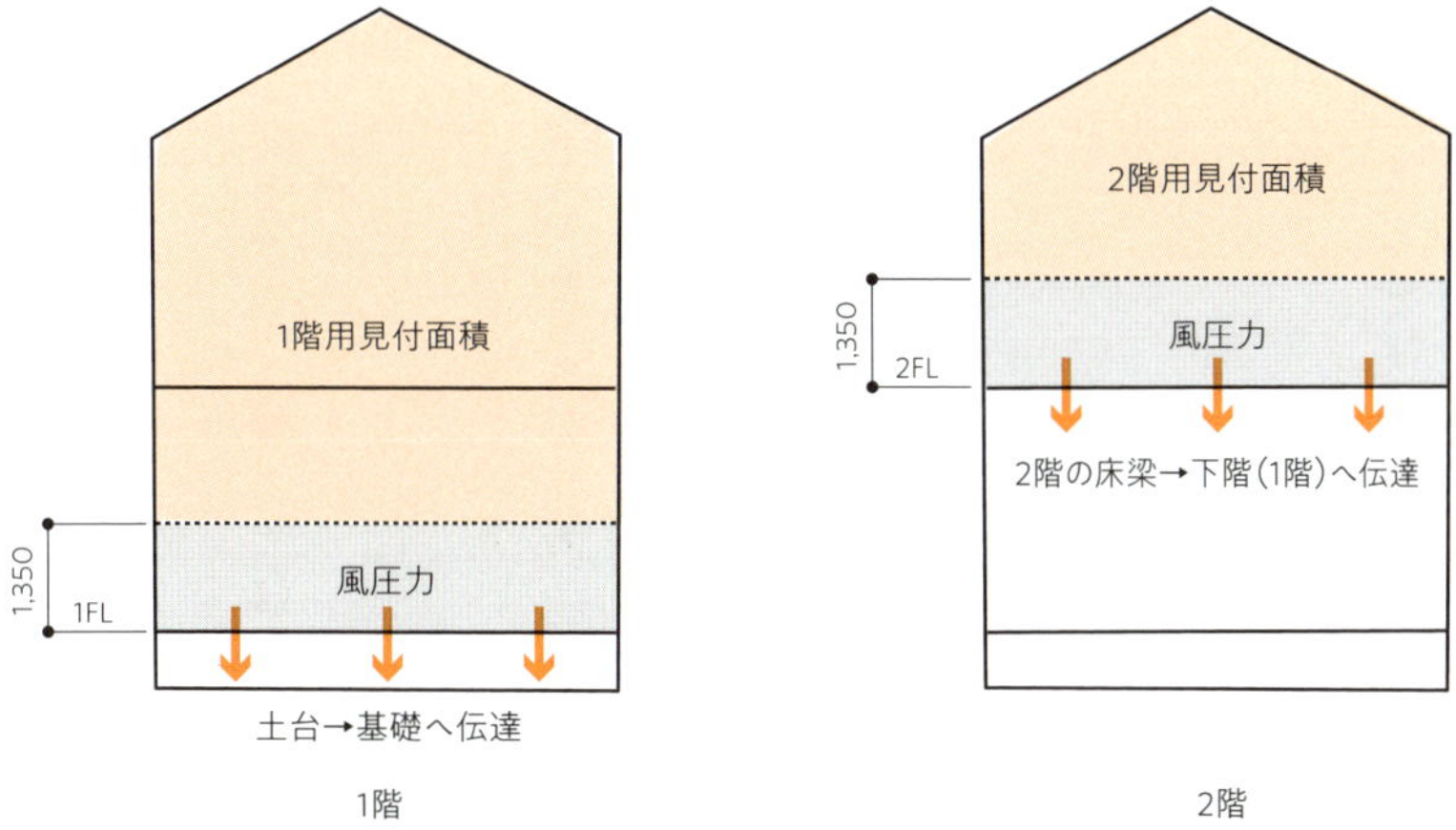

見付面積で除く床から1.35m部分に作用する風圧力は、 下の階または土台に伝わります。

壁倍率とは耐力壁の「強さ」のこと

耐力壁の「強さ」をわかりやすく表す数値に、壁倍率があります。壁倍率の算出方法を理解することは、構造の勉強でとても重要です。

「壁量《かべりょう》計算するときの〝かべばいりつ〟は耐力壁《たいりょくへき》の強さなの？」

そうだよ。**耐力壁の強さをわかりやすく示すために「倍率」で表現しているんだ。**

「じゃあ、倍率が大きい方が強い耐力壁なんだ！」

そういうことになるね。

「倍率が大きい、強い耐力壁で家をつくれば地震がきても壊れなくなるね！」

でもね、壁倍率を大きくした耐力壁はたくさんの地震力を負担することになるから、耐力壁を構成している**柱や梁、接合部も頑丈**にしないといけないよ。

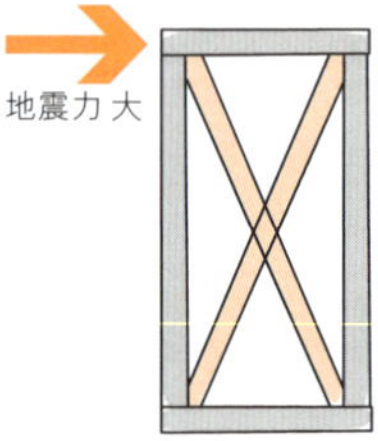

壁倍率 大

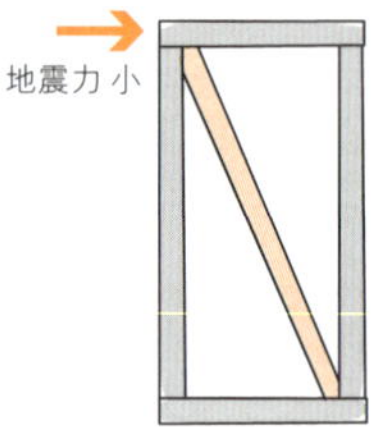

壁倍率 小

壁倍率を高くすると…

●壁倍率1倍とは

長さ1mの耐力壁が1.96kN（200kgf）**の水平力を受けたときに、高さに対しての変形が1/120**（層間変形角《そうかんへんけいかく》）**であること。**

※1/120以上変形すると、どこかが壊れたり、変形したまま戻らなくなってしまう可能性がある

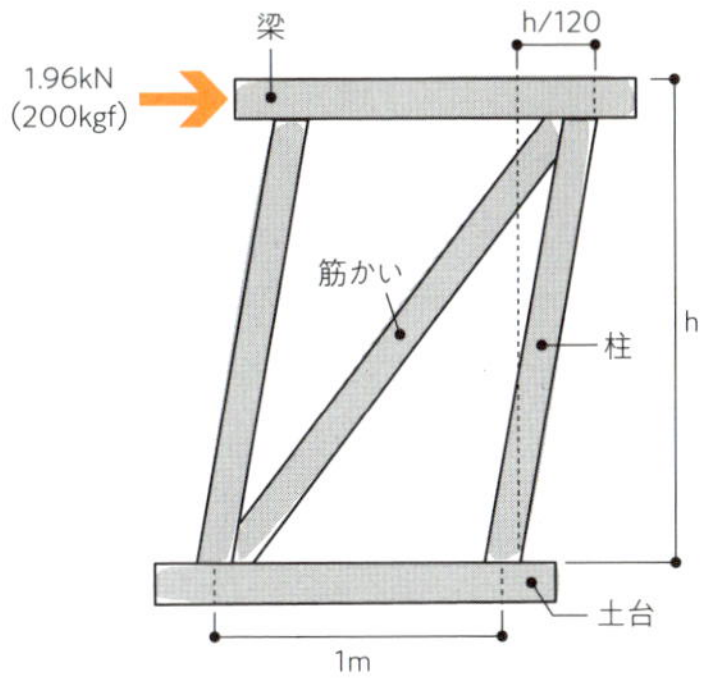

●壁倍率2倍とは

1.96kN（200kgf）**×2倍の水平力を負担したときに、層間変形角が1/120であること。**

または**1.96kN**（200kgf）**の水平力を負担したときに、層間変形角が1/240**（1/120の半分の変形）**であること。**

壁倍率の大きい耐力壁は、たくさんの地震力を負担します。そのため、耐力壁を構成する柱や梁、接合部も頑丈につくる必要があります。

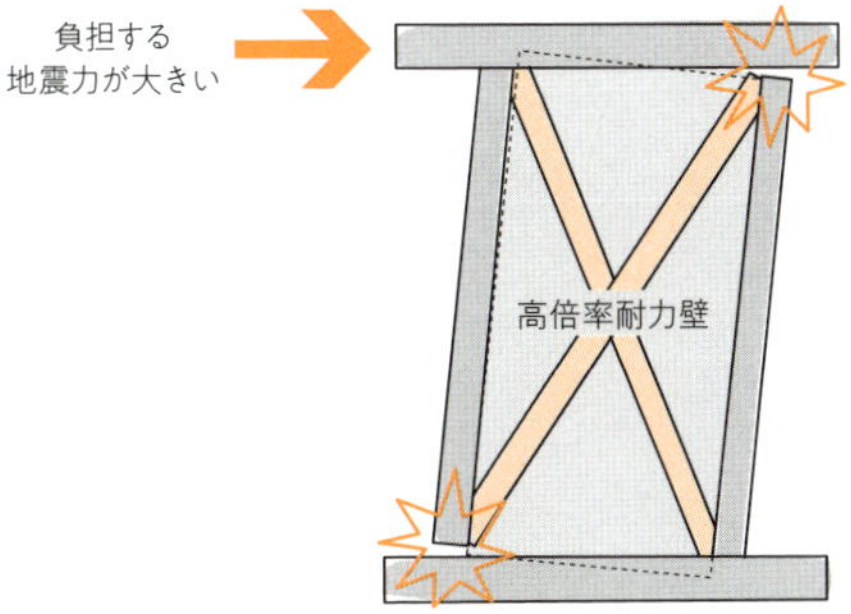

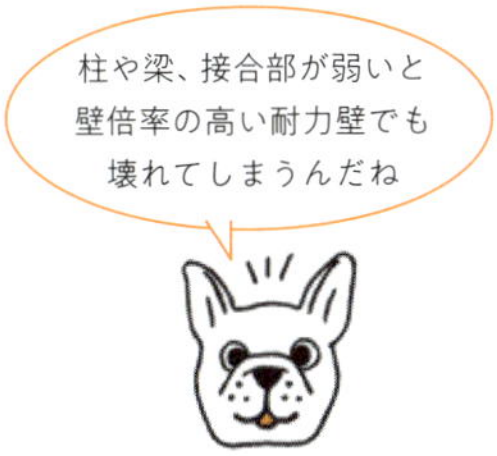

壁倍率の意味をきちんと理解しましょう。

FILE 026

壁量を知り、存在壁量を求める

必要壁量、存在壁量という言葉が出てきましたが、計算の基本はこの壁量。壁量の考え方を知り、存在壁量を算出してみましょう。

「壁量《かべりょう》計算で、壁倍率とか壁量とか、似ている言葉が出てきて間違えそうだよ」

確かに似ている言葉がたくさん出てくるね。計算に慣れてくるまでは言葉で混乱するかも。

意味がわかりにくい言葉はあった？

「うん、あるよ。壁量って何？」

壁量とは、**壁倍率に壁の長さをかけたもの**だよ。単位は**「m」とか「cm」**になるよ。

存在壁量は、各階（1・2階）、各方向（X・Y方向）ごとに算出するよ。各方向（X・Y方向）は平面上で、梁間《はりま》方向、桁行《けたゆき》方向のどちらかに決めるんだ。一般的には、図のように、横方向をX方向、縦方向をY方向とすることが多いよ。

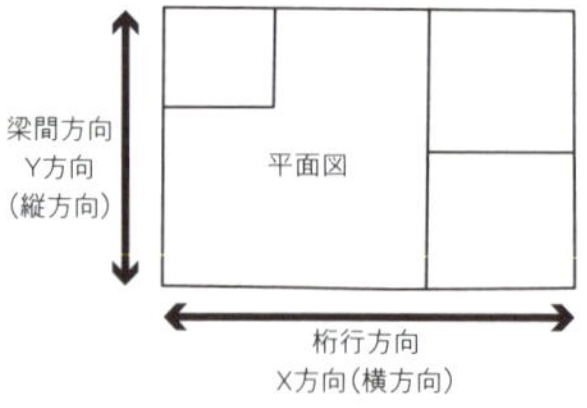
梁間方向
Y方向
(縦方向)
平面図
桁行方向
X方向(横方向)

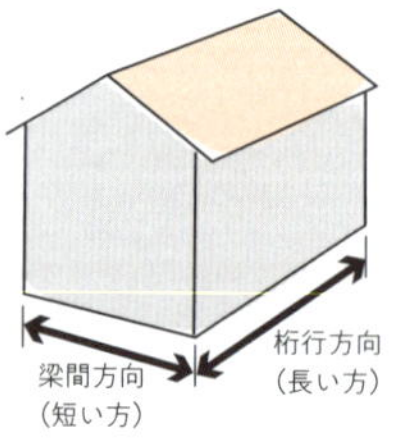
梁間方向
(短い方)
桁行方向
(長い方)

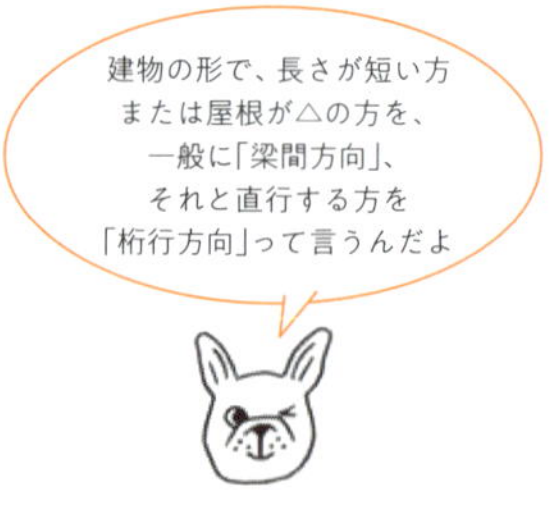
建物の形で、長さが短い方
または屋根が△の方を、
一般に「梁間方向」、
それと直行する方を
「桁行方向」って言うんだよ

存在壁量の計算方法は…

壁量計算では、**各階（1・2階）**、**各方向（X・Y方向）の壁倍率×耐力壁《たいりょくへき》長さの合計**を「**存在壁量**」として算出し、**必要壁量≦存在壁量**の確認を行います。

●耐力壁1枚の壁量

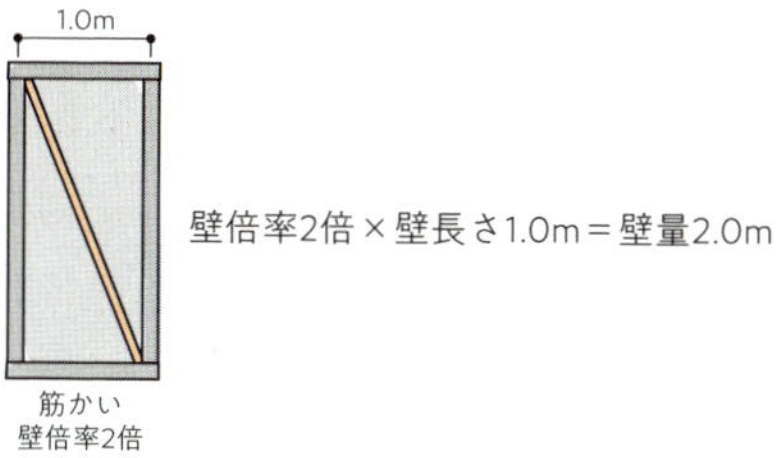

●建物全体の1階X方向の壁量計算例

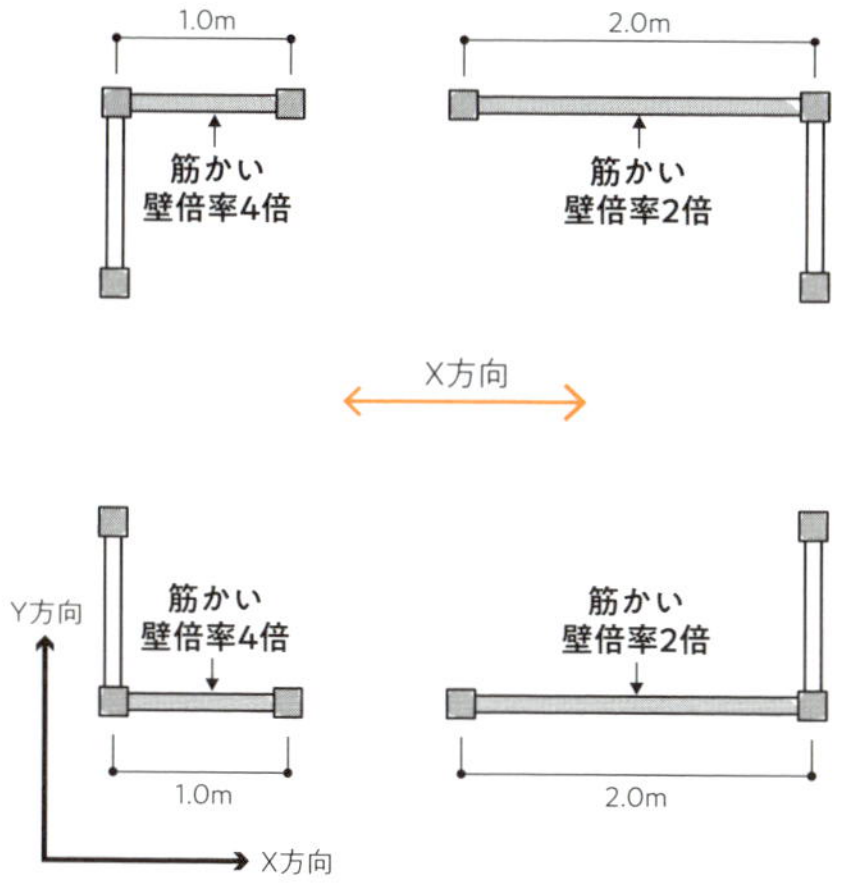

・壁倍率2倍×壁長さ2.0m×2カ所=壁量8.0m
・壁倍率4倍×壁長さ1.0m×2カ所=壁量8.0m

合計8.0m+8.0m=16.0m

これが存在壁量となります。

壁量計算において、「**必要壁量**」「**存在壁量**」のような言葉がよく使われることからわかるように、「壁量」が計算の基本となります。その壁量は、次のように求めます。

壁量=壁倍率×耐力壁長さ

必要壁量≦存在壁量の確認

建物の安全を確かめる壁量計算では、安全に必要な耐力壁の量より、実際に配置する耐力壁の量が多いことを確認します。

「壁量《かべりょう》計算のことがだいぶわかってきた！　壁量計算は簡単な計算だけど、意外と奥が深いんだね」

そうだね。知っておくべきことはたくさんあるよ。

「次は何を教えてくれるの？」

❶必要壁量を求めて、**❷存在壁量**を求めたから、最後は**❸必要壁量≦存在壁量の確認**だよ（71ページの「壁量計算の流れ」を参照）。必要壁量に比べ、設計上配置する存在壁量が多ければ、地震力、風圧力に対して安全な家だと言えるよ。

ここまでで、通常の壁量計算は終了だよ。

「存在壁量」に目安を付ける方法

存在壁量は必要壁量から目安を付けておくと壁量計算の手戻りがなくなります。

計算例

1階X方向の必要壁量=14.5m
耐力壁の仕様より、 壁倍率2.0倍と4.0倍とする
耐力壁基準長さは1.0mとする
以上の条件より、 存在壁量の目安をつけます

- 壁倍率2.0倍の場合：
  必要壁量14.5m÷壁倍率2.0倍÷耐力壁基準長さ1.0m=7.25m
- 壁倍率4.0倍の場合：
  必要壁量14.5m÷壁倍率4.0倍÷耐力壁基準長さ1.0m=3.625m

ここで出てくる答えが必要な耐力壁長さです。これを目安にして壁倍率ごとの耐力壁長さの目安を付けておくと良いでしょう。

壁量計算の流れ

壁倍率組合せ表
1階X方向

壁倍率2.0倍									
耐力壁長さ（m）	8	7	6	5	4	3	2	1	0
存在壁量（m）	16	14	12	10	8	6	4	2	0
壁倍率4.0倍									
耐力壁長さ（m）	0	1	1	2	2	3	3	4	4
存在壁量（m）	0	4	4	8	8	12	12	16	16
存在壁量合計（m）	16	18	16	18	16	18	16	18	16

←必要壁量14.5m以上となる組合せを考える

❶必要壁量（地震力）の算出 （73ページ参照）

●計算例

2階建ての1階、
1階床面積50㎡、軽い屋根（鉄板系）

1階必要壁量＝50㎡×29㎝/㎡
＝1,450㎝（14.5m）

※風圧力による必要壁量より大きいことを前提とする

建物の種類	床面積に乗ずる数値（㎝/㎡）
軽い屋根	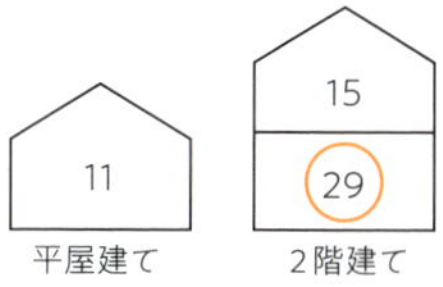

❷存在壁量の算出 （89ページ参照）

●1階X方向の計算例

・壁倍率2倍 × 壁長さ2.0m×2カ所＝壁量8.0m
・壁倍率4倍 × 壁長さ1.0m×2カ所＝壁量8.0m
　合計8.0m＋8.0m＝16.0m

❸必要壁量≦存在壁量の確認

必要壁量14.5m＜存在壁量16.0m ▶ OK!

壁量計算の最後は、❸必要壁量≦存在壁量の確認です。
地震力と風圧力に対して建物が安全であるための耐力壁《たいりょくへき》の量（必要壁量）よりも、実際に建物に配置する耐力壁の量（存在壁量）が多いことを確かめます。

FILE 028

必要壁量≦存在壁量の精度を上げる

必要壁量≦存在壁量での安全確認からもう一歩進んで、壁量の余裕度まで検討すると、バランスのよい安全な建物になります。

「必要壁量《かべりょう》≦存在壁量の確認でOKとなったけど、これだけだと耐力壁《たいりょくへき》がどのくらい足りているのかわからないよね?」

いいところに気がついたね! ここがとっても重要なんだよ。壁量計算は**各階**(**1・2階**)、**各方向**(**X・Y方向**)合計4つ計算するよね。この4つそれぞれに対して、どれだけ**壁量に余裕**があるのかを確認して**バランスをとる**んだ。

「どういうこと?」

たとえば、1階のX・Y方向の壁量計算をして、

X方向　必要壁量≦存在壁量が余裕たっぷりOK

Y方向　必要壁量≦存在壁量がギリギリOK

計算の流れではどちらもOKなのでここで終了だけど、よく考えてみて。存在壁量の余裕が違うということは、X方向は強いけど、Y方向は弱いことになるよね。

「あっ、これがバランスが悪いってことなんだ!」

そうなんだよ。壁量計算は「**必要壁量≦存在壁量でOK**」で**終わらずに、X・Y方向の余裕度のバランス**もとった方がより安全な家になる。

あわせて、**上下階のバランス**をとることも大切だよ。

必要壁量≦存在壁量の確認その2（91ページの❸から続く）

●各方向（X・Y方向）の充足率バランス

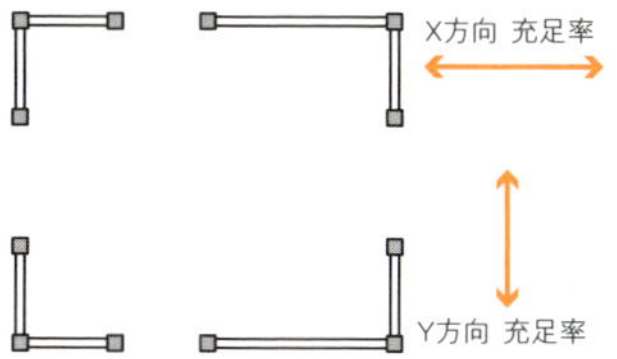
X方向 充足率
Y方向 充足率

小さい方の充足率／大きい方の充足率≧0.5
できる限り1.0に近づける！

●1・2階の充足率バランス

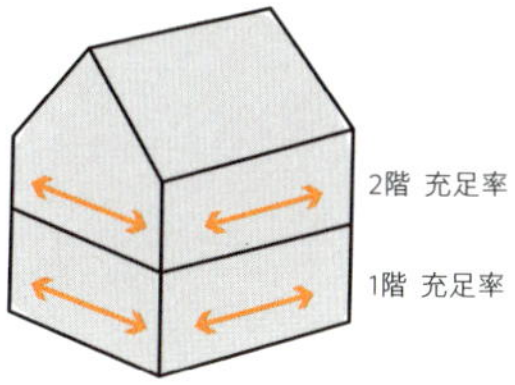
2階 充足率
1階 充足率

小さい方の充足率／大きい方の充足率≧0.6
各方向（X・Y方向）でチェックする。

充足率の計算で、耐力壁の余裕度を確認します。
充足率=存在壁量／必要壁量=16.0m/14.5m=1.10
約10%余裕があります。
または、建築基準法仕様規定の必要壁量の1.10倍の壁量が存在しています。
さらに、**同一階各方向の充足率比較**、**上下階の充足率比較**を行うことで、
充足率の偏りを確認できます。

●計算例（同一階各方向の充足率比較）

1階
X方向 充足率=16.0m/14.5m=1.10
Y方向 充足率=14.6m/14.5m=1.01←余裕がない

Y方向の余裕がないね。
もうちょっと
耐力壁を増やすといいかも

2階
X方向 充足率=20.0m/7.5m=2.67←十分余裕あり
Y方向 充足率=9.5m/7.5m=1.27←余裕あり
2階 Y方向 充足率1.27/2階 X方向 充足率2.67=0.48
X方向がY方向に比べて2倍以上の余裕があり、違いが大きすぎます。
※ただし、このバランス検討は設計者の判断で行う

「**必要壁量≦存在壁量でOK**」で、壁量計算は基本的に終了です。しかし、余裕度を確認して各階、各方向のバランスをとることで、さらにレベルの高い壁量計算になります。

この余裕度を「**充足率**《じゅうそくりつ》」と呼び、**充足率=存在壁量／必要壁量**で求めます。

ただし、充足率のバランスの程度に決まりごとはないので、あくまでも設計者の判断になります。

FILE 029

耐力壁の幅と高さの規定

**次は、耐力壁の基礎的な知識を覚えましょう。
まずは、壁量計算するために耐力壁に設けられた規定についてです。**

壁量《かべりょう》計算の一連の流れを説明したので、ここからは耐力壁《たいりょくへき》の規定や構造上の特性などを紹介するよ。

「耐力壁っていろいろな決まりごとがあるの？　面倒くさそう」

そんなに難しいことはないよ。ここからの規定や特性を知らないで壁量計算しても意味がないんだ。

「じゃあ、どんな規定から教えてくれるの？」

まずは、耐力壁の幅と高さの規定からだよ。耐力壁には**筋かい耐力壁**と**面材耐力壁**があるよね。この2種類の耐力壁には、それぞれ**最小幅（長さ）と高さの規定**があるんだよ。

「規定を守っていない耐力壁はどうなるの？」

それは壁量計算しちゃいけないよ。存在壁量として計算してはダメだってことだからね。

「でもこの規定って建築士さんは知っているんだよね」

残念ながら知らない建築士さんが多いと思うよ。

規定の意味を理解しよう

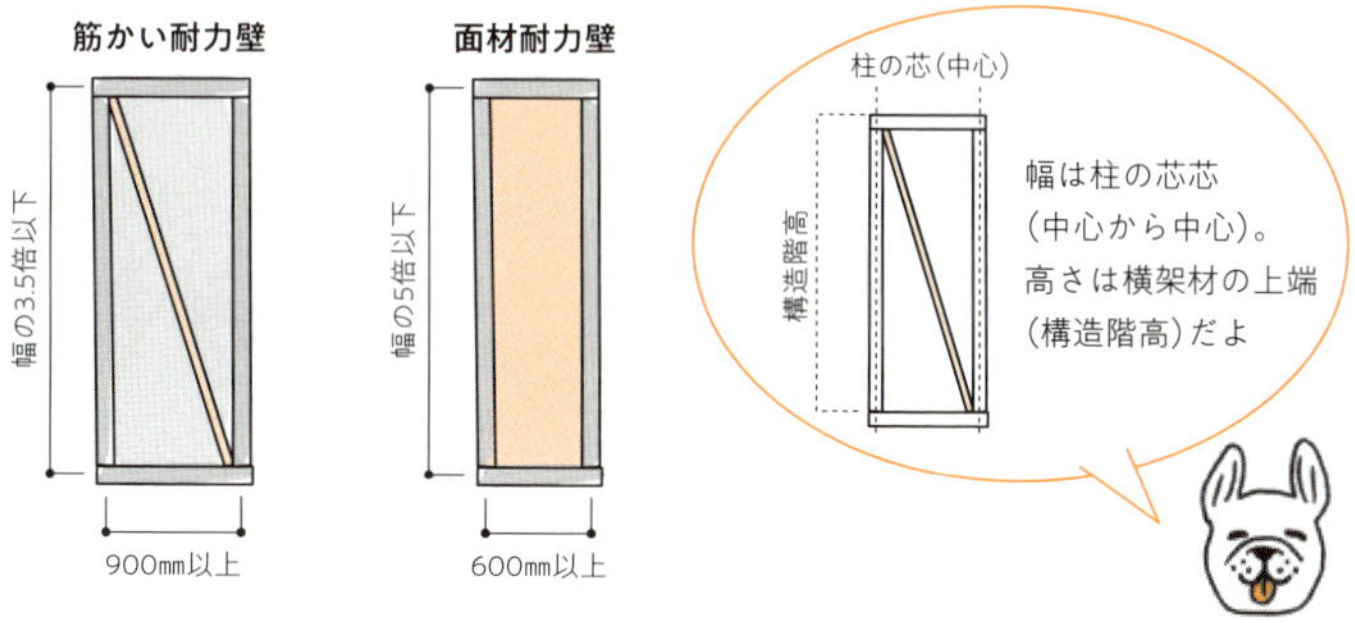

高さが高いと筋かいが立ちすぎて効き目が少なくなります。
そんなときは中間に梁を入れ、筋かいをたすき掛けにすると効果が増します。

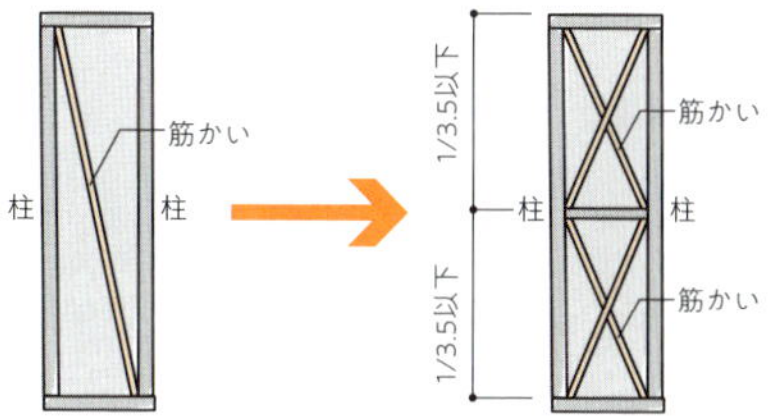

高すぎる耐力壁は倒れやすくなったり、
柱が曲がってしまうため、力が発揮できない

耐力壁には以下の規定があります。
筋かい耐力壁：最小幅（長さ）900mm、高さは幅の3.5倍まで
面材耐力壁：最小幅（長さ）600mm、高さは幅の5.0倍まで
なぜこの規定があるのか、理屈もいっしょに覚えましょう。

FILE 030

耐力壁の長さの規定

耐力壁の長さの規定です。
筋かい耐力壁、面材耐力壁それぞれに長さ（柱の最大間隔）の規定があります。

＊『木造軸組工法住宅の許容応力度設計』（2017年版）（（公財）日本住宅・木材技術センター）より

「耐力壁って、どこまで長くしてもいいの？」

長さの規定は、柱の最大間隔が決まっているので、その規定を守る必要があるよ。

「やっぱりあるんだね」

そうそう、柱をあんまり離してしまうと、耐力壁は効き目が悪くなることもあるからね。

「なるほどね」

さらにね、柱の最大間隔は決まっているけれど、理想としては、柱間隔を広くしすぎないようにして耐力壁をつくっていくといいと思うよ。

「筋かい耐力壁」の場合

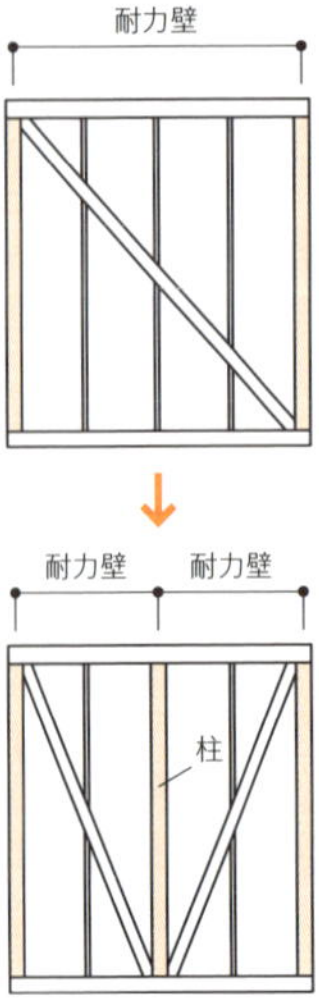

耐力壁を分割したほうが筋かいが左右交互になるのでバランスがよくなる（File040参照）

「面材耐力壁」の場合

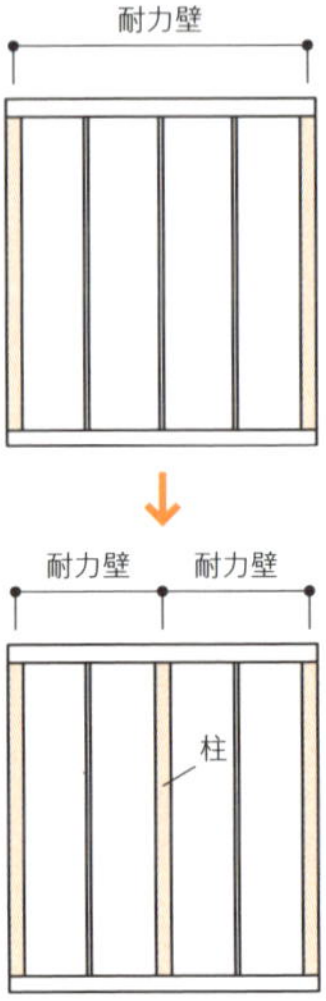

耐力壁を分割したほうが面材の継手が柱となり、釘が2列、確実に打てる

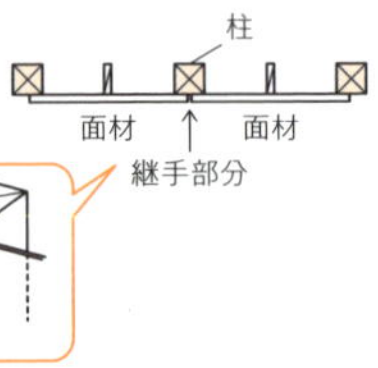

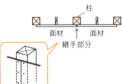

耐力壁両端柱の間隔

●筋かい耐力壁　●面材耐力壁

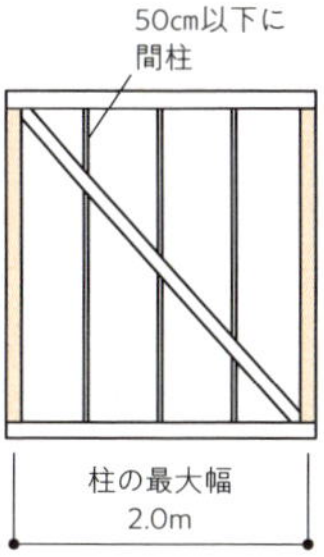

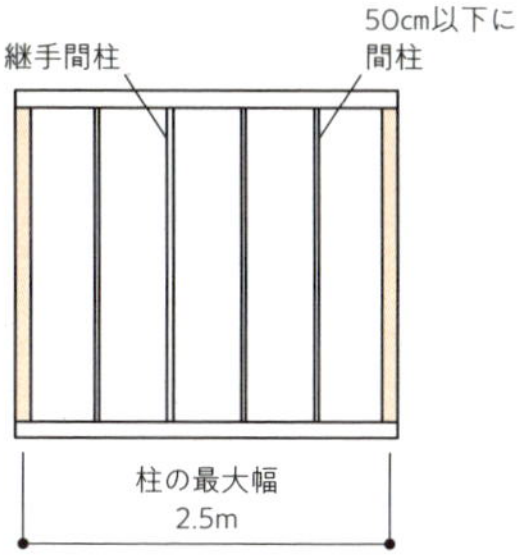

●2点留め筋かいプレート

・筋かいが緩勾配の場合　・筋かいが急勾配の場合

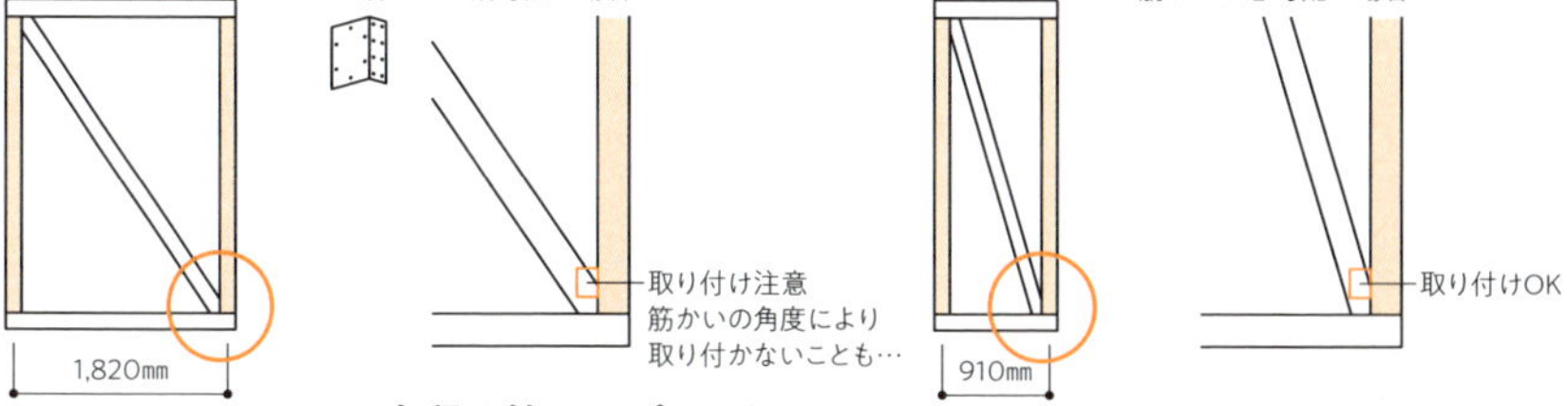

●3点留め筋かいプレート

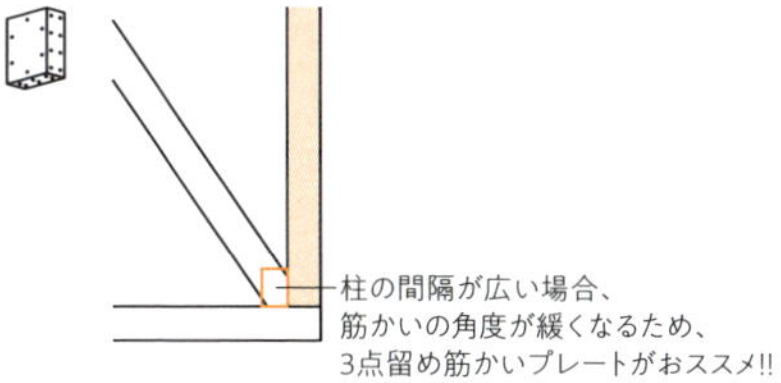

●面材耐力壁の継手間柱

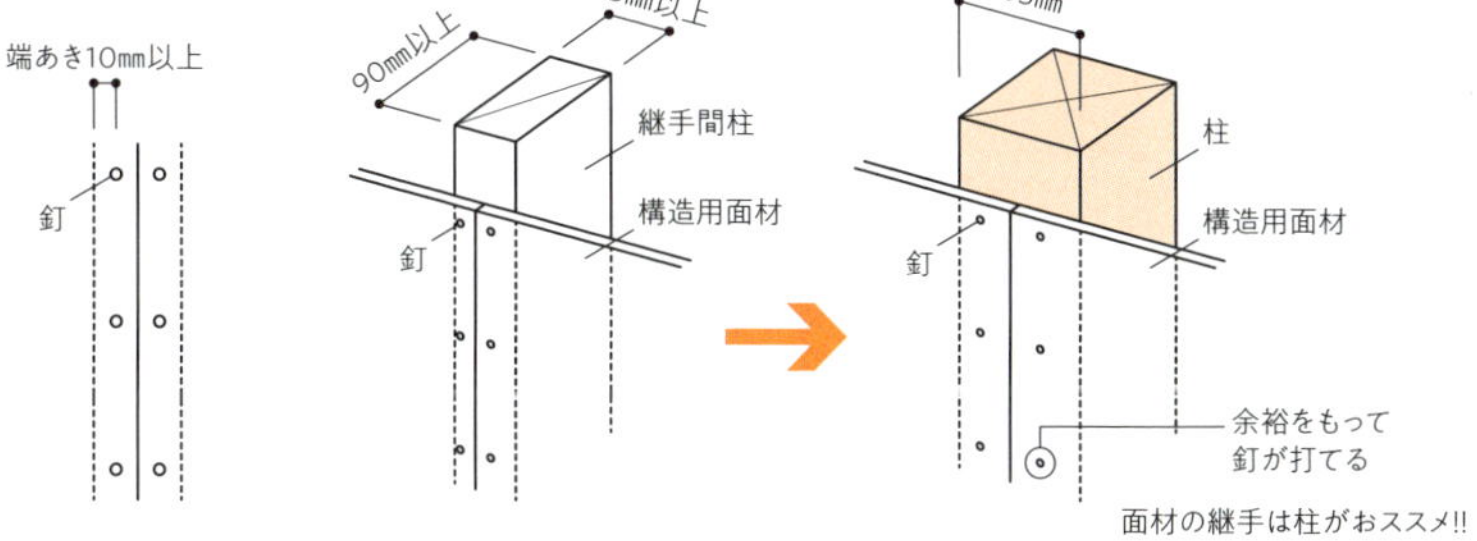

FILE 031

高倍率で短い壁と、低倍率で長い壁

壁量の計算に加え、実際に間取りを決める際に知っておきたい知識があります。それが、壁倍率と壁の長さの関係です。

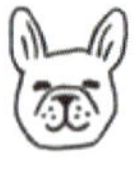

「壁倍率×壁の長さ＝壁量《かべりょう》」はわかったよね。これがわかると、「高い倍率の耐力壁《たいりょくへき》×短い壁」で壁量を確保したいと誰もが考えるんだよ。

「うん、そう思った。だって壁が少なければ、窓にしたり、部屋を広くしたりできるからね」

そうなんだけど、ちょっとだけ注意が必要だよ。

「どんな注意？」

たとえば、壁量が同じ2つの耐力壁は、同じだけの地震力や風圧力に抵抗することができると考えるんだ。ところが**同じ力で押された耐力壁を比較すると、長さ（幅）が短い耐力壁は倒れやすい**よね。ということは、壁が倒れないように大きな**柱接合金物（ホールダウン金物など）を柱頭柱脚《ちゅうとうちゅうきゃく》に**取り付ける必要があるんだよ。

「じゃあ、どう考えるのが一番いいの？」

これは設計者の考え方次第だよ。いま説明した理屈が理解できていれば、どちらを採用してもいい。でも**大きな引抜力《ひきぬきりょく》が生じないので、壁倍率の低い耐力壁をたくさん設ける**方がおすすめだよ。

「高倍率で短い壁」と、「低倍率で長い壁」の違い

壁量は同じなら、耐力壁が少ない方がよさそうですが、注意が必要です。

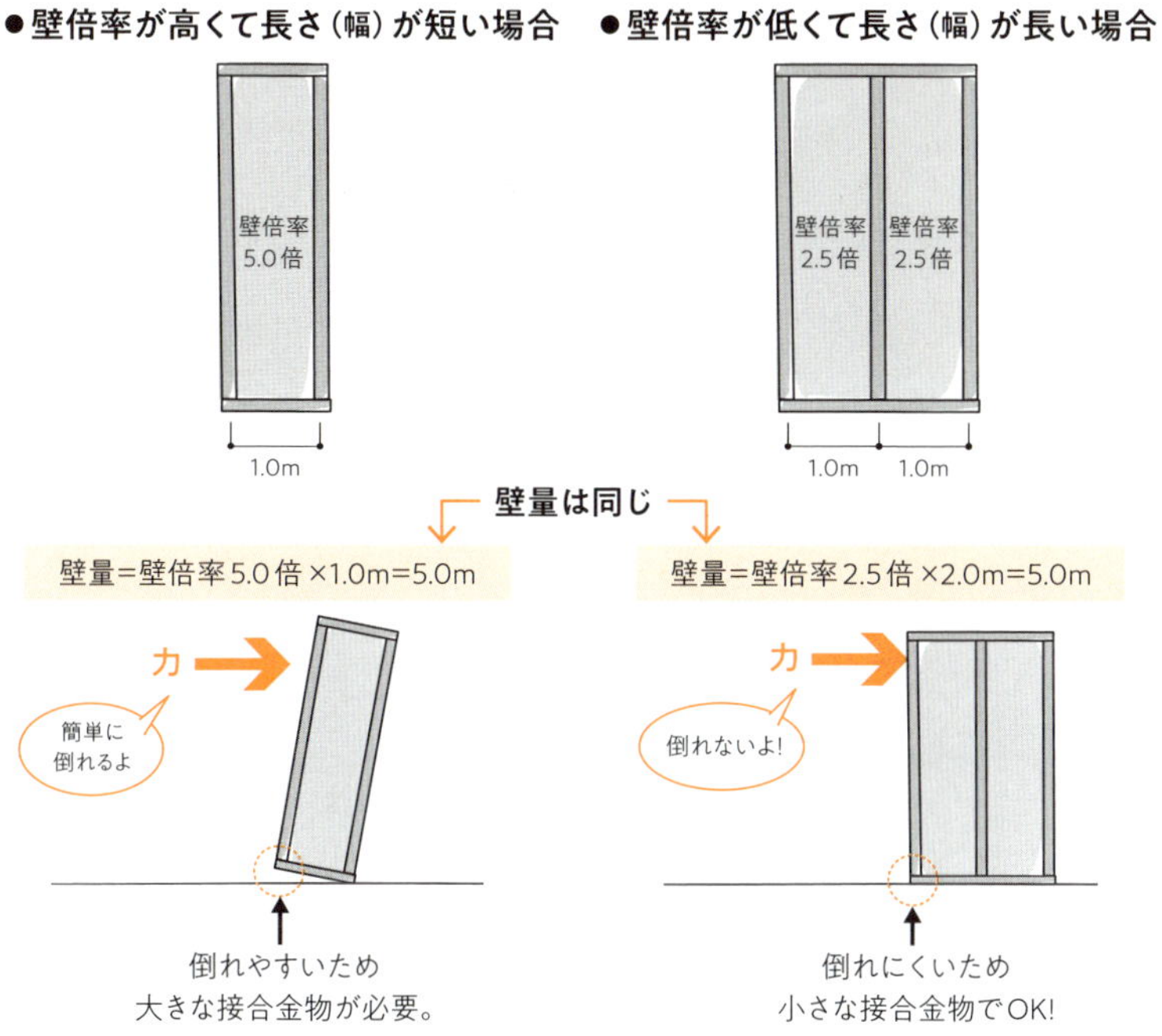

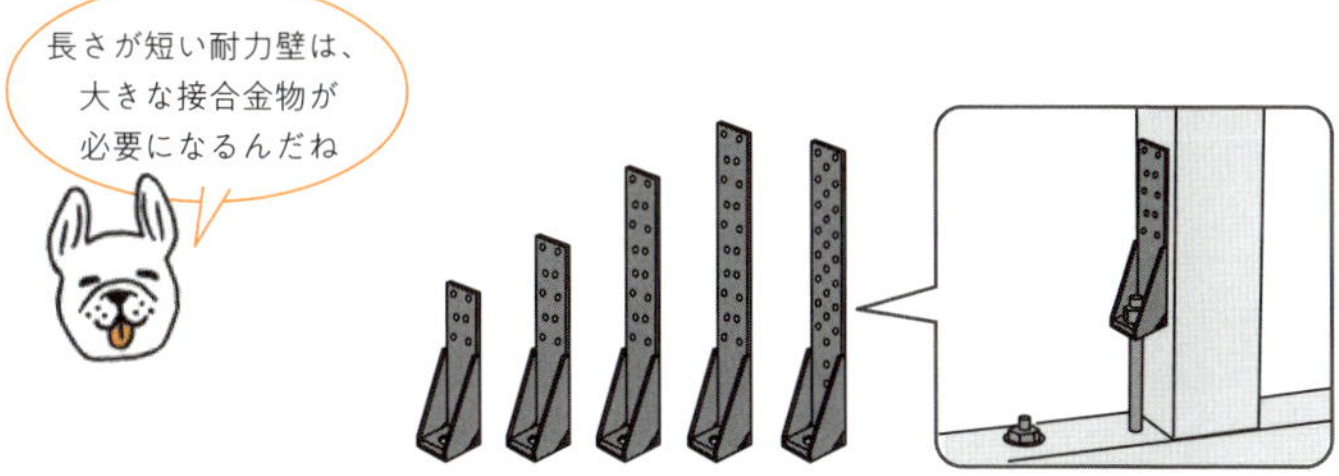

柱接合金物(ホールダウン金物など)

壁量が同じ耐力壁は、同等の地震力や風圧力に抵抗することができます。ということは、壁倍率が高くて短い耐力壁の方が間取り上有利では…と考えがちですが、そんなに都合がよいものではありません。

FILE 032

2階耐力壁を梁で受けるとき

強い耐力壁は配置するときに注意が必要。
2階に耐力壁を配置する場合、その効果を発揮させるための注意点を紹介します。

次は、**2階の耐力壁《たいりょくへき》**について注意するところを教えるよ。

「2階の注意点?」
2階の耐力壁の下（1階）に柱や耐力壁がないことがある。その場合、梁だけで2階の耐力壁を支えているんだ。

「えっ、ダメなの?」
絶対にダメではないけど、できるだけ避けた方がいいね。**耐力壁から梁に大きな荷《か》重《じゅう》**が伝わることがあるから、対策が必要だ。

「梁が小さいとどうなるの?」
耐力壁が壁倍率分の力を発揮する前に**梁が曲がってしまう**んだよ。梁が折れてしまう可能性もあるから、危険だよね。

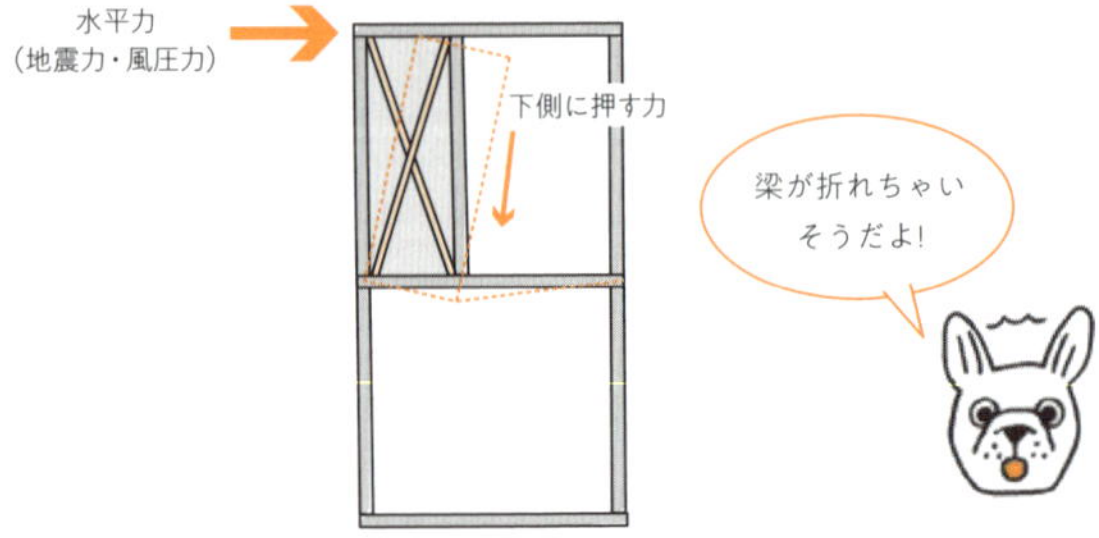

2階の耐力壁の下に、耐力壁や柱がない場合

2階耐力壁の下に耐力壁や柱がなければ、床梁で2階耐力壁を支えることになります。

このとき、床梁が耐力壁から伝わる下側に押す力に耐えられないと、耐力壁は力を発揮することができません。

そのため、許容応力度計算に基づき、床梁を大きくする必要があります。

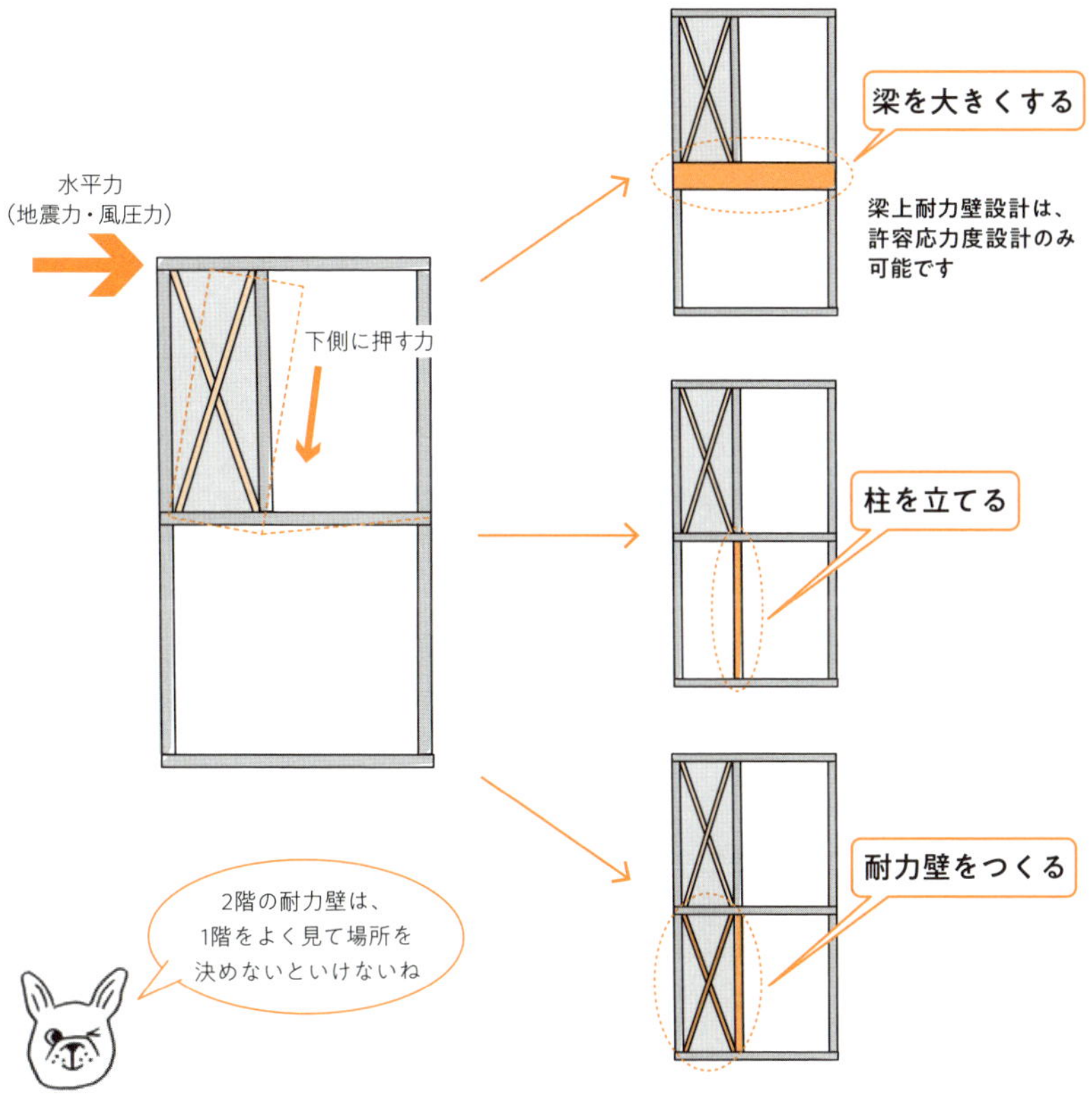

2階耐力壁には地震力や風圧力により、下側に押す力が働きます。
よって、耐力壁の下には耐力壁や柱を設ける必要があります。

FILE 033

同一階で高さが違う耐力壁

耐力壁を使うときに注意することを順に学んでいきます。ここでは、同じ階に高さの異なる耐力壁が存在する場合の耐力壁の扱い方を紹介します。

「耐力壁《たいりょくへき》のことがだんだんわかってきたよ」

まだまだ知っておかなければいけないことがあるよ。今度は、高さが違う耐力壁について。

「高さが違うってどういうこと？」

同じ階で耐力壁の高さが違うことがあるんだ。その場合、そのまま壁量《かべりょう》計算してはいけないよ。高さが違う耐力壁は、**同じ壁の強さでも硬さ（剛性《ごうせい》）が違う**んだ。

「ごうせいって何？」

簡単に説明すると、耐力壁は**高さが低いと硬く**、高さが**高いと柔らかく**なるんだよ。なんとなくイメージできる？

「なんとなく…」

その構造上の特性を理解しておくことが大切だよ。仕様規定の計算、品確法の計算では耐力壁の高さによる剛性の違いを考慮していないけれど、**構造計算（許容応力度計算《きょようおうりょくどけいさん》）では剛性を考慮して**壁量計算しているんだ。

同じ階に高さが違う耐力壁があると…

剛性とは、外力に対する変形のしにくさのことです。

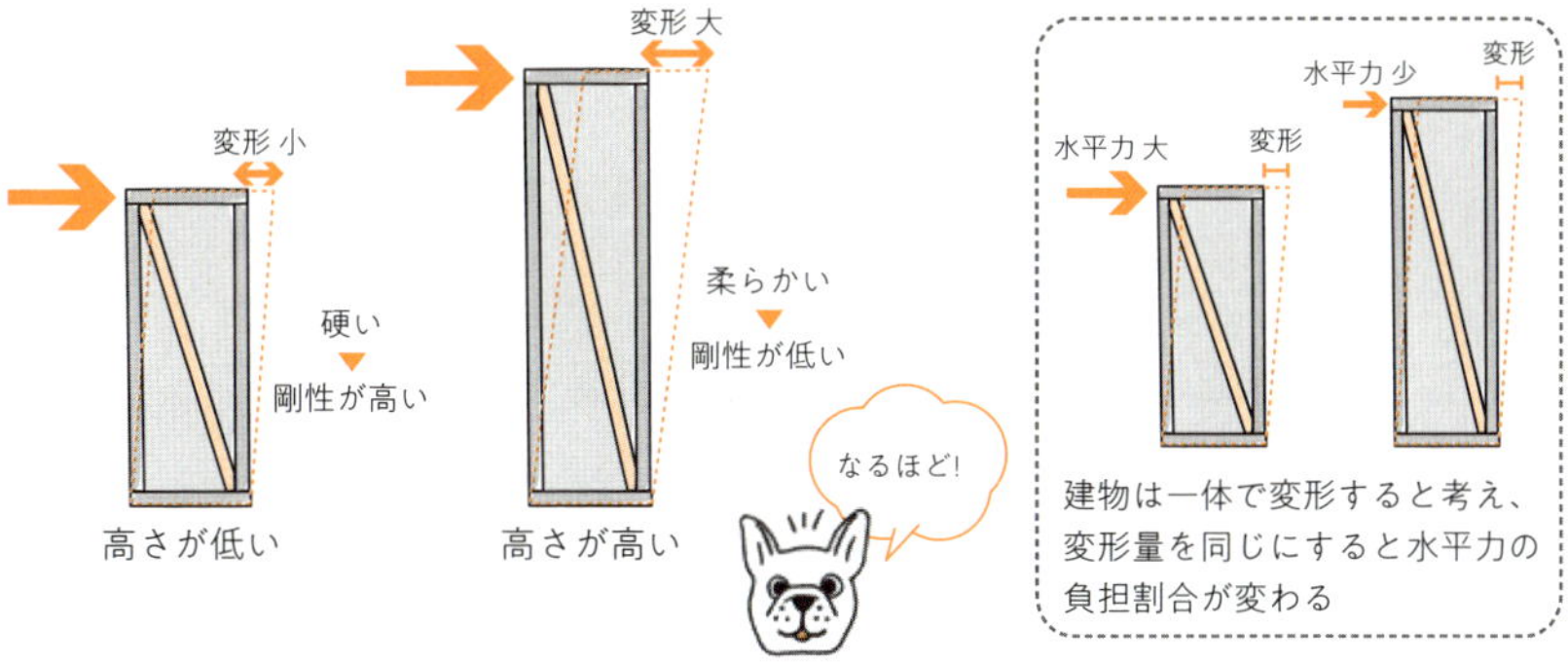

高さによって耐力壁の剛性は違います。
同一階で高さが違う耐力壁がある場合、**高さが低い耐力壁は「硬く」、水平力を多く負担**します。**高さが高い耐力壁は「柔らかく」、水平力の負担が少なくなります。**
そのため、そのまま壁量計算をしても、正しい設計とはいえません。

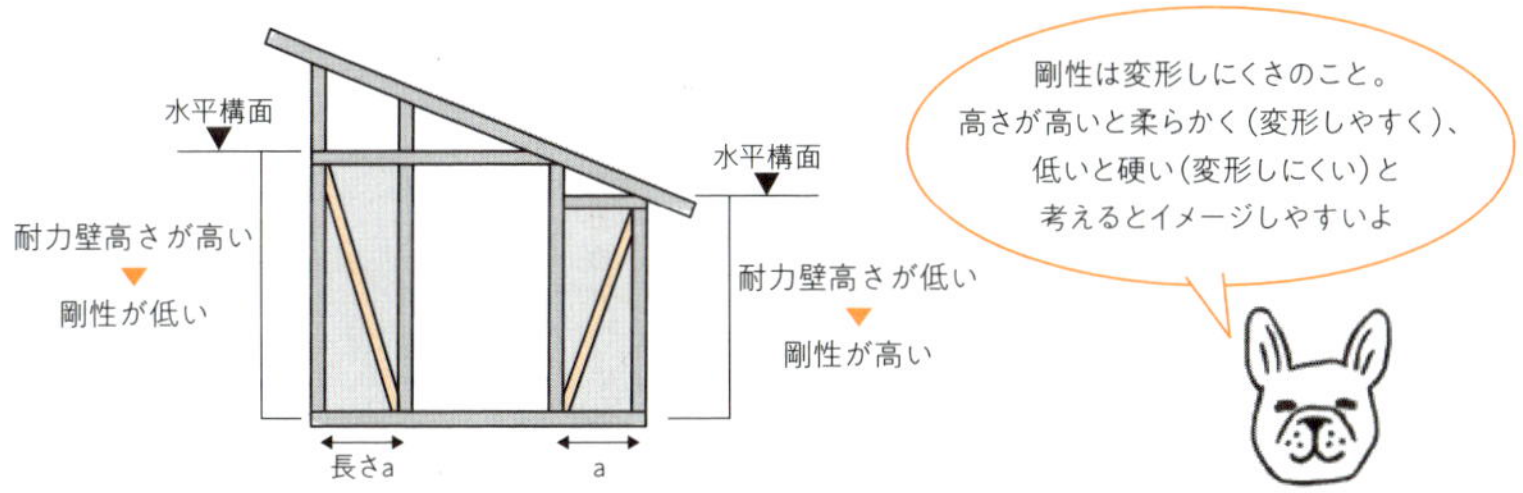

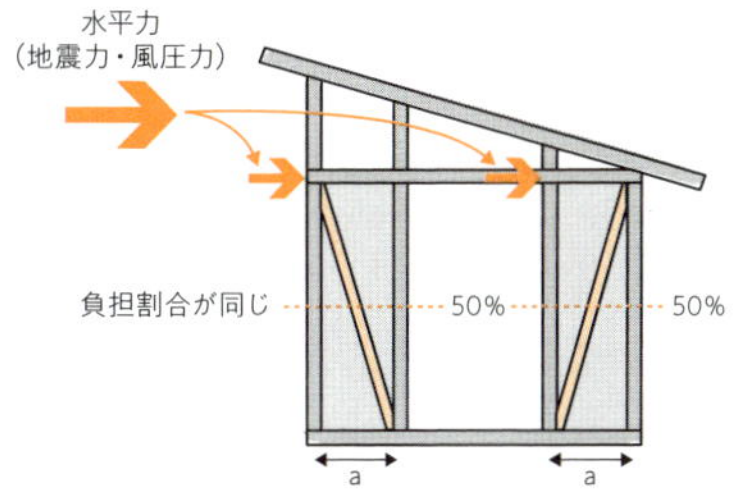

耐力壁の高さが同じで
壁倍率も同じ。

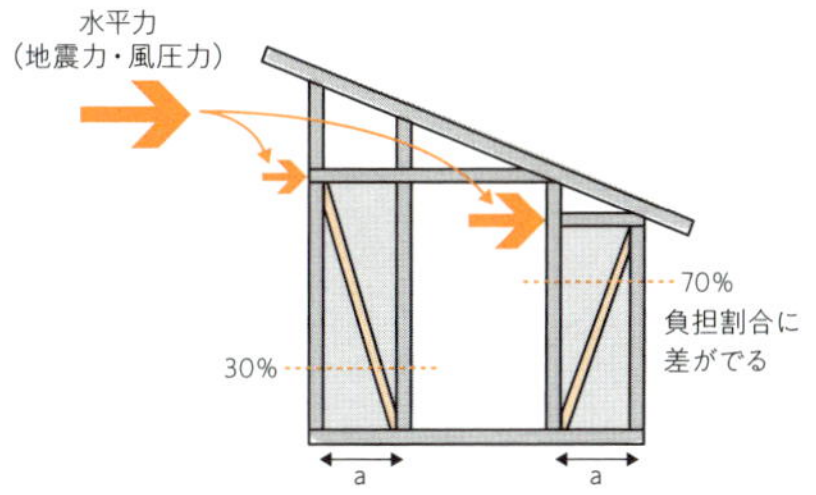

耐力壁高さが違うのに
壁倍率は同じ。

上図の説明のとおり、**耐力壁の高さが低い耐力壁(剛性が高い耐力壁)は、水平力の負担が高めとなります。**

平面的な斜め壁、立面的な傾斜壁

私たちが使う建物にあるのは、四角い部屋ばかりではありません。
斜めの壁があるときの壁量計算の方法を紹介します。

「壁量《かべりょう》計算はX方向⇔、Y方向⇕で計算するけど、斜めの壁はどうするの？」

斜め壁はX方向とY方向に分割して計算するんだよ。

「えっ、そんなことできるの？」

できるよ。ちょっとだけ数学を思い出して計算するんだ。

「斜め壁でもう1つ思い出したことがある。せまい道路沿いの家で、壁が斜めに建っているのを見たことがあるけど、あれも計算できるの？」

計算できるよ。斜めの角度によって、壁になるのか屋根になるのかを決めて計算するんだよ。
これを傾斜壁《けいしゃかべ》や傾斜軸組《じくぐみ》って呼んでいるよ。

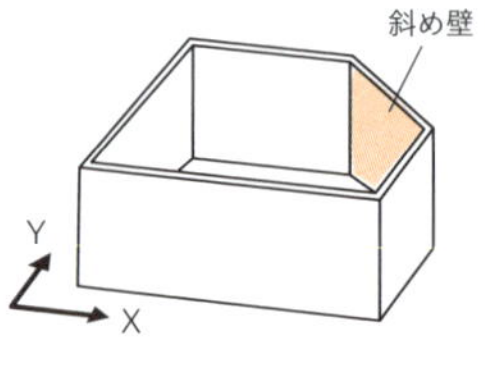

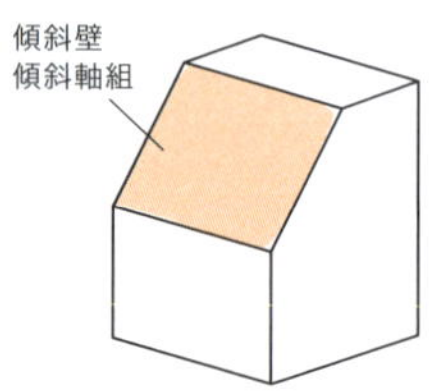

平面的な斜め壁の壁量計算

まず、斜めの部分の壁量（倍率×長さ）を算出します。

分割したい方向の角度によって、$\sin^2\theta$または$\cos^2\theta$を計算します。

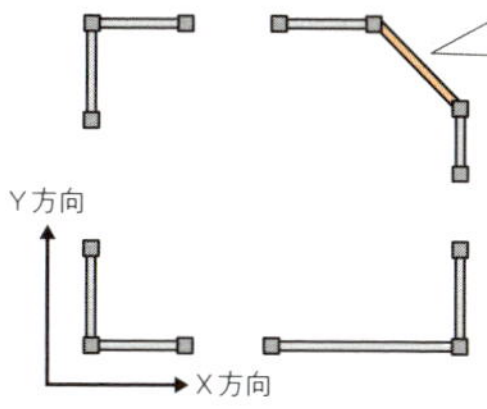

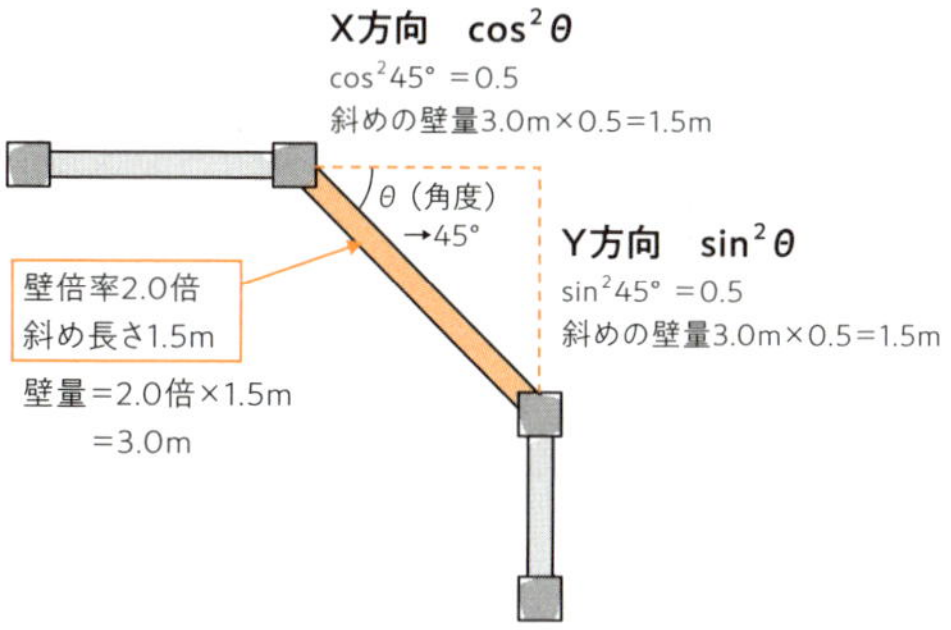

$\sin^2\theta+\cos^2\theta=1.0$を使います。
計算例でも、
X方向壁量1.5m+Y方向壁量1.5m＝斜め壁量3.0m
が成立しています。

立面的な傾斜壁（傾斜軸組）では…

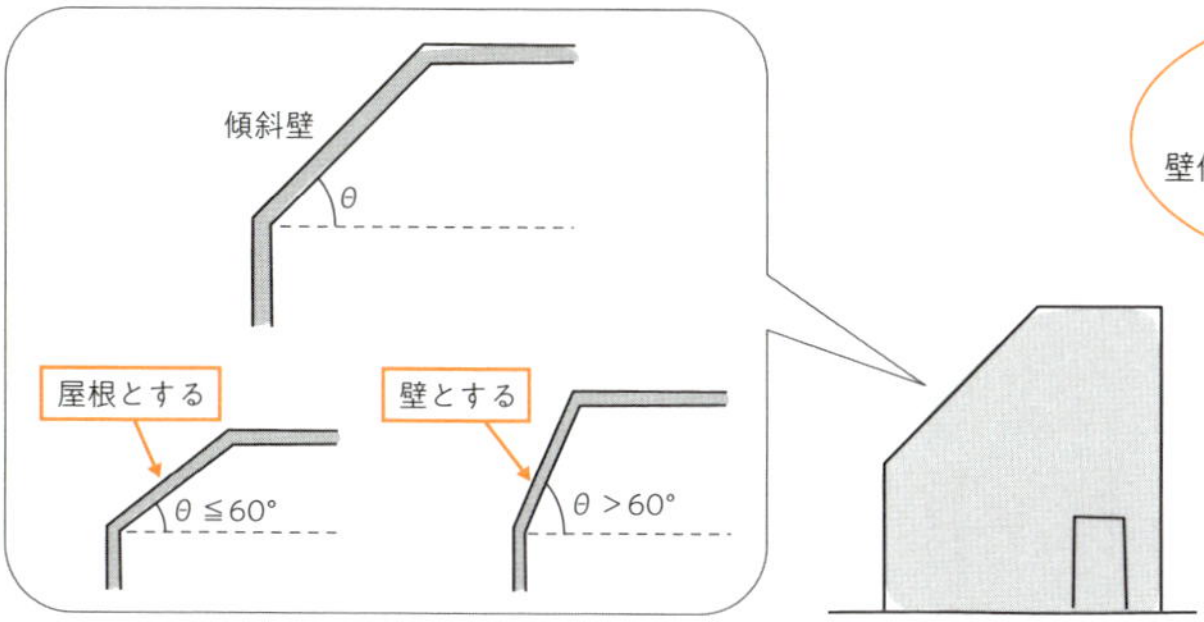

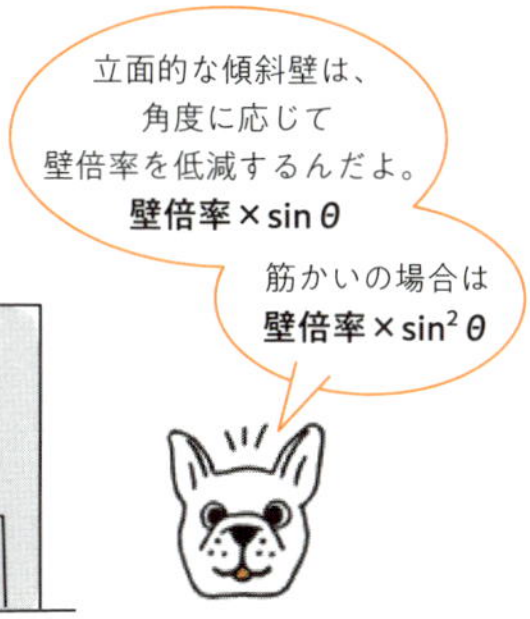

角度が60°以下は屋根、角度が60°超は壁になる

壁量計算には、sin《サイン》^{2}θ《シータ》+cos《コサイン》^{2}θ《シータ》=1を利用します。
※θシータは角度

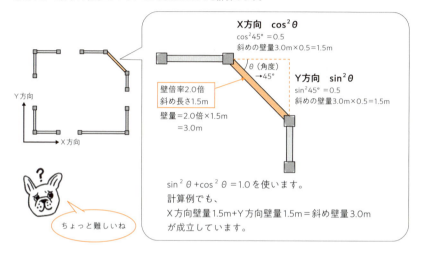

スキップフロア

**床に段差を付けた軽快なスキップフロアは、
その構造的特徴を知ることで構造安全性を確保した設計が可能となります**

「ときどき1階と2階の途中に部屋のある家をみることがあるけれど、あれはなに？」

それは「スキップフロア」って言うんだよ。

「スキップフロアって呼ばれているんだ、かっこいいよね！」

スキップフロアは段差があることで家の空間に広がりが出たり、狭い空間を有効に活用できたりとメリットがたくさんあるよ。

「スキップフロアは地震に強いの？」

スキップフロアの家も、ちゃんと安全性を確認すれば地震に強くなるよ。だけど多くのスキップフロアの家は構造を考えずにデザインや空間の面白さだけで、デタラメに段差をつけているよ。スキップフロアも段差のつけ方や安全性の確認方法を知ってから設計することが大切だね。

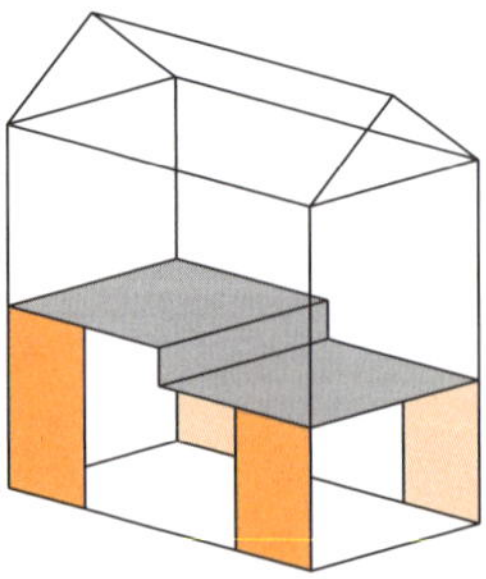

スキップフロアは床に
段差があるのが特徴です

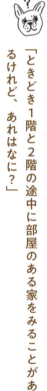

スキップフロアは床に段差があるのが特徴です

スキップフロアは、床に段差がある建物のことです。構造上の「床」には火打梁を入れたり構造用合板を張ったりして、丈夫にする必要があります。
床は耐力壁で囲まれた空間の「蓋」で、耐力壁上に蓋をすることで地震や風に強い「箱」ができます。

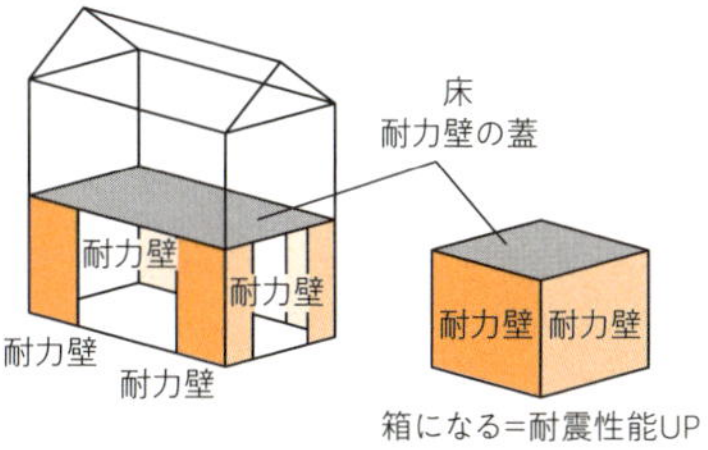

そして地震や風の力（水平力）は、床から耐力壁へと伝達されます。このように床は、構造的にとても重要な働きをしているのです。

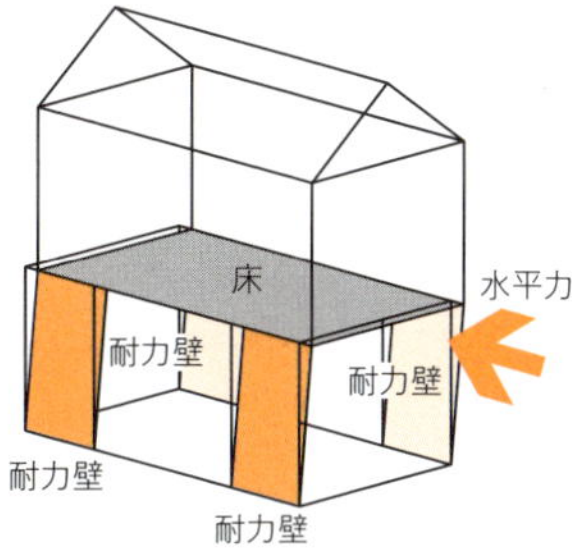

スキップフロアはこの大切な床に段差をつけるため、床の二つの機能を理解して設計をします。
①耐力壁で囲まれた空間の蓋
②地震力・風圧力を耐力壁に伝達させる

具体的には、段差部分で建物がブロックごとに分割できるようにします。分割する段差位置は直線である必要はありません。

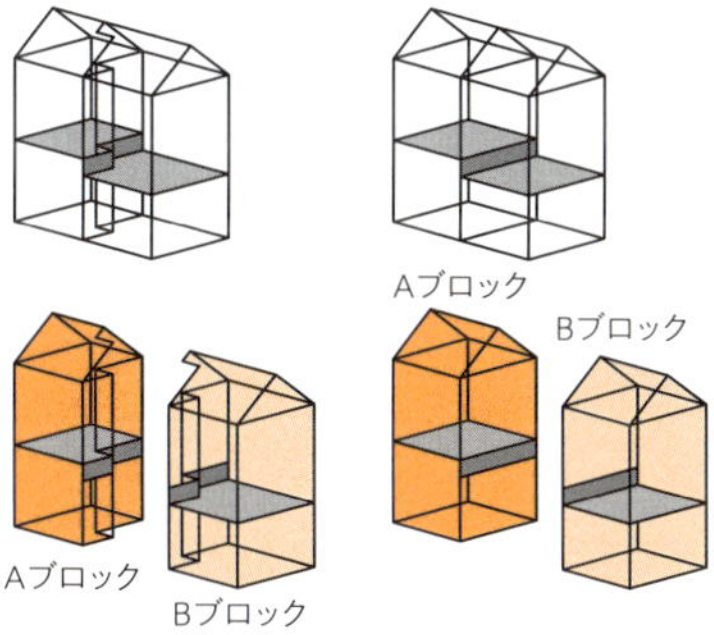

壁量計算は、一体の建物として全体の壁量計算と段差位置で分けたブロックごとに行います。さらに、各ブロックの壁量充足率の割合が3/4以上であることを確認します。

壁量計算フロー
❶全体で壁量計算
❷ブロックごとに壁量計算
❸各ブロックの壁量充足率（存在壁量/必要壁量）より、小さい方の充足率/大きい方の充足率≧3/4を確認します。
＊小さい方の充足率/大きい方の充足率≧3/4を確認することで、各ブロックの水平力（地震力・風圧力）による変形（層間変形角）を同等にして、床から耐力壁に伝達する水平力にばらつきが出ないようにしています。

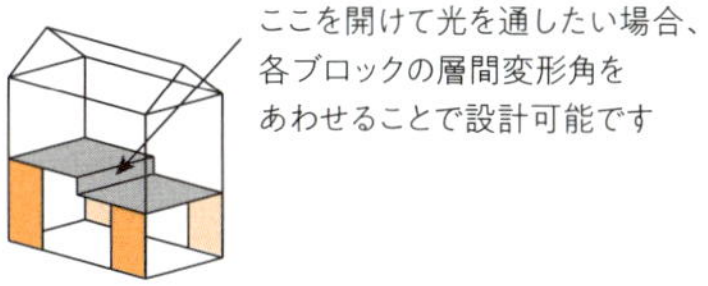

段差部分で分割できないようなスキップフロアは耐震性能が確保できない可能性があるので、キケンだよ！

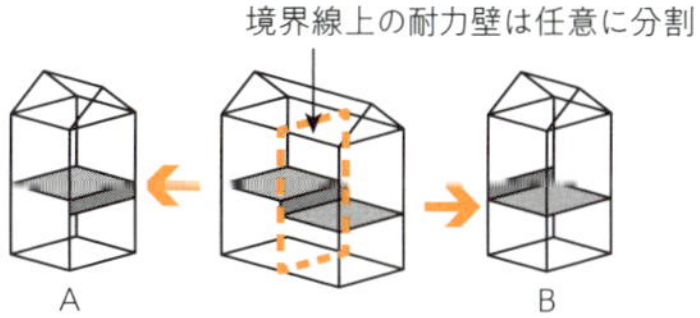

FILE 036

換気扇などの穴はどうする？

**間取りを決める中で、耐力壁に穴をあける必要も出てきます。
面材耐力壁、筋かい耐力壁に穴をあけるときの考え方を紹介します。**

「台所に換気扇とかがあると、面材耐力壁《たいりょくへき》に穴をあけるよね。穴をあけても耐力壁になるの？」

穴の大きさによって耐力壁になるかどうかが決まるよ。**換気扇程度の大きさ**であれば、穴となる部分を補強することで耐力壁として考えても大丈夫なんだ。

「筋かいはどうなの？」

換気扇などの穴を、**筋かいに影響がない位置**にあければ問題はないよ。

「そうか。筋かいを欠き込んだり、切ったりしなければいいんだね」

そういうことだね。

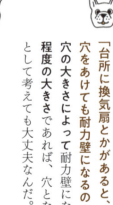

耐力壁に穴をあける方法

面材耐力壁：穴の大きさと補強方法。
筋かい耐力壁：筋かいの隙間に穴をあけ、 筋かいを欠き込んだり切ったりしないこと。

●剛性・耐力に影響しない「面材耐力壁」の小開口の設け方

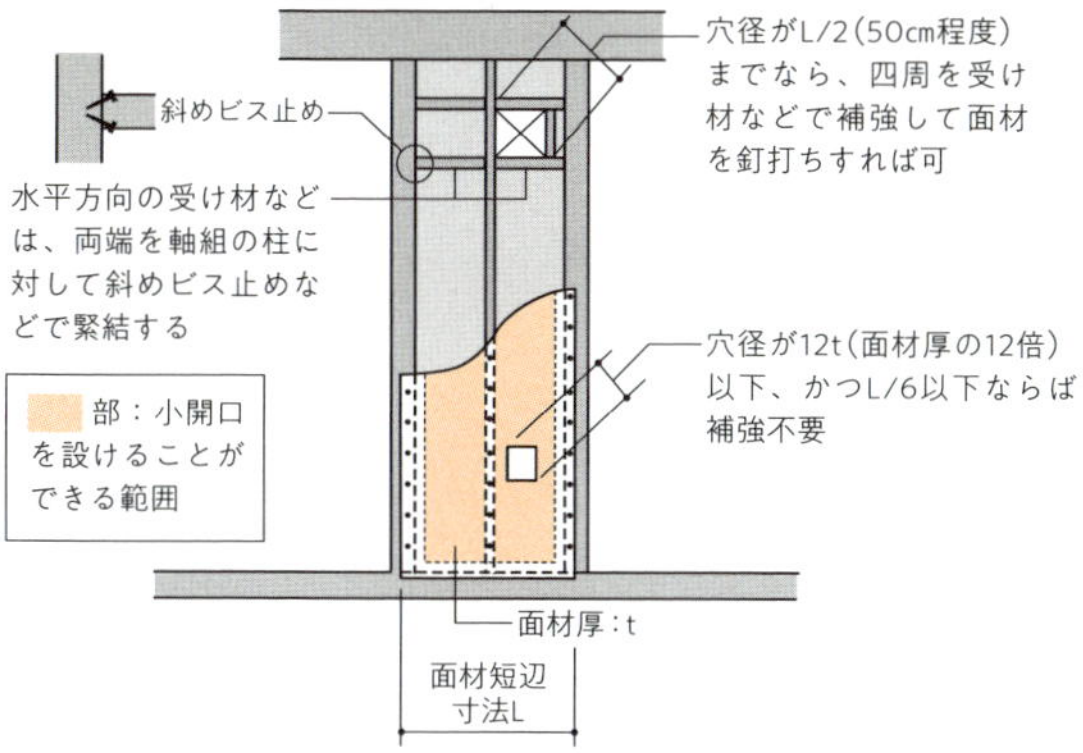

●剛性・耐力に影響しない「筋かい耐力壁」の小開口の設け方

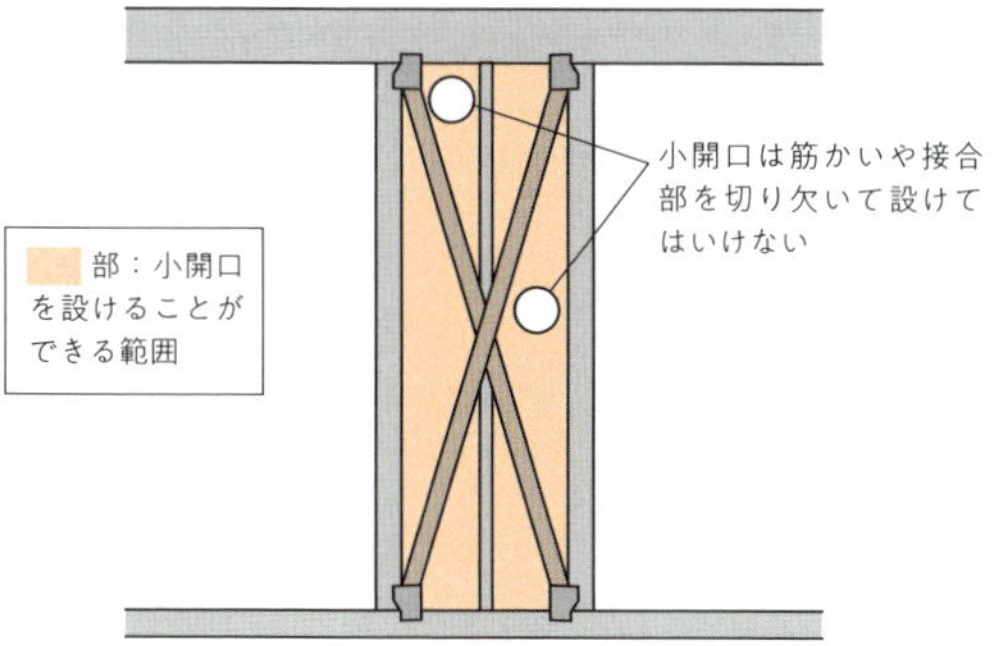

耐力壁に換気扇などの穴をあける場合、 耐力壁の種類により以上の注意点を考慮して施工しましょう。

その他の耐力壁

筋かい耐力壁、面材耐力壁のほかにも、いくつか耐力壁の種類があります。ほかの種類も使えることを知っておきましょう。

胴縁《どうぶち》仕様《しよう》大壁《おおかべ》		材料	釘打ちの方法		倍率
			釘の種類	釘の間隔	
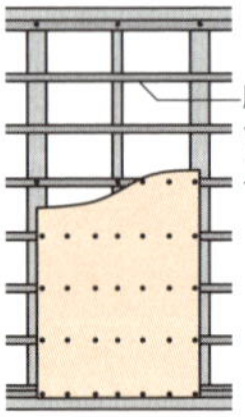	(一)	構造用合板(構造用合板の日本農林規格に規定するもので、厚さが5mm以上のもの、屋外壁にあっては7.5mm以上とし、特類に限る。)	N32以上	15cm以下	0.5
	(二)	パーティクルボード(JISA5908-1994に適合するもので厚さが12mm以上のものに限る)又は構造用パネル(構造用パネルの日本農林規格に適合するものに限る)			
	(三)	ハードボード(JISA5907-1977に定める450又は350で厚さが5mm以上のものに限る)			
	(四)	硬質木片セメント板(JISA5417-1985に定める0.9Cで厚さが12mm以上のものに限る)			
	(五)	炭酸マグネシウム板(JISA6701-1983に適合するもので厚さ12mm以上のものに限る)			
	(六)	パルプセメント板(JISA5414-1988に適合するもので厚さが8mm以上のものに限る)			
	(七)	構造用せっこうボードA種(JISA6901-2005に適合するもので厚さが12mm以上のものに限る)			
	(八)	構造用せっこうボードB種(JISA6901-2005に適合するもので厚さが12mm以上のものに限る)			
	(九)	せっこうボード(JISA6901-2005に適合するもので厚さが12mm以上のものに限る)			
	(十)	シージングボード(JISA5905-1979に定めるシージングインシュレーションボードで厚さが12mm以上のものに限る)			
	(十一)	ラスシート(JISA5524-1977に定めるもののうち角波亜鉛鉄板の厚さが0.4mm以上、メタルラスの厚さが0.6mm以上のものに限る)			

土塗り壁	軸組の仕様		中塗り土	塗り厚	倍率
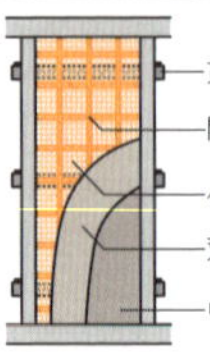	厚さ1.5cm以上で幅10cm以上の木材を用いて91cm以下の間隔で、柱との仕口にくさびを設けた貫を3本以上設け、幅2cm以上の割竹又は小径1.2cm以上の丸竹を用いた間渡し竹を柱及びはり、けた、土台その他の横架材に差し込み、かつ、当該貫にくぎで打ち付け、幅2cm以上の割竹を4.5cm以下の間隔とした小舞竹又はこれと同等以上の耐力を有する小舞竹を当該間渡し竹にシュロ縄、パーム縄、わら縄その他これらに類するもので締め付け、荒壁土を両面から全面に塗った軸組	(一)	両面塗り	7cm以上	1.5
		(二)	両面塗り	5.5cm以上	1.0
		(三)	片面塗り	5.5cm以上	1.0

貫仕様真壁《ぬきしようしんかべ》		材料	釘打ちの方法		倍率
			釘の種類	釘の間隔	
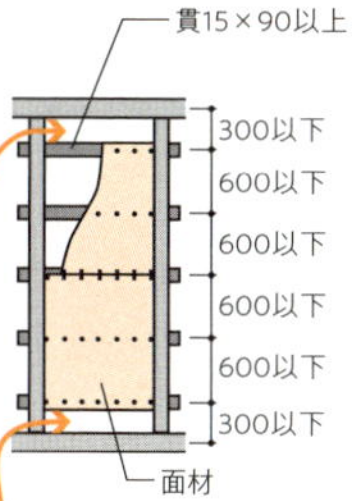	(一)	構造用合板（構造用合板の日本農林規格に規定するもので、厚さが7.5mm以上のもの、屋外壁にあっては特類に限る）	N50	15cm以下	1.5
	(二)	パーティクルボード（JISA5908-1994に適合するもので厚さが12mm以上のものに限る）又は構造用パネル（構造用パネルの日本農林規格に適合するものに限る）			
	(三)	せっこうラスボード（JISA6901-2005に適合するもので厚さが9mm以上のものに限る）の上に、せっこうプラスター（厚さ15mm以上塗ったものに限る）	GNF32又はGNC32		1.0
	(四)	構造用せっこうボードA種（JISA6901-2005に適合するもので厚さが12mm以上のものに限る）			0.8
	(五)	構造用せっこうボードB種（JISA6901-2005に適合するもので厚さが12mm以上のものに限る）			0.7
	(六)	せっこうボード（JISA6901-2005に適合するもので厚さが12mm以上のものに限る）			0.5

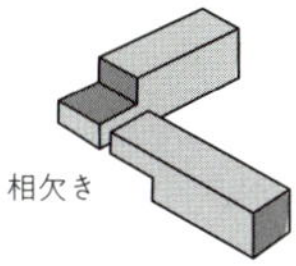

面格子壁《めんごうしかべ》	軸組の仕様		見付幅、厚さ	格子の間隔	倍率
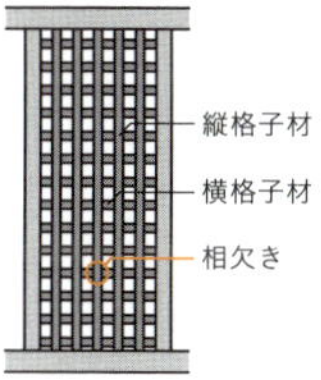	木材を、右「格子の間隔」欄に掲げる間隔で互いに相欠き仕口により縦横に組んだ格子壁（継手のないものに限り、大入れ、短ほぞ差し又はこれらと同等以上の耐力を有する接合方法によって柱及びはり、けた、土台その他の横架材に緊結したものに限る。）を設けた軸組	(一)	見付4.5cm以上、厚さ9.0cm以上	9cm以上16cm以下	0.9
		(二)	見付9.0cm以上、厚さ9.0cm以上	18cm以上31cm以下	0.6
		(三)	見付10.5cm以上、厚さ10.5cm以上	18cm以上31cm以下	1.0

落し込み板壁《いたかべ》	軸組の仕様	倍率
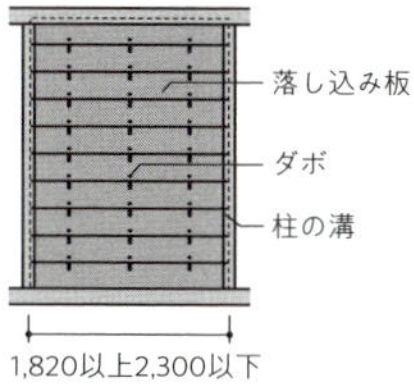	厚さ2.7cm以上で幅13cm以上の木材（『落とし込み板』という。）に相接する落とし込み板に十分に水平力を伝達できる長さを有する小径が1.5cm以上の木材のだぼ又は直径9mm以上の鋼材のだぼ（JIS G3112-1987）を62cm以下の間隔で3本以上配置し、落とし込み板が互いに接する部分の幅を2.7cm以上として、落とし込み板を柱に設けた溝に入れて、はり、けた、土台、その他の横架材相互間全面に、水平に積み上げた壁を設けた軸組	0.6

前記のうち二つまたは三つを併用した壁（併用可能かどうか令第46条表1（9）、昭56建告1100号第1第九号、第十号、第十一号を確認すること）	倍率の和 上限5.0

国土交通大臣が前記と同等以上の耐力を有するものとして認める軸組、国土交通大臣の認定を受けたもの	大臣の定める数値 上限5.0

FILE 038

筋かい寸法と壁倍率

筋かい耐力壁の中にもいくつかの種類があります。
その仕様や壁倍率などは、建築基準法で詳細に定められています。

●建築基準法及び告示に示されている耐力壁の種類（令46条より）

<table>
<tr><th></th><th colspan="2">軸組の種類</th><th>倍率</th></tr>
<tr><td>(一)</td><td>土塗壁又は木ずりその他これに類するものを柱及び間柱の片面に打ち付けた壁を設けた軸組</td><td>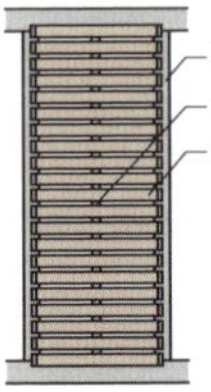
</td><td>0.5</td></tr>
<tr><td rowspan="2">(二)</td><td>木ずりその他これに類するものを柱及び間柱の両面に打ち付けた壁を設けた軸組</td><td>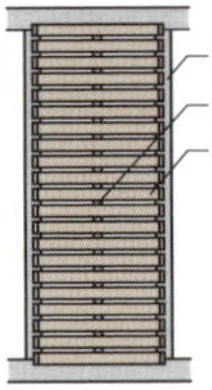
</td><td rowspan="2">1.0</td></tr>
<tr><td>厚さ15㎜以上で幅90㎜以上の木材又は径9㎜以上の鉄筋の筋かいを入れた軸組</td><td>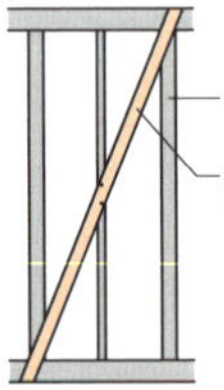

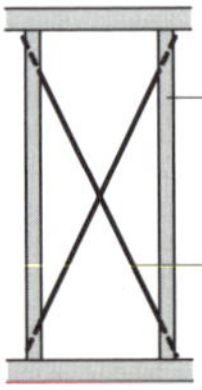
</td></tr>
</table>

	軸組の種類		倍率
(三)	厚さ30㎜以上で幅90㎜以上の木材の筋かいを入れた軸組	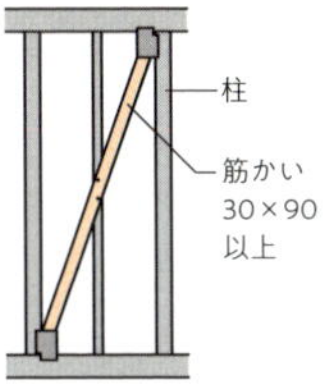	1.5
(四)	厚さ45㎜以上で幅90㎜以上の木材の筋かいを入れた軸組	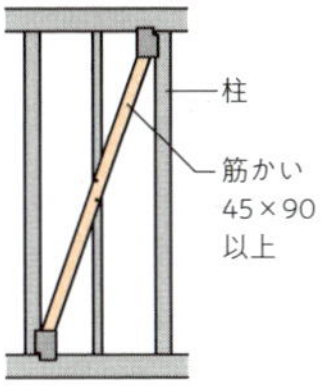	2.0
(五)	90㎜角以上の木材の筋かいを入れた軸組	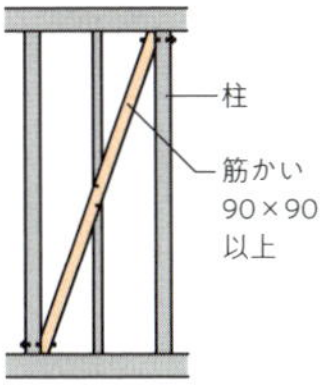	3.0
(六)	(二)から(四)までに掲げる筋かいをたすき掛けに入れた軸組		(二)から(四)までのそれぞれの数値の2倍
(七)	(五)に掲げる筋かいをたすき掛けに入れた軸組	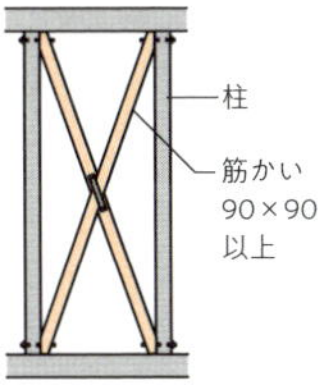	5.0
(八)	その他(一)から(七)までに掲げる軸組と同等以上の耐力を有するものとして国土交通大臣が定めた構造方法を用いるもの又は国土交通大臣の認定を受けたもの		0.5から5までの範囲内において国土交通大臣が定める数値
(九)	(一)又は(二)に掲げる壁と(二)から(六)までに掲げる筋かいとを併用した軸組		(一)又は(二)のそれぞれの数値と(二)から(六)までのそれぞれの数値との和

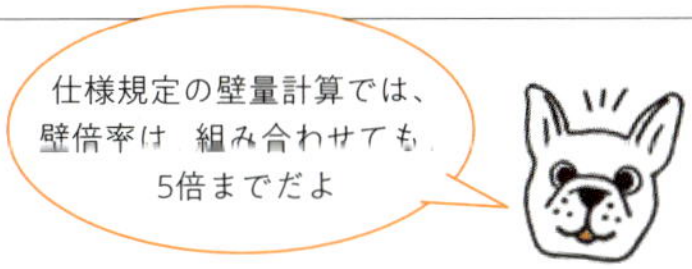

FILE 039

筋かいには方向性がある

筋かいには右向きと左向きがあります。
仕様規定の壁量計算では、どちらも同様に扱いましたが、
許容応力度計算では分けて考えます。

「筋かいには右向きと左向きがあるけど、強さは同じなの？」
建築基準法施行令の表では同じ壁倍率だけど、本当は**向きによって強さは違う**んだよ。

「どんな違いがあるの？」
筋かいには水平力の作用する方向によって、**圧縮筋かい**と**引張**《ひっぱり》**筋かい**があるんだ。

「でも水平力って、1つの方向からだけ作用するわけではないよね」
そうだよ。水平力の作用する方向によって、圧縮筋かいになったり引張筋かいになったりするんだ。

「どっちの筋かいが強いの？」
筋かいの大きさにもよるけど、**30×90㎜以上の筋かいは「圧縮」の方が強い**（倍率が高い）よ。

圧縮筋かいと引張筋かいの壁倍率

圧縮と引張の壁倍率の平均値をとり、 1つの壁倍率で計算します。

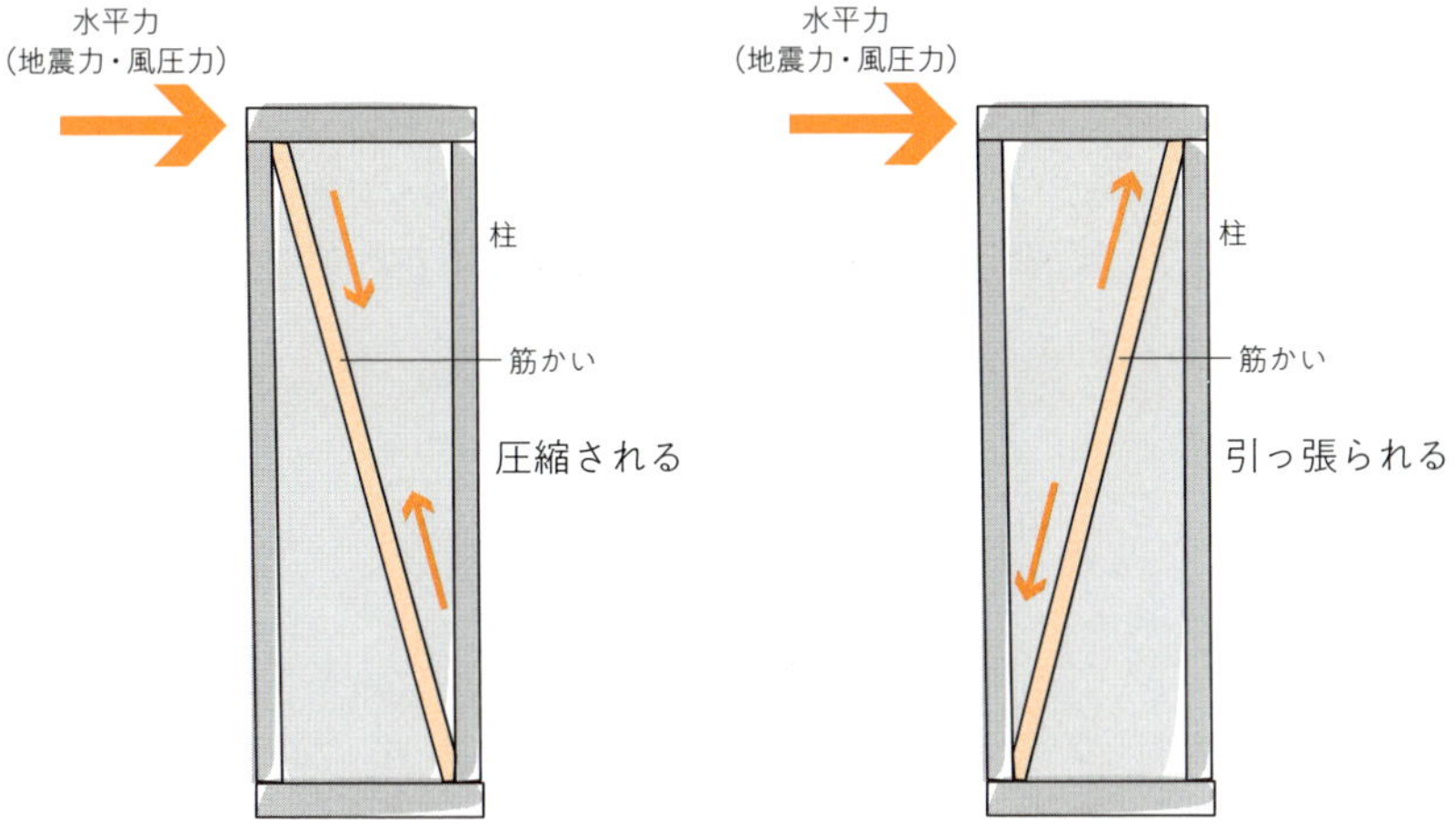

圧縮筋かい

壁倍率**2.0倍**
許容応力度計算では**2.5倍**
（＋0.5倍）

引張筋かい

壁倍率**2.0倍**
許容応力度計算では**1.5倍**
（—0.5倍）
↑
この倍率の差が、N値計算の
筋かい補正値になります

筋かいの向きによって壁倍率は異なりますが、 **仕様規定の壁量計算では、 圧縮筋かいと引張筋かいの平均をとって壁倍率としています。**

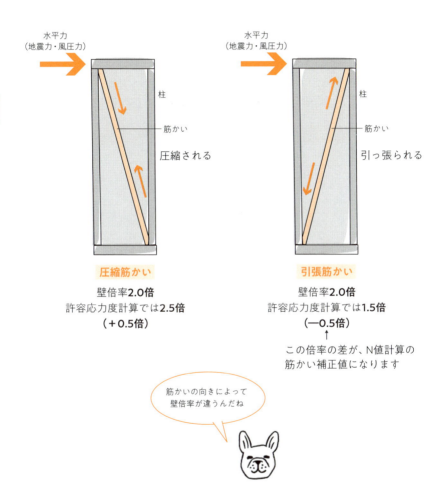

FILE 040

筋かいは左右交互に配置する

筋かいは、右向きと左向きで本当は壁倍率が異なります。
では、実際の建物では、筋かいをどのように配置したらよいのでしょう。

「筋かいの強さが向きによって違うなら、どうやって配置を決めるの？」

筋かいの配置は、左右交互を基本とするんだよ。圧縮筋かいと引張《ひっぱり》筋かいで本当は壁倍率が違うことを考慮して、**左右どちらから地震や台風がきても建物が抵抗できるように**耐《たい》力壁《りょくへき》を配置するんだ。

「なるほど！　そうすると家は地震や台風にも強くなるんだね！」

そうだよ。

「じゃあ、壁量《かべりょう》計算でＯＫになっても左右交互を考えていないとダメなんだね」

仕様規定の計算上はダメじゃないよ。とにかく「必要壁量≦存在壁量」が成立すれば仕様規定の計算はクリアしていることになるからね。

でもね、ここで終わらせてはいけないんだよ。左右交互が必要である意味がわかっていれば、**壁量計算の結果だけにかかわらず、**耐力壁の配置を考えるようになるよ。

実際の間取りでの考え方

まずは、各通りごとに**左右交互**とすることを目指します。しかし、間取りによっては完全な左右交互は難しいこともあります。その場合は、最終的に各階・各方向ごとに（できるだけ）左右交互になっていればよいのです。

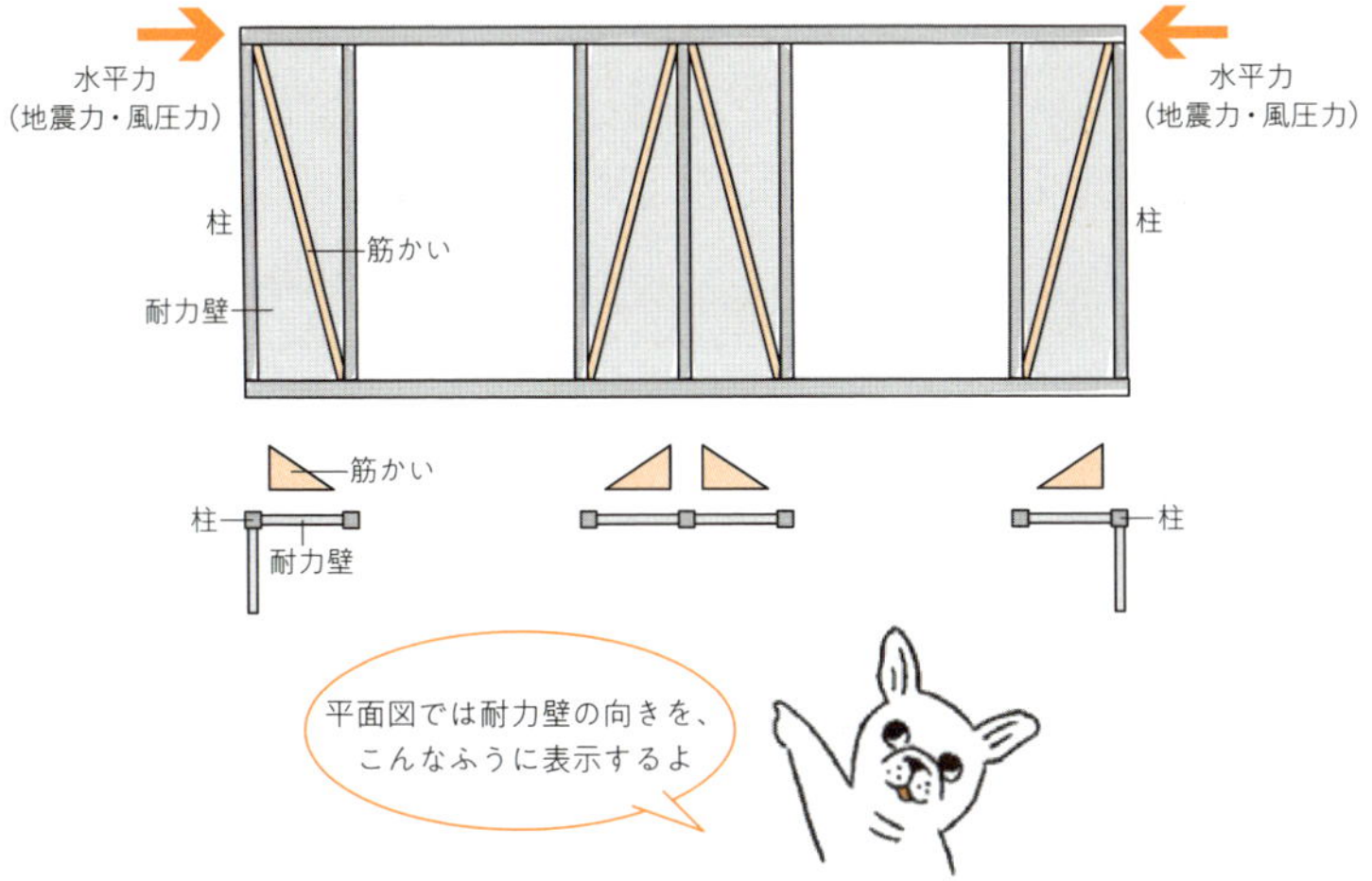

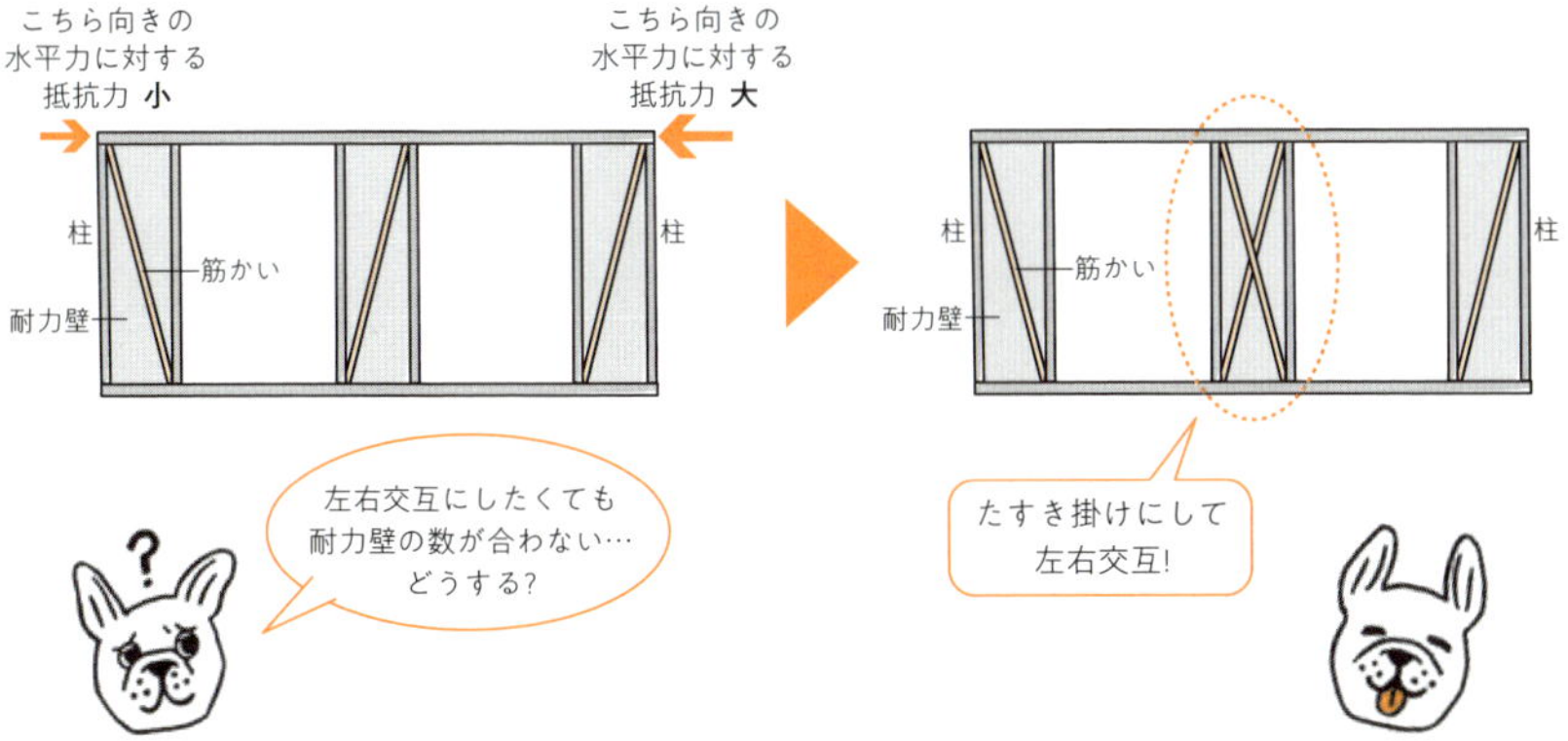

どちらの方向から水平力がきても、同じ強さとなるようにすることが大切です。

FILE 041

筋かいの欠き込みはNGだけど…

筋かいが効果を発揮できないとき、考えられる原因の1つが欠き込みです。どうしても欠き込みが必要なときの対処法も覚えましょう。

「筋かいをたすき掛けにするとき、重なる部分はどうするの？」

欠き込みをしないようにするんだよ。欠き込みをすると**筋かいが弱くなる**からね。

「間柱《まばしら》がぶつかるところは？」

ここも**筋かいを優先させる**よ。間柱を切るんだ。

「間柱って、切ってしまって大丈夫なの？」

間柱は鉛直方向荷重や水平方向荷重を負担していないから、切っても大丈夫だよ。

「90×90㎜の筋かいは、柱が105㎜角や120㎜角だとはみ出しちゃうよ」

そのときは筋かいを欠き込んで納めることになるよ。**欠き込み部分は金物などで補強**するんだ。

原則として筋かいに欠き込みをしない

●間柱と干渉する場合

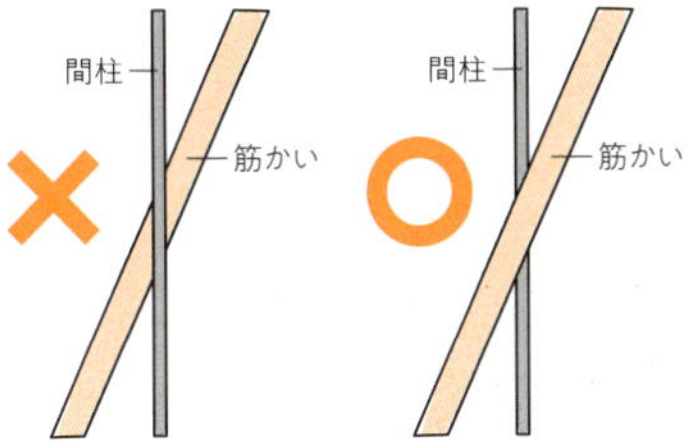

筋かいを切って間柱を通す。

筋かいを通して間柱を切る。

●筋かいの留め方

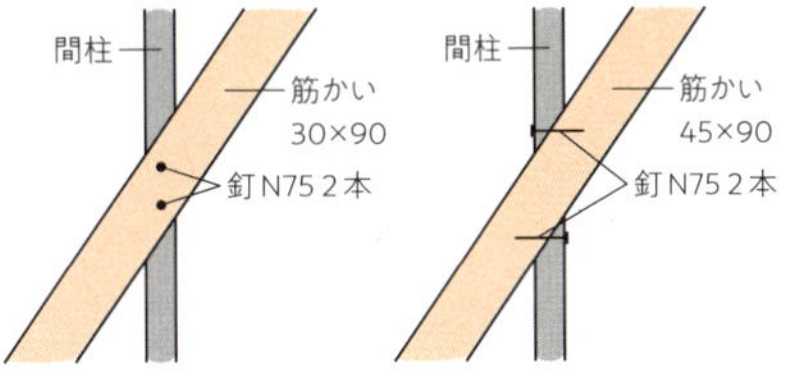

筋かいから間柱に釘を平打ち

間柱から筋かい側面に釘を斜め打ち

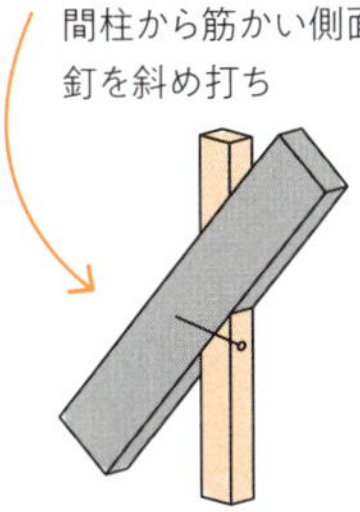

●たすき掛けにする場合

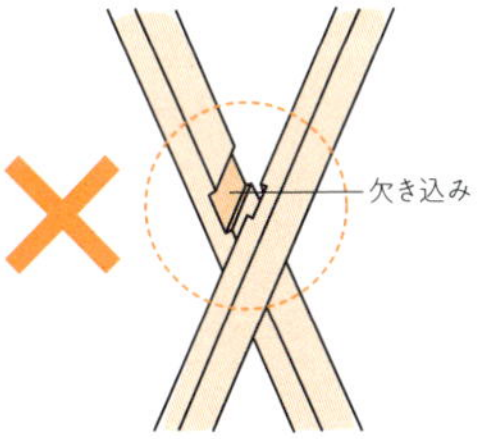

筋かいに欠き込みをしたままではいけません。

90×90㎜の筋かいをたすき掛けする場合、柱の中で納まらないため、補強して欠き込みます。

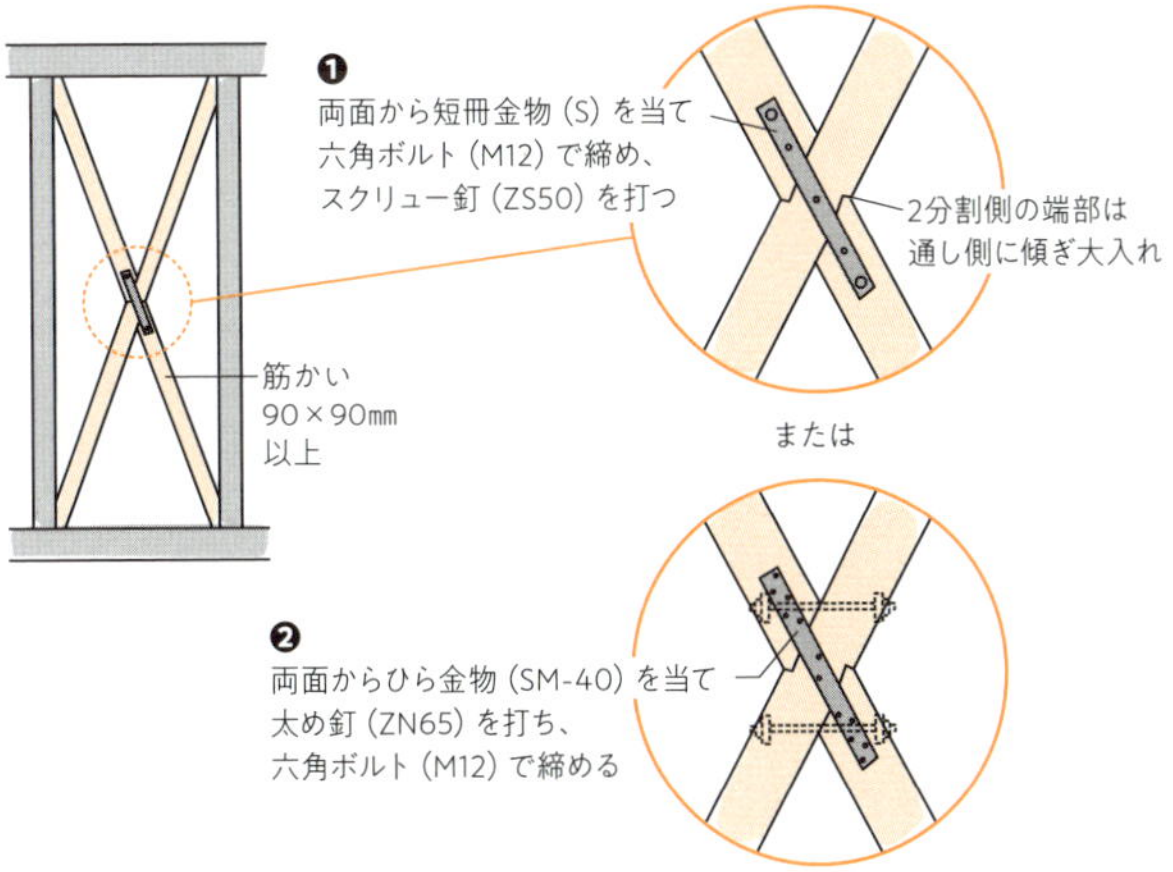

筋かいサイズが90㎜角でたすき掛けするなど、柱や壁内に入りきらない場合は、**筋かいを欠き込み金物などで補強**します。

筋かい端部の接合方法

筋かいの端部を、柱や横架材と接合する方法は決められています。筋かいプレートでの接合など、接合の仕方を覚えましょう。

「筋かいの端っこに、鉄板みたいなものがついているのを見たことがあるけど、あれは何？」

筋かい端部についているのは**筋かいプレート**だよ。地震や風で建物が揺らされたとき、筋かいが外れてしまわないようにプレートで留めるんだ。

「えっ、釘じゃダメなの？」

釘留めでいい筋かいもあるけど、一般に使われている筋かいは、**釘だと留め付ける力が弱くて、筋かいが外れてしまう**んだよ。

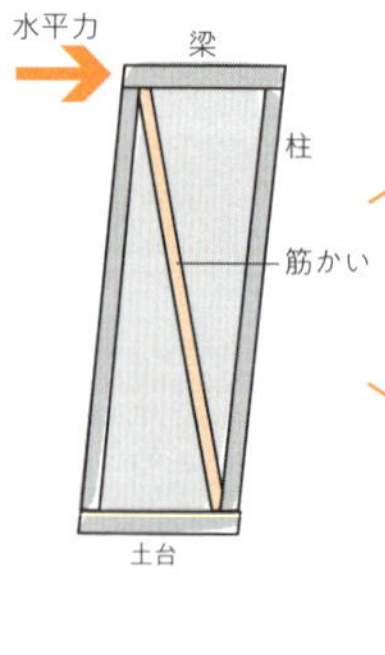

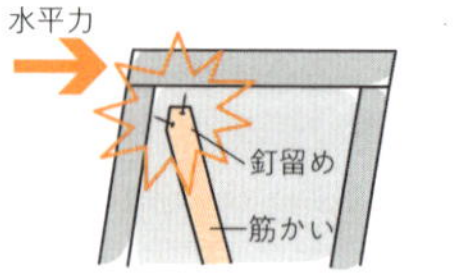

釘留めだと水平力に耐えきれず、筋かいが外れてしまう。

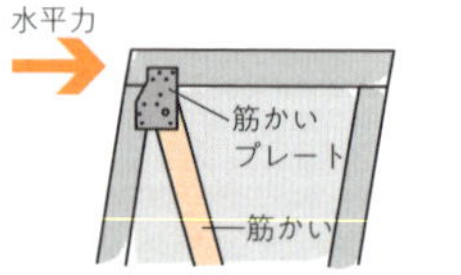

筋かいプレートを取り付けると、水平力を受けても筋かいが外れない。

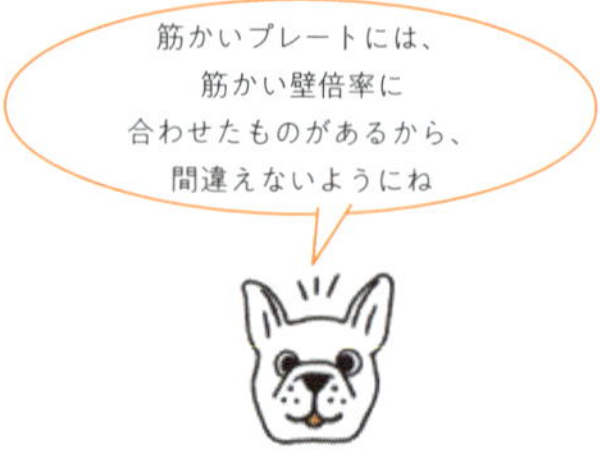

筋かい端部の接合方法

現在、**壁倍率に合わせた筋かいプレート**が既製品として販売されています。
筋かいの種類(倍率)と筋かいプレートの倍率を間違えないように使用しましょう。

●筋かい端部接合方法(平12建告1460号より)

筋かい	接合部仕様	
鉄筋直径9mm以上	柱又は横架材を貫通した鉄筋を三角座金を介してナット締めとしたもの	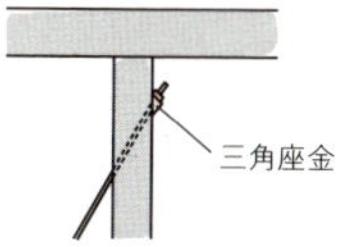
	鉄筋に止め付けた鋼板添え板に柱及び横架材に対して長さ9cmの太め鉄丸くぎを8本打ち付けたもの	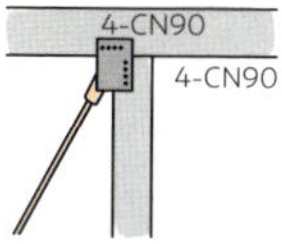
木材15mm×90mm以上	柱及び横架材を欠き込み、柱及び横架材に対してそれぞれ長さ6.5cmの鉄丸くぎを5本平打ちしたもの	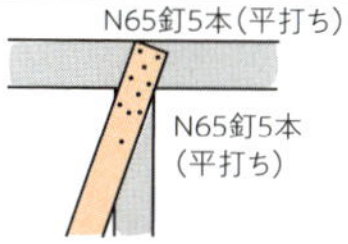
木材30mm×90mm以上	厚さ1.6mmの鋼板添え板を、筋かいに対して径12mmのボルト締め及び長さ6.5cmの太め鉄丸くぎを3本平打ち、柱に対して長さ6.5cmの太め鉄丸くぎを3本平打ち、横架材に対して長さ6.5cmの太め鉄丸くぎを4本平打ちとしたもの	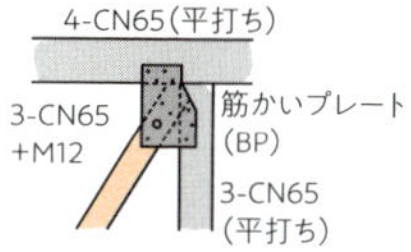
木材45mm×90mm以上	厚さ2.3mm以上の鋼板添え板を、筋かいに対して径12mmのボルト締め及び長さ50mm、径4.5mmのスクリューくぎ7本の平打ち、柱及び横架材に対してそれぞれ長さ50mm、径4.5mmのスクリューくぎ5本の平打ちとしたもの	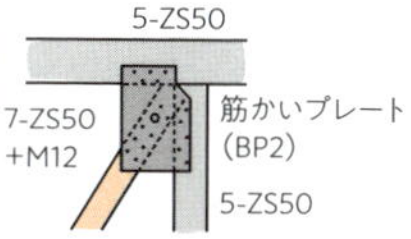
木材90mm×90mm以上	柱又は横架材に径12mmのボルトを用いた一面せん断接合としたもの	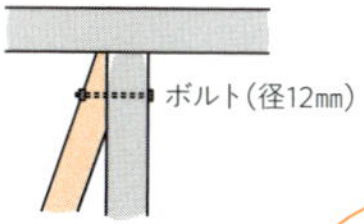

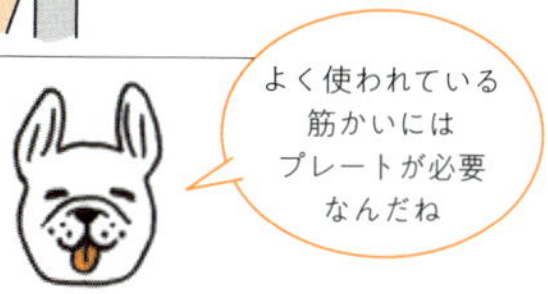

筋かいプレートは、**水平力を受けた筋かいが外れないようにするために必要**です。

FILE 043

筋かいと
ホールダウン金物の整合

筋かいを設けたとき、柱が浮き上がらないようにするホールダウン金物と、筋かいプレートで、耐力壁の効果を保つことができます。

「筋かいのことが少しずつわかってきたよ」

筋かいは一般に使われ続けているから、間違った使い方をしていることも多いんだ。だから、よく勉強して使うことが大切だよ。筋かいの最後は、**ホールダウン金物との整合**について説明するね。

「ホールダウン金物って何?」

ホールダウン金物は、**筋かいの左右の柱の上下**（柱頭《ちゅうとう》柱脚《ちゅうきゃく》）に取り付ける金物のことだよ。筋かいに作用する水平力によって、柱が浮き上ったりするのを防止するんだ（第4章第3節参照）。

「ホールダウン金物は筋かいとぶつかったりしないの?」

ホールダウン金物と筋かいプレートが干渉することがあるから注意が必要なんだよ。

「今度はどっちを優先するの?」

ホールダウン金物、筋かいプレートどちらも大切だから、お互い**干渉しないように取り付ける**工夫をするんだ。

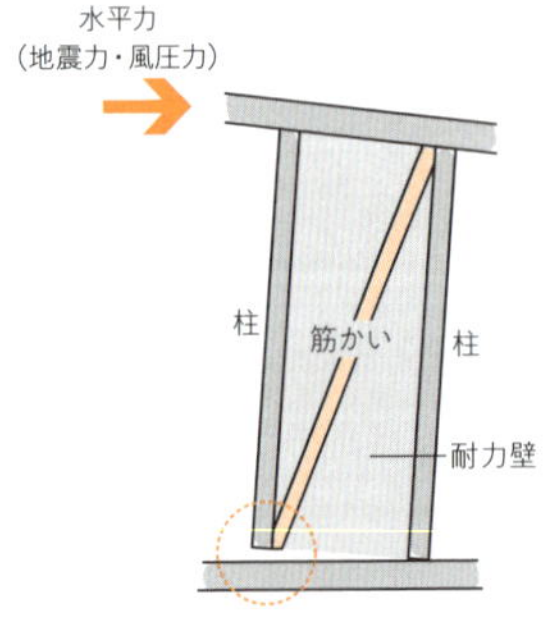

ホールダウン金物を取り付ける

ホールダウン金物の取り付け

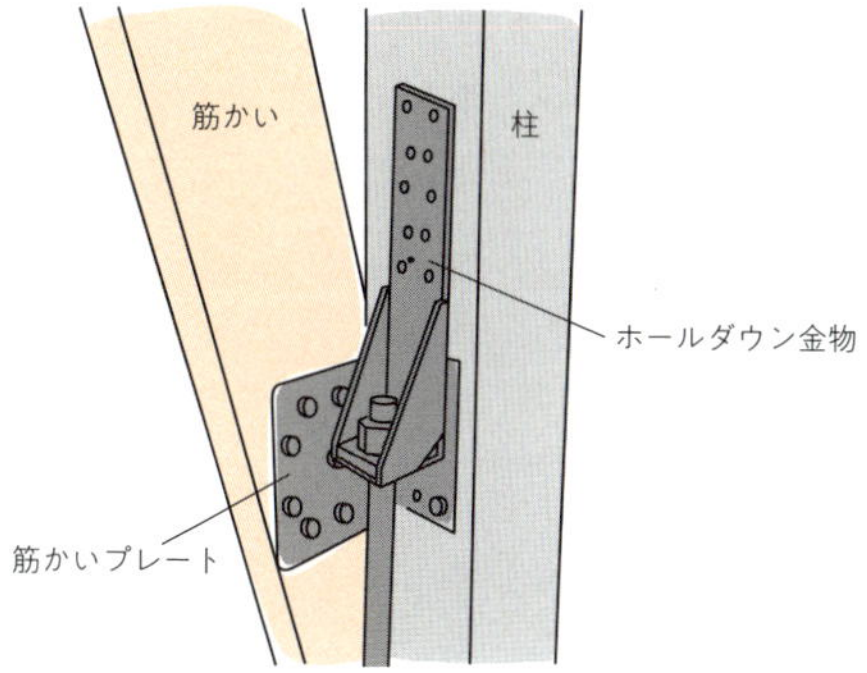

そこで…

または

❶ホールダウン金物の取り付け位置を変更

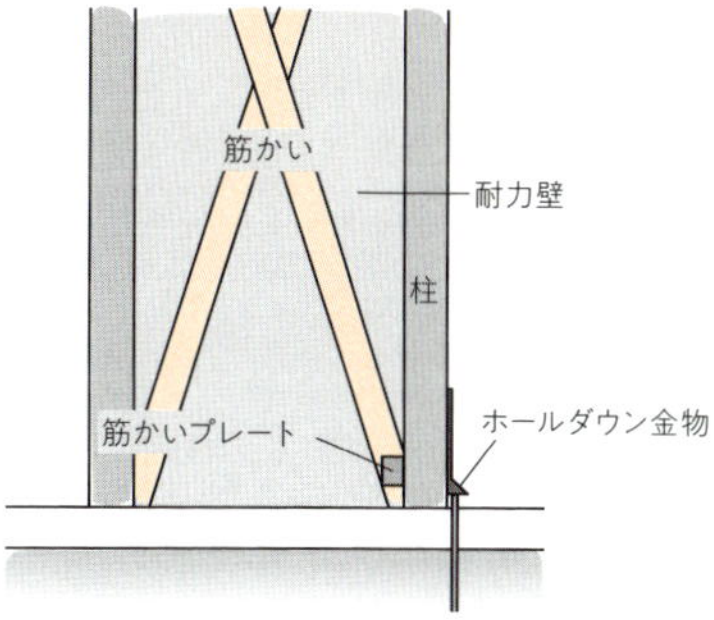

❷ホールダウン金物用アンカーボルトを長くして取り付け

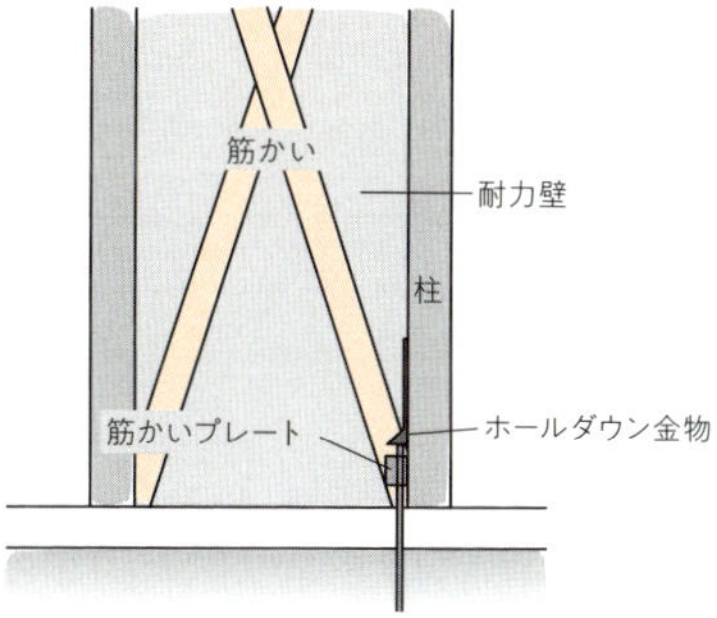

もしくは

❸筋かいの代わりに面材を使用（124ページ参照）

ホールダウン金物と筋かいプレートは同じ位置に取り付くため干渉しがち。筋かいプレートの位置をずらすことは難しいため、ホールダウン金物の取り付け方法を工夫し干渉を避けましょう。

面材の種類と壁倍率

筋かい耐力壁に続いて、面材耐力壁について紹介します。まずは、法律で認められている種類を確認しましょう。

●建築基準法および告示に示されている耐力壁の種類（昭56建告1100号より）
軸組工法　壁勝ち仕様の大壁の場合

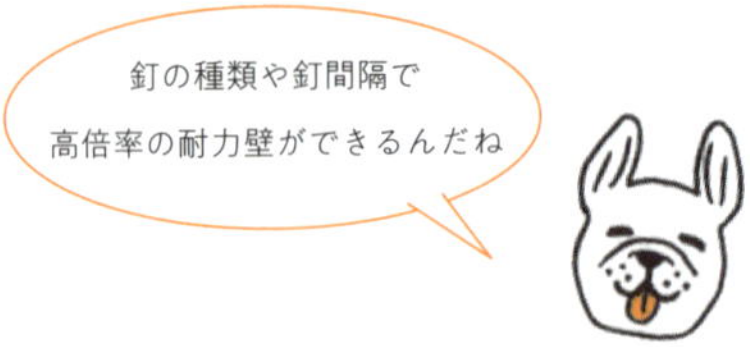
釘の種類や釘間隔で
高倍率の耐力壁ができるんだね

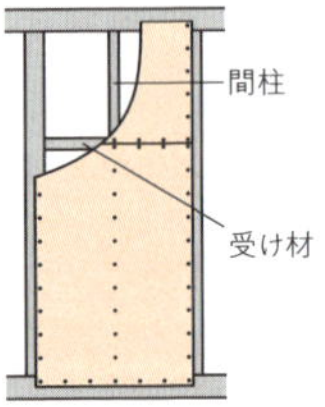
間柱
受け材

材料	断面	くぎ	くぎの間隔	倍率
構造用パーティクルボード	—	N50	外周部分7.5cm以下、その他の部分15cm以下	4.3
構造用MDF				
構造用合板（化粧ばり構造用合板）	厚さ9mm以上	CN50	外周部分7.5cm以下、その他の部分15cm以下	3.7
構造用パネル		N50		
構造用合板（化粧ばり構造用合板）	厚さ7.5mm以上	N50	15cm以下	2.5
パーティクルボード	厚さ12mm以上			
構造用パーティクルボード	—			
構造用MDF				
構造用パネル				
ハードボード	厚さ5mm以上	N50		2.0
硬質木片セメント板	厚さ12mm以上			
構造用せっこうボードA種		GNF40 GNC40		1.7
構造用せっこうボードB種				1.2
せっこうボード、強化せっこうボード				0.9
シージングボード		SN40	外周部分10cm以下、その他の部分20cm以下	1.0
ラスシート	角波亜鉛鉄板部分厚さ0.4mm以上 メタルラス部分厚さ0.6mm以上	N38	15cm以下	

軸組工法　受け材仕様の真壁と床勝ち仕様の大壁の耐力壁の場合

受け材仕様の真壁　　床勝ち仕様の真壁

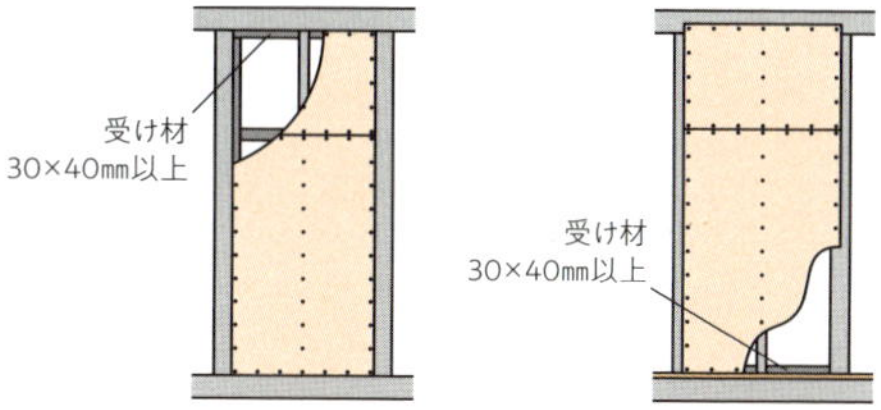

<table>
<tr><th colspan="4" rowspan="2">耐力壁の種類</th><th colspan="4">受け材仕様の真壁造の面材耐力壁</th><th colspan="4">床勝ち仕様の大壁の面材耐力壁</th></tr>
<tr><th colspan="3">受け材</th><th>倍率</th><th colspan="3">受け材</th><th>倍率</th></tr>
<tr><th>材料</th><th>断面</th><th>くぎ</th><th>くぎの間隔</th><th>大きさ</th><th>くぎ</th><th>くぎの間隔</th><th>倍率</th><th>大きさ</th><th>くぎ</th><th>くぎの間隔</th><th>倍率</th></tr>
<tr><td>構造用パーティクルボード</td><td rowspan="2">—</td><td rowspan="2">N50</td><td rowspan="4">外周部分7.5cm以下、その他の部分15cm以下</td><td rowspan="13">厚さ30㎜以上幅40㎜以上</td><td rowspan="13">N75</td><td rowspan="2">12cm以下</td><td rowspan="2">4.0</td><td rowspan="4">厚さ30㎜以上幅60㎜以上</td><td rowspan="9">N75</td><td rowspan="4">12cm以下</td><td rowspan="2">4.3</td></tr>
<tr><td>構造用MDF</td></tr>
<tr><td>構造用合板（化粧ばり構造用合板）</td><td rowspan="2">厚さ9㎜以上</td><td>CN50</td><td rowspan="2">20cm以下</td><td rowspan="2">3.3</td><td rowspan="2">3.7</td></tr>
<tr><td>構造用パネル</td><td rowspan="6">N50</td></tr>
<tr><td>構造用合板（化粧ばり構造用合板）</td><td>厚さ7.5㎜以上</td><td rowspan="9">15cm以下</td><td rowspan="9">30cm以下</td><td rowspan="5">2.5</td><td rowspan="5">厚さ30㎜以上幅40㎜以上</td><td rowspan="5">20cm以下</td><td rowspan="5">2.5</td></tr>
<tr><td>パーティクルボード</td><td>厚さ12㎜以上</td></tr>
<tr><td>構造用パネル</td><td rowspan="3">—</td></tr>
<tr><td>構造用パーティクルボード</td></tr>
<tr><td>構造用MDF</td></tr>
<tr><td>せっこうラスボード</td><td>厚さ9㎜以上の上にせっこうプラスター15㎜以上塗ったもの</td><td>GNF32
GNC32</td><td>1.5</td><td colspan="4">—</td></tr>
<tr><td>構造用せっこうボードA種</td><td rowspan="3">厚さ12㎜以上</td><td rowspan="3">GNF40
GNC40</td><td>1.5</td><td rowspan="3">厚さ30㎜以上幅40㎜以上</td><td rowspan="3">N75</td><td rowspan="3">30cm以下</td><td>1.6</td></tr>
<tr><td>構造用せっこうボードB種</td><td>1.3</td><td>1</td></tr>
<tr><td>せっこうボード、強化せっこうボード</td><td>1.0</td><td>0.9</td></tr>
</table>

前記のうち二つを併用した壁（併用可能かどうか令第46条表1（9）、昭56建告1100号第1第九号、第十号、第十一号を確認すること）	倍率の和上限5.0

構造用合板は大壁仕様で外周部に使う

面材耐力壁を設ける場合、仕様の特徴を考えた設計・施工が必要です。最初は、最も多く使用されている大壁仕様です。

「面材耐力壁《たいりょくへき》にはいろいろな種類があるけど、どれを使ってもいいの？」

仕様ごとに特徴があるから、よく考えて使わないといけないよ。

「そうなの？　筋かいよりも使いにくいの？」

使いにくくはないよ。ただ、筋かいに比べたら**面材耐力壁は仕様をよく理解して**、施工方法を考えないといけないね。

「みんな、仕様を理解して面材を使っているんだね」

残念ながらそうでもないんだよ…。壁量《かべりょう》計算では壁倍率だけを考えて計算してしまう傾向があるから、面材の仕様や施工を考えないことが多い。

施工する人も、面材耐力壁の仕様を理解していなかったり、そもそも耐力壁であることを理解せずに施工していることも多いんだ。

「面材耐力壁はしっかり勉強しないといけないね」

そうだね。まずは、**大壁《おおかべ》仕様**から説明しよう。

大壁仕様での面材耐力壁

●代表的な面材と壁倍率

面材の種類：構造用合板
特類2級　厚さ7.5㎜以上（一般的には9㎜）
釘の種類：N50
釘の間隔：150㎜以内
壁倍率：2.5倍
※釘種類・釘間隔等により高倍率も可能

大壁仕様では、 面材を柱や間柱《まばしら》、 土台、 梁に釘留めします。

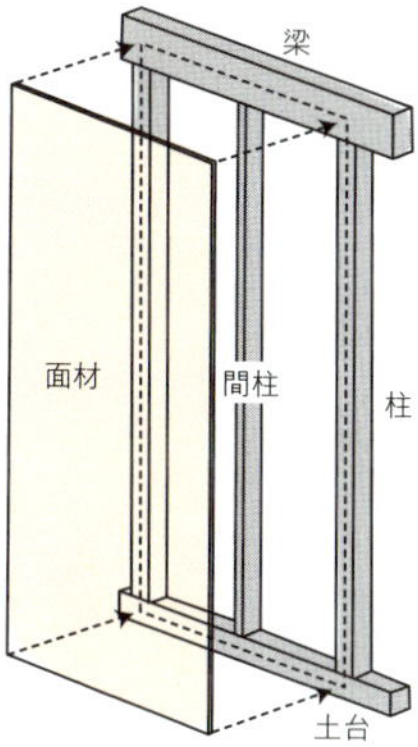

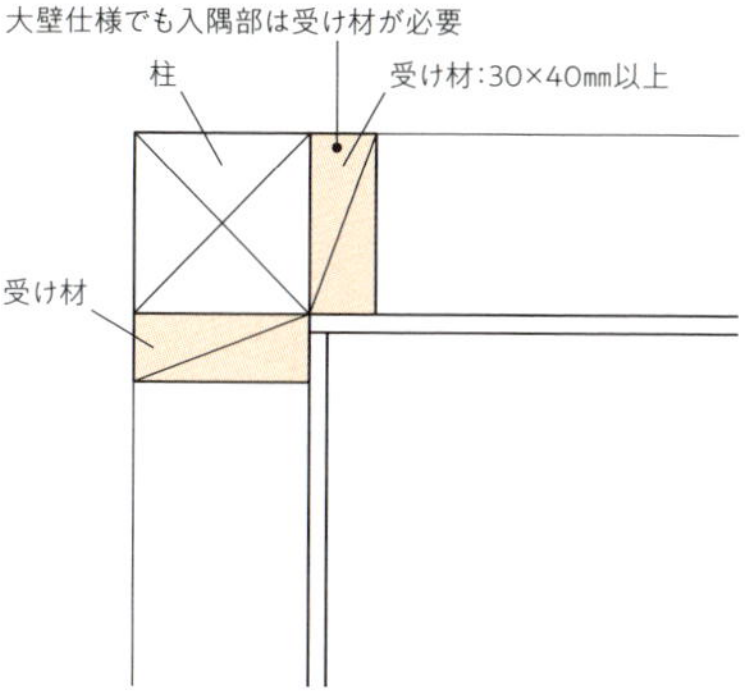

●大壁仕様の注意点

❶面材は梁まで届くように設置する
❷外周部には石膏《せっこう》ボードを使用しない
外周部は雨水などで濡れる可能性があるため、
水に弱い石膏ボードを使用できません。

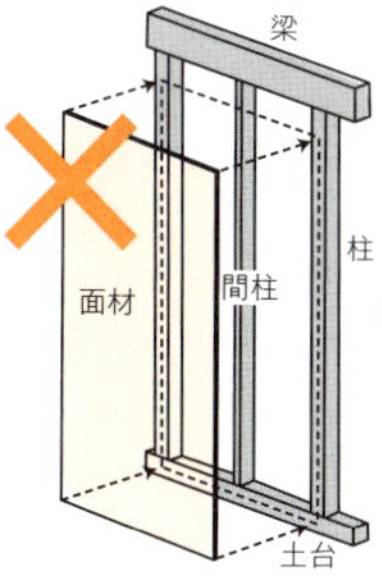

梁に届いていない面材では耐力壁にならない

面材耐力壁で最も多く使用されているのが「大壁仕様」です。
大壁仕様では、 外周部（外壁面）に構造用合板《ごうはん》を張るのが一般的です。

真壁仕様の注意点

次に真壁仕様で面材耐力壁を設ける場合を紹介します。大壁仕様と比べて注意する点が多くあるので、しっかり覚えましょう。

「次はどの張り方？」

次は**真壁《しんかべ》仕様**だよ。

「真壁って何？」

真壁というのは、**柱の表面を見せる**ようにする方法だよ。和室の柱は室内側に見えるでしょ。あれが真壁なんだ。

「じゃあ、真壁仕様は柱を見せるような面材耐力壁《たいりょくへき》の張り方をするの？」

そうだよ。

「真壁仕様は和室用なんだ！」

それだけではないよ。**室内側に面材耐力壁を張る**場合にも使用するんだ。外周部に比べて室内側は、柱や間柱《まばしら》、土台、梁に面材を釘留めしにくい。直行する土台や梁があるからね。

そこで、直行する土台や梁の影響を考えて、柱や土台、梁の内側に**受け材を取り付け**、**面材を張る**真壁仕様があるんだ。

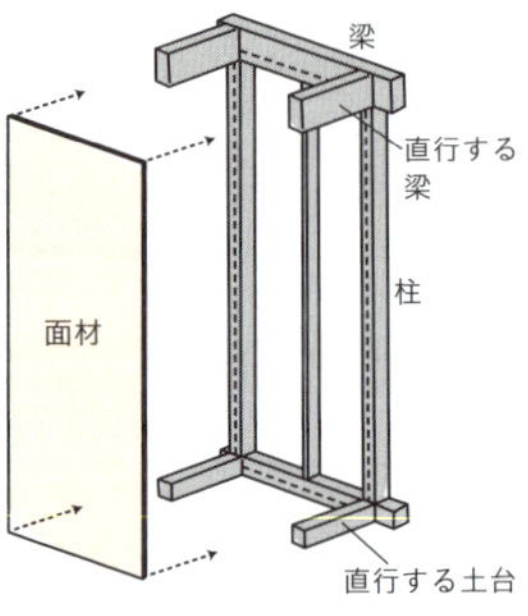

大壁仕様では張れない！

真壁仕様での面材耐力壁

●代表的な面材と壁倍率

面材の種類：構造用合板《ごうはん》
特類2級　厚さ7.5㎜以上（一般的には9㎜）
釘 の 種 類：N50
釘 の 間 隔：150㎜以内
壁　倍　率：2.5倍
※釘種類・釘間隔等により高倍率も可能

真壁仕様は柱、**土台、梁に30×40㎜以上の受け材を取り付けて、受け材に面材を張ります。**主に室内側に構造用合板を張る場合の仕様です（壁倍率が高倍率の場合は30×60㎜以上の受け材）。2018年3月の告示改正により、床勝ち仕様が追加となりました。

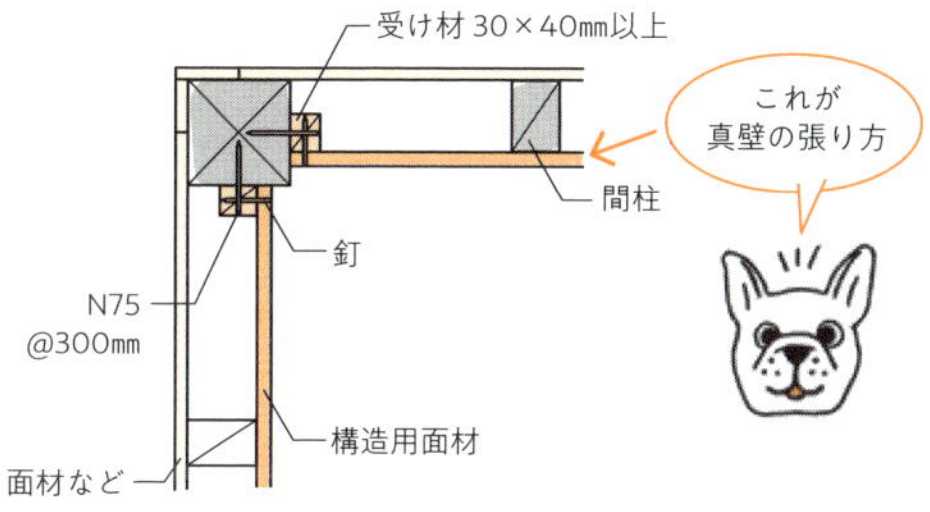

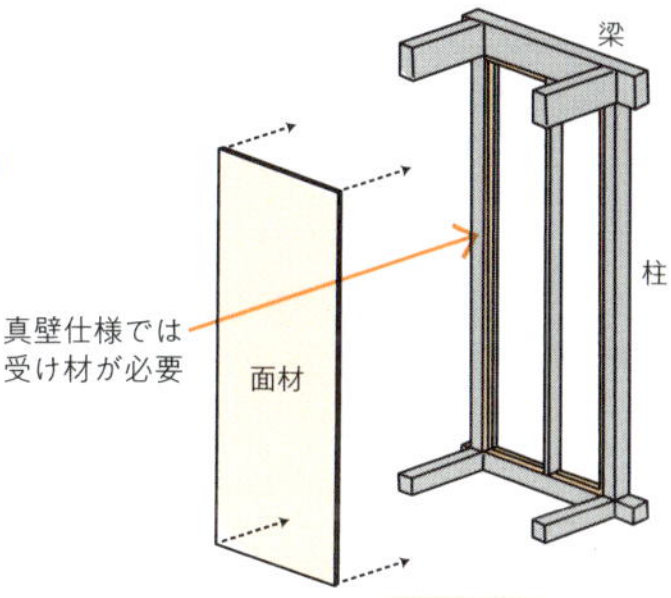

真壁仕様

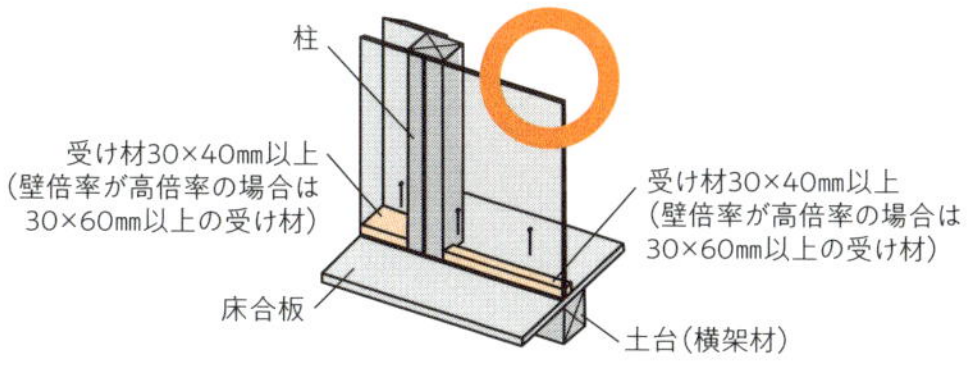

真壁仕様に床勝ちが追加となりました

※床勝ちとは、床下地材を張った上に受け材を取り付け、面材を張ること

FILE 047

室内側の面材耐力壁には床勝ち仕様の大壁が便利

室内側に耐力壁をつくるもうひとつの方法が、床勝ち仕様の大壁耐力壁です。2018年3月の告示改正で、面材種類が増えて使いやすくなりました。

「真壁《しんかべ》仕様は使いやすくなったね」

そうだね。告示の改正で床勝ちが追加となったから、使いやすくなったよ。

「じゃあ、室内側の大壁仕様で床勝ちはないの？」

床勝ちはあるよ。今までは室内側の大壁仕様による床勝ちは石膏ボードだけだったけど、告示改正で**構造用合板なども床勝ちが追加**になったんだよ。

石膏ボードだけじゃなくて、
構造用合板なども床勝ちできていいね!!

床勝ち仕様での面材耐力壁

室内側に施工する方法のため、 直行する土台や梁に注意しながら施工する必要があります。

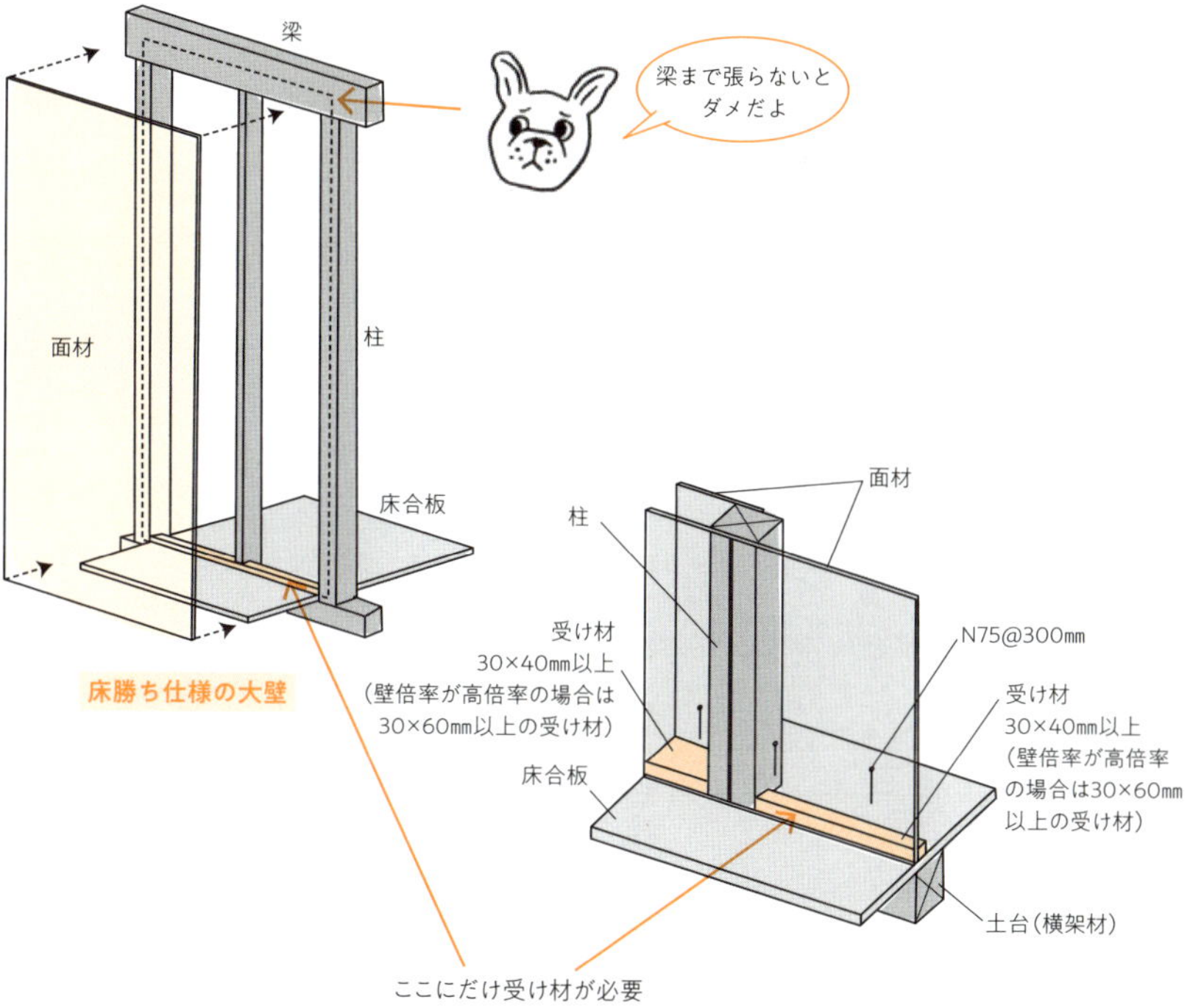

室内側に面材で耐力壁を確保したいとき、 便利なのが「**床勝ち仕様の大壁耐力壁**」です。 大壁仕様のため、 柱や梁に面材を張りますが、 面材下側は床に張る構造用合板を優先させて、 床の構造用合板上に受け材を取り付け、 面材を張ります。 この仕様であれば、 **合板による水平構面を確保しながら面材耐力壁が成立**します。

面材耐力壁の釘打ちのルール

面材耐力壁を設ける際、釘の使い方にも注意が必要です。釘のルールを守らないと、耐力壁としての効果が発揮できません。

「面材耐力壁《たいりょくへき》のそれぞれの仕様について、使い方がよくわかったよ。ほかに注意することはあるの？」

まだあるよ。面材は柱や梁に釘で留っているよね。耐力壁は**面材の種類と釘の種類、釘を打つ間隔**がとっても大切なんだよ。

「面材の種類によって釘は違うんだね」

そうなんだ。石膏《せっこう》ボード用の釘は頭の径が大きく、柔らかい石膏ボードにめり込みにくくなっていたりする。**面材の特徴に合わせて**釘の種類は決まっているんだよ。

「じゃあ、釘の種類を間違えないようにして使わないといけないね」

そうだね。それと、最近は釘を機械で打ち込むことが多いんだ。**空気の圧力**で釘を打つんだけど、圧力が大きすぎて**釘が面材にめり込む**ことがあるから注意が必要だよ。

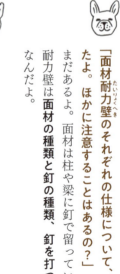

釘に関するルールとは…

面材と釘の種類の組み合わせ、 釘を打つ間隔、 実際に打つときの注意点などを見てみましょう。

●面材の種類と釘の種類

構造用合板：N50、 CN50
石膏ボード：GNF40またはGNC40
※釘種類・釘間隔等により高倍率も可能

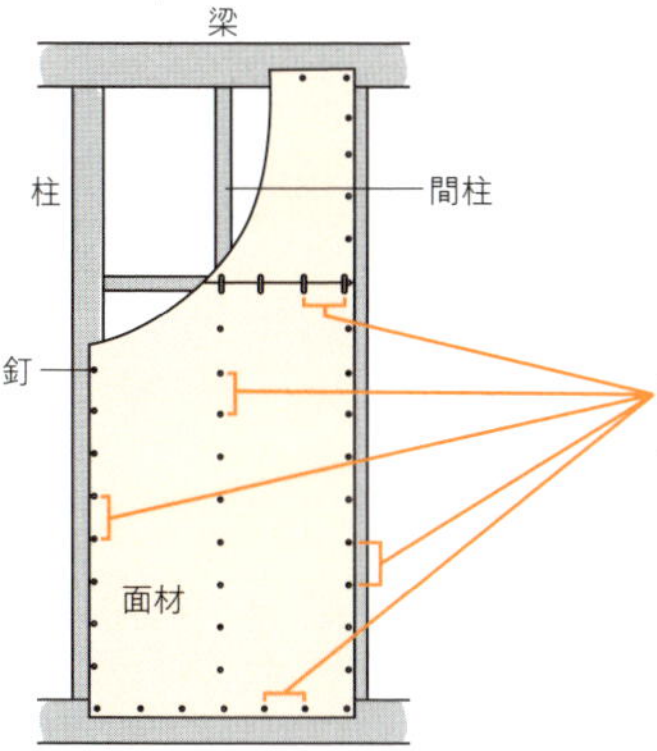

●釘を打つ間隔
15cm以下の間隔で釘を打ちます。

●施工での注意点

釘を打つ際、 空気の圧力で釘を打つ「釘打ち機」を使うことが増えていますが、 圧力が大きすぎると釘が面材にめり込むことがあります。

めり込むと耐力壁の力が発揮できないことがあるので、 注意が必要です。

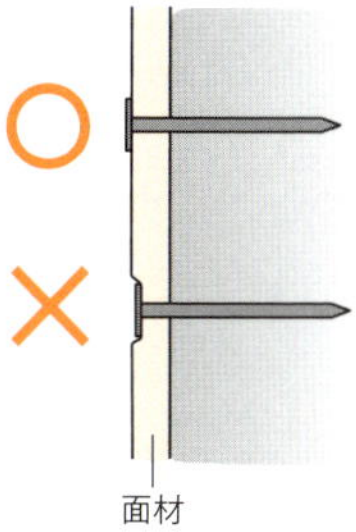

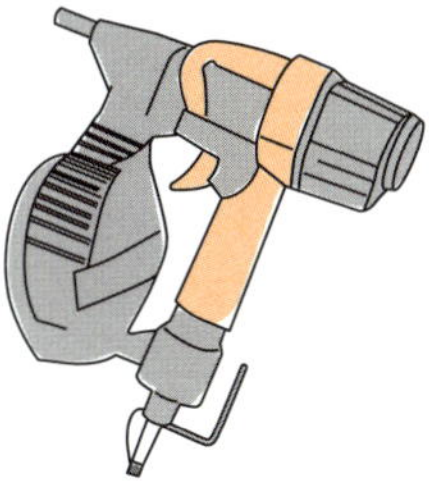

FILE 049

面材耐力壁を連続させるとき

釘打ちとともに注意したいことが、面材を連続させる方法です。これをうまく使えば、面材耐力壁の汎用性の高さを活用できます。

「面材耐力壁《たいりょくへき》の長さって、600㎜からだったよね？（**95ページ参照**）**これより短いときは張っちゃいけないの？」**

600㎜より短くても張っていいよ。場合によっては**600㎜より短くても耐力壁となる**ことがあるんだ。

「それって、どんなとき？」

面材耐力壁が**連続しているとき**だよ。連続して面材を張るときは、600㎜より短くても連続した長さで壁量《かべりょう》計算ができるんだ。

「それは面材だけ？　筋かいはできないの？」

面材だけだよ。**筋かいはダメ**。**面材耐力壁**は大壁《おおかべ》仕様や真壁《しんかべ》仕様、床勝《ゆかが》ち仕様の大壁など、仕様と施工方法がちょっと面倒だけど、**短い壁でも耐力壁ができる**から**汎用性は高い**んだ。

面材耐力壁を連続させる場合

●長さ比例則が成立する例

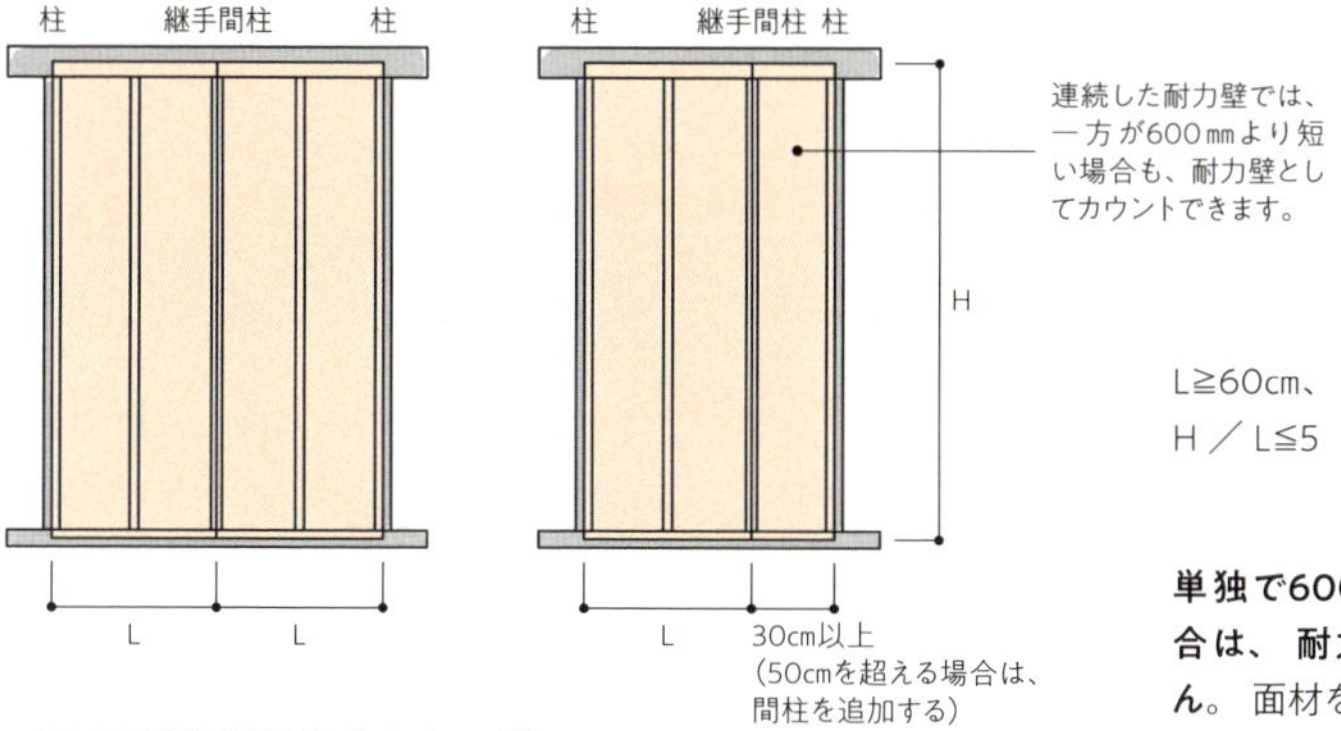

L≧60cm、かつ、
H／L≦5

単独で600㎜より短い場合は、耐力壁になりません。 面材を張っても、耐力壁としてカウントしません。

●長さ比例則が成立しない例

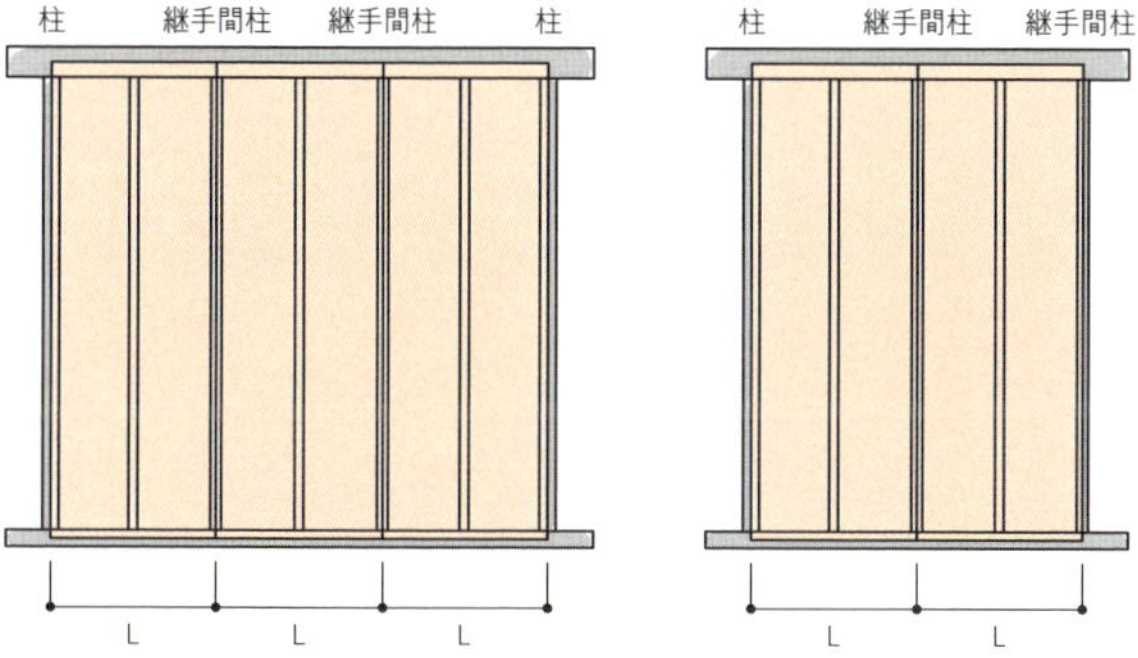

×柱間隔が2.5mを超える場合

×端部に柱がない場合

L≧60cm、かつ、
H／L≦5

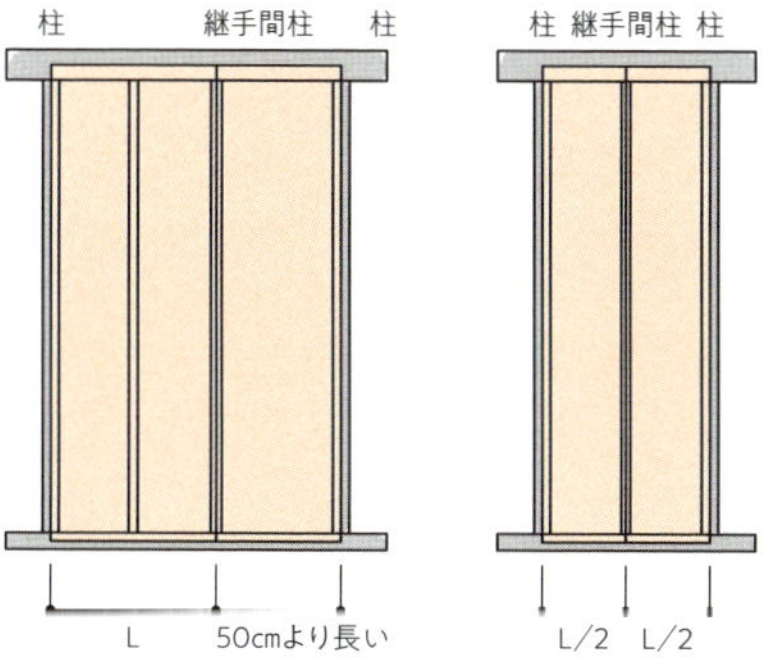

×50cmより長い間隔で
間柱がない場合

×60cm未満の壁の連続

面材耐力壁を連続させる場合、最小幅である600㎜より短くても耐力壁として考えることができます。しかし、**600㎜より短い耐力壁だけを連続させることはNG**です。また、短い耐力壁は、釘打ちなど考えると455㎜程度までとした方がよいでしょう。

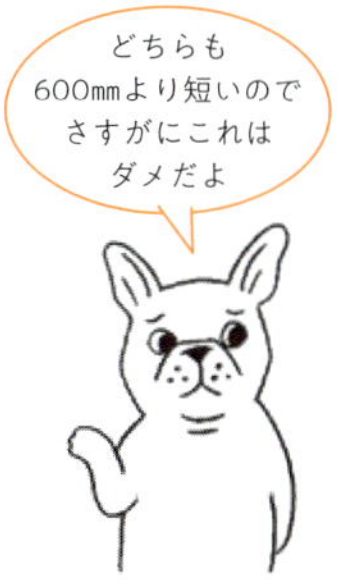

バルコニー廻りの注意点

次に、面材耐力壁の施工で気づきにくい注意点を紹介します。仕様の特徴を思い出しながら、バルコニー廻りを考えます。

面材耐力壁《たいりょくへき》を施工するとき、意外と見落としがちなところを説明するよ。

「どこ？」

バルコニー廻りに、耐力壁として面材を張るときの注意点だよ。バルコニーの床下地に室内側と同じ高さ（レベル）で構造用合板を張る場合、外周部の面材耐力壁の下側が張れないんだ。

「じゃあ、床勝《ゆかが》ち仕様になるんだね」

そうだよ。バルコニー廻りは外周部だけど床勝ちになることがあるからね。

「そっか。床勝ちは室内側だけじゃないんだ」

そうそう。外周部にも床勝ちはあるよ。告示改正までは構造用合板などに床勝ち仕様がなかったけど、今はＯＫだよ。

バルコニー廻りに注意

バルコニー廻りは、 床合板の張り方により、 面材耐力壁の下側の納まり方に違いが出ます。

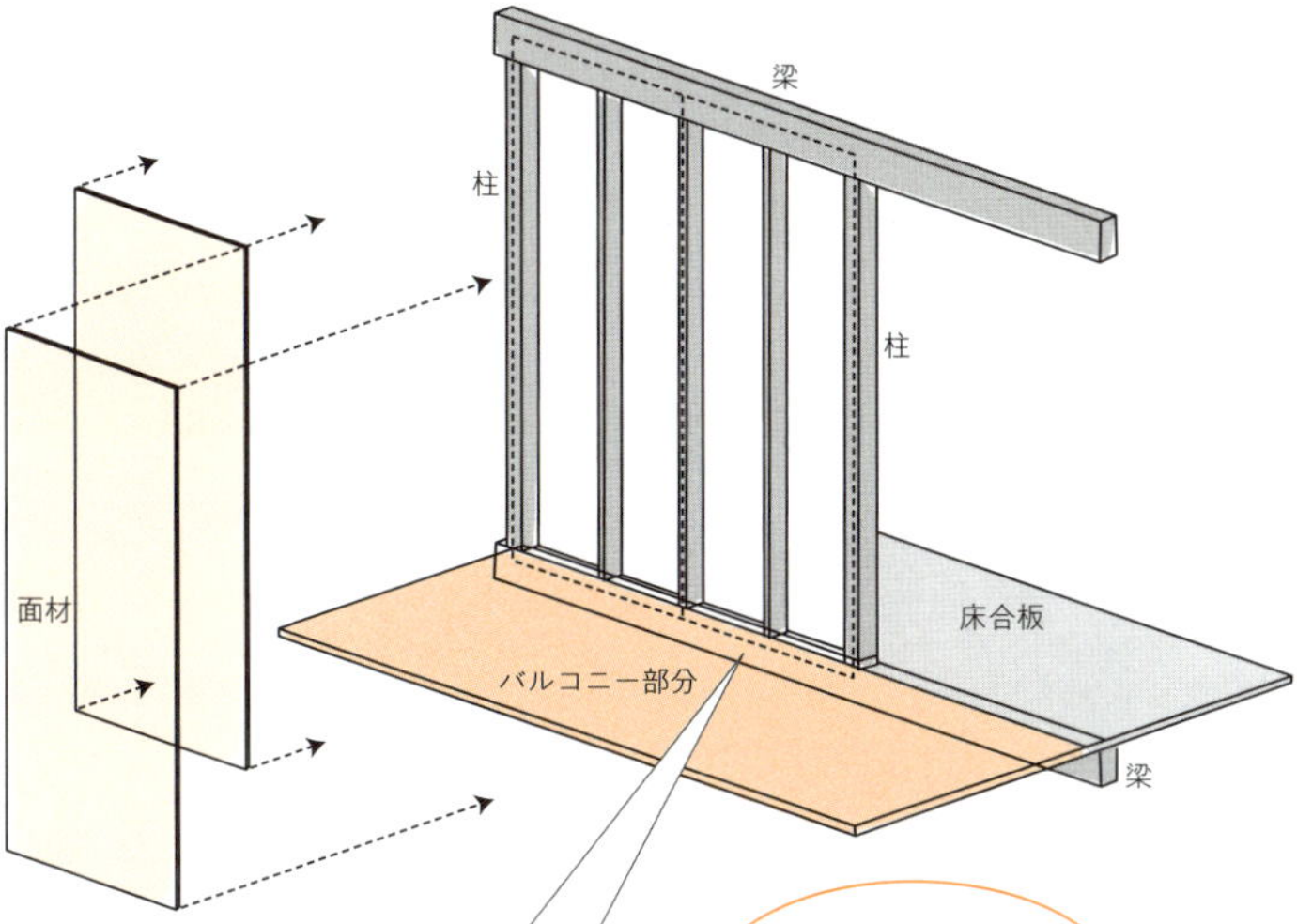

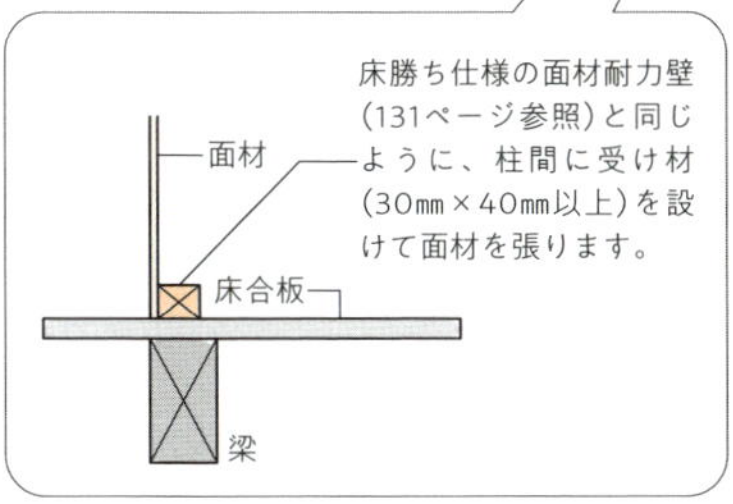

構造用合板の耐力壁には
床勝ち仕様がないから
ダメなんだね

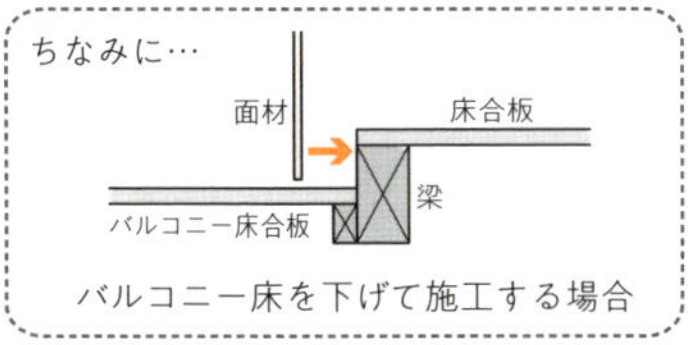

FILE 051

下屋は面材耐力壁が張れないことも

**バルコニー廻りとともに注意したい場所が下屋です。
ここに面材耐力壁を施工しようとするときは気をつけましょう。**

さらに、**下屋《げや》に面材耐力壁《たいりょくへき》**があるときの注意点も説明するよ。

「下屋って何？」

下屋は2階建ての家で1階の方が大きいときの、1階の屋根のことだよ。下屋のある2階に耐力壁として面材を張る場合、間違えてしまうことが多いんだ。

「どんな間違いなの？」

家をつくるときの順番では、屋根をつくってから壁をつくるのが一般的なんだ。でも、その順番だと外周部の大壁《おおかべ》仕様の面材耐力壁が**屋根にジャマされて下側まで張れない**ことになる。

「じゃあ、耐力壁にできないね」

そう。どうしても大壁仕様の面材耐力壁にしたければ、**屋根をつくる前**に面材を張らないといけないんだ。

「筋かい耐力壁は大丈夫なの？」

筋かいは屋根をつくった後に室内側から施工できるから大丈夫だよ。

下屋に注意

壁量計算では気がつかずに、構造用合板による大壁仕様の耐力壁として計算してしまうことがあるので、注意が必要です。

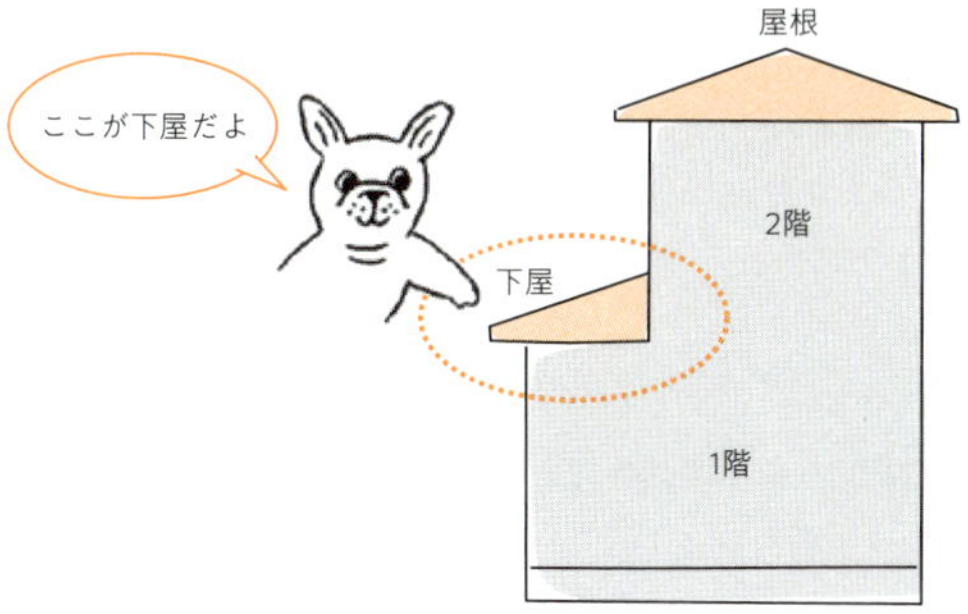

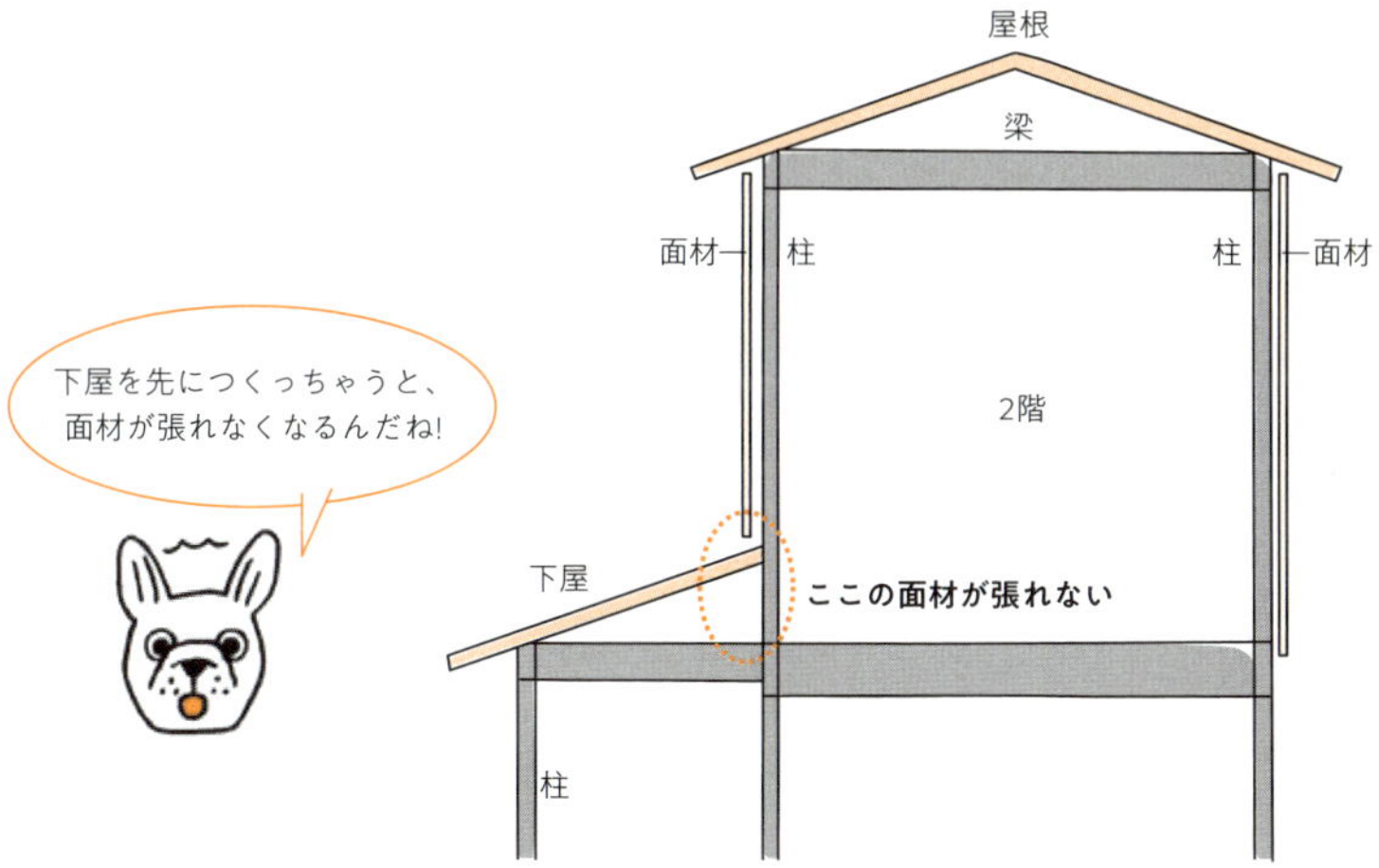

下屋にぶつかる外周部は、屋根よりも先に面材を張る必要があります。それができないようであれば、筋かい耐力壁や、室内側での面材による床《ゆか》勝《が》ち仕様の大壁耐力壁にします。

デフォルト（初期設定）の見直しを

耐震等級3に対する議論には、「耐震等級3は必須」「耐震等級3は必要だと思うけど、予算や間取りによる」「耐震等級1で十分」「間（あいだ）を取って、耐震等級2」など、さまざまな考えがあります。

耐震等級3は、コストアップにつながる、間取りの制約があるなどの考えが続く背景にあるのは、「デフォルト（初期設定値）の違い」です。

住宅の耐震性能に関するデフォルト（初期設定値）が「耐震等級3」の場合、そもそもコストアップという概念はありません。また、間取りの制約という概念もありません。

しかし、このデフォルト（初期設定値）が今もなお「耐震等級1」だと、耐震等級1よりも耐震等級3はコストアップ、耐震等級1よりも耐震等級3は間取りに制約ありという発想になります。

デフォルト（初期設定値）が耐震等級1というのは、1981年の新耐震基準から進歩なしということ。そろそろデフォルト（初期設定値）を耐震等級3にアップデートしたいものです！

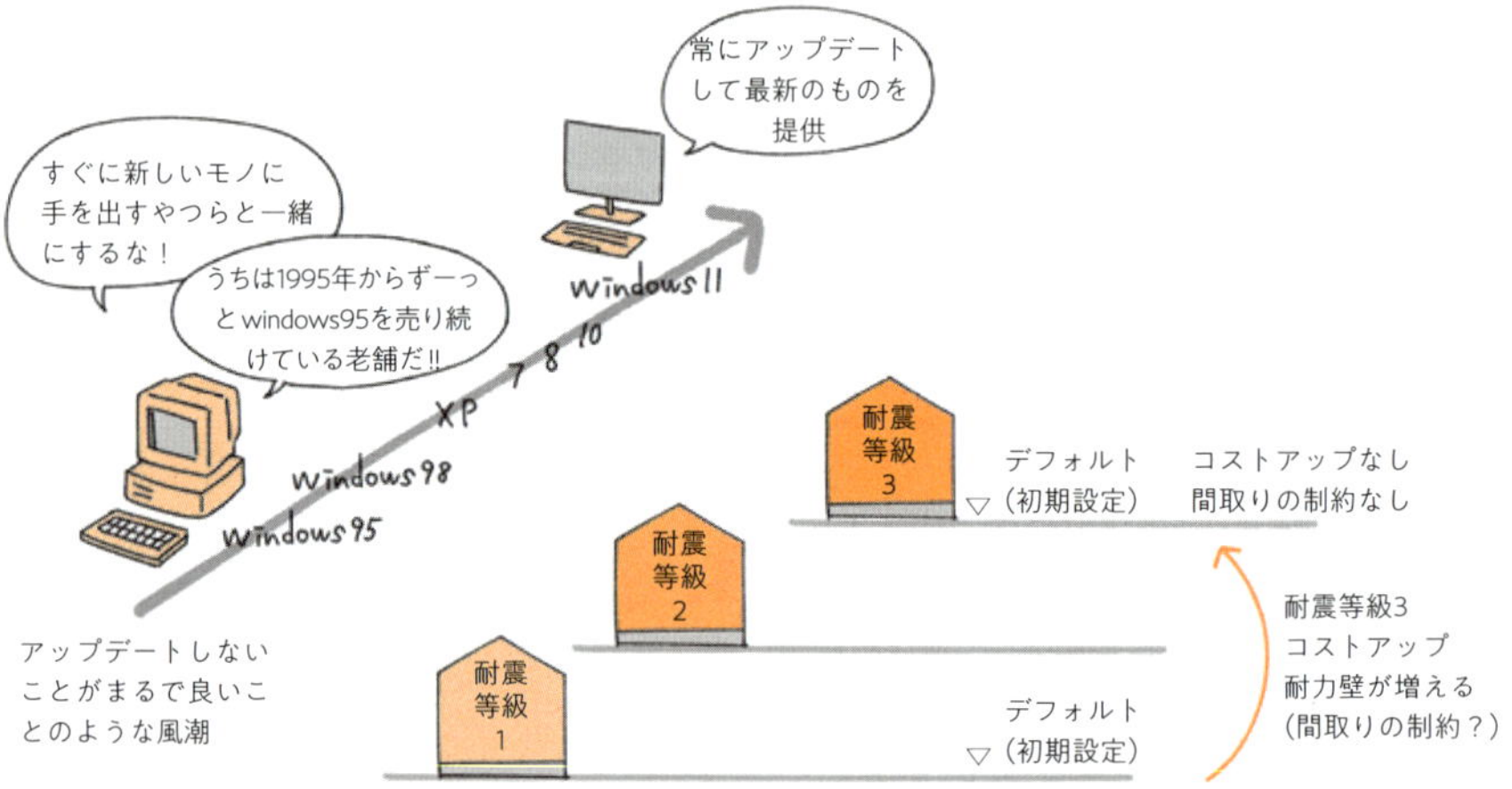

第3章

仕様規定：3つの簡易計算
その2 壁の配置バランス

第3章に掲載の内容は、2025年4月に予定されている建築基準法改正前のものです

耐力壁の配置バランスが大切

この章では四分割法を紹介していきます。まずは、耐力壁の配置のバランスがなぜ大切なのか、基本から理解しましょう。

「耐力壁《たいりょくへき》の配置バランスってどういうこと？」

壁量《かべりょう》計算で、必要な耐力壁の長さを求めたよね。でも、計算で求めた長さにしても、耐力壁が家に**バランスよく配置**されていなければ、**地震で壊れてしまう**ことがあるんだ。

「えっ、地震の力の大きさで壁量を計算したのに？」

そうだよ。せっかく**壁量計算しても**、耐力壁の配置が悪いと丈夫な家にはならないんだ。

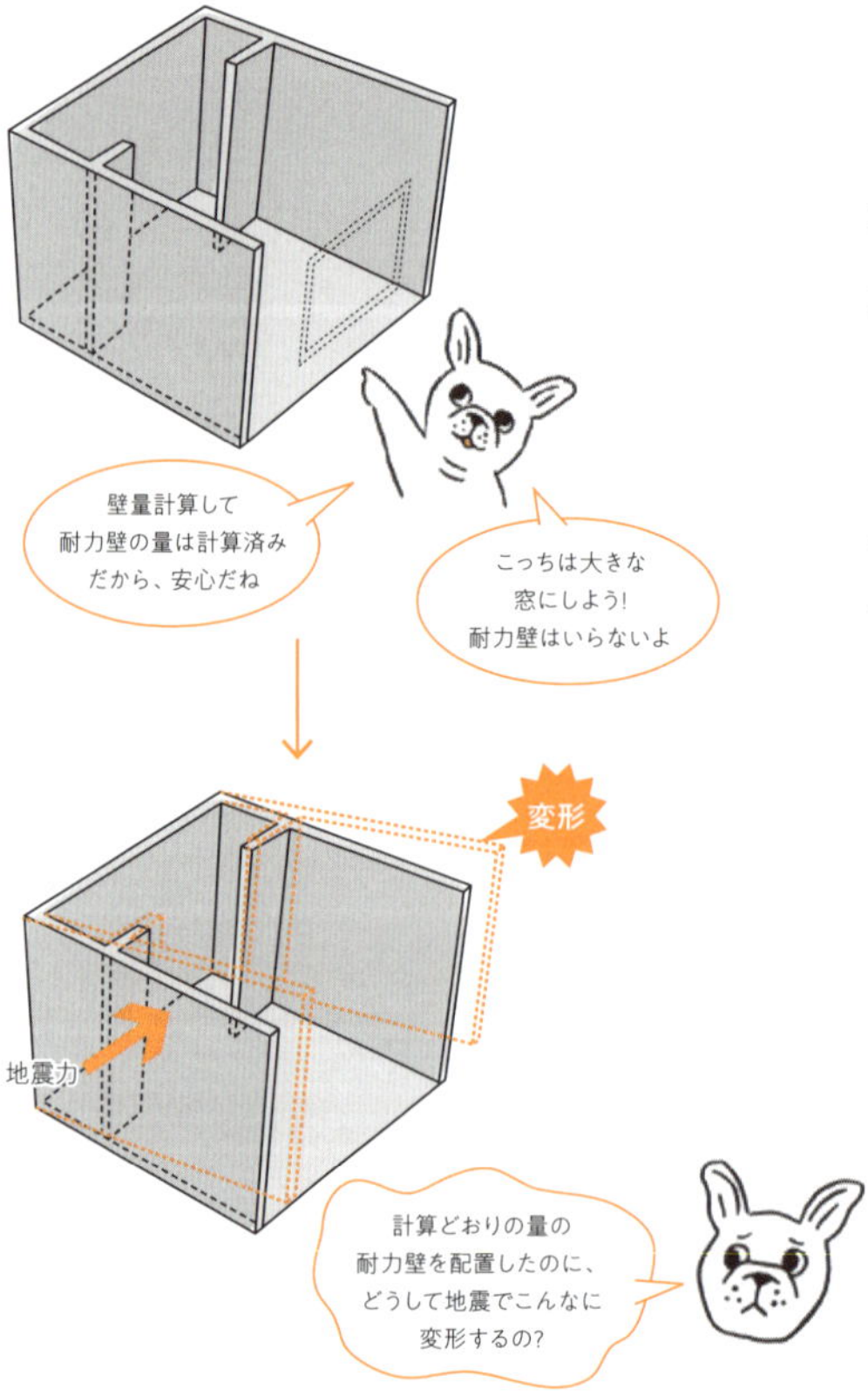
壁量計算して
耐力壁の量は計算済み
だから、安心だね
こっちは大きな
窓にしよう!
耐力壁はいらないよ
変形
地震力
計算どおりの量の
耐力壁を配置したのに、
どうして地震でこんなに
変形するの?

●耐力壁の配置バランスが悪いと…

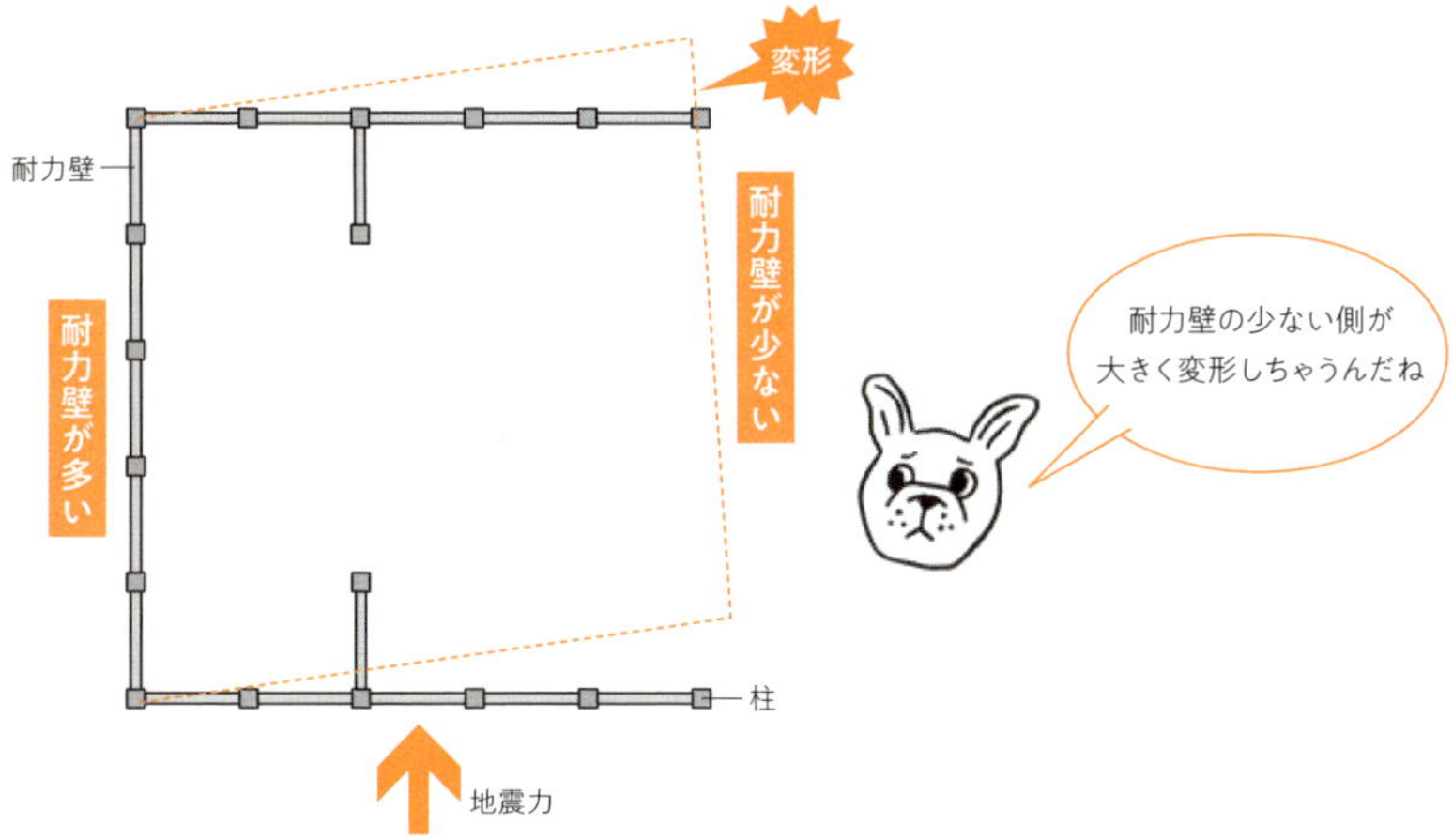

●耐力壁の配置バランスがよいと…

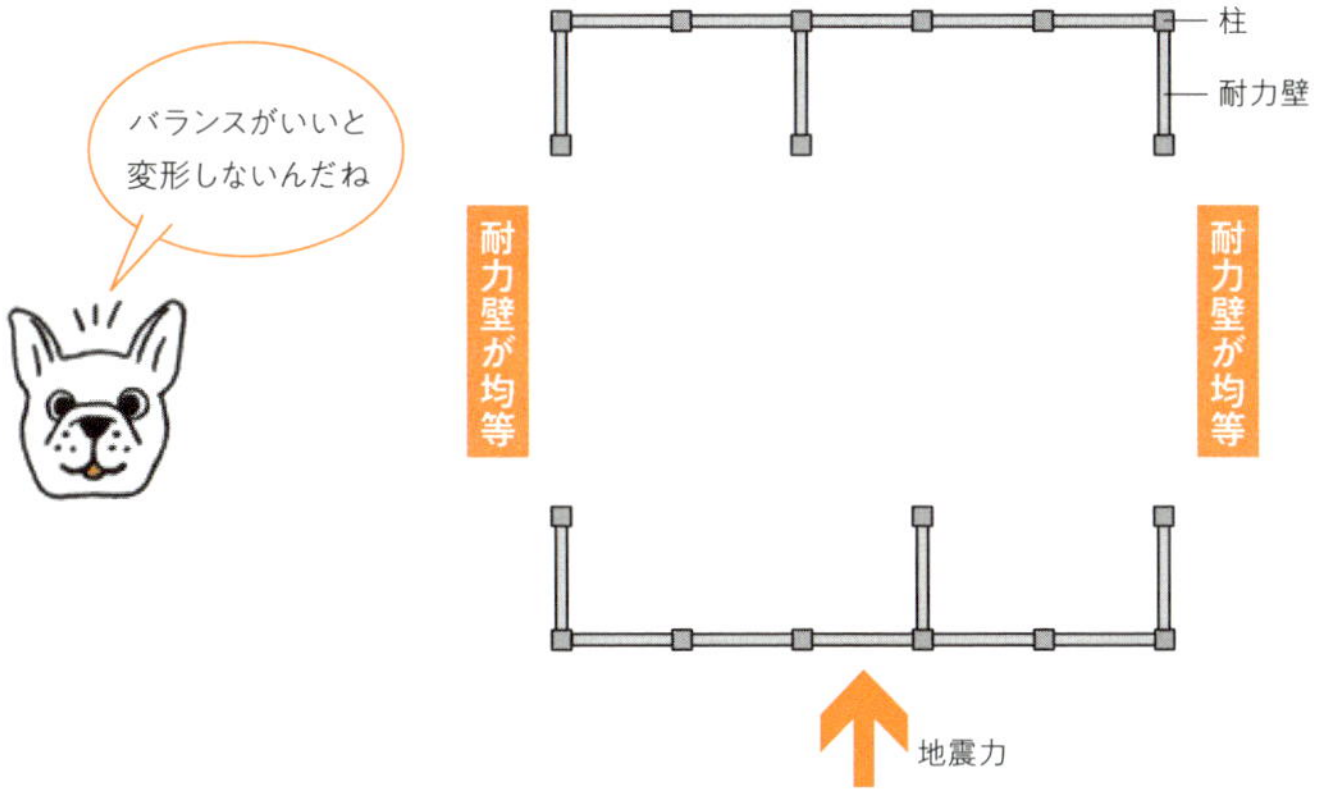

壁量計算で各階、各方向の耐力壁の量（存在壁量）が足りていても、それがバランスよく配置されていなければ、地震力などの水平力にうまく抵抗できず、変形してしまいます。
そこで大切になるのが、**耐力壁の配置バランス**なのです。

中心配置と外周部配置

耐力壁は、配置する位置にも注意が必要です。
どのように配置したら効果的なのか、しっかり覚えておきましょう。

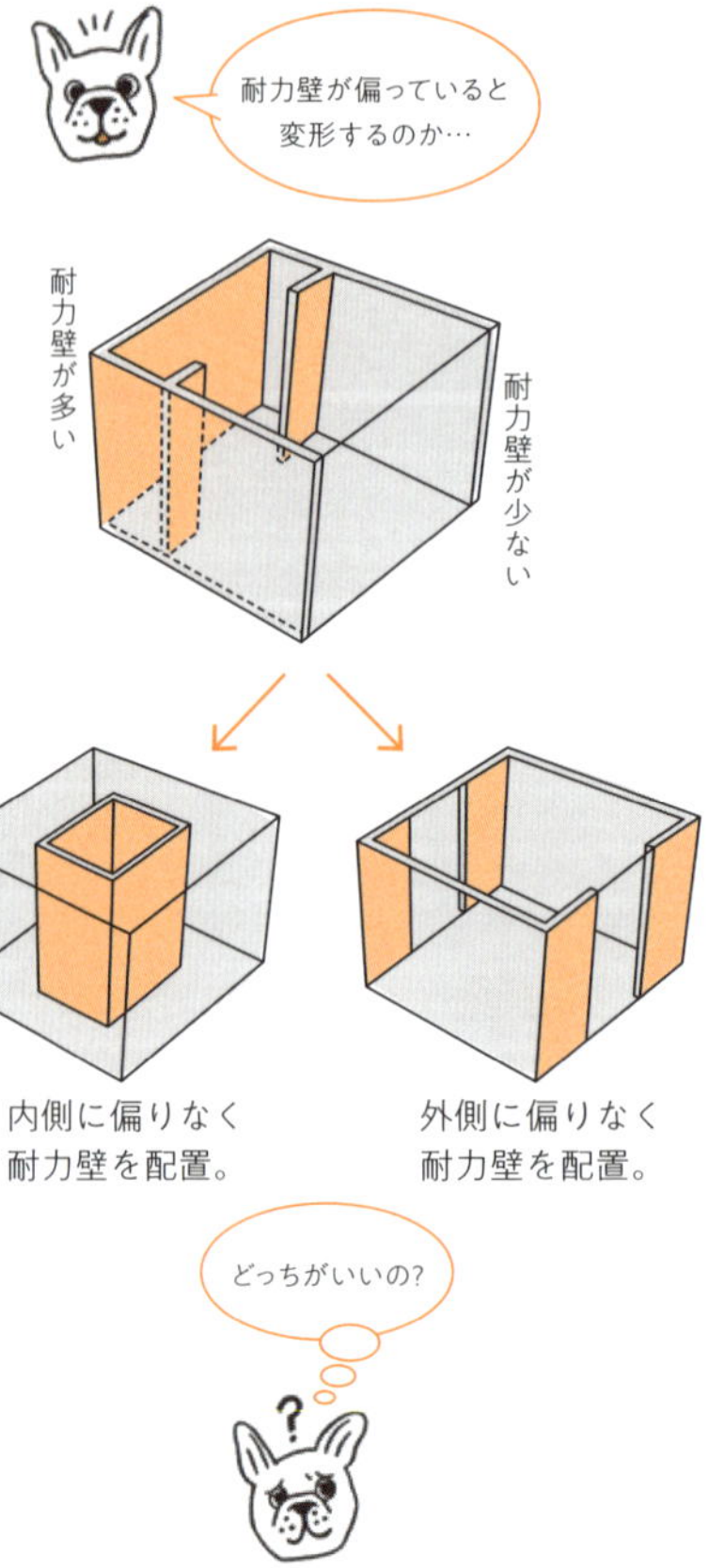

内側に偏りなく
耐力壁を配置。
外側に偏りなく
耐力壁を配置。

「耐力壁《たいりょくへき》をバランスよく配置することって大切なんだね。でも、バランスがよければ、どの位置でもいいの？」

いいところに気がついたね。耐力壁は**家の外側**にバランスよく配置することが大切だよ。

「どうして外側なの？」

地震で地面が揺れたら、人間は倒れないように足を開いて踏ん張るよね。足をそろえて立っていたら、倒れそうになるから。家も同じような理屈で、**外側に耐力壁がバランスよく配置されている方が地震に対して抵抗できる**んだ。

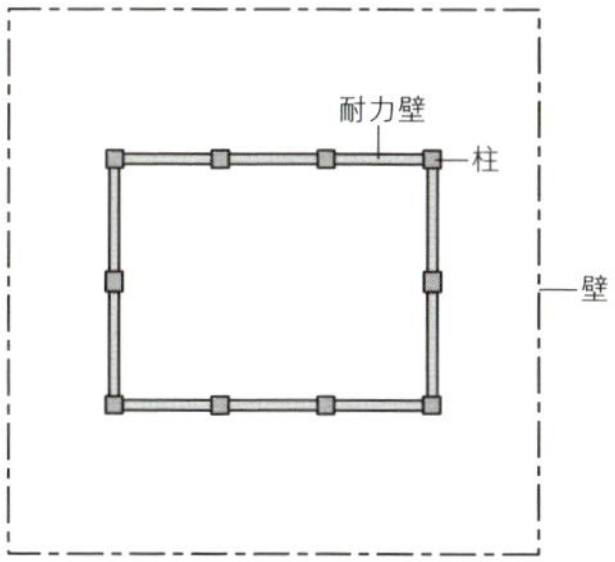

耐力壁を内側に
バランスよく配置。

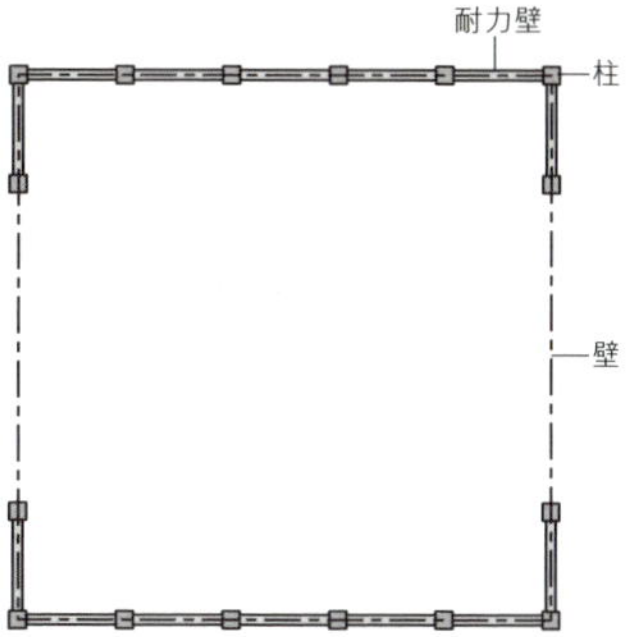

耐力壁を外側に
バランスよく配置。

地震に対する抵抗力が高い

耐力壁は、まずバランスよく配置することが大切です。 さらに、**家の内側(中心部)よりも外側(外周部)にバランスよく配置することで、 地震に対する抵抗力が増します。**

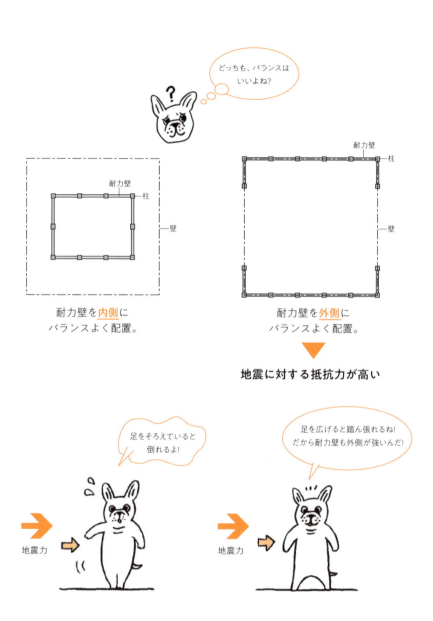

四分割法で バランスを確認

耐力壁の配置の基本を理解したところで、簡易計算である四分割法を使って、配置バランスを判定する方法を紹介します。

「耐力壁《たいりょくへき》の配置バランスの意味はわかったよ。今度は、計算の方法を教えて」

いいよ。耐力壁の**配置バランスの計算**には、**四分割法《よんぶんかつほう》**と**偏心率《へんしんりつ》**がある。四分割法が**簡易計算**、偏心率が**詳細な計算**だよ。

「どっちも計算するの？」

木造2階建ての家（4号建築物）は**どちらかを計算しておけばOK**。なので、ここでは簡易計算である四分割法を教えるね。

●四分割法の流れ

❶側端《そくたん》部分の必要壁量《かべりょう》を算出

▼

❷側端部分の存在壁量を算出

▼

❸側端部分の壁量充足率《じゅうそくりつ》と壁率比《かべりつひ》を算出

▼

❹バランスの判定

判定1：壁量充足率＞1.0

判定2：壁率比≧0.5

判定1、2のどちらかを満たしていればOK!

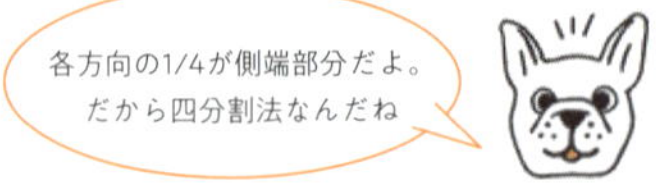

平面図

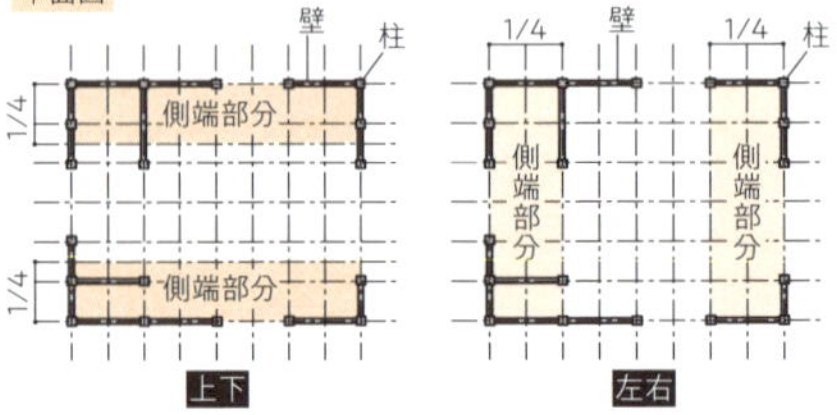

四分割法の計算例

四分割法の計算例を見てみましょう。

2階建ての1階
側端部分の面積は左右とも5.46m×1.82m≒9.94㎡、軽い屋根（鉄板系）

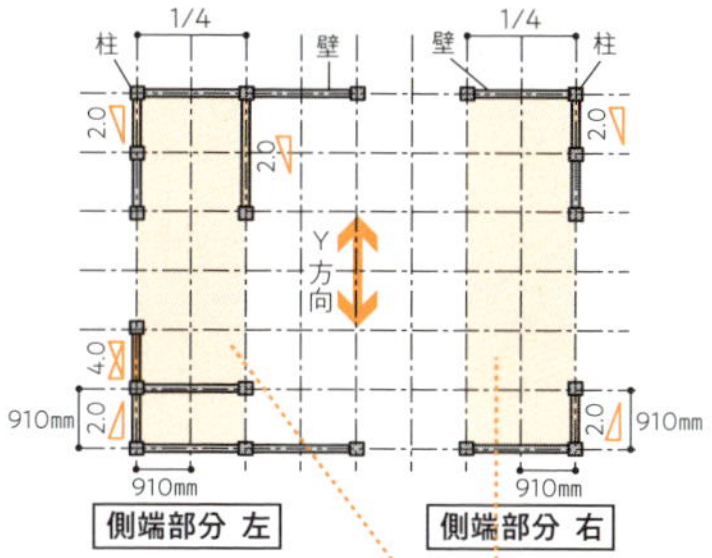

建物の種類	床面積に乗ずる数値（cm/㎡）	
軽い屋根	平屋建て 11	2階建て 15／29
重い屋根	平屋建て 15	2階建て 21／33

※建築基準法施行令46条4項表2より

❶側端部分のY方向の必要壁量を算出

側端部分の左、右とも 必要壁量＝9.94㎡×29cm/㎡＝288.26cm（2.89m）

❷側端部分のY方向の存在壁量を算出

側端部分　左：2.0倍×3.64m＋4.0倍×0.91m＝10.92m
側端部分　右：2.0倍×1.82m＝3.64m

❸側端部分のY方向の壁量充足率と壁率比を算出

❹Y方向のバランスの判定

判定1：壁量充足率＞1.0

側端部分　左：存在壁量／必要壁量＝10.92m/2.89m＝3.78＞1.0　OK
側端部分　右：存在壁量／必要壁量＝3.64m/2.89m＝1.26＞1.0　OK
判定1を満たしているので、四分割法は終了です。

判定はOKですが、判定2も行ってみます。

判定2：壁率比≧0.5

壁率比＝壁量充足率の小さい方／壁量充足率の大きい方
＝1.26/3.78＝0.33＜0.5　NG!
判定2は満たしていません。

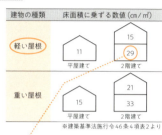

FILE 055

四分割法の精度を上げる

四分割法を使い、さらに精度の高い計算をする方法があります。判定をクリアするだけでなく、より安全な家を目指しましょう。

四分割法《よんぶんかつほう》の精度を上げて、家をもっと丈夫にする計算方法があるんだよ。

「えっ、どんな方法？」

判定1・2の両方を満たし、かつ判定2の**壁率比《かべりつひ》を1.0に近づける**よ。

「でも、判定1でＯＫだったら、判定2は検討しなくていいって言ったよね。どうして両方満たさなければいけないの？」

判定2は、外側1／4（側端《そくたん》部分）の左右または上下の壁量充足率《かべりょうじゅうそくりつ》のバランスを「壁率比」で検討するものなんだ。つまり「**壁率比≧0.5**」は、外側1／4（側端部分）の左右または上下の壁量充足率のバランスを、1：2以内にすることを意味する。判定2を検討することは、**バランス**をよくすることにつながるんだ。

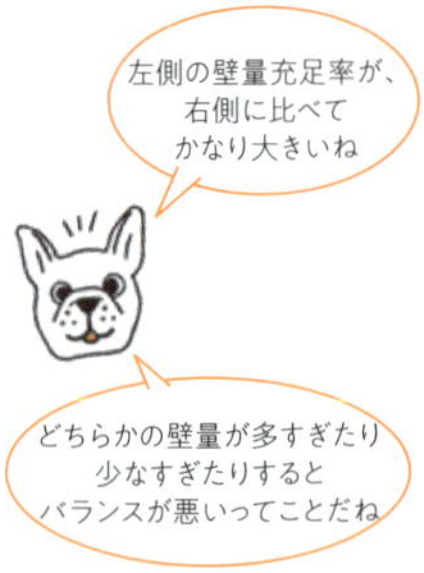
左側の壁量充足率が、右側に比べてかなり大きいね
どちらかの壁量が多すぎたり少なすぎたりするとバランスが悪いってことだね

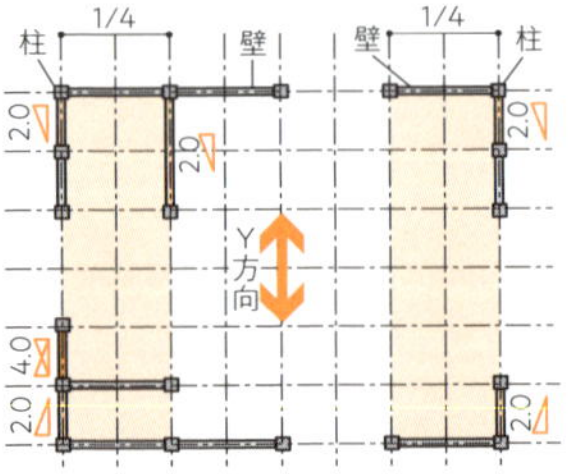
1/4
柱
壁
2.0
2.0
Y方向
4.0
2.0
1/4
壁
柱
2.0
2.0

左側の壁量充足率
3.78

右側の壁量充足率
1.26

壁率比≧0.5とは
壁量充足率の小さい方／
壁量充足率の大きい方≧0.5のこと
これは、
壁量充足率の小さい方：
壁量充足率の大きい方
=1：2以下
にすることです。

四分割法の計算例 その2

147ページの計算例で、右側の側端部分の耐力壁を見直しています。結果を比べてみましょう。

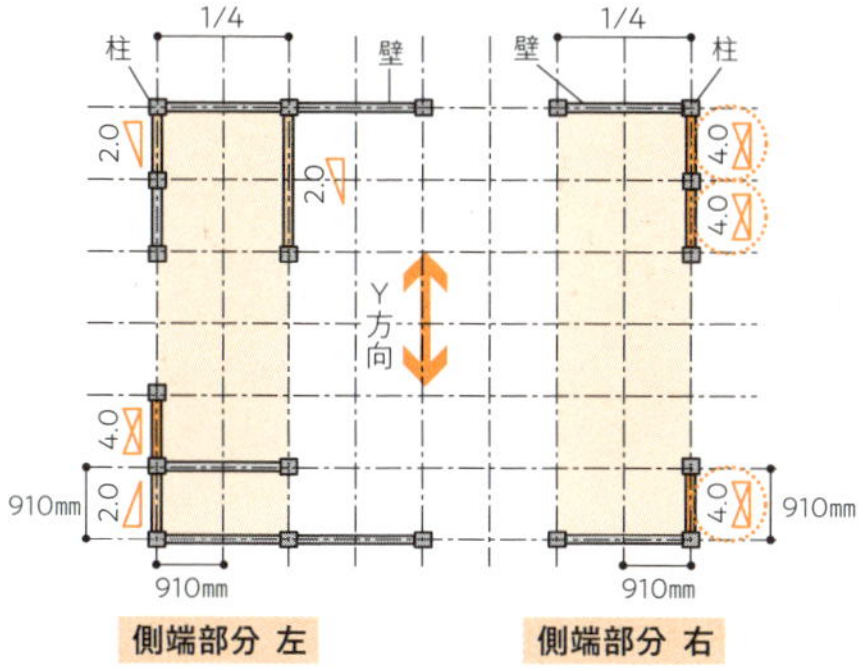

❷側端部分のY方向の存在壁量を算出

側端部分　左：2.0倍×3.64m＋4.0倍×0.91m＝10.92m
側端部分　右：4.0倍×2.73m＝10.92m

❸側端部分のY方向の壁量充足率と壁率比を算出

❹Y方向のバランスの判定

判定1：壁量充足率＞1.0

側端部分　左：存在壁量／必要壁量＝10.92m/2.89m＝3.78＞1.0　OK
側端部分　右：存在壁量／必要壁量＝10.92m/2.89m＝3.78＞1.0　OK
判定1を満たしているので、四分割法は終了です。

判定2：壁率比≧0.5 を行います。

壁率比＝側端部分で壁量充足率の小さい方／側端部分で壁量充足率の大きい方
＝3.78/3.78＝1.0＞0.5　OK
判定2も満たすことができました。

※壁率比を0.5以上とするときは、壁量充足率の小さい方の存在壁量を増やすようにしましょう。

判定1を満たした場合でも、判定2を満たすまで見直すと、より安全な家になります。

FILE 056

下屋の取り扱いが異なる!?

四分割法で壁の配置バランスを計算するとき、いくつか注意が必要になる点があります。その1つが下屋がある家の場合です。

四分割法《よんぶんかつほう》には、設計上の注意点がいくつかあるんだ。まずは**下《げ》屋《や》**の注意点から説明しよう。

「下屋って、1階の屋根部分だね」

そう。下屋がある家で四分割法を計算するときは、1階の下屋部分の床面積に乗ずる数値が**「2階建ての1階」ではなく、「平屋建て」の数値**となるよ。

「2階建てなのにね」

意外と間違えやすいところだよ。**壁量《かべりょう》計算では「2階建ての1階」**として計算しているのに、四分割法になると「平屋建て」で計算するからね。

「でも、2階建ての1階の数値で計算した方が必要壁量が大きくなるから、間違っていてもあんまり問題ないんじゃない？」

ところが、必要壁量が違ってくると**壁量充足率《じゅうそくりつ》**が変わってくるよね。つまり**判定2の壁率比《かべりつひ》**がまったく変わってくるから、やっぱり間違っちゃいけないんだ。

計算例

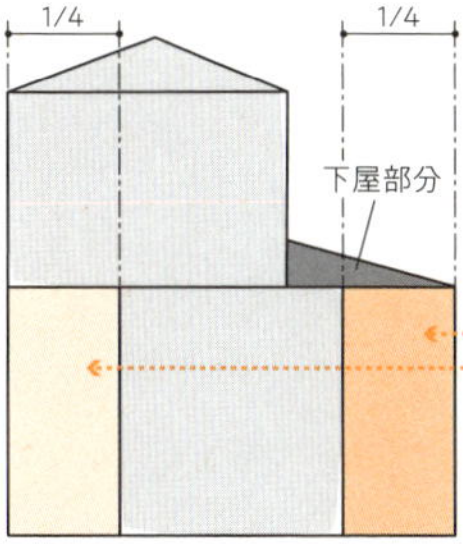

建物の種類	床面積に乗ずる数値（cm／㎡）	
軽い屋根	11（平屋建て）	15／29（2階建て）
重い屋根	15（平屋建て）	21／33（2階建て）

※建築基準法施行令46条4項表2より

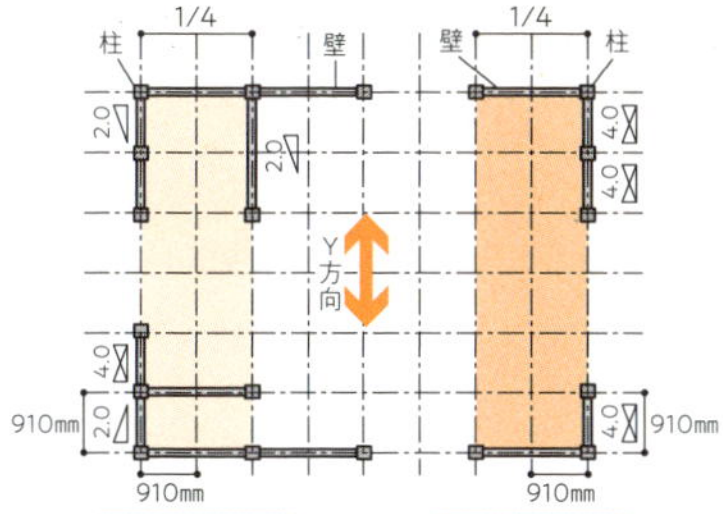

側端部分 左　　側端部分 右

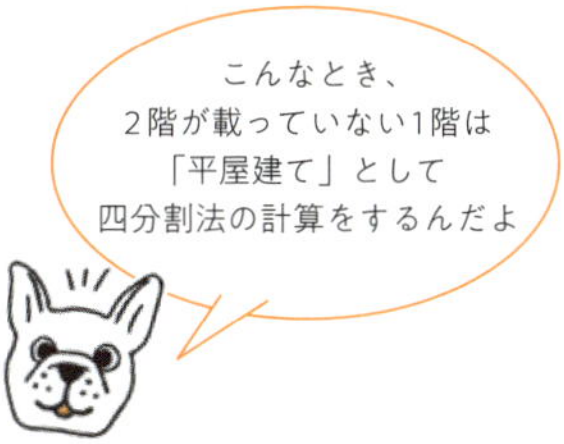

❶側端部分の必要壁量を算出

側端部分　右の必要壁量＝9.94㎡×11cm／㎡＝109.34cm（1.10m）
側端部分　左の必要壁量＝288.26cm（2.89m）（147ページ参照）

❸側端部分の壁量充足率と壁率比を算出

❹バランスの判定

判定1：壁量充足率＞1.0　　判定2：壁率比≧0.5

側端部分　右：存在壁量／必要壁量＝10.92m/1.10m＝9.93＞1.0　OK
壁率比 ＝3.78/9.93＝0.38＜0.5　NG!
判定2はNGになってしまいました。

四分割法の判定1で、**壁量充足率**を検討するとき、壁量計算（地震力）と同様に、**「床面積×床面積に乗ずる数値」で必要壁量を算出**します。ただし、1階の**下屋部分の計算**は、「2階建ての1階」ではなく、**「平屋建ての乗ずる数値」を用います。壁量計算と違うため注意が必要**です。

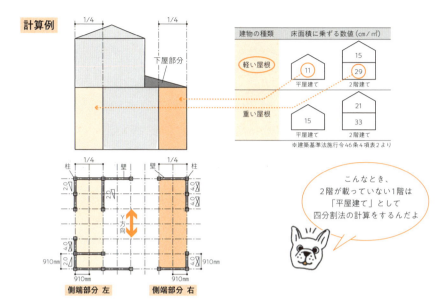

FILE 057

凸凹の形状の建物は分割して対応

四分割法では、平面形状が四角形にならない建物にも注意が必要です。ここでは、その対処法を紹介します。

「下屋《げや》のほかにも注意点があるの？」

建物の形が**不整形《ふせいけい》**な場合も、注意が必要だよ。

「不整形な建物って？」

平面形状が四角ではなくて、**凸凹《でこぼこ》になっている建物**だよ。

「どんな問題があるの？」

四分割法は建物の外側1／4で計算するよね。ところが不整形な建物は四角い建物みたいにきれいに1／4に分割できないことが多いんだ。

「じゃあ、どうするの？」

設計者の判断になるけれど、建物を四角形になるように**分割して**から、**四分割法**で計算する方法もあるよ。

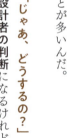

●L型形状の建物

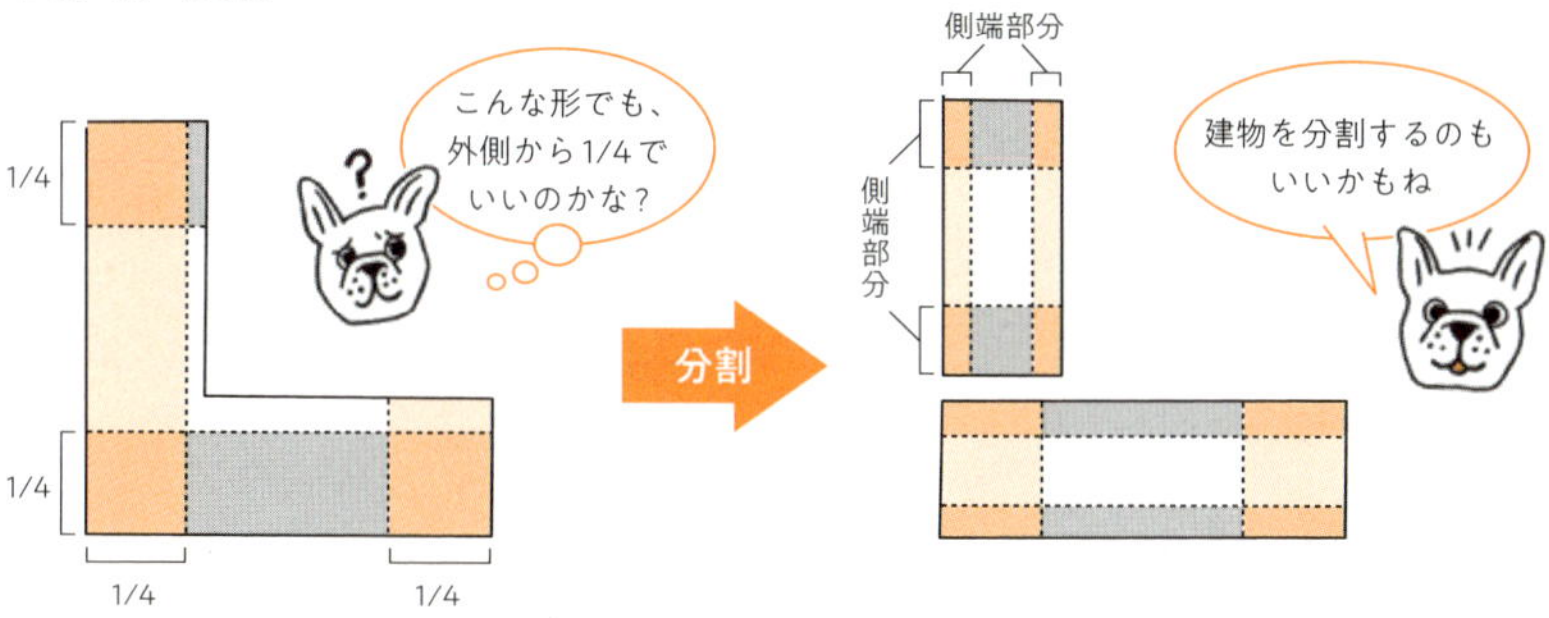

●一部が突起した形状の建物

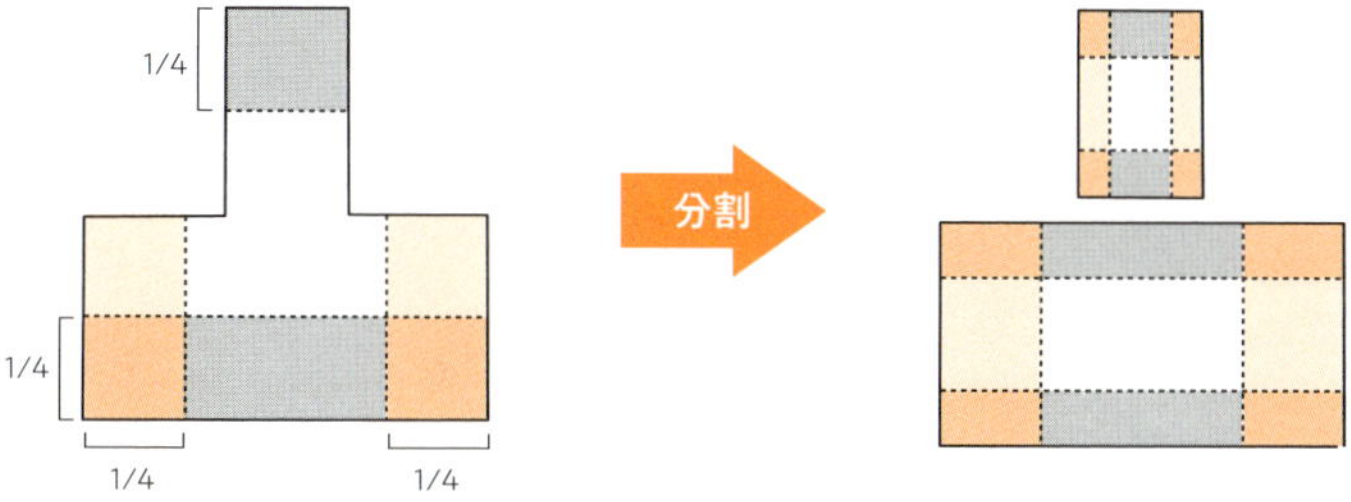

●複雑な形状の建物

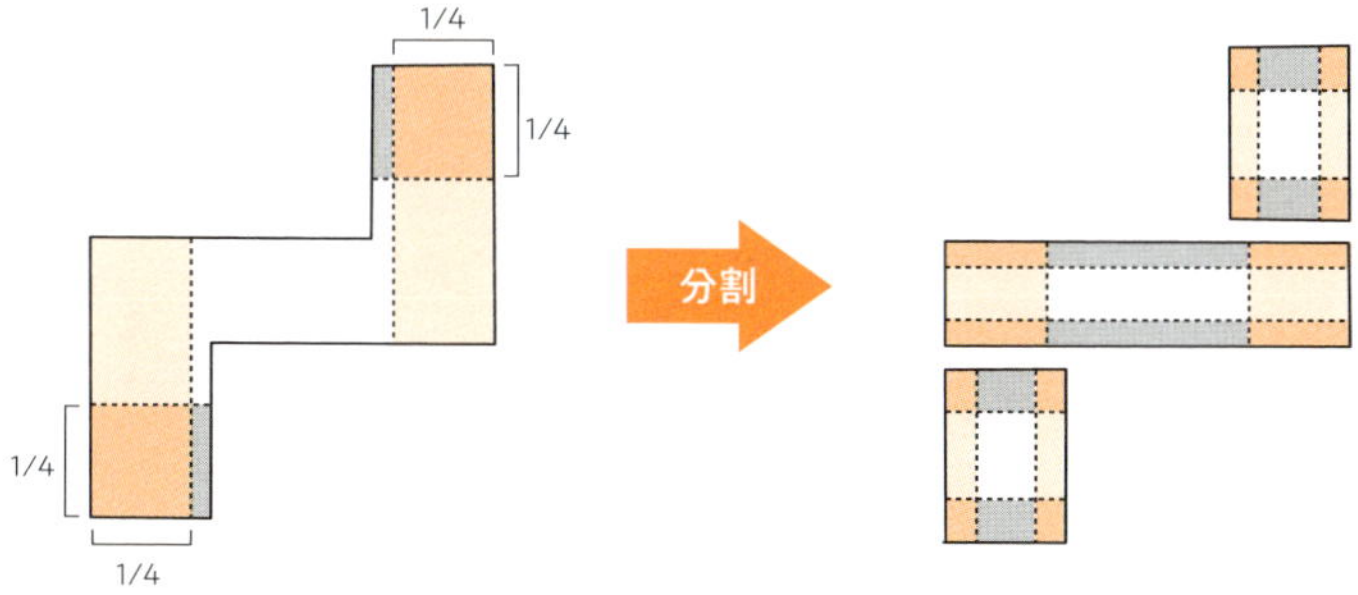

建物は平面形状が四角形のものばかりではありません。**凸凹している建物は無理やり外側1/4で計算するのではなく、四角形に分割してからそれぞれを四分割法で計算することもできます。**

FILE 058

偏心率と四分割法

壁の配置バランスの計算方法には、四分割法と偏心率の２種類があります。２つの計算方法の違いを理解しておきましょう。

「壁の配置バランスの計算には、四分割法《よんぶんかつほう》と偏心率《へんしんりつ》があるって言ってたけど（146ページ参照）、この2つはどう違うの？」

これは重要だからくり返して説明するけど、偏心率は四分割法に比べて、とても**詳細な計算方法**なんだ。どちらかの計算をクリアしていれば、壁の配置バランスは問題ないと言えるよ。

「四分割法と偏心率は、どっちもＯＫにならなきゃダメなんじゃないの？」

結果がいっしょにならないこともある。どちらかがＯＫにならないこともあるんだ。

「そうしたらどっちを優先したらいいの？」

一方だけＯＫとなった場合は、設計者の判断になるけれど、**偏心率を優先**させた方がいいよ。偏心率は四分割法に比べて詳細な計算だからね。

四分割法と偏心率の考え方

仕様規定では、四分割法と偏心率のどちらかの方法でOKとなっていれば問題はありません。

❶四分割法OK　偏心率OK

→とてもバランスのよい家です。

❷四分割法NG　偏心率OK

→仕様規定では問題ありません。偏心率の方が詳細な計算なので、四分割法をOKにする必要はありません。

四分割法（簡易計算）

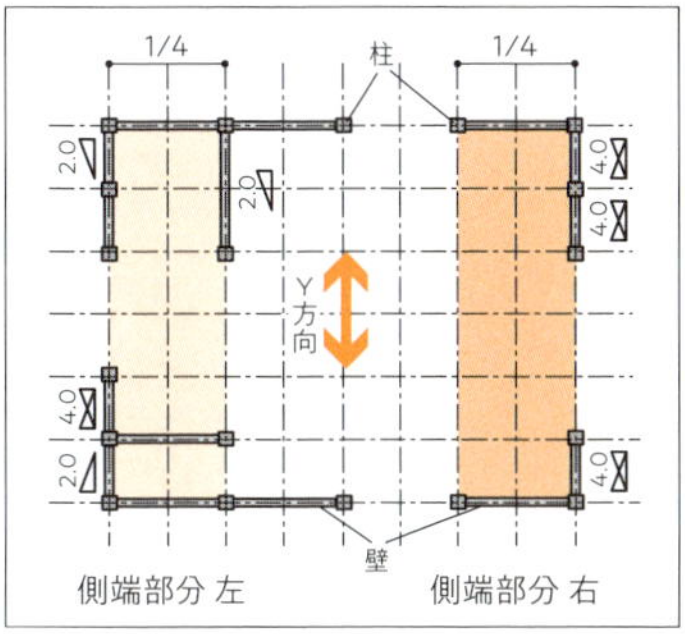

偏心率（詳細計算）

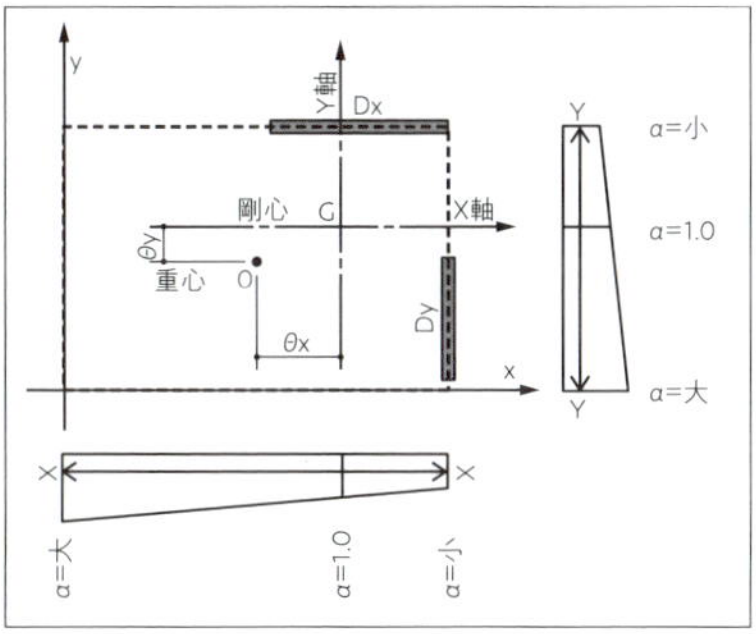

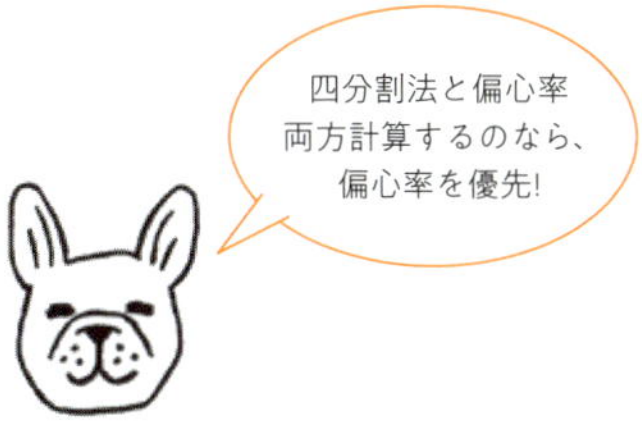

耐力壁《たいりょくへき》の配置バランスの計算では、四分割法がOKとなれば問題ありません。ただ、**より詳細な計算である偏心率が計算してOKであれば、四分割法の計算は省略できます。**

FILE 059

偏心率で広がる設計

耐力壁の配置バランスを確認する詳細検討方法「偏心率」、この偏心率で建物を計算することで設計の自由度がUPします。

偏心率を検討することで設計の自由度が広がる例を紹介するよ。

「設計の自由度が広がる?」

耐力壁の配置バランスを確認する詳細な計算方法である偏心率は、難しい計算でクリアーさせるには設計が制約させると思われがちだけど、実は設計の自由度が広がるんだよ。

「偏心率の計算ってすごいんだね。四分割法はどうなの?」

残念ながら四分割法は簡易的な計算なので、設計の自由度が広がることにはなりにくいよ。

と言っても勘違いしないでほしいのは、「デザインにこだわったかっこいい設計をするには四分割法をしない方が良い」と思うことだよ。この考え方は大きな間違いで、構造安全性を無視したデザインのこだわりなんて意味がないよね。

「そうだね。」

それでは偏心率を検討することで設計の自由度が広がる例を見てみようか!

建物の重さの中心を「**重心**」と呼びます。

建物の耐力壁の配置による剛さ（つよさ、 かたさ）の中心を「**剛心**」と呼びます。


たとえば、 **建物に作用する地震の力は、 建物の重心を押すように作用**します。

それに対し、 **耐力壁による抵抗力は剛心を押すように作用**します。

耐力壁がたくさんあっても、 配置が偏っていると剛さ（つよさ、 かたさ）の中心である「剛心」が耐力壁のたくさんある方へ偏ってしまいます。

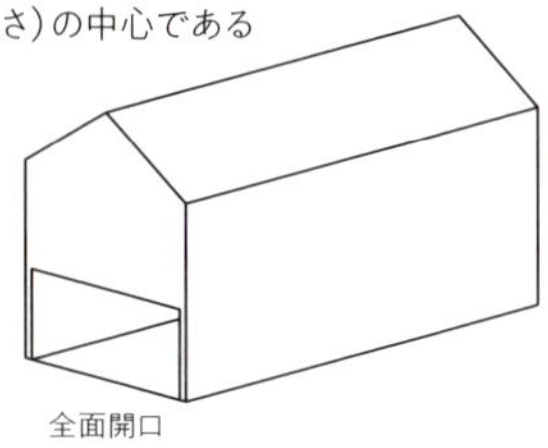

すると、 重心と剛心が離れてしまい、 重心を押す地震力と、剛心を押す耐力壁により抵抗力で建物は回転やねじれを起こしてしまい倒壊してしまうこともあります。
偏心率の検討により、重心と剛心の位置が離れすぎていないかをチェックする必要があるのです。

設計の自由度が広がる方法
右図のように、 間口の狭い建物で一面全て開口部としたい場合、 X方向の耐力壁は一方向に偏ってしまいます。
当然、 剛心も耐力壁の多い方に偏るため、 重心との距離が離れてしまいます。耐力壁配置が悪くバランスの悪い耐震性能の低い建物です。

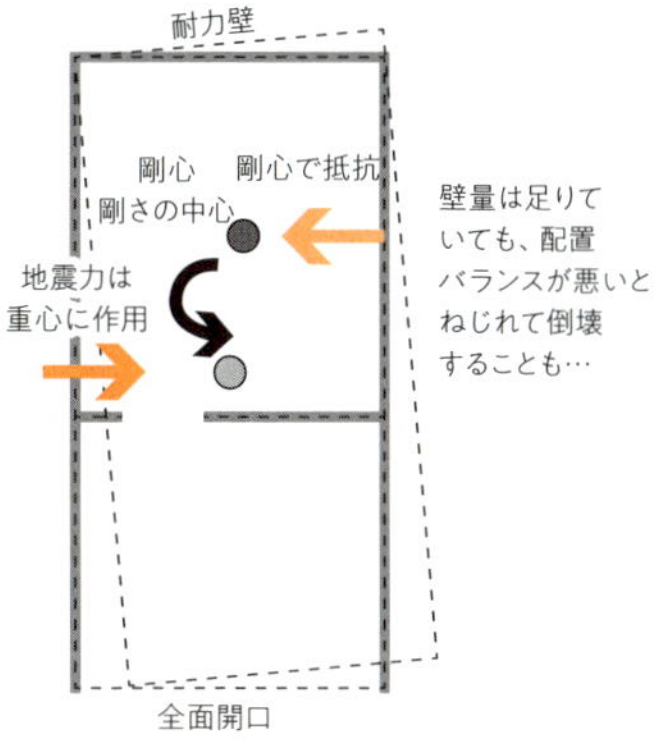

この建物の耐震性能を上げるには、 剛心を重心に近づける必要があります。 方法として一般的に考えることは、 一面開口部となる部分に何とか耐力壁を設けたり、木質ラーメンフレーム等を設けて剛心を「引っ張ってあげる」ことを考えます。 この方法は、重心に剛心が近づき確かに耐震性能は上がりますが、 設計の自由度は全く広がっていません・・。

そこで発想の転換です!

重心に剛心を近づける方法は、 耐力壁等を設けて剛心を「**引っ張ってあげる**」方法のほかに、耐力壁をなくして剛心を「**押し戻す**」方法があります。


通常、 耐力壁の配置は建物の外周部にバランス良く配置するほうが良いのですが（144ページ参照）、一方向の耐力壁を「外周部に配置」し、 もう一方向の耐力壁を「中心に配置」することで建物は水平力（地震力・風圧力）に抵抗できるのです。

この方法を耐力壁の配置形状から「**H型配置**」または「**H型プラン**」と呼びます。


H型配置により、 間口の狭い長屋のような建物でも一面開口の設計が可能になります。

覚えておくと便利ですよ!

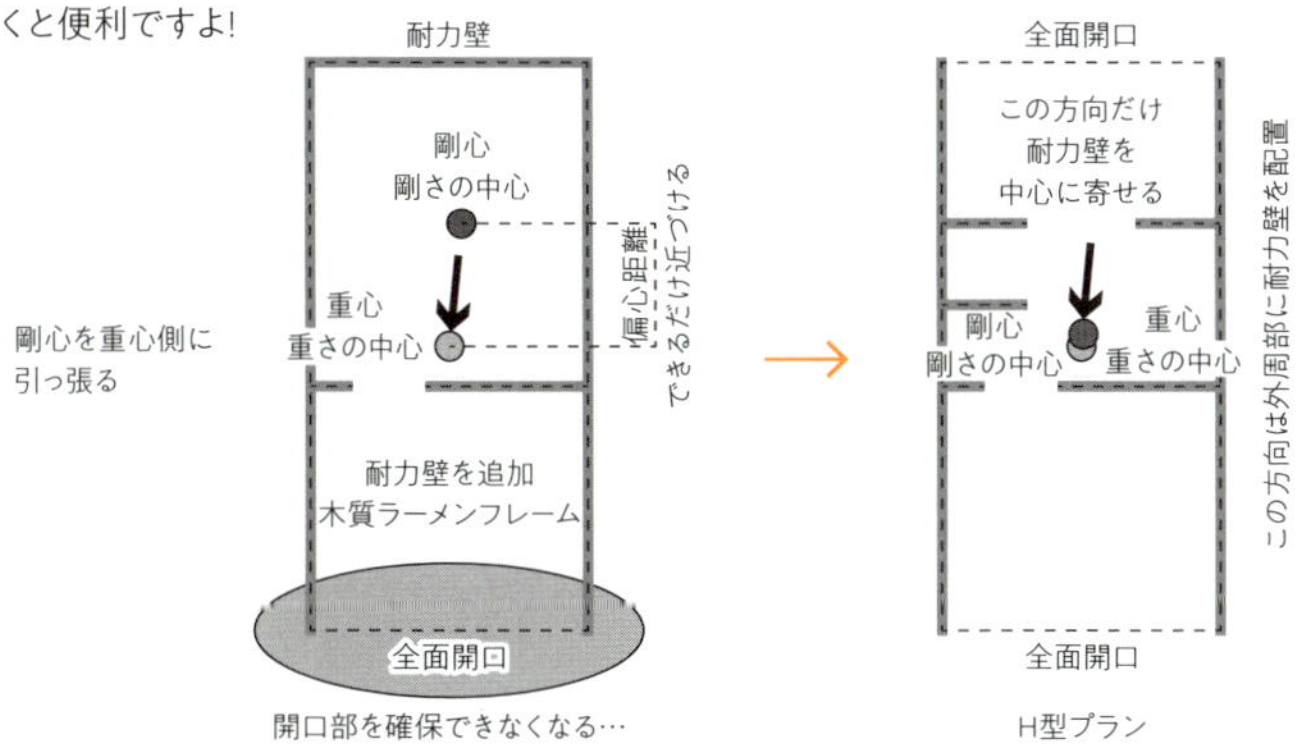

column 05

耐震化率の落とし穴

木造住宅の耐震化率◯◯%、この割合に騙されてはいけません。これは1981年の新耐震基準以降の木造住宅の割合でしかありません。**新耐震基準**で求める耐震性能は「震度6強から7程度の地震（一度だけ）で倒壊、崩壊しない」であり、耐震化のレベルは「**命を守るけど住むことはできない**」なのです。

次に、木造住宅で注意が必要なのは4号特例の勘違いです。4号特例を勘違いして、耐震に関する検討を行っていない木造住宅も多く存在します。当然、耐震化率には含まれています。さらに、この耐震化率は建物単位ではなく住戸単位の割合です。耐震性能不足の木造住宅1棟と耐震性能ありの住戸数99のマンション1棟があれば、耐震化率は99%になります。それだけでなく、この耐震化率には**空き家が含まれていない**こともあります。

耐震化率を高めに見せることよりも、地震被害をしっかり受けとめ、木造住宅の耐震化率を高めていきたいものです！

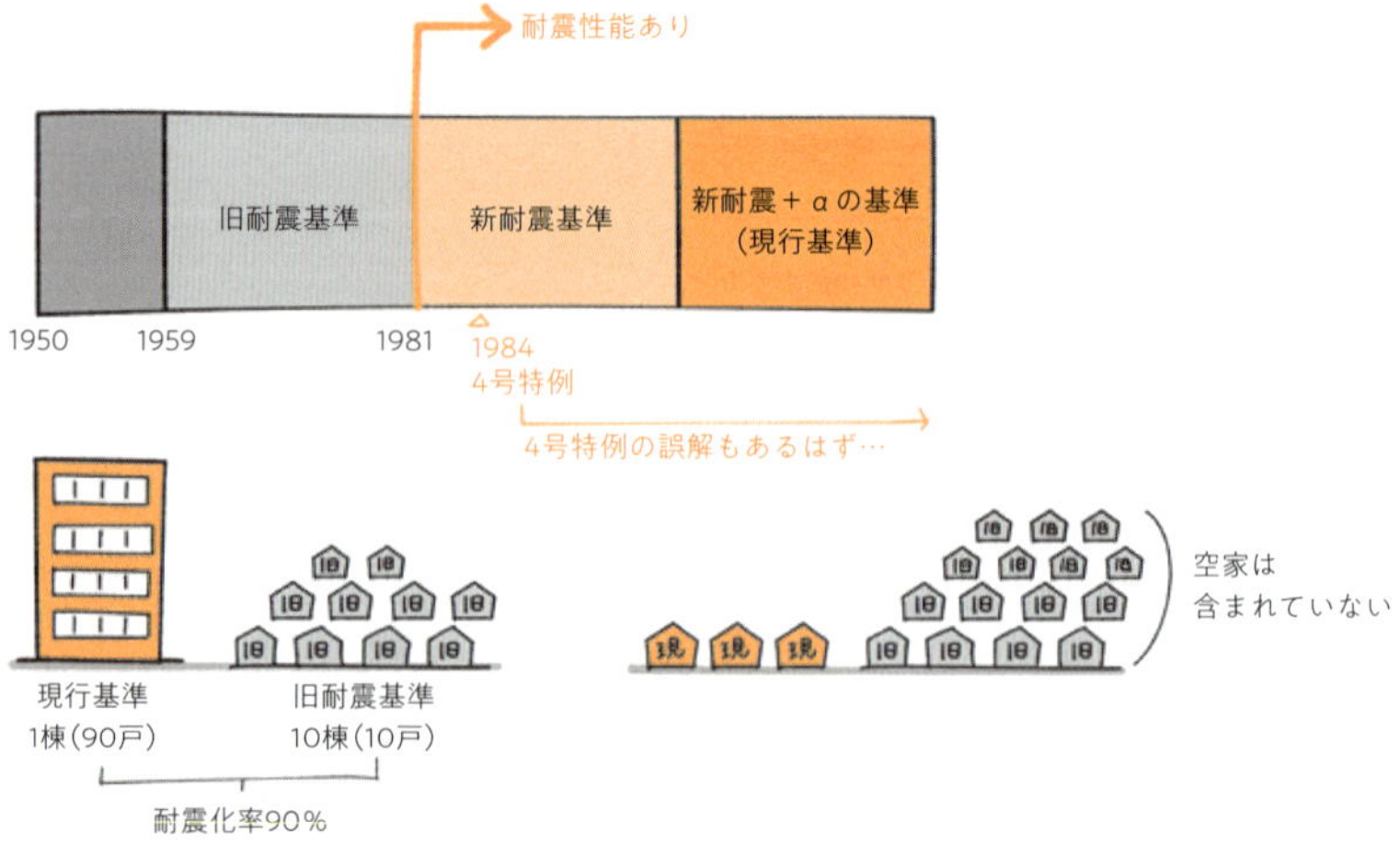

第4章

仕様規定：3つの簡易計算

その3 柱頭柱脚の接合方法

第4章に掲載の内容は、2025年4月に予定されている建築基準法改正前のものです

柱頭柱脚には接合金物が必要

簡易計算の3つ目、柱頭柱脚の接合方法に関する計算を紹介します。まずは接合金物の役割と、その必要性を理解しましょう。

「柱頭柱脚《ちゅうとうちゅうきゃく》の接合金物って、いったい何？」

耐力壁《たいりょくへき》両端の柱の上下（柱頭柱脚）に取り付ける金物のことだよ。

「なんで金物を取り付けなければいけないの？」

耐力壁を設けると、その影響で、両端の柱の柱脚部分に**浮き上がりの力**が発生したり、柱頭部分に**梁から抜けようとする力**が発生したりするんだ。だから、その力に抵抗するために**ホールダウン金物**などを取り付ける必要があるよ。

「金物を取り付けないとどうなるの？」

耐力壁が**壁量**どおりの力（水平力に対する抵抗力）を発揮することができないんだ。

●水平力がかかったときのイメージ

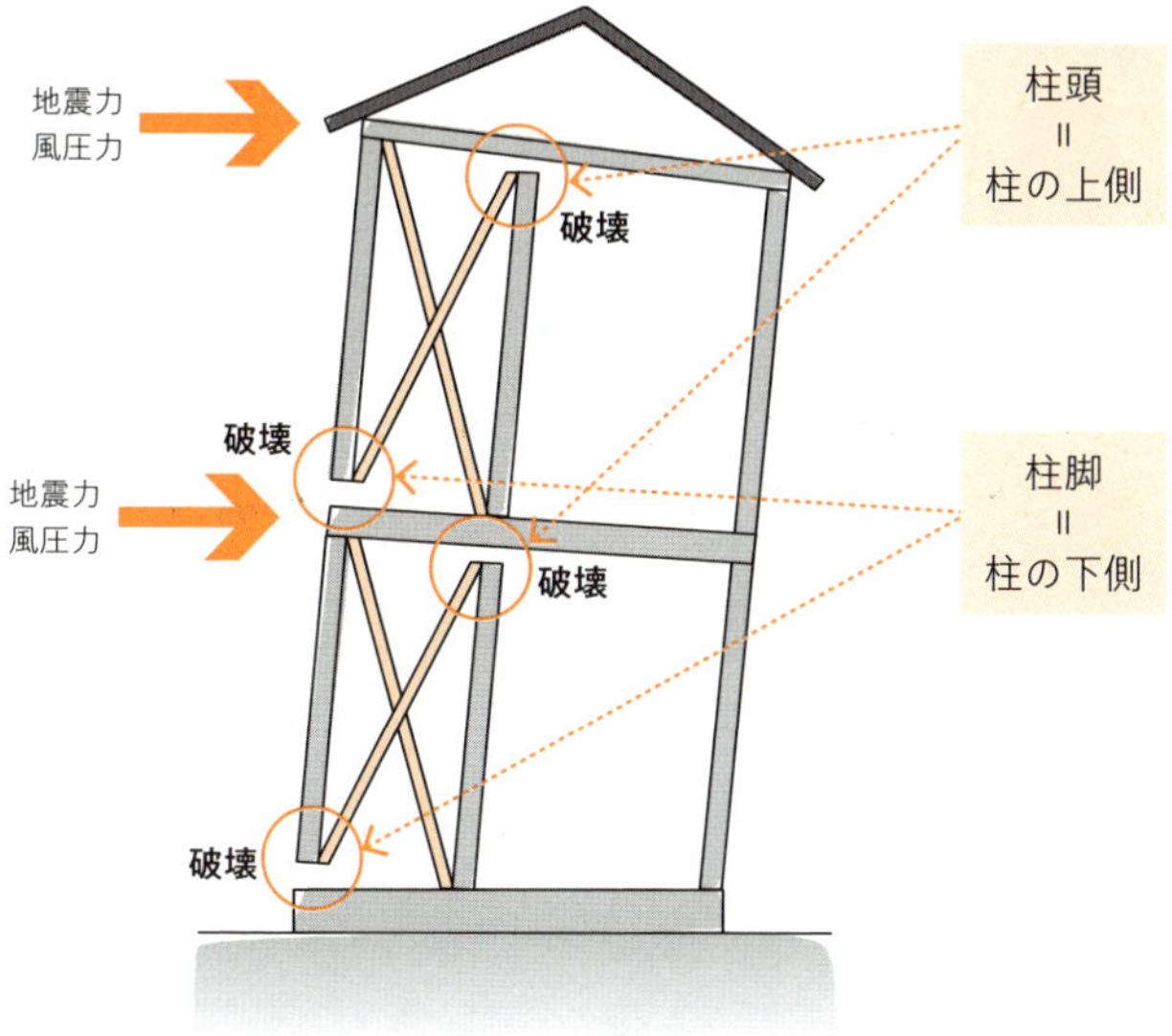

柱頭柱脚に接合金物を取り付けて、
柱の浮き上がりや抜けを防ぐ

壁量《かべりょう》計算、 壁の配置バランスの次に検討する項目が「柱頭柱脚の接合方法」です。

その耐力壁がもつ壁量どおりの力(水平力に対する抵抗力)を発揮するため、 重要な検討です。

FILE 061

接合金物の選び方

柱頭柱脚の接合方法を選ぶためには、2通りの決め方があります。ここでは、2つの方法の概要と、主な違いを紹介します。

「柱頭柱脚《ちゅうとうちゅうきゃく》の接合金物は、どうやって選ぶの？」

金物の**決め方は2通り**ある。1つ目は**告示の仕様**で、2つ目は**N値《えぬち》計算法**だよ。

「どっちの決め方でも、同じ結果になるの？」

いや、そうはならないんだ。「告示の仕様」は計算をしないで決める方法なので、計算をして金物を算出する「N値計算法」に比べて、柱頭柱脚の接合金物は大きくなりがちだよ。

「どっちの方法を使ってもいいの？」

「告示の仕様」「N値計算法」の**どちらの方法でもいい**よ。

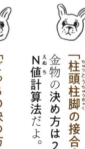

告示の仕様とN値計算法

「**告示の仕様**」と「**N値計算法**」の違いは次のとおりです。

柱頭柱脚の接合は、 以下の2通りの方法を用いて決めます。
(1) 告示の仕様(平12建告1460号)
(2) N値計算法
2つのうち、 どちらの方法を選んでも問題はありませんが、 決定するために検討する項目がそれぞれ異なります。

どっちの方法を
選んでもいいよ

●各方法の検討項目

(1) 告示の仕様 (平12建告1460号)	(2) N値計算法
●耐力壁の壁倍率《かべばいりつ》 ●平屋か、 2階建て以上の建物であるかどうか ●2階建て以上の場合、 最上階の柱か、 それ以外の階の柱かどうか ●出隅《ですみ》の柱か、 それ以外の柱かどうか 上記の項目を検討し、該当する金物を決定します(164ページ参照)	●柱の両側の耐力壁の壁倍率 ●梁や桁が曲がらないようにがんばるときの抵抗力 ●床や屋根の重量による押さえ込み効果 これらの項目から計算をし、 導き出した値に相当する金物を決定します (266ページ参照)

告示の仕様は
柱の位置と耐力壁の組み合わせで
柱頭柱脚の接合方法を決めるんだ。
計算はしないよ
N値計算法は計算をして、
算出した値によって、
柱頭柱脚の接合方法を決めるんだ。
告示の仕様より
金物は小さめになるよ

告示の仕様は計算**ナシ**、N値計算法は計算**アリ**

告示の仕様
（平成12年建設省告示第1460号）

告示の仕様を用いて、柱頭柱脚の接合を決める方法を紹介します。
決定するまでの流れをしっかり覚えておきましょう。

告示の仕様から説明するよ。

「告示の仕様は計算しないんだよね？」

計算はしない。耐力壁《たいりょくへき》の**壁倍率**《かべばいりつ》や**柱の位置**などに応じて、柱頭《ちゅうとう》柱脚《ちゅうきゃく》の接合金物を決める方法だよ。それを決めるもとになるのが、**平成12年建設省告示第１４６０号**なんだ。

「だから、告示の仕様と呼んでいるんだね」

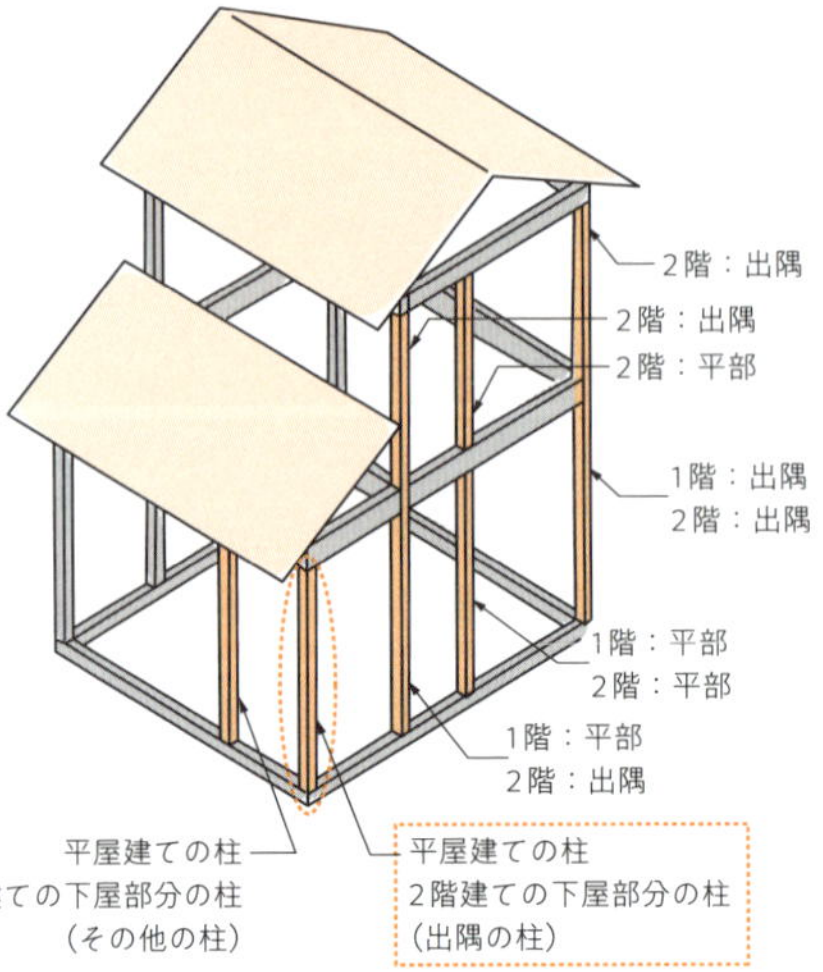

表1　取り付く耐力壁の種類に応じた柱頭・柱脚の接合部仕様（平12建告1460号より）

軸組の種類＼柱の位置		平屋部分または最上階※1		上に階のある階※2		
		出隅の柱	その他の軸組端部の柱	上階及び当該階の柱が共に出隅の柱の場合	上階の柱が出隅の柱で、当該階の柱が出隅の柱でない場合	上階及び当該階の柱が共に出隅の柱でない場合
				上階：出隅 下階：出隅	上階：出隅 下階：平部	上階：平部 下階：平部
木ずりその他これに類するものを柱及び間柱の片面又は両面に打ち付けた壁を設けた軸組		(い)	(い)	(い)	(い)	(い)
木材（15mm×90mm以上）の筋かい又は鉄筋（直径9mm以上）の筋かいを入れた軸組		(ろ)	(い)	(ろ)	(い)	(い)
木材（30mm×90mm以上）の筋かいを入れた軸組	筋かいの下部が取り付く柱	(ろ)	(い)	(に)	(ろ)	(い)
	その他の柱	(に)	(ろ)			
木材（15mm×90mm以上）の筋かいをたすき掛けに入れた軸組又は鉄筋（直径9mm以上）の筋かいをたすき掛けに入れた軸組		(に)	(ろ)	(と)	(は)	(ろ)
木材（45mm×90mm以上）の筋かいを入れた軸組	筋かいの下部が取り付く柱	(は)	(ろ)	(と)	(は)	(ろ)
	その他の柱	(ほ)				
構造用合板等を昭和56年建告第1100号別表第一(一)項又は(二)項に定める方法で打ち付けた壁を設けた軸組		(ほ)	(ろ)	(ち)	(へ)	(は)
木材（30mm×90mm以上）の筋かいをたすき掛けに入れた軸組		(と)	(は)	(り)	(と)	(に)
木材（45mm×90mm以上）の筋かいをたすき掛けに入れた軸組		(と)	(に)	(ぬ)	(ち)	(と)

※1　平屋部分または最上階の柱（平12建告1460号表1）　※2　平屋部分または最上階以外の柱（平12建告1460号表2）

表2　接合部の仕様とN値（平12建告1460号表3より）

	接合具の種類		必要耐力（kN）	N値
(は)	厚さ2.3mmのT字型の鋼鈑添え板を用い、柱及び横架材にそれぞれ長さ6.5cmの太め鉄丸くぎを5本平打ちしたもの もしくは厚さ2.3mmのV字型の鋼鈑添え板を用い、柱及び横架材にそれぞれ長さ9cmの太め鉄丸くぎを4本平打ちとしたもの 又はこれらと同等以上の接合方法としたもの	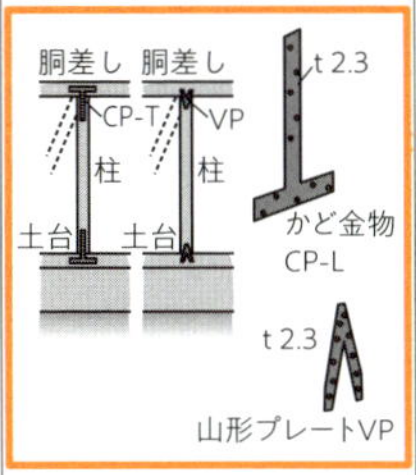	5.1	1.0以下

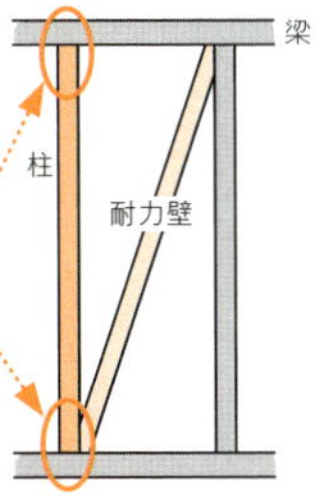

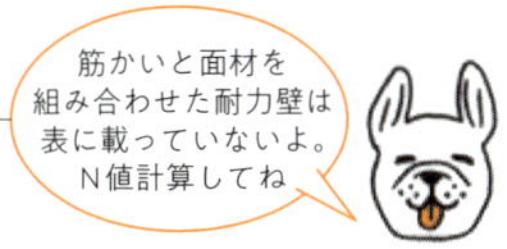

柱の位置と、柱に取り付いている耐力壁の種類を選び、金物の種類を決定します。

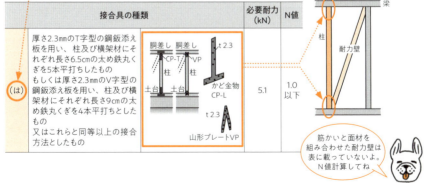

FILE 063

N値計算法とは

「告示の仕様」を覚えたところで、もう1つの方法であるN値計算法を紹介します。最初に、N値計算法の考え方の大枠をつかみましょう。

「今度はN《えぬ》値《ち》計算法を教えて」

N値計算法は、計算する柱を挟む2枚の**耐力壁《たいりょくへき》の壁倍率の差**、**建物自体の重さ**による影響や、柱の上にある**梁**の影響を考慮して計算する方法だよ。そうして算出した値、つまりN値に応じて接合方法を決めるんだ。

「意味が全然わからない…」

だよね。計算式を見ながら意味を説明していくよ。

●計算式1

条件：「平屋建ての柱」「2階建ての2階部分の柱」「2階建ての1階で上に2階がない部分の柱」

$N=A1\times B1-L$

A1：検討する柱の両側にある耐力壁の壁倍率の差
（筋かいの場合は補正値を含む）
B1：周辺部材の押さえ効果を表す係数
出隅《でずみ》以外：0.5　出隅：0.8
L：鉛直荷重による押さえ効果を表す係数
出隅以外：0.6　出隅：0.4

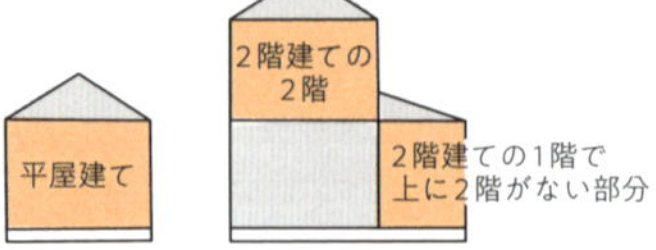

●計算式2

条件：「2階建ての1階で上に2階がある部分の柱」

$N=A1\times B1+A2\times B2-L$

A1：検討する柱の両側にある耐力壁の壁倍率の差
（筋かいの場合は補正値を含む）
A2：検討する柱に連続する上階（2階）柱の両側にある耐力壁の壁倍率の差
（筋かいの場合は補正値を含む）
B1、B2：周辺部材の押さえ効果を表す係数
出隅以外：0.5　出隅：0.8
L：鉛直荷重による押さえ効果を表す係数
出隅以外：1.6　出隅：1.0

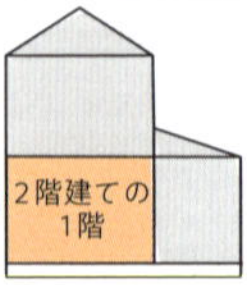

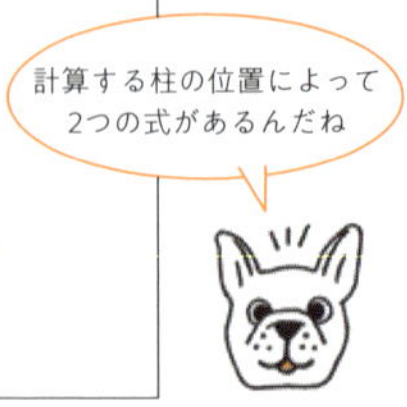

壁が一直線でない場合は…

N値計算の主役となるのは、 耐力壁の横にある柱です。
耐力壁に接していない柱は、 N値計算をする必要はありません。

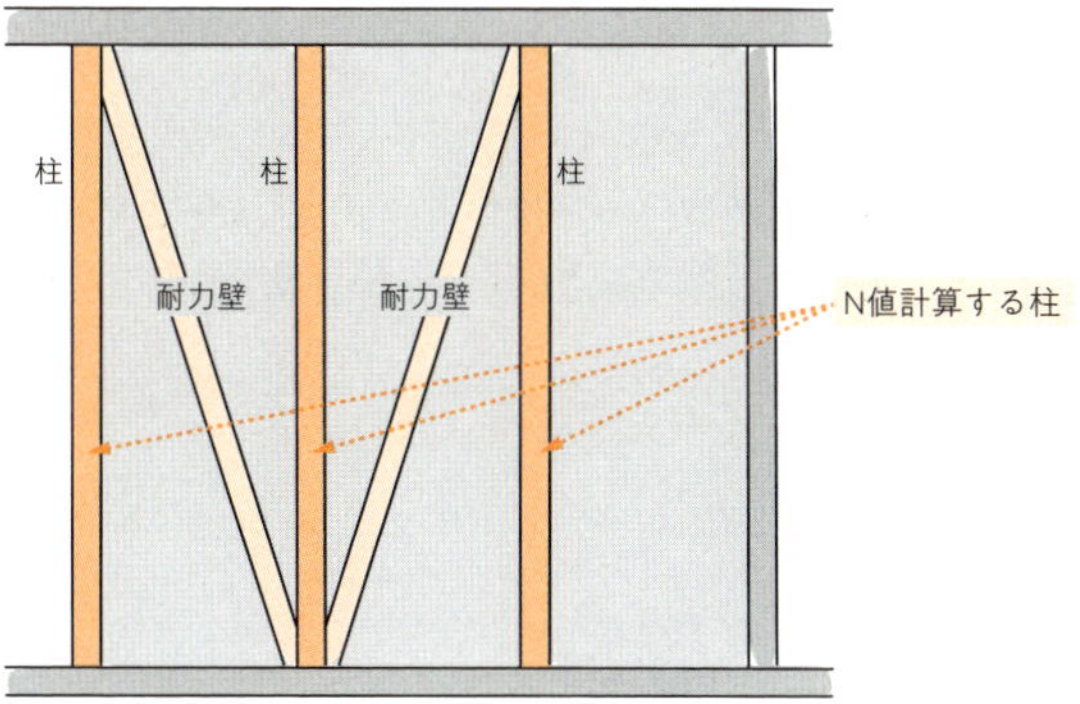

X方向・Y方向で耐力壁が取り付いた柱は、 両方向でN値計算します。
X方向とY方向のどちらも計算して、 **大きい方のN値を採用**することになります。

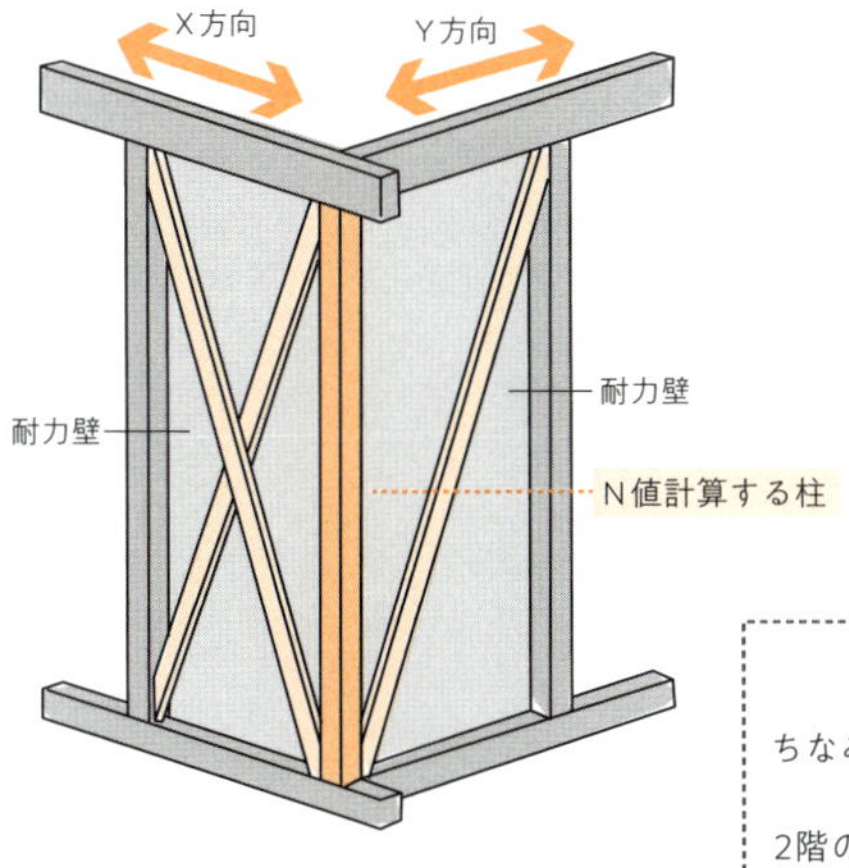

ちなみに…

2階の耐力壁は、1階のN値計算に影響するので覚えておきましょう。

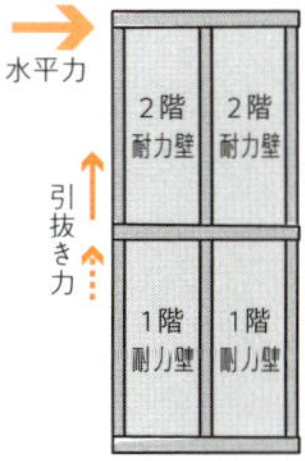

FILE 064

壁倍率の差Aと筋かい補正値

**N値計算の方法を具体的に覚えていきます。
まずは、耐力壁の壁倍率の差と、筋かい補正値からスタートしましょう。**

「N値《えぬち》計算で考慮する耐力壁《たいりょくへき》の倍率差と、筋かい補正値《ほせいち》って何のこと？」

耐力壁の**倍率差**は、N値計算する柱の**両側の耐力壁**の**壁倍率《かべばいりつ》の差**のこと。大きい方から小さい方を引くから、マイナスにはならないよ。

筋かい補正値は、計算する柱の両側の耐力壁の壁倍率差を算出するときに必要なんだ。

筋かい耐力壁は、**筋かいの向き**によって壁倍率が変わるから、補正値で**壁倍率を補正**する必要があるよ。これは、許容応力度計算の筋かい壁倍率の考え方（圧縮筋かい・引張《ひっぱり》筋かい）を利用しているんだよ（114ページ参照）。

「筋かいが右向きのときと、左向きのときだね」

筋かいは向きによって「**圧縮筋かい**」または「**引張筋かい**」となり、倍率が違うことは説明したよね（114ページ参照）。この倍率の違いを考慮するために、筋かい耐力壁には補正値があるんだよ。

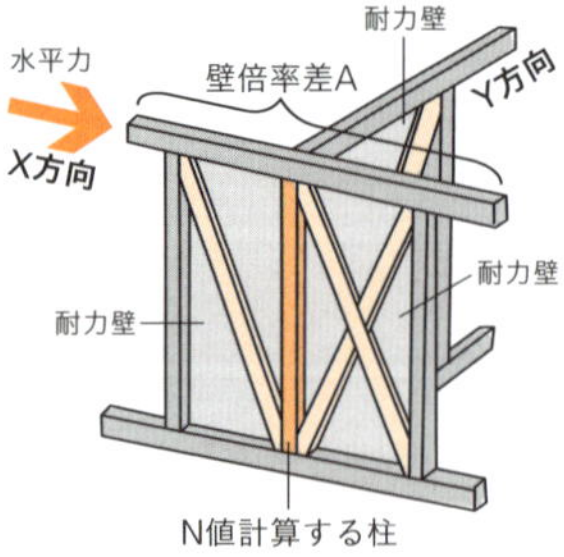
水平力
X方向
壁倍率差A
耐力壁
Y方向
耐力壁
耐力壁
N値計算する柱

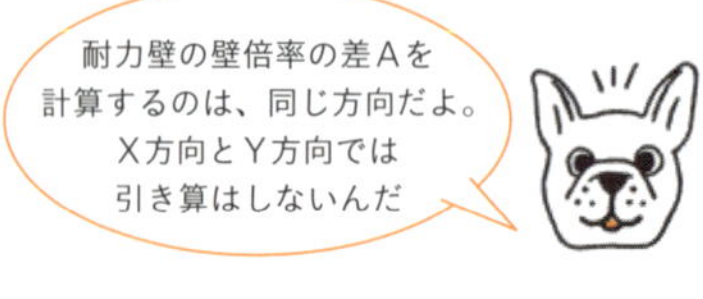
耐力壁の壁倍率の差Aを
計算するのは、同じ方向だよ。
X方向とY方向では
引き算はしないんだ

筋かい補正値

「壁倍率の差A」は、計算する柱の左右の耐力壁の壁倍率の差です。
「A_1」は、**1階**の柱の両側の耐力壁の壁倍率の差を、「A_2」は**2階**の柱の両側の耐力壁の壁倍率の差を表します。**一方の側が耐力壁ではなかったり、一方が建物の外側の場合**は、その側は**壁倍率0倍**と考えるとわかりやすくなります。

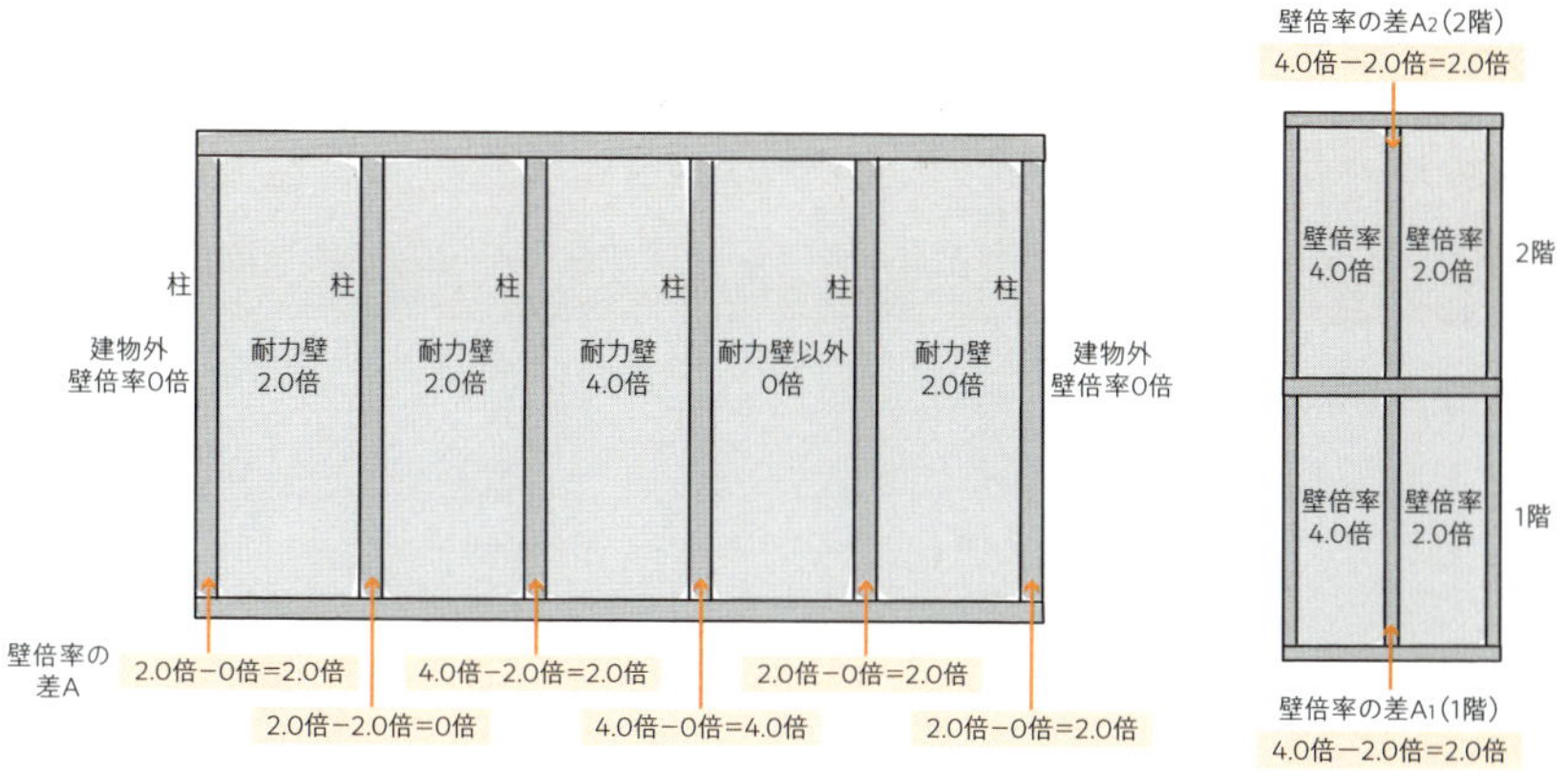

※筋かい補正値を忘れずに!!

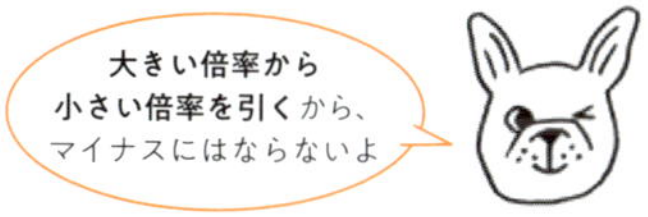

同じ大きさの筋かいでも、向きによってN値計算する柱への影響が違うため、補正をします。

柱頭に筋かいがついた場合

柱脚に筋かいがついた場合

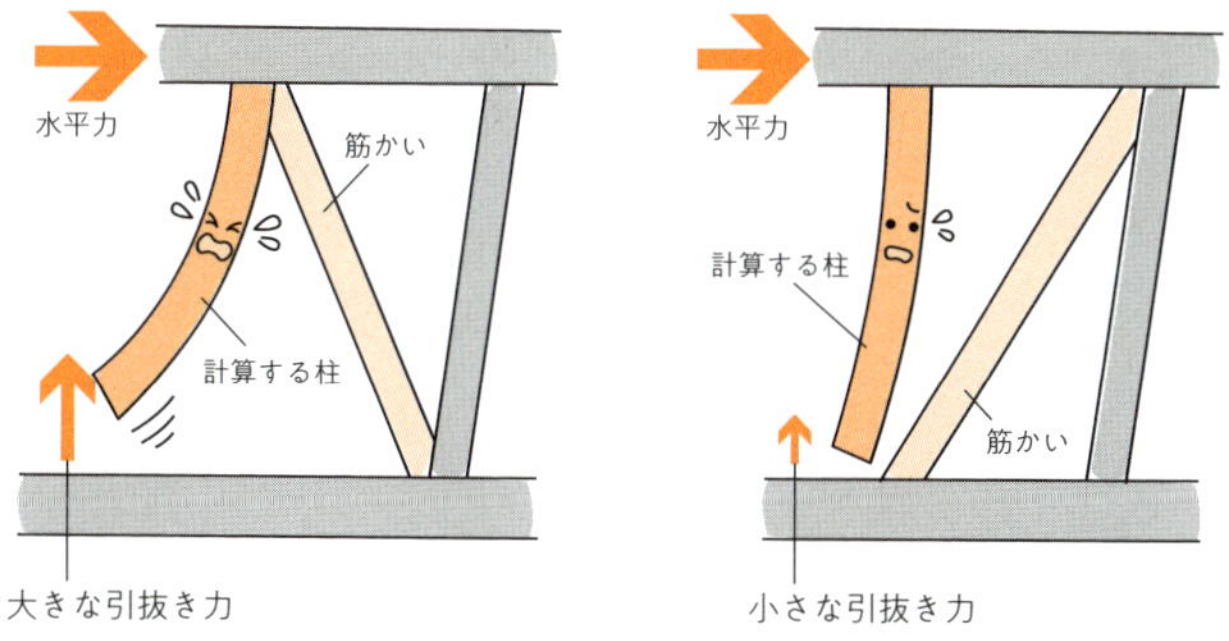

FILE 065

係数Bと係数Lって何？

次は、N値計算法で使う２つの係数、係数Bと係数Lの用い方です。
係数の値だけでなく、意味まで理解しておきましょう。

「じゃあ次に、係数B、係数Lってなに？」

係数Bは、N値《えぬち》計算する柱の上の**梁や桁が**、**曲がらないように抵抗**して、**柱を押さえ込む**効果を考慮した係数だよ。

係数Lは、N値計算する柱の上の**床**や**屋根**の**重量**によって、柱を押さえ込む効果を考慮した係数だよ。

「押さえ込むって、何を押さえ込むの？」

N値計算する柱には、耐力壁《たいりょくへき》の影響で**浮き上がり**が発生する。でも、梁や桁が曲がらないようにがんばるときの**抵抗力**や、床・屋根の**重量**によって、浮き上がらないように押さえ込まれるんだ。この効果を係数B・Lとして計算に含めているんだよ。

Bも Lも
「柱を押さえ込む効果」に
関係があるんだね

●係数B（梁や桁の曲がらないようにがんばる抵抗力）

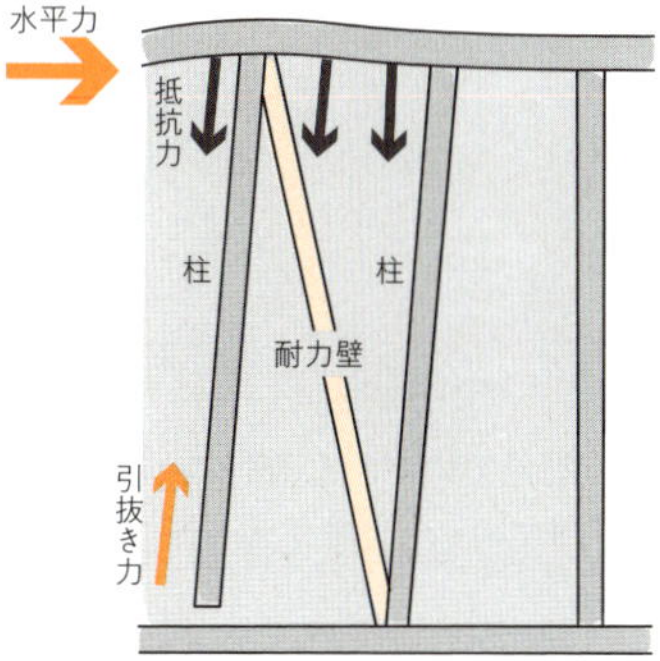

係数B1・B2
出隅以外：0.5
出　　隅：0.8

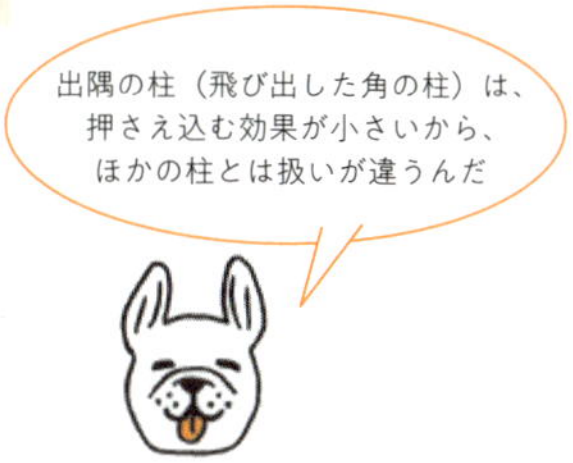

●係数L（床や屋根の重量による押さえ込み効果）

係数L
出隅以外：0.6、1.6
出　　隅：0.4、1.0

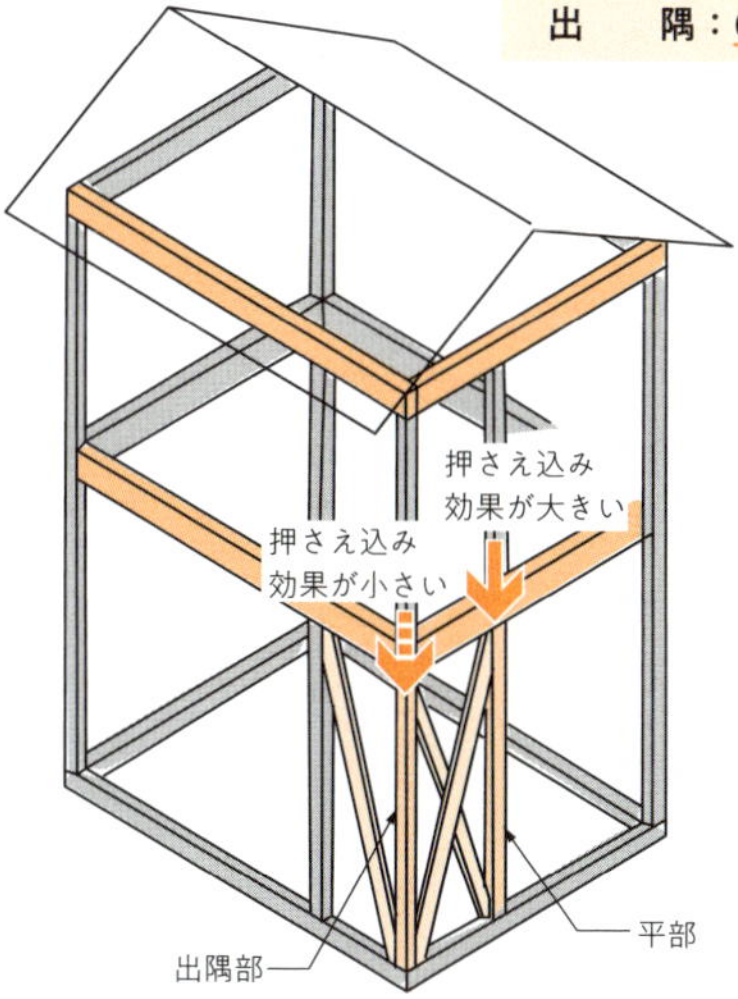

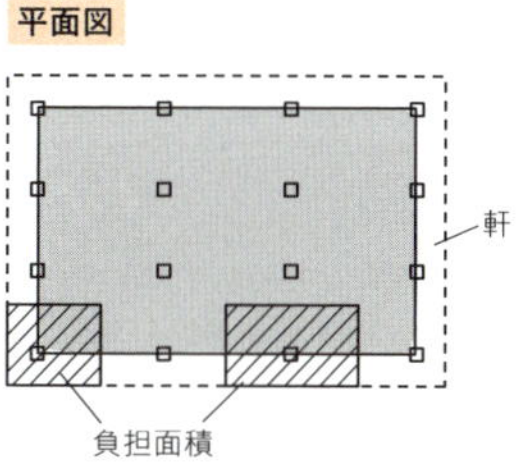

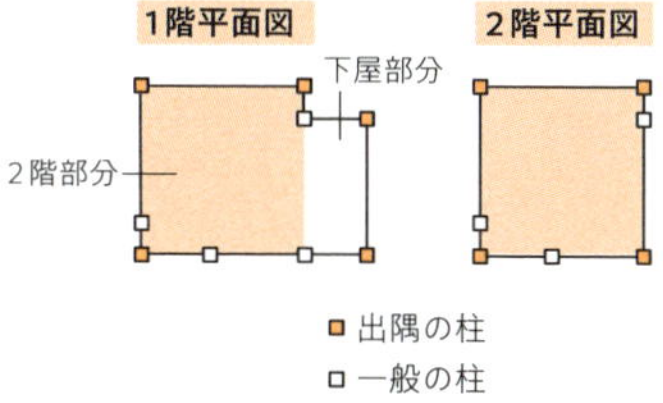

壁量《かべりょう》計算、壁の配置バランスの次に検討する項目が「**柱頭柱脚の接合方法**」です。
その耐力壁がもつ壁倍率どおりの力（水平力に対する抵抗力）を発揮するため、重要な検討です。

FILE 066

N値5.6を超える場合

N値計算法でN値を導く方法がわかったところで、算出した値をどのように判断して、接合方法を決めるのかを見ていきましょう。

では、**N値《えぬち》計算**で算出した値をN値の表で探して、接合方法を決めるよ。

「N値の表を見ると、N値は5.6までしかないけど、これより大きいときはどうするの？」

N値が5.6を超えるということは、大きな**引抜力《ひきぬきりょく》**が発生することを意味するので、できることならば**耐力壁《たいりょくへき》**の**壁倍率《かべばいりつ》**や**配置**を見直して5.6を超えないようにした方がいいよ。

それでもN値5.6を超えてしまう場合でも、**対策**はあるんだ。

接合具の種類			必要耐力（kN）	N値
(ぬ)	（と）に掲げる仕口を二組用いたもの	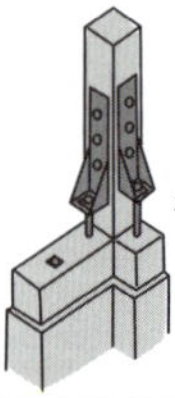 ボルト6本 引寄せ金物 HD-B15×2 HD-N15×2 S-HD15×2	30.0	5.6以下

これ以上の値には対応していない。

●N値が5.6を超えた場合

❶基本的には、まず**耐力壁の壁倍率や配置を見直します。**

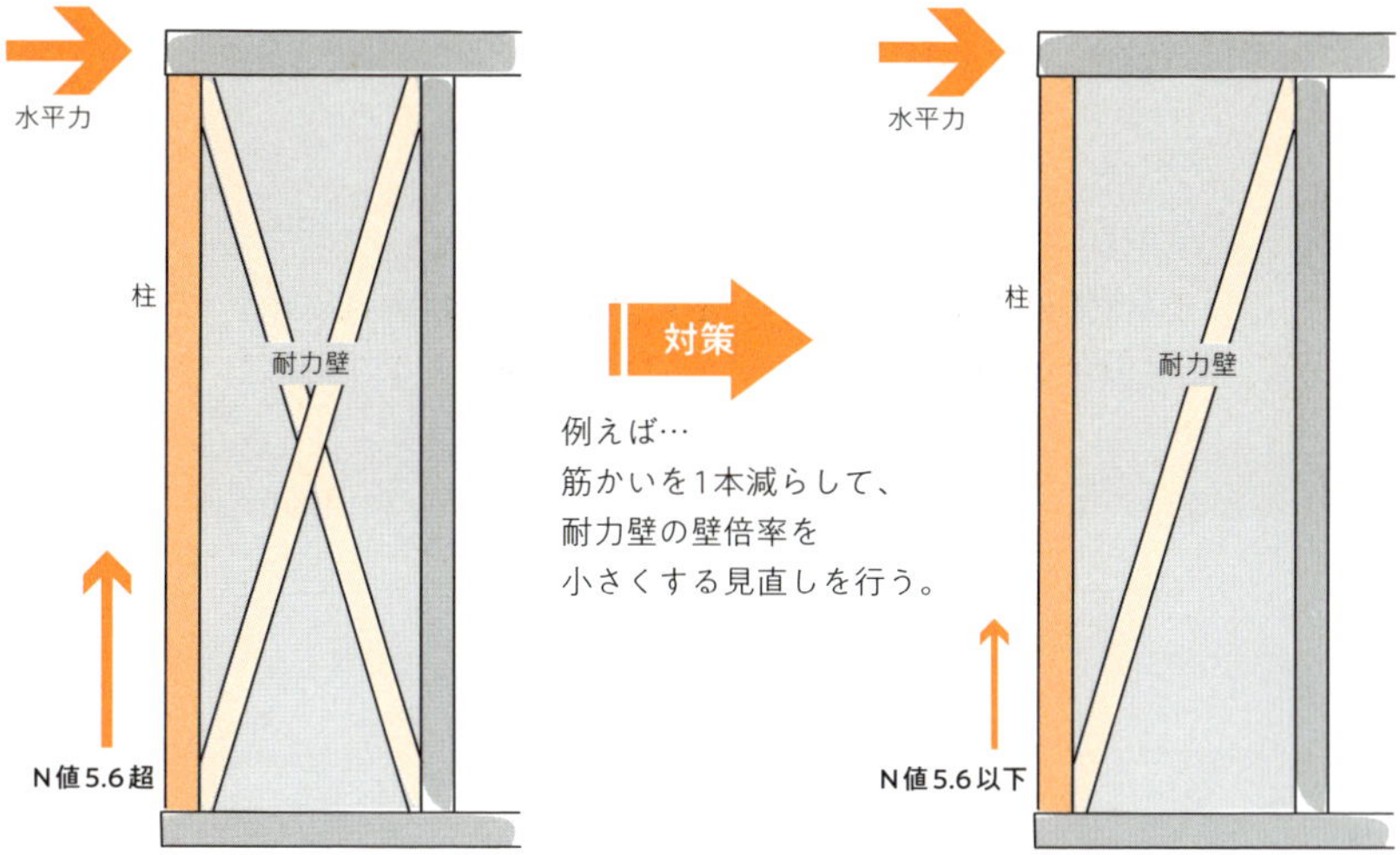

❷N値の表には、5.6以上のN値に対する接合具が記載されていません。そのため、どうしてもN値が5.6を超えてしまう場合、**「N値×5.3」で必要耐力を算出**します。そして、**必要耐力以上の金物を選びます。**

●計算例 N値=6.0

N値6.0×5.3=31.8kN

発生する31.8kNの引抜き力以上のホールダウン金物を取り付けます。

FILE 067

ホールダウン金物の組み合わせ方

実際に接合金物を選んで、取り付ける流れを紹介します。柱の浮き上がりを防ぐホールダウン金物を中心に考えます。

「N《えぬ》値《ち》計算して柱頭柱脚《ちゅうとうちゅうきゃく》の接合金物を選ぶよね。選んだ金物って、柱頭と柱脚のどっちに使うの？」

柱頭と柱脚の両方に取り付けるんだよ。

「1つずつ？　2つ以上の金物を取り付けてはダメなの？」

組み合わせて取り付けることもできるよ。

でも、金物の特徴を考える必要があるし、決まりごとはないけれど、3つも4つも組み合わせるのはお勧めできないよ。

小さな引抜き耐力の金物をたくさん取り付けると、足し算上では引抜き力を上回る。でも、大きな引抜き力に対して基礎に直接アンカーボルトが取り付いていないなど（177ページ参照）、実際には引抜き力に抵抗できないこともあるんだ。

接合具の種類			必要耐力（kN）	N値
（へ）	厚さ3.2㎜の鋼板添え板を用い、柱に対して径12㎜のボルト2本、横架材、布基礎もしくは上下階の連続する柱に対して当該鋼板添え板に止め付けた径16㎜のボルトを介して緊結したもの 又はこれと同等以上の接合方法としたもの	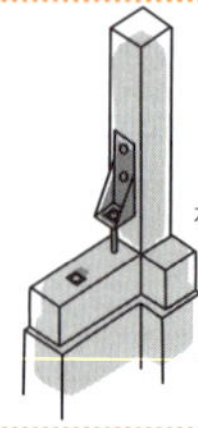 ボルト2本 引寄せ金物 HD-B10 HD-N10 S-HD10	10.0	1.8以下

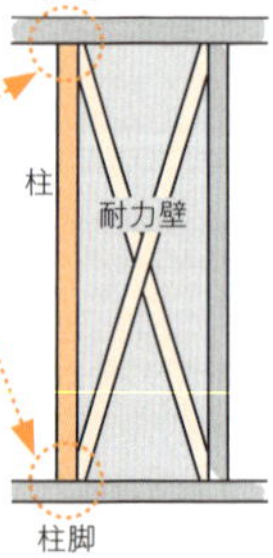

N値計算の結果

	接合具の種類		必要耐力(kN)	N値
(ち)	厚さ3.2㎜の鋼板添え板を用い、柱に対して径12㎜のボルト4本、横架材(土台を除く。)、布基礎もしくは上下階の連続する柱に対して当該鋼板添え板に止め付けた径16㎜のボルトを介して緊結したもの 又はこれと同等以上の接合方法としたもの	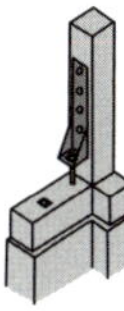 ボルト4本 引寄せ金物 HD-B20 HD-N20 S-HD20	20.0	3.7以下

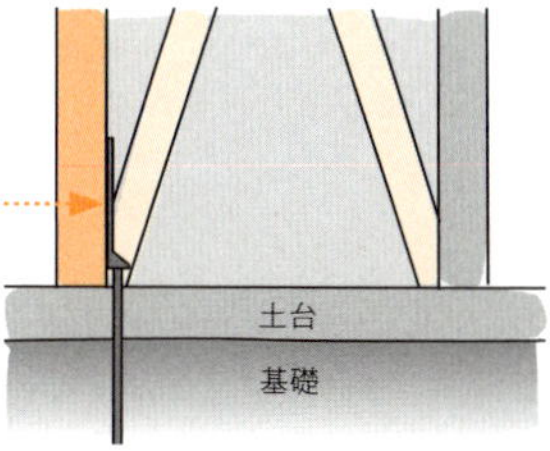

	接合具の種類		必要耐力(kN)	N値
(へ)	厚さ3.2㎜の鋼板添え板を用い、柱に対して径12㎜のボルト2本、横架材、布基礎もしくは上下階の連続する柱に対して当該鋼板添え板に止め付けた径16㎜のボルトを介して緊結したもの 又はこれと同等以上の接合方法としたもの	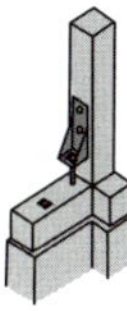 ボルト2本 引寄せ金物 HD-B10 HD-N10 S-HD10	10.0	1.8以下

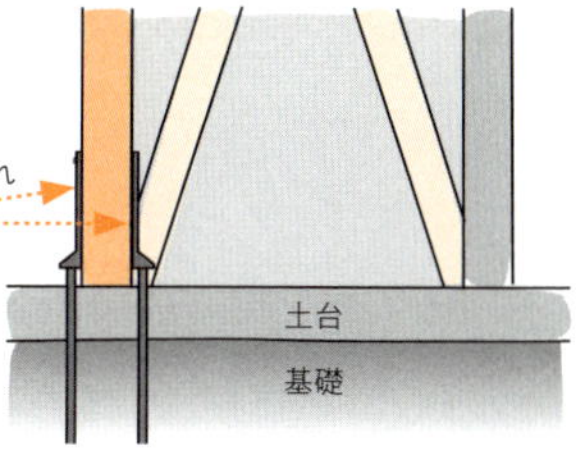

種類の違う金物を組み合わせるときは、機能上、納まりなど考慮し、同時に使えるかを調べる

金物を組み合わせて、足し算で必要耐力を満たすこともできます。

ただし、金物の組合せや耐力の足し算については、使用する金物のメーカーに確認してください。

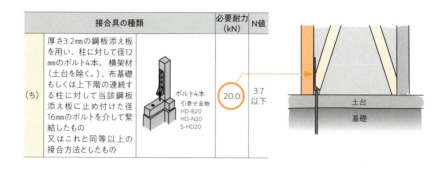

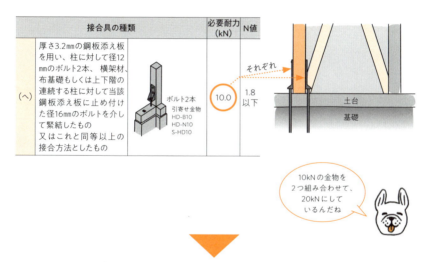

ホールダウン金物とアンカーボルト

大きな引抜き力にも対応できるホールダウン金物をうまく使うため、重要な役割を果たすアンカーボルトについて考えます。

「N《えぬ》値《ち》が大きくなるほど、柱《ちゅう》頭《とう》柱《ちゅう》脚《きゃく》の接合金物にホールダウン金物を使うことが多いよね。なぜ?」

ホールダウン金物は大きな**引《ひき》抜《ぬ》き力《りょく》に対応した金物**だからね。引抜き力に応じていくつかの種類があるんだ。使うときは、基礎とホールダウン金物をつなぐ**アンカーボルト**の太さや、埋め込み長さなどに注意する必要があるよ。

●ホールダウン金物

柱に釘留めするタイプ

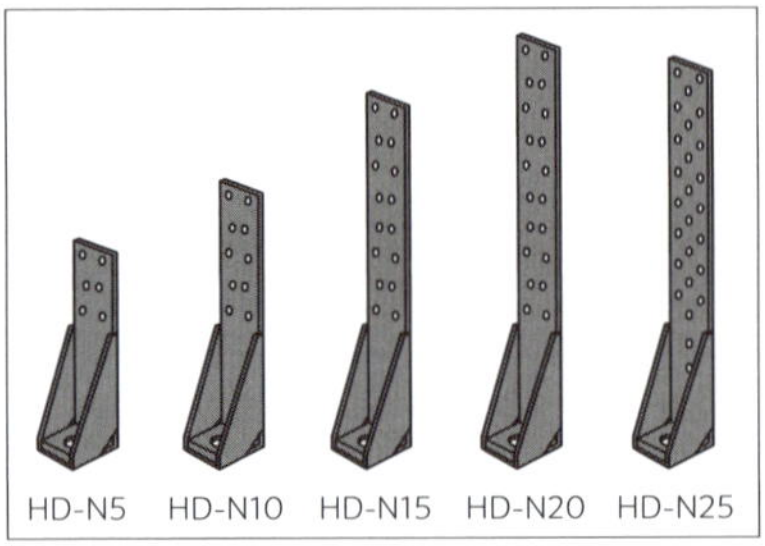

柱にボルト留めするタイプ

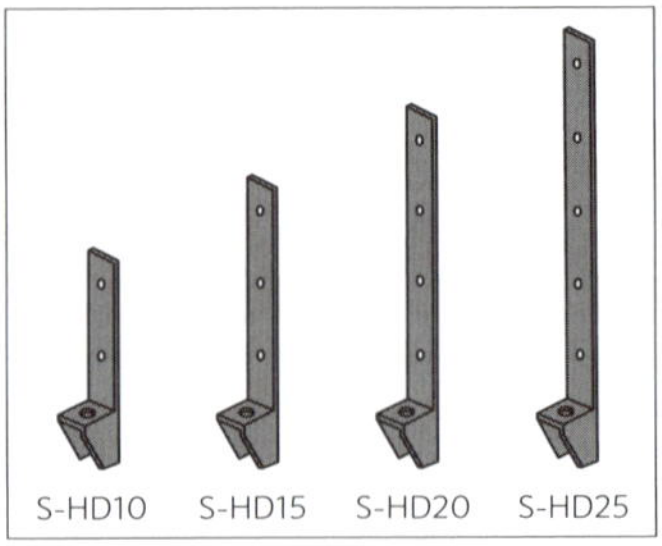

「S-HD」は細身のタイプで、筋かいと干渉しにくくなっているよ

「HD-N25」「S-HD25」は、25kNの浮き上がり力（必要耐力）用のホールダウン金物だよ

座付ボルトを使用する場合と、 アンカーボルトを埋め込む場合を見てみましょう。

●10kN以下の場合

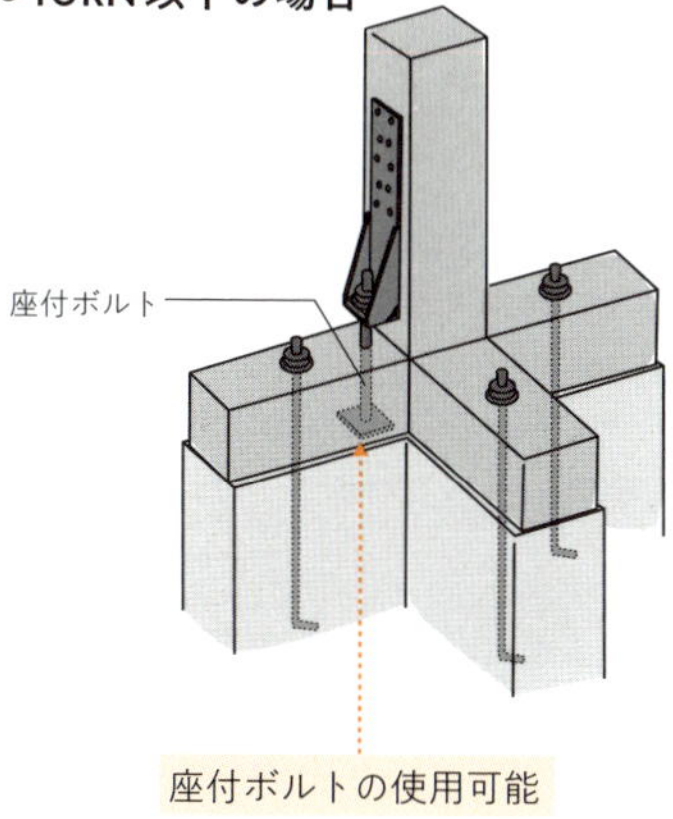
座付ボルト
座付ボルトの使用可能

●10kN超の場合

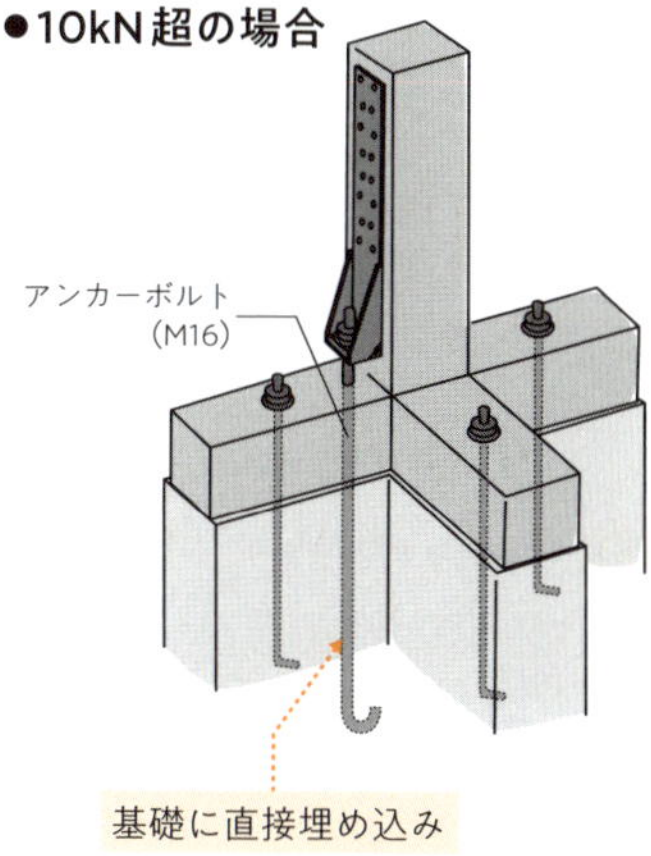
アンカーボルト
(M16)
基礎に直接埋め込み

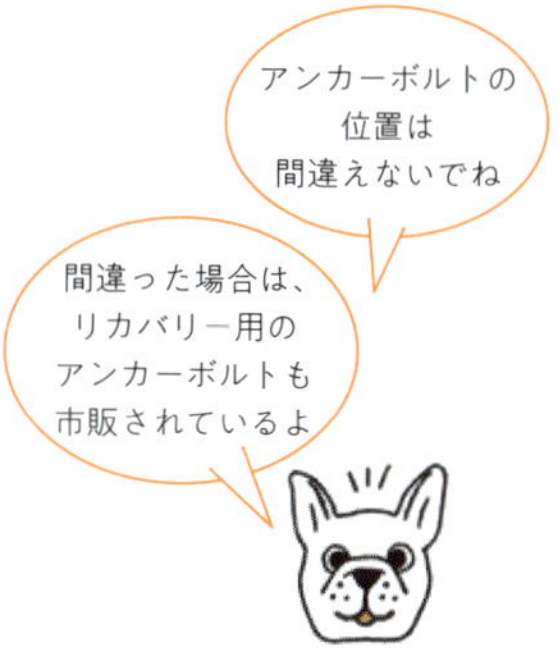
アンカーボルトの位置は間違えないでね
間違った場合は、リカバリー用のアンカーボルトも市販されているよ

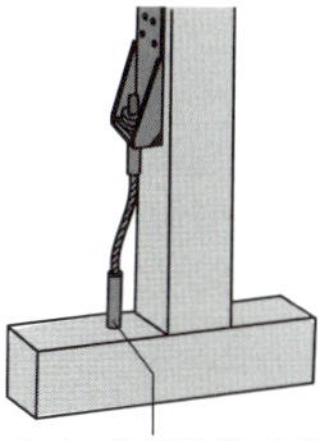

アンカー位置がずれた場合、
ワイヤーでズレを補正する
アンカーボルト

●土台取り付けタイプの設計

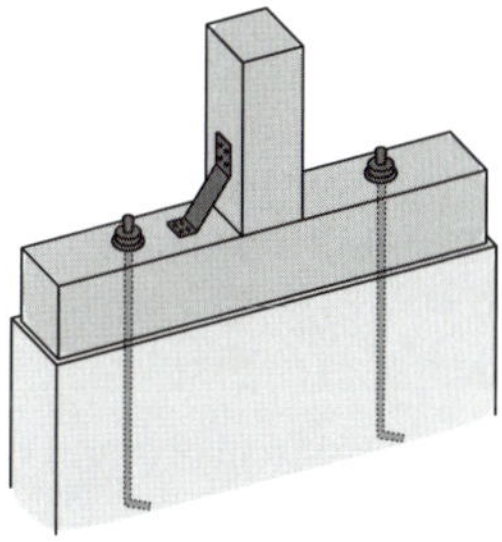

- 土台の曲げ設計
- アンカーボルトの引抜き設計
- アンカーボルトの座金による土台のめり込み設計

コンクリートから抜けないための定着長さも定められています。
これは、 構造計算で求めることもできます。

●M16アンカーボルトの定着長さ

柱脚接合部の短期許容耐力	アンカーボルトのコンクリート基礎への定着長さ
25kN以下	360㎜
25kNを超え35.5kN以下	510㎜

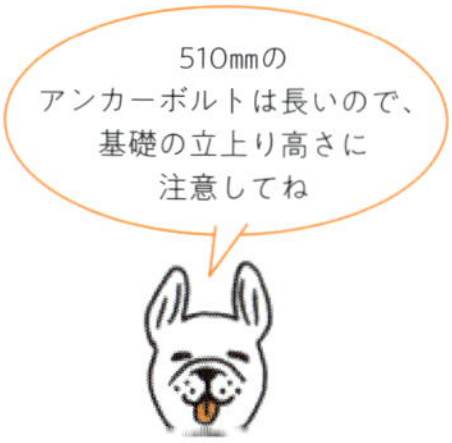
510㎜のアンカーボルトは長いので、基礎の立上り高さに注意してね

10kN超のホールダウン金物のアンカーボルトは、 基礎に直接埋め込みます。

FILE 069

見落としがちな上下階の金物整合

N値計算でホールダウン金物を決めた後でも、忘れずに検討しなければいけないのが、上の階と下の階でのバランスです。

ホールダウン金物で意外と見落としがちなのが、**上下階の整合**だよ。

「上下階の整合って何?」

1階の柱頭と2階の柱脚は近い位置にあるよね。ホールダウン金物を取り付けるときは上下階で引っ張り合うように取り付けるんだけど、この**引っ張り合い**のバランスがうまくとれていないことが多いんだよ。だから整えないといけないんだ。

「上下階のホールダウン金物の引っ張り合い?」

引っ張り合いの
バランスが悪いって、
どういうコト…

ホールダウン金物は、常に引っ張り合うように取り付けます。

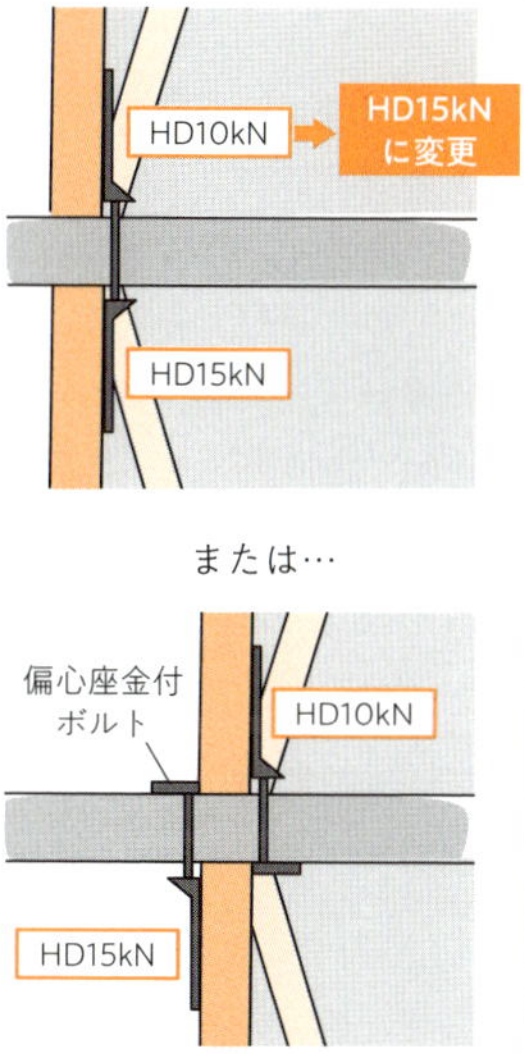

柱のそれぞれ別の面に、偏心座金付ボルトでホールダウン金物を取り付けることもできます。

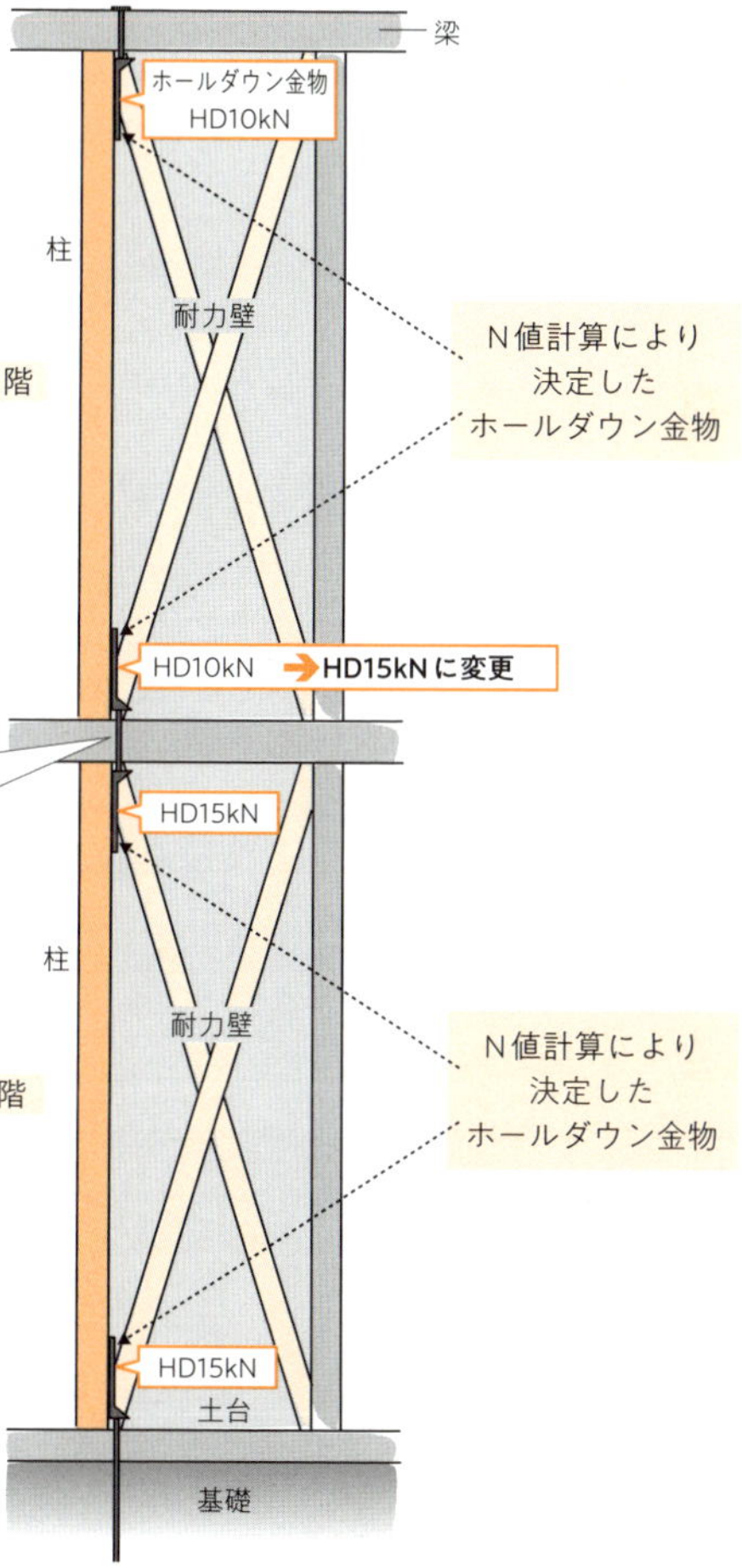

N値計算で決定した金物でも、
上下階のバランスが悪ければ、変更して整合する

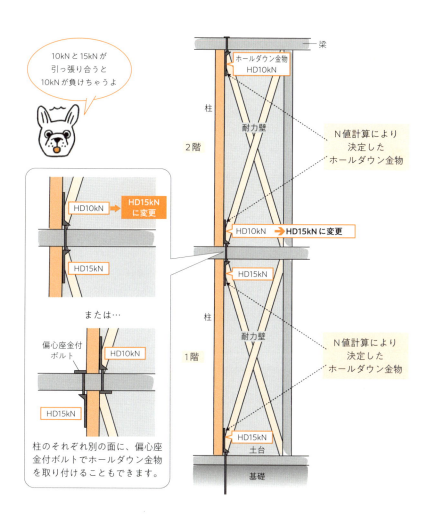

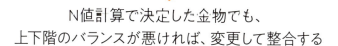

column 06

人生を分けたプロの勝手な行為

能登半島地震での出来事です。現地調査で、見た目に新しそうな建物の倒壊被害がありました。しかし、よく見るとリフォームした古い建物でした。外壁を張り直し、窓も取り替え、内装もキレイになっていましたが、構造躯体の耐震補強の形跡は見られません。リフォームという耐震補強のチャンスに何も補強することなく見た目だけを着飾った結果、地震で倒壊してしまっていました。

この倒壊した建物のすぐ近くで、倒壊せずにしっかりと建っている築55年の木造住宅がありました。1階は4年前に内装リフォームしており、被害が小さいことからリフォーム時に耐震補強したのだと思っていました。しかし、建て主に確認したところ耐震補強を依頼はしておらず、内装のリフォームのみ行ったとのこと。被害の少なさが不思議な建物でした。後に、この建て主がリフォーム工事を依頼した工務店に確認したところ、「耐震補強は依頼されていなかったが、せっかくのリフォームなので勝手に耐震補強を行った」とのこと。驚くべきプロのおもてなし行為でした!!

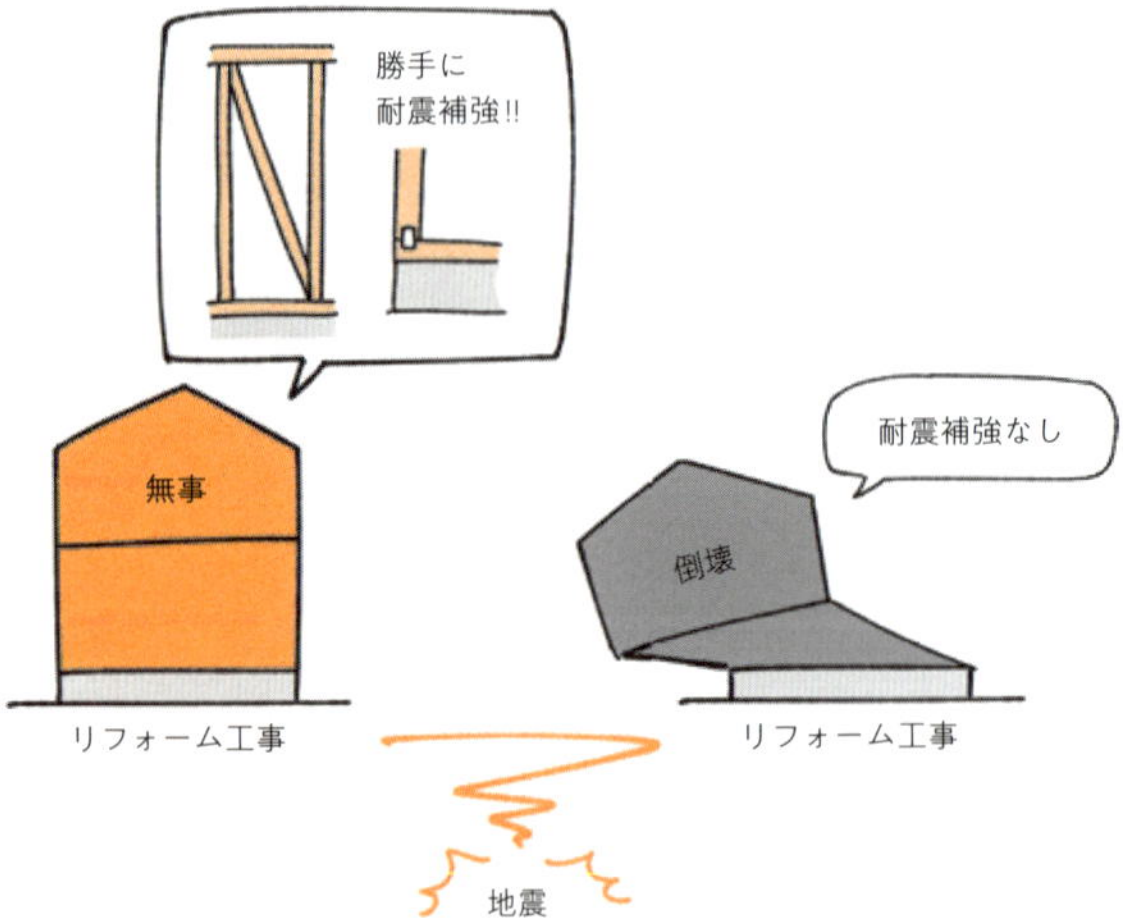

第5章

仕様規定：8つの仕様ルール

第5章に掲載の内容は、2025年4月に予定されている建築基準法改正前のものです

FILE 070

基礎の仕様（建築基準法施行令第38条、平成12年建設省告示第1347号）

壁量の計算、壁バランスの計算、柱の接合部の計算を覚えたところで、仕様ルールを紹介します。基礎の仕様から始めましょう。

次は**仕様規定の8つの仕様ルール**（61ページ参照）だよ。

「仕様ルールってどういう意味？」

仕様ルールとは、規定されている**最低限の決まりごと**だよ。

「**基礎の仕様**」から始めよう。

●基礎に関する規定

表1　基礎の構造（地盤改良後）

地盤の長期に生ずる力に対する許容応力度（地耐力）	基礎の構造
20kN/㎡未満（2t/㎡未満）	基礎ぐい
20kN/㎡以上30kN/㎡未満（2t/㎡以上3t/㎡未満）	基礎ぐいべた基礎
30kN/㎡以上（3t/㎡以上）	基礎ぐいべた基礎 布基礎

※木造の茶室、あずまや、延べ面積10㎡以内の建物を除く

※地盤の長期に生ずる力に対する許容応力度が70kN/㎡以上の場合の木造建築物等で、令42条ただし書きの規定により土台を設けないものに用いる基礎を除く

※門、塀等の基礎を除く

（令38条、平12建告1347号）

表2　基礎ぐいの構造

基礎ぐいの構造	仕様
鋼管ぐい	くいの肉厚6㎜以上かつ くいの直径の1/100以上
場所打ちコンクリートぐい	主筋には異形鉄筋6本以上 かつ帯筋と緊結主筋の 鉄筋比0.4%以上
高強度プレストレストコンクリートぐい	JIS A 5337-1995に適合するもの
遠心力鉄筋コンクリートぐい	JIS A 5310-1995に適合するもの

（平12建告1347号）

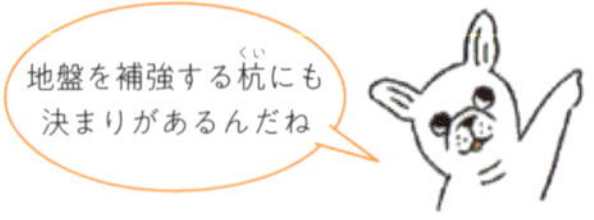

布基礎の仕様

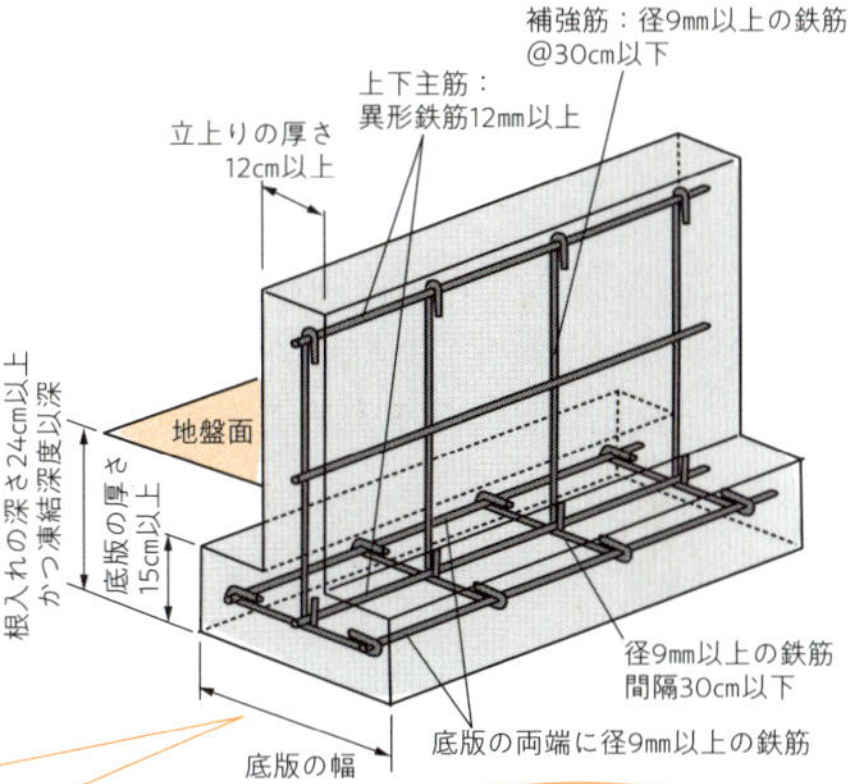

表3　底版の最小幅（基礎ぐいを用いた場合を除く）（㎝）

	建築物の種類		
	木造等		その他の建築物
	平屋建て	2階建て	
30kN/㎡以上50kN/㎡未満（3t/㎡以上5t/㎡未満）	30	45	60
50kN/㎡以上70kN/㎡未満（5t/㎡以上7t/㎡未満）	24	36	45
70kN/㎡以上（7t/㎡以上）	18	24	30

（平12建告1347号）

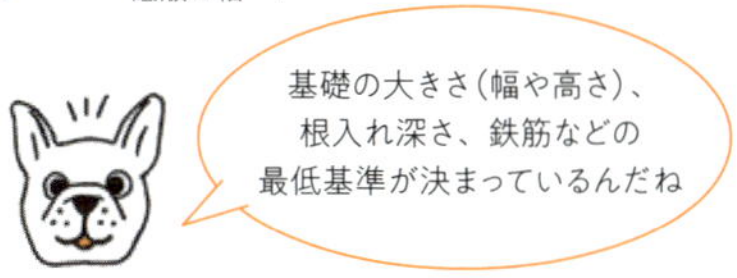

べた基礎の仕様

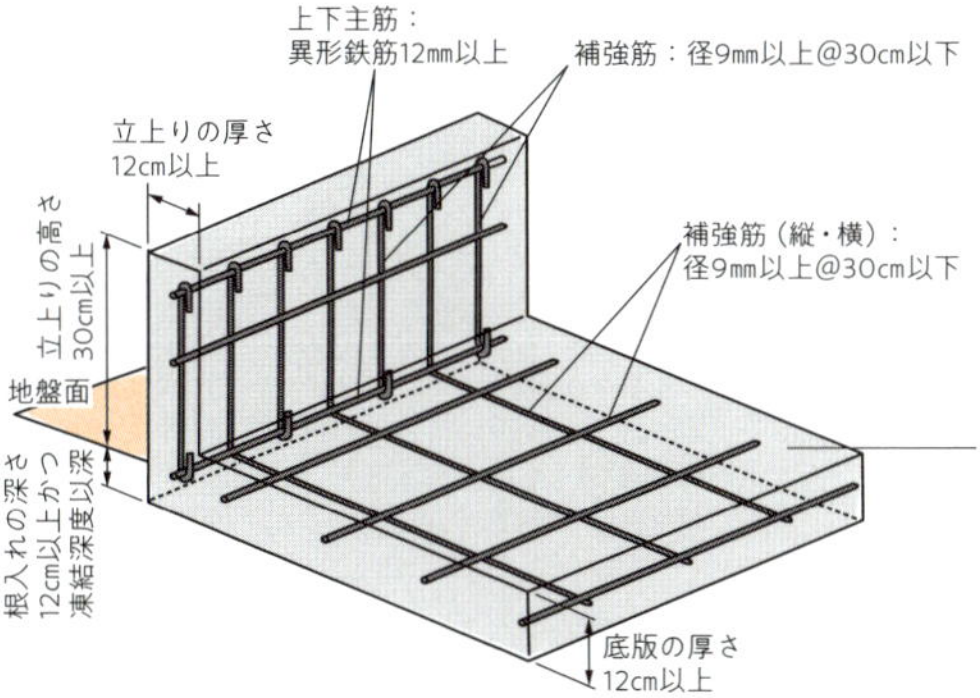

底版の厚さをより厚くするか、建物外周の基礎部分のみ掘り下げて厚くコンクリートを打つことで、鉄筋のかぶり厚さと建物外周の基礎の根入れ深さを確保すること。

安全な基礎にするため、建物は1軒ごとに構造計算をし、基礎の大きさや鉄筋の使い方などを決める必要があります。木造住宅で一般的な**布基礎**（T字を逆さにした形の連続した基礎）と**べた基礎**（床面一面の基礎）の仕様を覚えておきましょう。

FILE 071

屋根葺き材などの緊結（建築基準法施行令第39条、令和4年国土交通省告示第1435号）

次に、瓦に代表される家の屋根に載せる屋根葺き材に関する規定を紹介します。
瓦の留め方にもきちんとルールがあります。
2022年の告示改正で、瓦の留め付け方が変わりました。

「屋根葺《ふ》き材の緊《きん》結《けつ》って何のこと?」

屋根葺き材は、**瓦**《かわら》や**鉄板**など家の屋根の**仕上げ材**のことで、この屋根仕上げ材が地震や台風で屋根から落ちないように留めることを緊結と言うんだよ。

台風
地震
風で屋根の仕上げが
飛んじゃった…
地震で屋根の仕上げが
落ちちゃったよ…
危ないね

瓦の留め付け（2022年に告示改正されました）

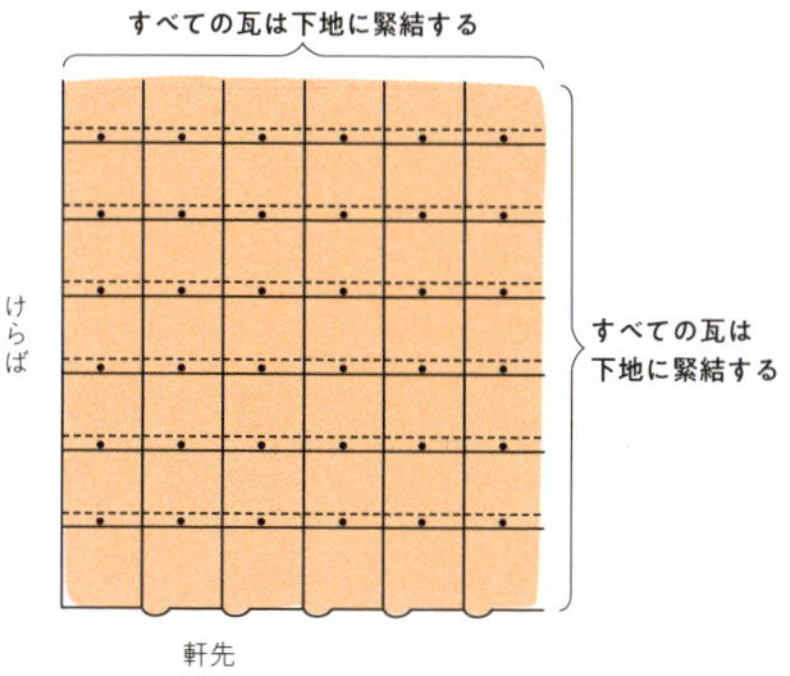

角度を変えて見ると…

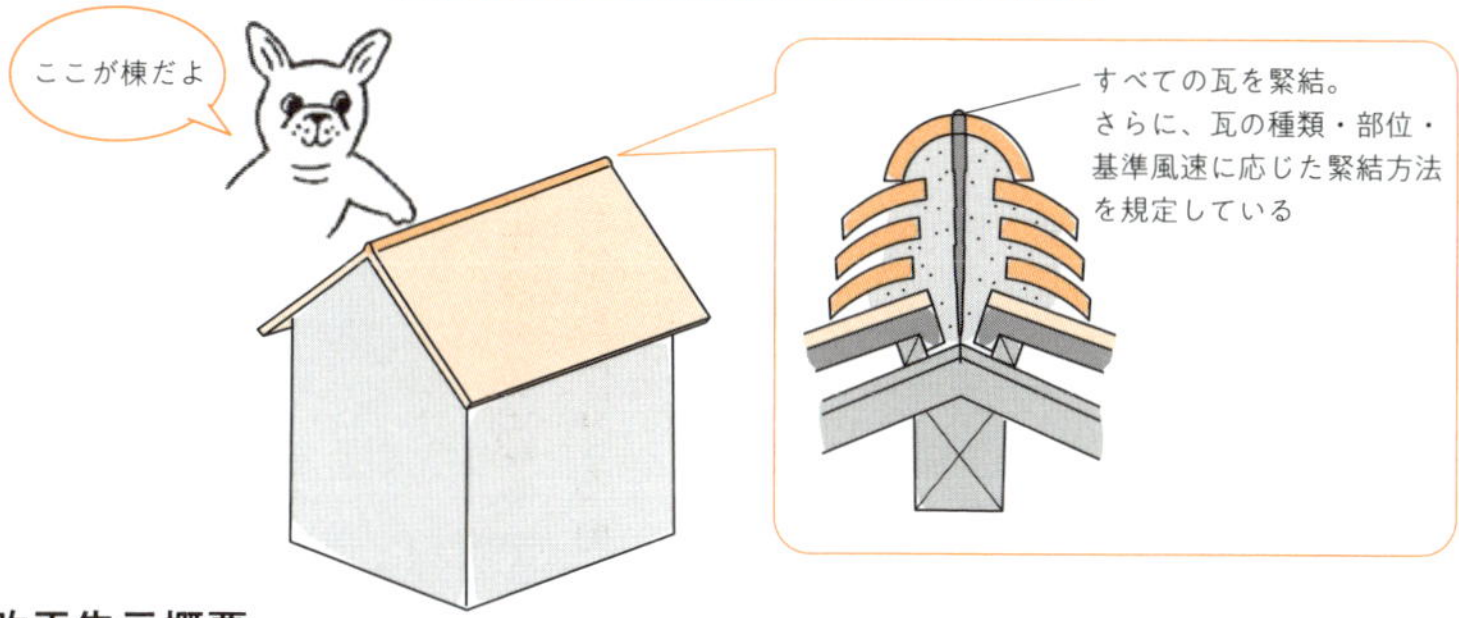

●改正告示概要

瓦屋根は、 以下の緊結方法又はこれと同等以上に耐力を有する方法でふくこと。 ただし、 平成12年建設省告示第1458号に従った構造計算によって構造耐力上安全であることが確かめられた場合はこの限りでない。

緊結箇所		すべての瓦
緊結方法	軒、 けらば	3本のくぎ等（くぎ[※]またはねじ）で緊結
	むね	ねじで緊結
	平部	くぎ等で緊結（詳細は下表参照）
耐久性		屋根葺き材・緊結金物にさび止め・防腐措置をすること

※容易に抜け出ないように加工したものに限る

平部の瓦の緊結方法

基準風速V_0 / 瓦の種類	30m/s	32～36m/s	38～46m/s
F形	くぎ等1本で緊結	くぎ等2本で緊結	使用不可
J形、 S形	くぎ等1本で緊結	くぎ等1本で緊結	使用不可
防災瓦（J形、S形、F形）	くぎ等1本で緊結	くぎ等1本で緊結	くぎ等1本で緊結

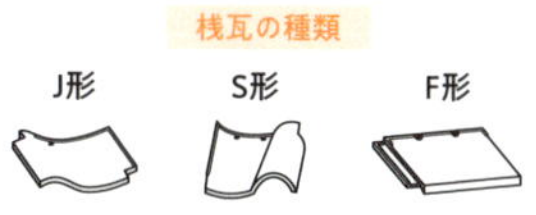

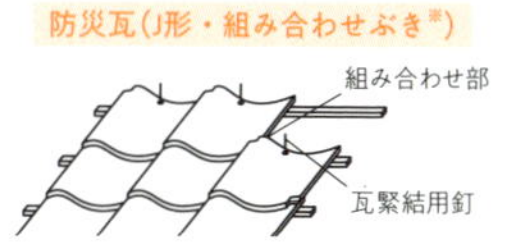

※フックその他これに類する部分によって構造耐力上有効に組み合わせる方法

屋根葺き材の中でも、 瓦は留め付けの方法が建築基準法で細かく規定されています。 瓦以外の屋根材の留め付け方法は、 メーカーに確認します。

FILE 072

土台と基礎の緊結（建築基準法施行令第42条第2項）

安全のためには土台と基礎も緊結する必要があります。ここでは、土台と基礎の緊結に関する仕様規定を覚えます。

「土台も基礎にしっかり留め付けないといけないね」

そうだね。土台は**アンカーボルト**で基礎に留め付けるよ。屋根と同じように**緊結**《きんけつ》するって言うんだ。

「土台と基礎をアンカーボルトで留め付けるのに、規定はあるの？」

実は、建築基準法や告示には、細かな規定がないんだよ。ただ、「土台は基礎に緊結しなければならない」の一文だけ。

「最低基準にも程があるね。じゃあ、何を基準にすればいいの？」

参考になるのは、（一財）住宅金融普及協会発行の「木造住宅工事仕様書」だよ。

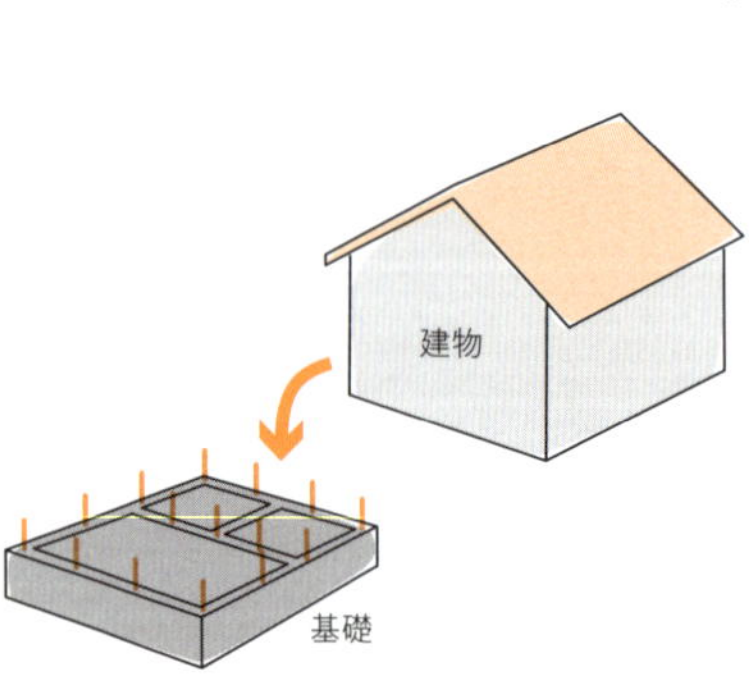
建物
基礎

アンカーボルトには、基礎と建物とをつなぐ、大切な役割があるんだね

アンカーボルトの取り付け位置

土台はアンカーボルトで基礎に緊結します。

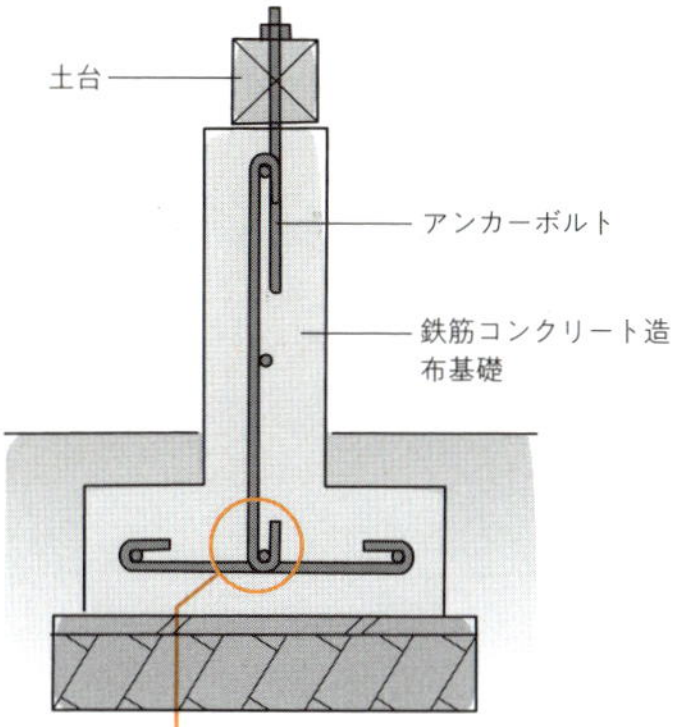

L型は通常見かけるが、施工しやすいものの、本当は構造計算するか、ユニット鉄筋（認定品）を使用しなければ、告示どおりフックが必要（222ページ参照）。

●取り付け位置の決め方

❶耐力壁の両端の柱に近接した位置に
❷土台の継手および仕口個所の上の木端部に
❸2階建てでは2.7m以内に

❶耐力壁両端の柱に近接

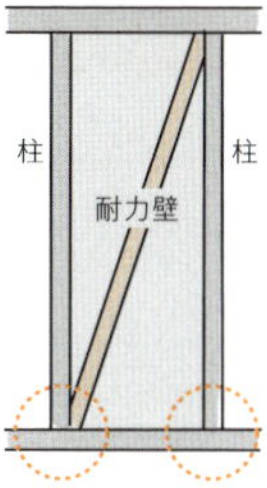

❷土台の継手および仕口個所の上の木端部

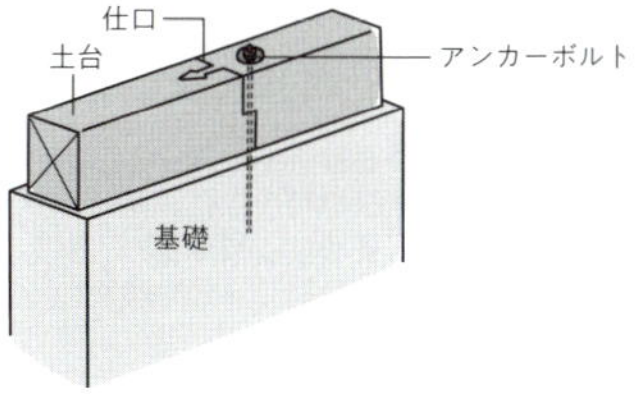

●埋め込み長さ

- **一般的**なアンカーボルト埋め込み長さ：**250mm以上**
- **25kN以下のホールダウン金物**を取り付けた場合：**360mm以上**
- **25kN超～35.5kNまでのホールダウン金物**を取り付けた場合：**510mm以上**

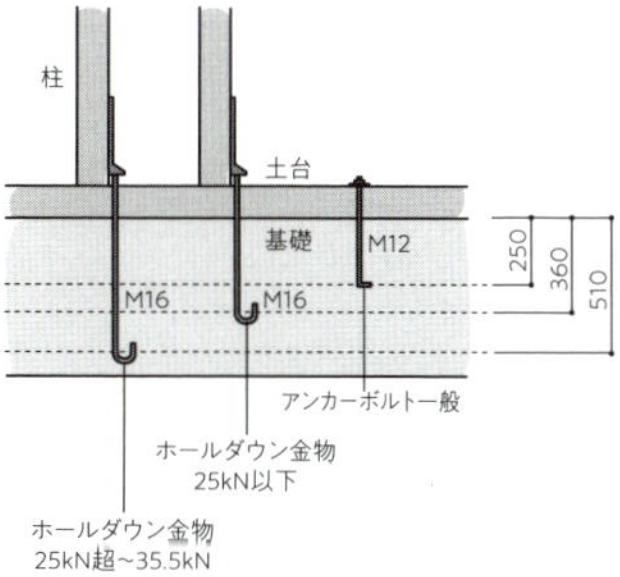

柱の小径など（建築基準法施行令第43条）

建物の骨格を構成する重要な部材、柱については多くの仕様規定が設けられています。規定の意味までしっかり理解しましょう。

「柱の小径《しょうけい》って、柱の太さのこと？」

そうだよ。施行令第43条では、柱の太さを決める方法が規定されているんだ。柱は細長い材料だから、荷重が加わると折れてしまう。**座《ざ》屈《くっ》**って言うんだよ。

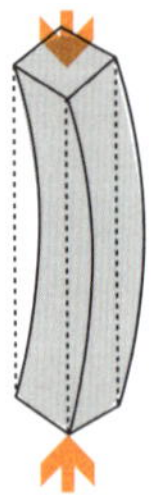

柱の座屈

(1) 柱の小径

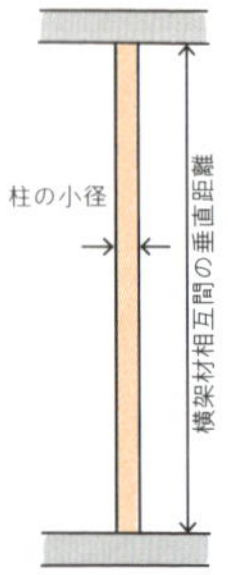

●計算例
横架材間の垂直距離に対して必要な柱小径は…
軽い屋根、その他の階の柱（2階建ての1階）
横架材間垂直距離2,700㎜
柱の小径＝2,700㎜×1／30＝90㎜以上の柱小径が必要!

表1　横架材相互間の垂直距離に対する柱の小径の割合(住宅の場合)

柱 ＼ 建築物	最上階又は階数が一の住宅の柱	その他の階の柱（2階建ての1階）
屋根を金属板、石板、木板その他これに類する軽い材料でふいた住宅	33分の1	30分の1
上記以外の住宅	30分の1	28分の1

※下記の用途等の建物の場合は、別途令43条において定めており、上記の表を適用できません。
・土蔵造の建築物など壁の重量が特に大きい建築物の柱
・梁間方向又は桁行方向に相互の間隔が10m以上の柱
・床面積の合計が10㎡を超える学校、保育所、劇場、映画館、演芸場、観覧場、公会堂、集会場、物品販売業を営む店舗の柱
・公衆浴場の用途に供する建築物の柱

柱に関する規定

(2) 細長《ほそなが》比《ひ》

柱の有効細長比は、150以下としなければなりません。（令43条6項）

細長比は、**「柱断面の最小断面二次半径」に対する「座屈長さ」の比**のことで、**細長比が大きいと座屈しやすくなります。**ただし、表1（188ページ）を満たしていれば、**柱の有効細長比は150以下**となります。

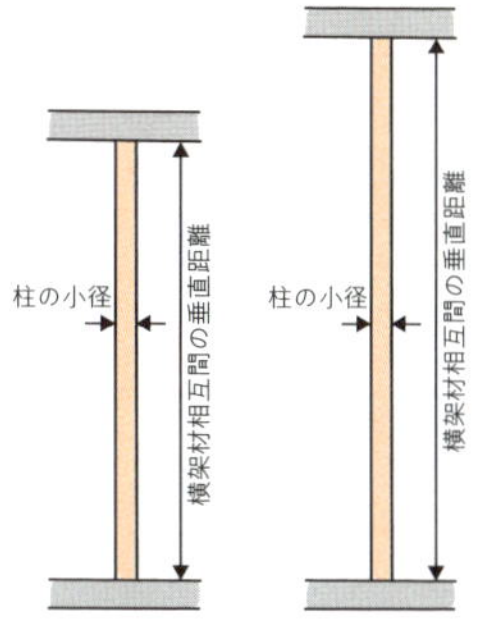

細長比が小さい　細長比が大きい

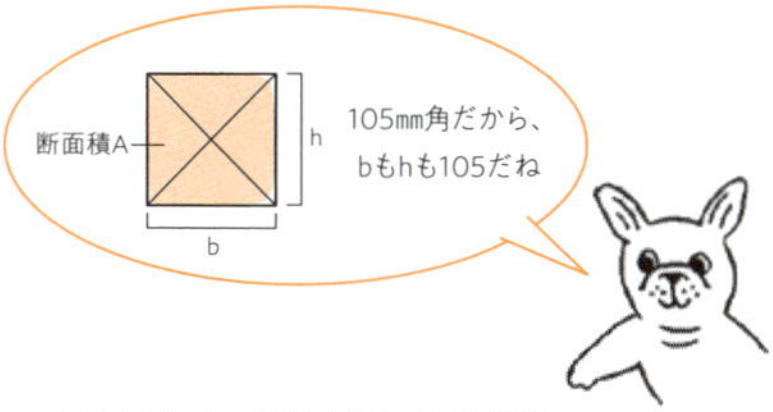

●計算例

柱寸法105㎜角、座屈長さLk＝横架材間の垂直距離2,700㎜

柱の断面積A=105×105＝11,025㎟

柱の断面二次モーメント I ＝ $\frac{bh^3}{12} = 105 \times 105^3/12$

$= 10129218.75\text{mm}^4$

断面二次半径 i＝ $\sqrt{\frac{I}{A}} = 30.31$

柱の有効細長比Lk/i＝2,700/30.31＝89.08＜150
OK

(3) 柱の欠き取り

柱の所要断面積の1/3を欠き取る場合は、その部分を補強しなければなりません。（令43条4項）

(4) 通し柱

2階建ての隅柱又はこれに準ずる柱は、通し柱としなければなりません。ただし、接合部を通し柱と同等以上の耐力を有するように補強した場合には、この限りではありません。（令43条5項）

柱の種類

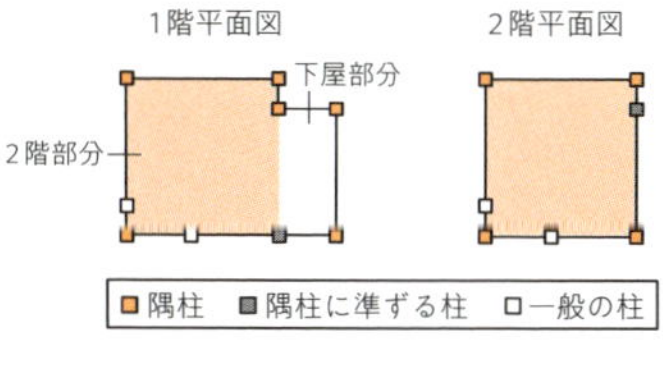

管柱の緊結例

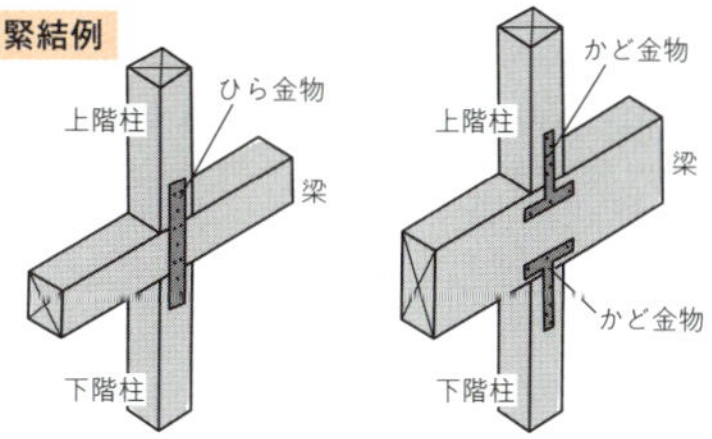

FILE 074

筋かいの仕様（建築基準法施行令第45条、平成12年建設省告示第1460号）

次は、筋かいについてです。これまでに得た筋かいの知識をもとに、仕様規定でのルールを確実に理解しておきましょう。

(1) 筋かいの最小断面

厚さ1.5㎝以上幅9㎝以上の木材又は径9㎜以上の鉄筋の引張り筋かいは、引張り力を負担します。厚さ3㎝以上幅9㎝以上の木材の圧縮筋かいは、圧縮力を負担します。（令45条1項、2項）

表1　筋かいの種類（令45条1項、2項より）

引張り力を負担する筋かい	圧縮力を負担する筋かい
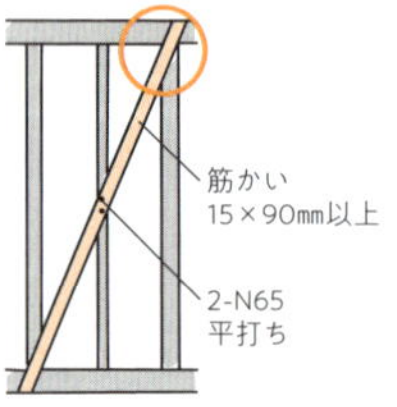	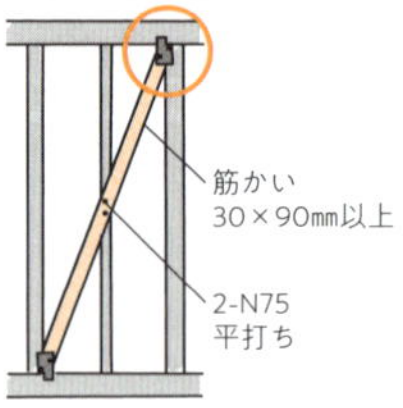
木材の場合：15㎜×90㎜以上 鉄筋の場合：径9㎜以上	木材の場合：30㎜×90㎜以上

筋かいには、
引張の力に強いものと
圧縮の力に強いものが
あるんだよね。
114、115ページを参照してね

「筋かいの仕様規定もあるんだね」

筋かいについてはすでにたくさん勉強したけど、もう一度、仕様規定で整理してみよう。

筋かいがしっかりと効果を発揮するように、**寸法**や**接合方法**が決められているよ。

筋かいに関する規定

(2) 筋かいの端部

筋かい端部の接合部の仕様を選択します。(令45条3項、平12建告1460号)

表2　筋かい端部接合方法(平12建告1460号より)

筋かい	接合部仕様	
鉄筋 直径9mm 以上	柱又は横架材を貫通した鉄筋を三角座金を介してナット締めとしたもの	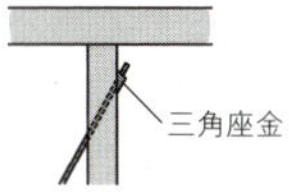
	鉄筋に止め付けた鋼板添え板に柱及び横架材に対して長さ9cmの太め鉄丸くぎを8本打ち付けたもの	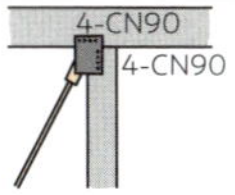
木材 15mm×90mm 以上	柱及び横架材を欠き込み、柱及び横架材に対してそれぞれ長さ6.5cmの鉄丸くぎを5本平打ちしたもの	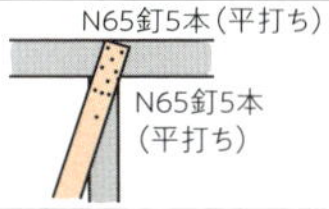
木材 30mm×90mm 以上	厚さ1.6mmの鋼板添え板を筋かいに対して径12mmのボルト締め及び長さ6.5cmの太め鉄丸くぎを3本平打ち、柱に対して長さ6.5cmの太め鉄丸くぎを3本平打ち、横架材に対して長さ6.5cmの太め鉄丸くぎを4本平打ちとしたもの	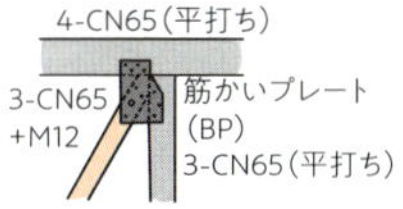
木材 45mm×90mm 以上	厚さ2.3mm以上の鋼板添え板を、筋かいに対して径12mmのボルト締め及び長さ50mm、径4.5mmのスクリューくぎ7本の平打ち、柱及び横架材に対してそれぞれ長さ50mm、径4.5mmのスクリューくぎ5本の平打ちとしたもの	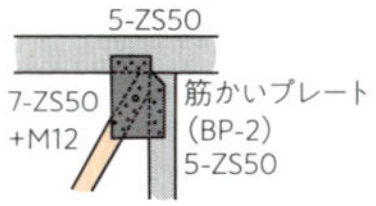
木材 90mm×90mm 以上	柱又は横架材に径12mmのボルトを用いた一面せん断接合としたもの	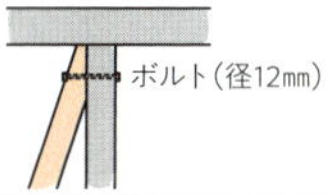

(3) 筋かいの欠き込み

原則として、筋かいに欠き込みをしてはいけません。(令45条4項)

やむを得ず欠き込む場合は補強します。

たすき掛けの筋かい交差部の補強方法の例

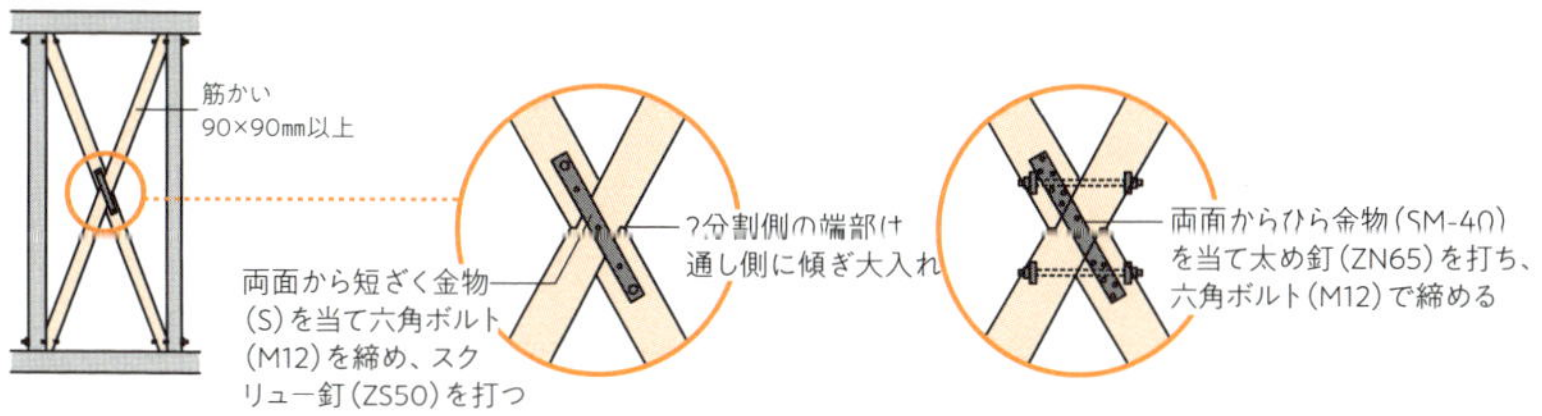

FILE 075

横架材の欠き込み（建築基準法施行令第44条）

屋根や2階の床からの荷重がかかる横架材についても、仕様規定があります。安全な家をつくるため、欠き込みに注意します。

「横《おう》架《か》材《ざい》って何？」

横架材とは文字どおり、横向きにかかる部材のこと。**梁**や**桁**などを示すよ。

この**横架材の中央付近の下側には欠き込みしてはいけない**んだ。

「なんで、中央付近の下側なの？　端や上側は欠き込んでもいいってこと？」

基本的には、**どの部分も欠き込みをしない**方がいいよ。でも、工事をしているときに、設備の配管などが横架材にぶつかってしまい、やむを得ず欠き込まないといけないこともあるんだ。設計の段階で、しっかりと配管の経路などを決めておけば、こんなことはないんだけどね。

横架材は上側から荷重を受けているから、下側に曲がるよね。そして、**下側の中央付近が一番大きく曲がる**んだ。だから、ここに欠き込みがあると**横架材が折れる**危険性があるんだよ。

「それで、横架材の中央の下側に欠き込みをしてはいけないんだ。イメージして考えるとよくわかるね！」

●梁や桁への欠き込み

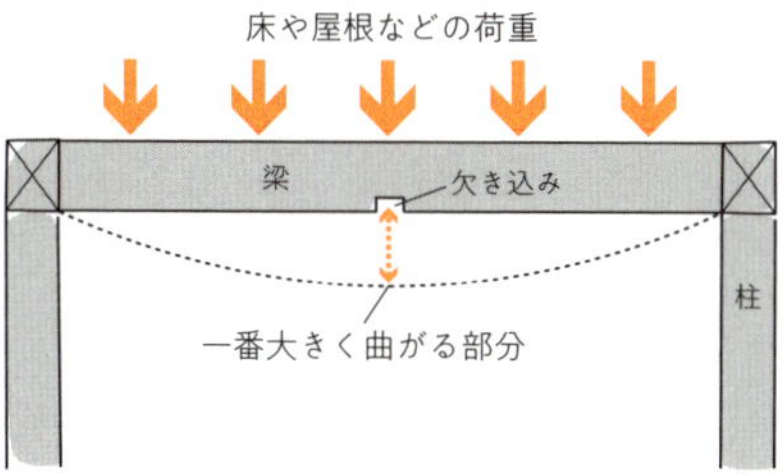

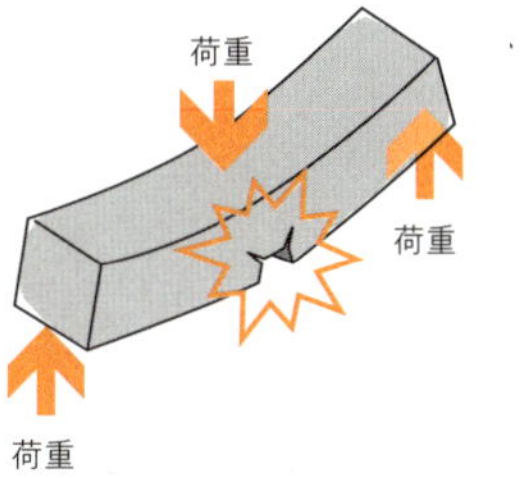

●間柱のための欠き込み

間柱のためのプレカットの欠き込みも、一見親切そうに思えますが、危険な断面欠損の可能性もあります。

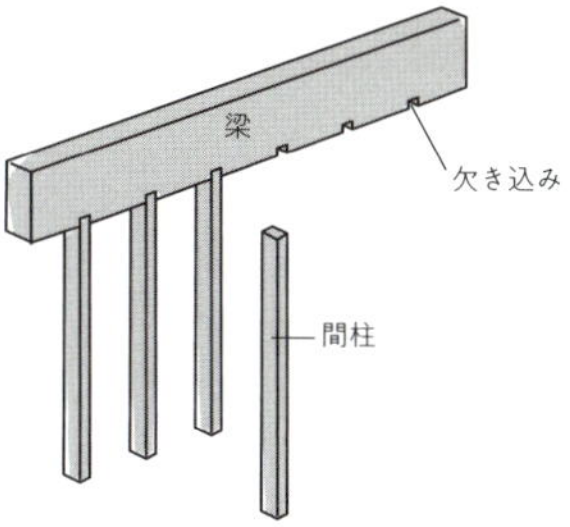

●欠き込みに注意する部分

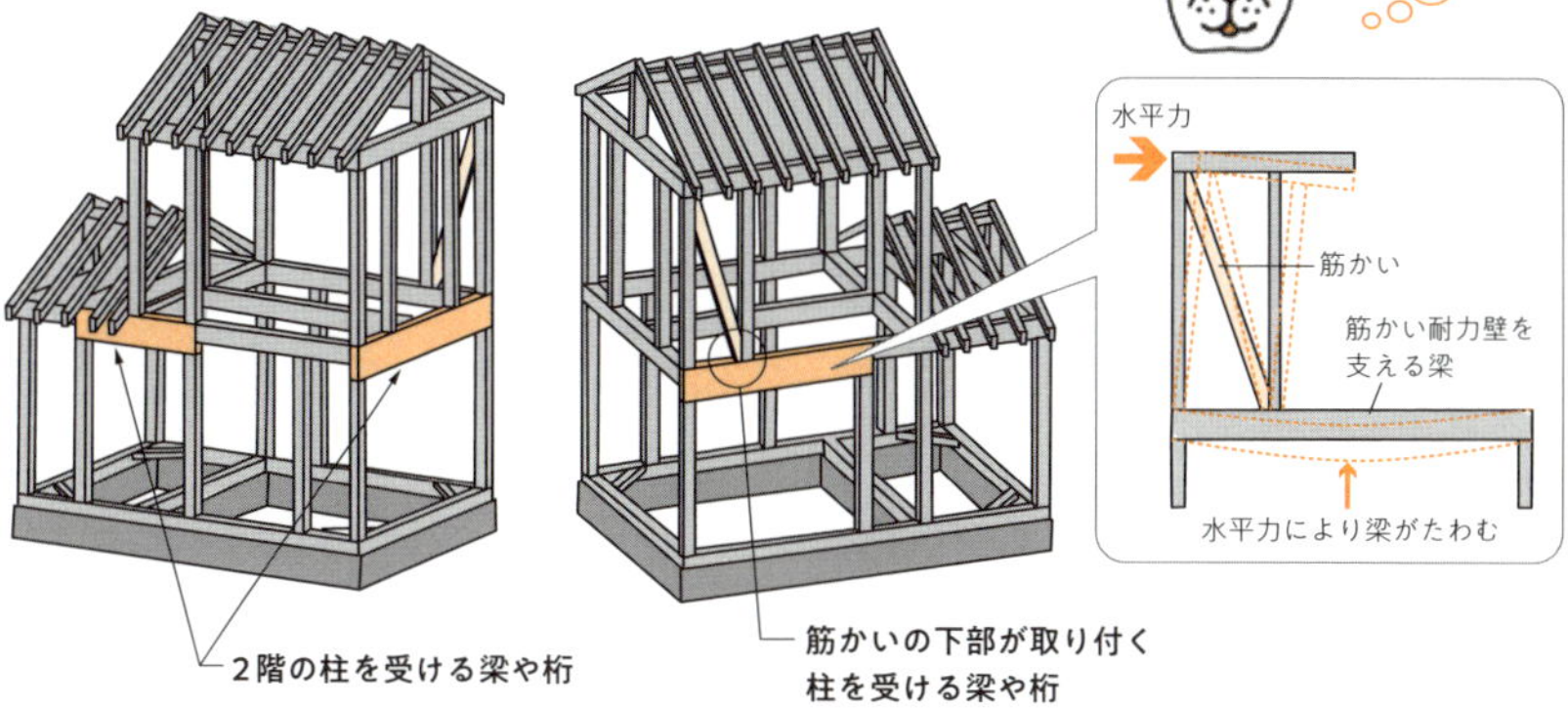

梁や桁などが最も大きく曲がる中心付近に欠き込みをすると大変危険です。

FILE 076

火打材などの設置（建築基準法施行令第46条第3項）

水平力に対して効果的な火打材の仕様ルールを覚えます。筋かいのように、斜めに使って、床や屋根をしっかり固めます。

「火打材《ひうちざい》って床に斜めに入っているもの？見たことあるよ」

そうだよ。**床**のほか、屋根の**小屋梁**などにも使うよ。床や小屋梁が地震力や風圧力で変形しないように斜めに入れるんだ。耐力壁《たいりょくへき》の上に、変形しない床や屋根をつくることで、しっかりと蓋《ふた》をした「箱」の状態にすることができる。だから、地震や風に対して強い家になるんだよ。

「火打材はとても大切なんだね。でも、何本くらい入れたらいいの？」

火打材の本数や、1本当たりの負担面積、火打材を取り付ける梁の寸法に関しては、仕様規定では**細かな規定がない**んだ。

「じゃあ、どうやって本数を決めるの？」

前に少し説明した**性能表示の計算**や、**構造計算**（許容応力度計算）で計算方法が決められているんだよ。

最近では、2階の床に厚さ24㎜以上の厚い**構造用合板《ごうはん》**を張ることが多いんだ。この合板の釘打ちルールを守って張れば、火打材以上に床や小屋梁を強くすることができるよ。

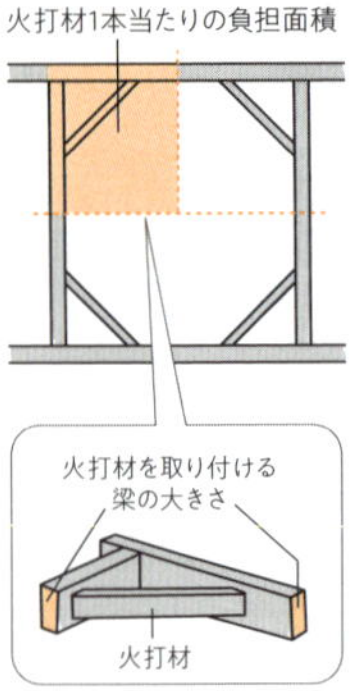

（1）火打材の設置

床組および小屋梁組の隅角には、木板その他これに類するものを、国土交通大臣が定める基準に従って打ち付けます。（令46条3項）

火打材の設置個所例（平面図）

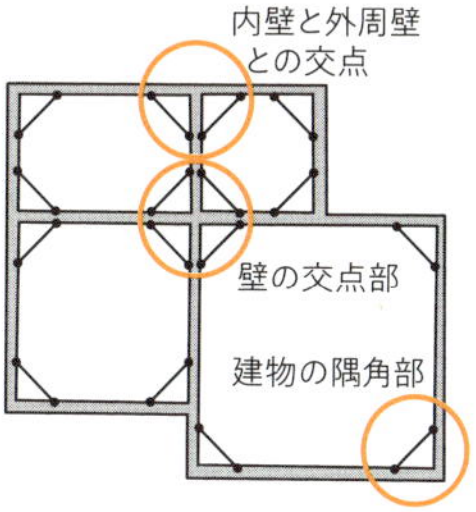

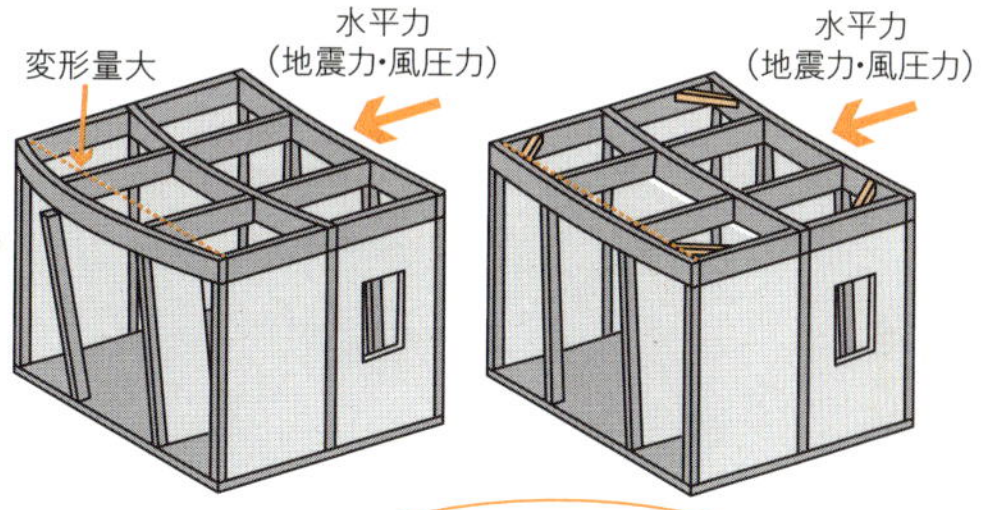

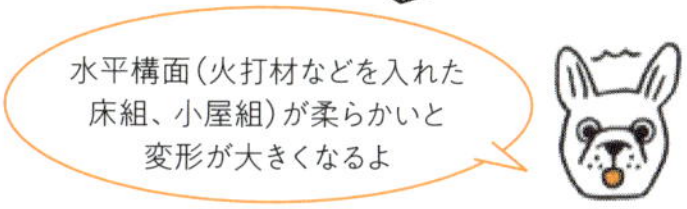

床構面および小屋梁構面の仕様

	水平構面の仕様		
火打材	木製火打材（90㎜×90㎜）	平均負担面積2.5㎡以下	梁せい150㎜以上
	火打金物（Zマーク金物）		
構造用合板など（火打材とみなす方法）	構造用合板24㎜以上 根太なし、直張り、4周釘打ち、N75@150以下		
	構造用合板24㎜以上 根太なし、直張り、川の字釘打ち、N75@150以下		
	構造用合板12㎜以上または構造用パネル1・2級以上 根太、@340以下落とし込み、N50@150以下		
	構造用合板12㎜以上または構造用パネル1・2級以上 根太、@340以下半欠き、N50@150以下		
	構造用合板12㎜以上または構造用パネル1・2級以上 根太、@340以下転ばし、N50@150以下		
	構造用合板12㎜以上または構造用パネル1・2級以上 根太、@500以下落とし込み、N50@150以下		
	構造用合板12㎜以上または構造用パネル1・2級以上 根太、@500以下半欠き、N50@150以下		

（2）小屋組の振れ止め

小屋組には、振れ止めを設ける必要があります。（令46条3項）

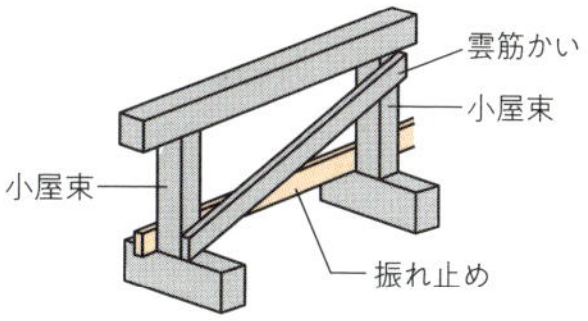

※雲筋かい＝小屋束振れ止めという考え方もある

地震力や風圧力による変形を防ぐため、火打材（振れ止め）を用います。火打材にも、具体的な仕様規定が設けられています。

FILE 077

部材の品質と耐久性の確認

最後となる8つ目の仕様ルールは、柱の腐食、シロアリの害やさびの防止など、部材の品質を保つための規定です。

「仕様規定の最後は何？」

「**部材の品質と耐久性の確認**」といって、家の骨組みとなる大切な柱や梁などが**腐ったり**、**シロアリ**に食べられたりしないための対策についての規定だよ。

ほかにも、金物類が**さびたりしないための**対策などが規定されているんだ。

「そうか、構造計算をしっかりして、安全な家をつくっても、木材が腐ったり、シロアリに食べられたら、意味がないよね！」

そうなんだよ。だから、**防腐**《ぼうふ》や**防蟻**《ぼうぎ》、金属類の**さび**対策はとても大切なんだ。特に日本は、四季がはっきりしているから、冬には雪が降るし、夏は高温多湿。梅雨もあって、木造の家には過酷な条件だったりするよ。

「でも、木は湿気を吸ったり吐いたりするって聞いたことがあるよ」

木材は、湿気の吸放出はするんだけど、湿気が多すぎると腐ってしまうんだ。決して**湿気に強くはない**んだよ。

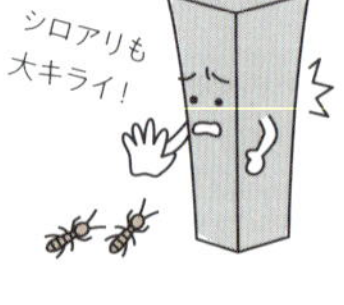
シロアリも
大キライ！

湿気が多いと
腐っちゃうよ…

●部材の品質と耐久性に関する規定

部材の腐食やシロアリによる害を防ぐための仕様規定も、 多く設けられています。

構造耐力上主要な部分で特に腐食・腐朽・摩損のおそれのあるものには、 腐食・腐朽・摩損しにくい材料を使用するか、 もしくは、 有効なさび止め・防腐・摩損防止措置をした材料を使用しなければなりません。（令37条）

構造耐力上主要な部分に用いる木材の品質は節、 腐れ、 繊維の傾斜、 丸身等による耐力上の欠点がないものでなければなりません。（令41条）

木造の外壁のうち、 鉄網モルタル塗その他軸組が腐りやすい構造である部分の下地には、防水紙その他これに類するものを使用しなければなりません。（令49条1項）

構造耐力上主要な部分である柱、筋かい及び土台のうち、地面から1m以内の部分には、 防腐措置を行う必要があります。 必要に応じて、 防蟻措置を行います。（令49条2項）

防腐措置の範囲

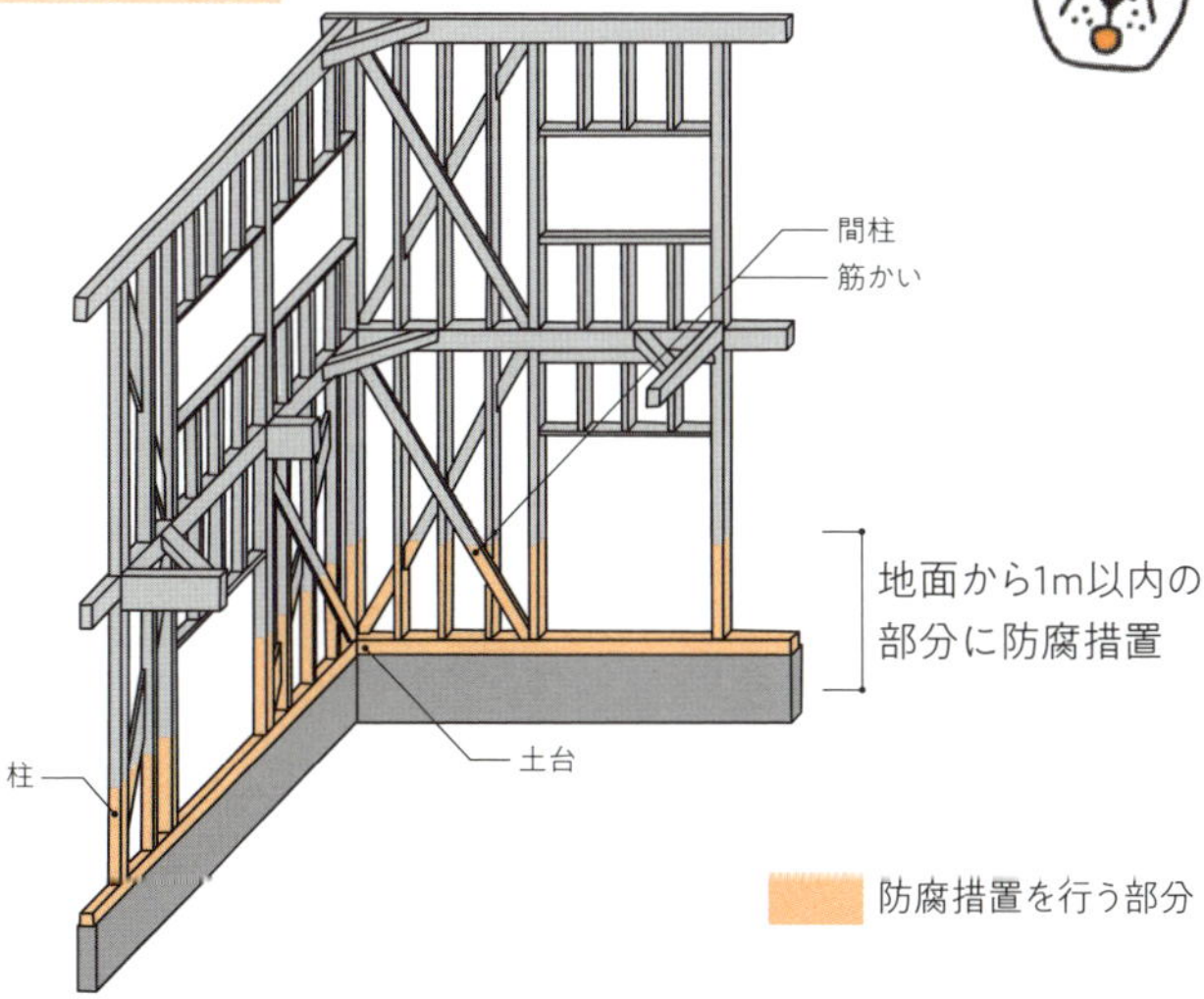

column 07

行列ができることに甘んじてはいけない

ここ最近、高性能な住宅をつくっている建築業者の仕事が増えています。YouTubeなどで正しい情報を得たエンドユーザーが、高性能な住宅業者を選ぶ目を持った結果です。「構造塾」の会員さんからも、仕事が増えて数年待ち状態ですと嬉しい声を聞きます。

でも考えてみてください。行列のできる建築業者はお客様のためになっていますか？ 「弊社は人気があり3年待ちです！」という言葉は完全な業者目線であり、お客様目線ではありません。行列ができることでエンドユーザー目線を失っていませんか？ 社員を増やし着工戸数を増やせとは言いません。たとえば、自身の信頼できる高性能な住宅業者を紹介することも必要なのではないでしょうか。（そもそも、紹介できる建築業者も行列ができている可能性大ですが……）

高性能な住宅をつくると決めたとき、それはお客様目線だったと思います。家づくりは常にお客様目線を忘れずにいましょう。

第6章

部材の検討

第6章に掲載の内容は、2025年4月に予定されている建築基準法改正前のものです

柱と梁の組み方はシンプルに

この章では、家の骨組みとなる部材の検討を紹介します。部材の検討では何をするのか、概要をつかむところから始めます。

仕様規定の計算に続いて、**部材の検討**を説明するよ。部材の検討とは、家の骨組みとなる柱や梁などを検討することなんだ。**仕様規定**の計算では計算までは求めていなかったよね。でも本当は、柱の**小径**《しょうけい》（太さ）や**梁の大きさ**は、**構造計算**（**許容応力度計算**）しなければ決められないんだ。

「でも、柱の小径は仕様規定の計算にあったよ。横架材《おうかざい》**間の垂直距離の表で太さを決めたもん**（**188ページ参照**）**」**

そうだね。だけど、仕様規定の計算にある柱の小径の検討は簡易的なもので、柱が**負担する荷重**《かじゅう》を正確に算出しているわけではないんだ。だから部材の検討を行って、**部材が負担する荷重**をきちんと算出して寸法を決めるよ。

「梁の大きさも計算して求めるんだね」

そう。梁の寸法は梁の**スパン**、**荷重**、荷重を負担する幅（**負担幅**）などをもとに計算をして求めるんだよ。

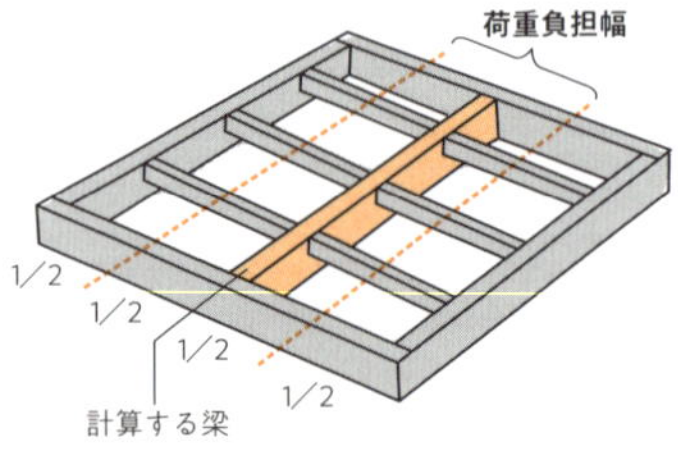

●柱の位置で荷重の流れが変わる

柱の位置がそろっている例

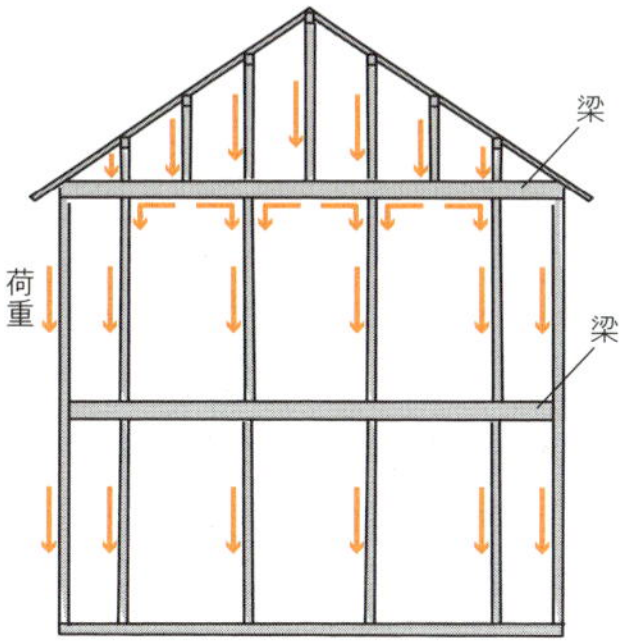

荷重の流れがスムーズ

柱の位置がずれている例

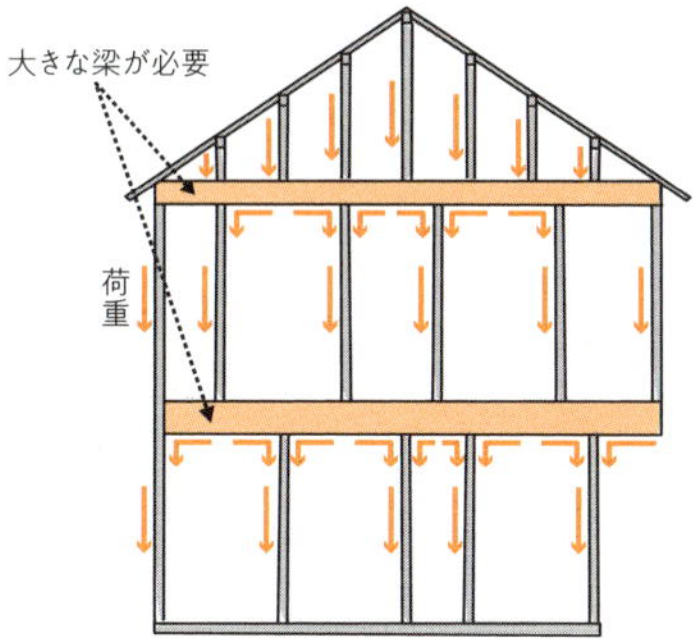

荷重の流れが複雑

柱と梁の位置がずれていると、
荷重がスムーズに流れないんだね。
だから梁が大きくなるんだ！

●柱の位置がずれていると…

同一階で柱の位置がずれている例

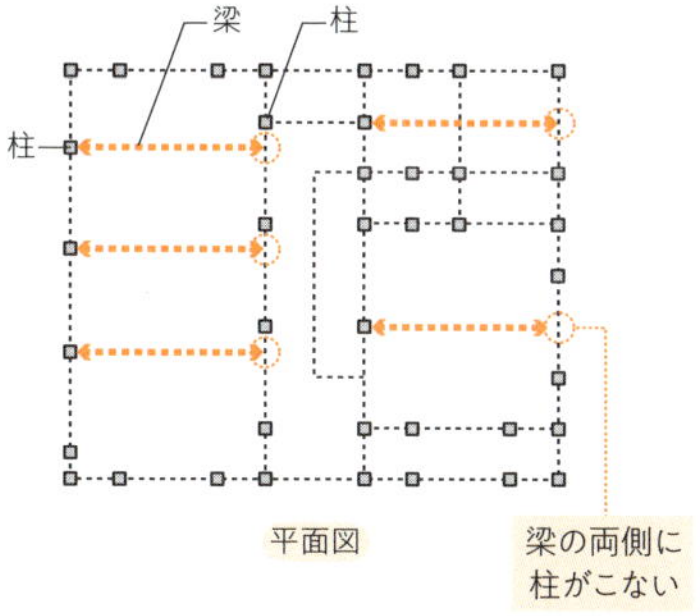

平面図

上下階で柱の位置がずれている例

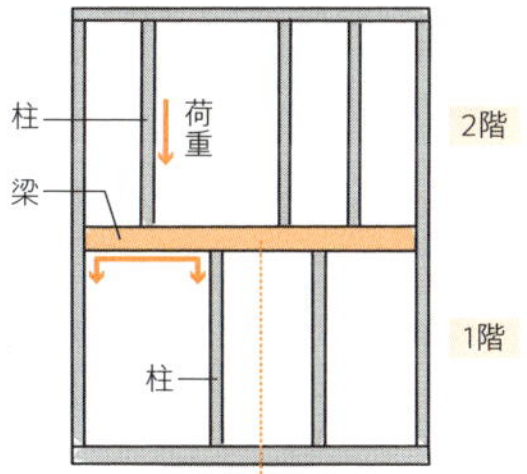

柱の荷重を
梁が受けてしまう

こんなことに
ならないように
間取りを考える段階で
構造を意識して！

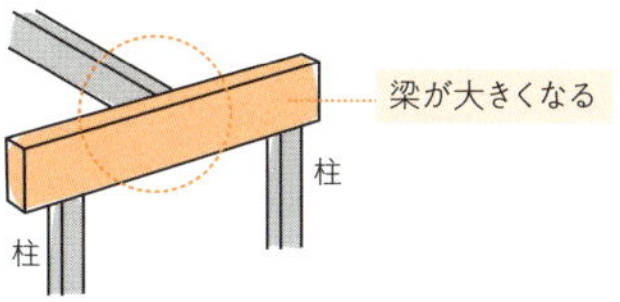

部材の検討で重要なのは、骨組みである柱や梁の組み方です。
柱や梁がシンプルに組まれていると、**荷重の流れはスムーズになり、柱や梁寸法は小さくて済みます。**
逆に、**複雑な骨組み**になっていると、**荷重の流れが複雑になり、大きな寸法の柱や梁が必要**になってしまいます。

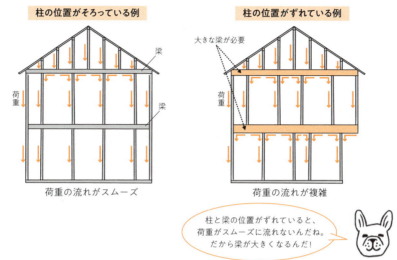

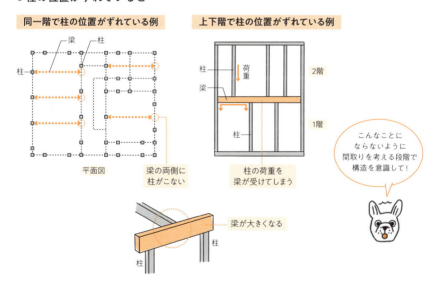

意匠設計と架構設計は同時に行う

木造住宅の設計は良い意味じゃなく「分離」が進んでいます。意匠設計は間取りやデザインを考えて、プレカット業者が柱や梁の配置を考える「架構設計」を後付で行っています。この問題点を考えましょう。

「家の骨組みとなる柱や梁の配置は、いつ誰が考えるの？」

それはね、意匠設計者が意匠設計の段階で考えるんだよ。

「意匠設計者って、家の間取りやデザインを考える人でしょ。」

そうだよ。意外かもしれないけれどね。

柱や梁の配置を考える「**架構《かこう》設計**」と間取りやデザインを考える「**意匠設計**」は同時に設計することが基本だよ。

「意匠設計する人はちゃんと架構設計をしているの？」

多分、多くの意匠設計者は架構設計をしないまま意匠設計をしていると思うよ。プレカット業者にお任せしている状態かな。昔は家をつくる大工さんが間取りを考えていたよね。その場合のメリットは、最も無理のない骨組みを考えながら間取りをつくることで、シンプルで経済的な骨組みになっていたんだよ。

「骨組みを考えすぎるとカッコいいデザインの家ができなくならない??」

そう思うのはわかるよ。でもね、考える順番が逆なんだよ。カッコいいデザインも使いやすい間取りも、快適で省エネの家も、しっかりとして無理のない骨組みがあり、構造安全性が確保されていることが根本にあってこそ成立するんだよ。

間取りを考えるときに柱や梁の配置を検討する際、「**構造区画**」が有効な手段です。構造区画は、柱と梁で組み立てられたもので、構造区画を平面的、立面的に組み合わせて間取りを考えます。

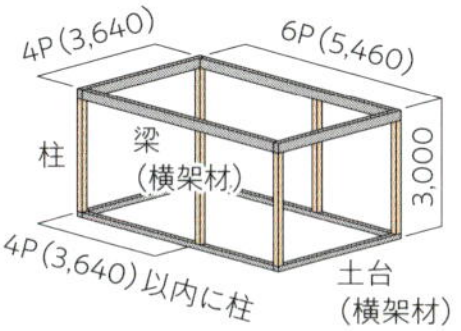

構造区画
最大区画4P×6P(4P以内に柱)

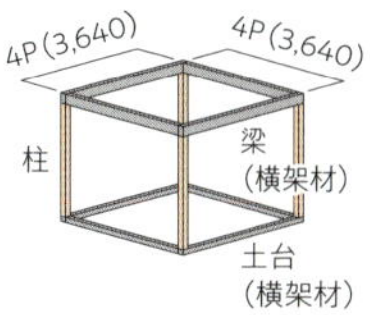

構造区画
基本区画4P×4P

構造区画の基本的な大きさは、一般流通している木材で決めます。

梁は無垢材であれば4m、6mの長さが流通しています。

よって、構造区画の大きさは、3.64m×5.46mを最大とすると経済的でしょう。

柱は3m、6mが流通しています。まずは管柱用の3mで構造区画を構成します。


間取りをつくるとき、各階の構造区画をイメージします。

必ず構造区画の角には柱を設けます。


上下階の構造区画は、柱梁を重ねることが基本ですが、重ならない場合は2階構造区画の柱下に柱を追加します。

2階をセットバックして、1階に柱がなかったり、1方向セットバックで1階に柱がなく梁で受けることはNGです。

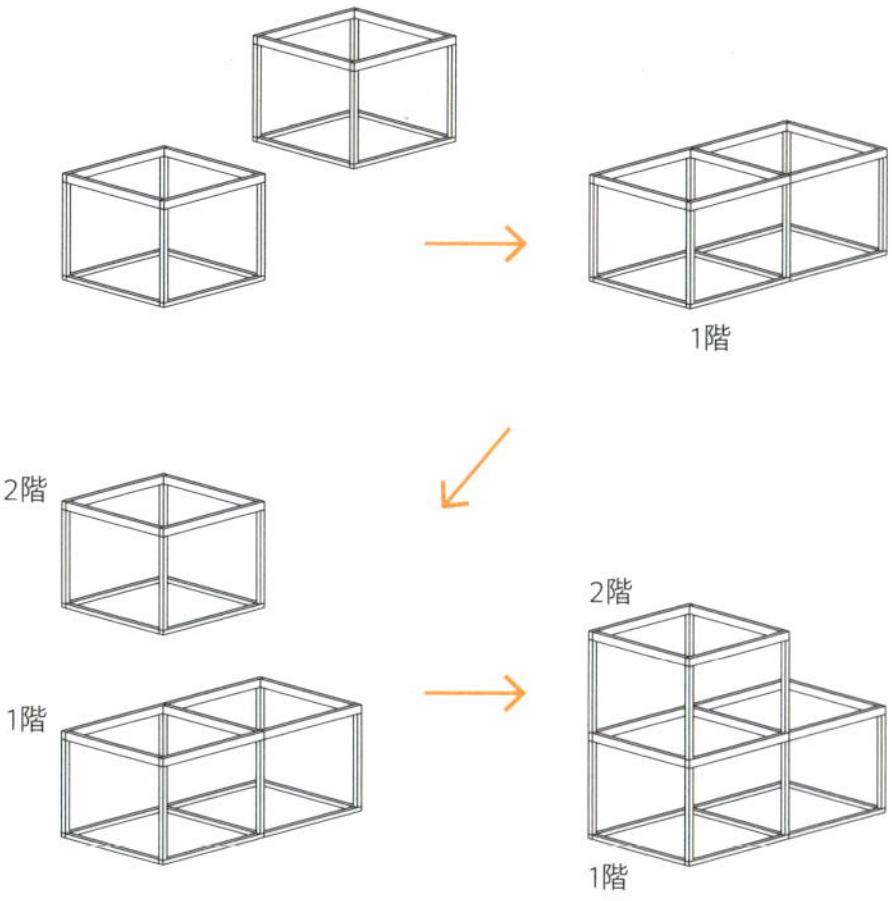

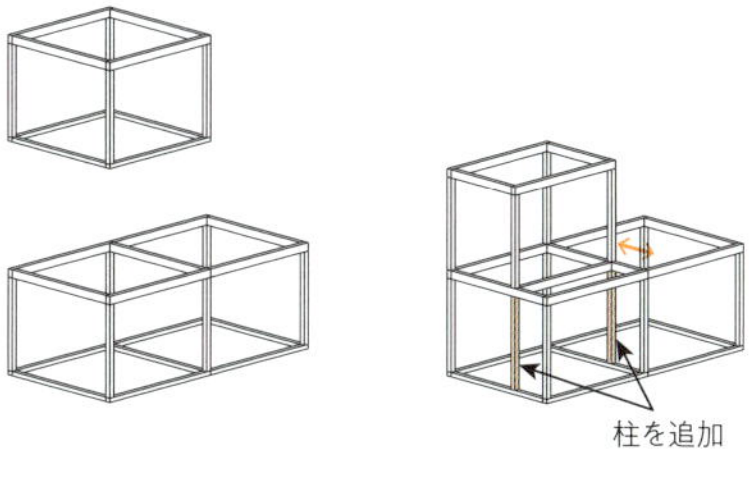

また、**2方向セットバックで1階に柱がなく、梁のみで2階構造区画を負担させる設計もNG**です。

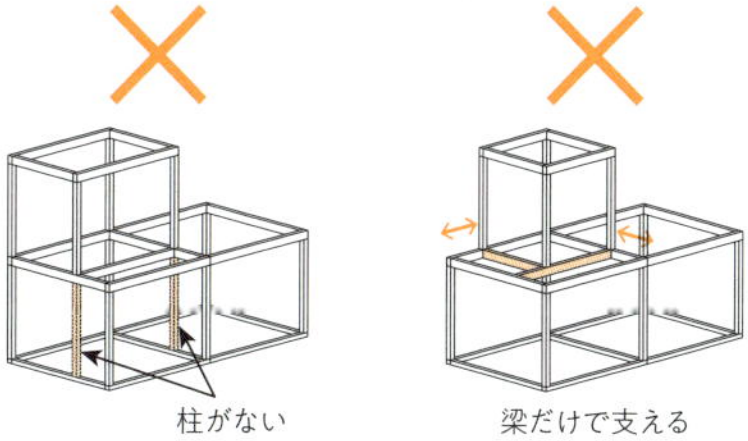

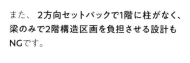

FILE 080

横架材と垂直材に分けられる部材

部材の検討で必要になる、分類の仕方と、各部材の名称を紹介します。知識の基礎になることなのでしっかり覚えましょう。

「柱や梁のことを考えると、家は構造も考えながら間取りを決めることが大切なんだね」

そうだよ。でも、家の間取りは、構造設計者ではなく**意匠設計者**が決めるんだ。

だから意匠設計者がこの段階で構造を考えながら間取りを決めないと、安全な構造性能をもつ家にはならないし、柱や梁が大きくなるから、お金もたくさん必要になってしまうよ。

「あんまりいいことがないね」

だから構造は大切なんだよ。

「次は何を教えてくれるの？」

横架材《おうかざい》と**垂直材《すいちょくざい》**。

横架材は**横向き**に架け渡される部材、垂直材は**垂直に立っている**部材のことだよ。

部材を分類すると…

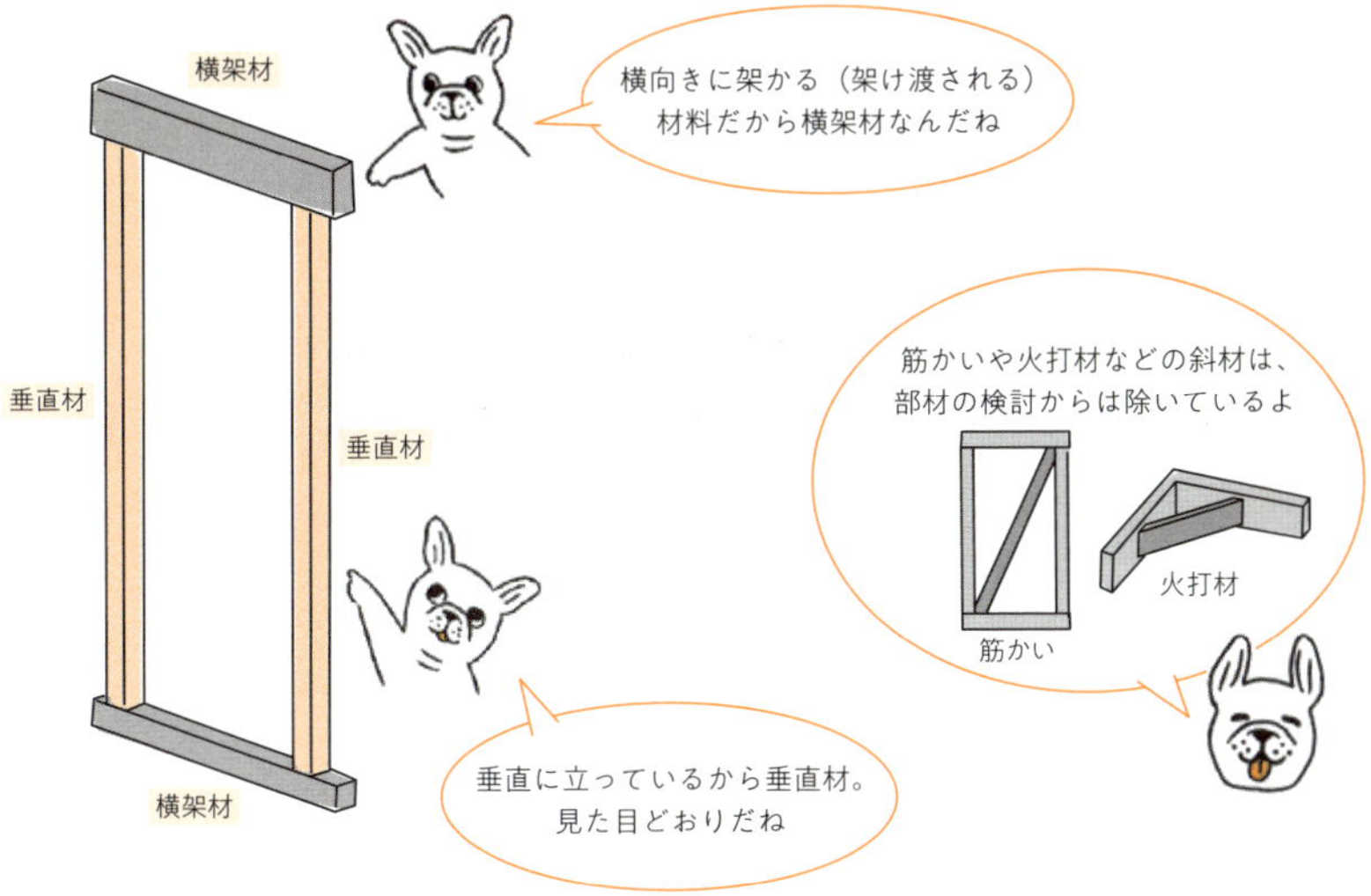

骨組みとなる部材には、それぞれ名前がついていて、
横架材と垂直材に分けられます。

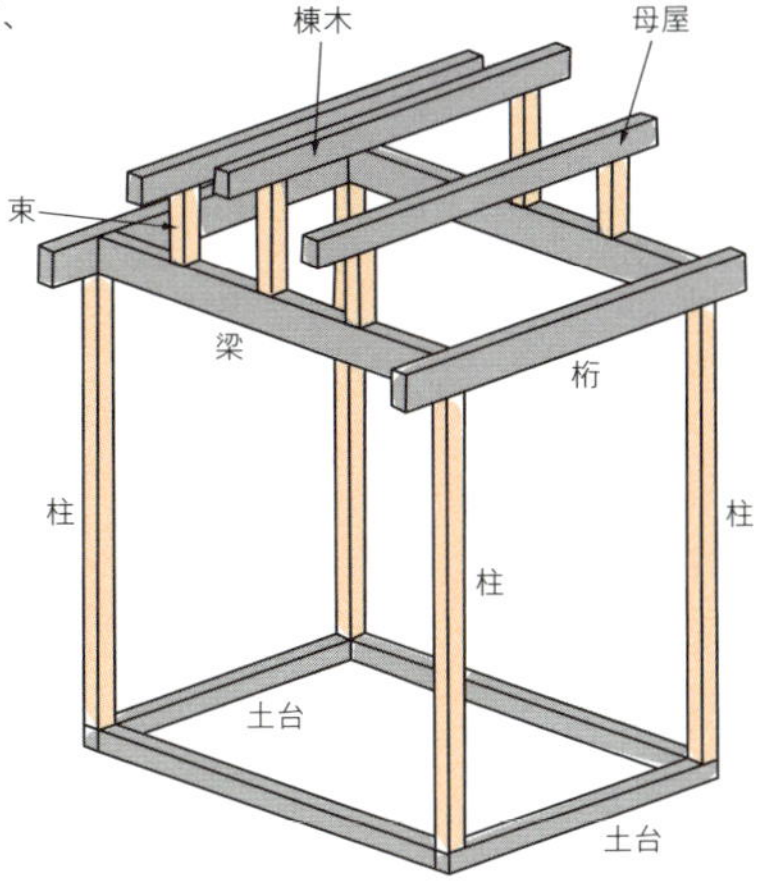

横架材 ■	：土台、梁、桁《けた》、母屋《もや》、棟木《むなぎ》
垂直材 ■	：柱、束《つか》

家の骨組みとなる柱や梁などの部材は、組まれている形状により、横架材と垂直材に分かれます。

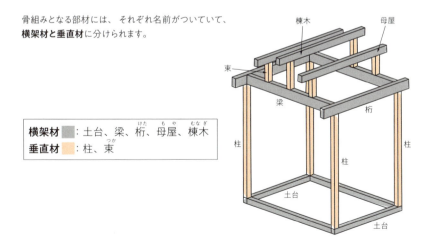

部材によって変わる荷重の負担

**部材の検討で重要になる、荷重の方向について考えます。
前のページで説明した横架材と垂直材の知識がベースになります。**

「柱や梁が横架材《おうかざい》と垂直材《すいちょくざい》に分けられることはわかったけど、そもそも何で分けて考える必要があるの？」

横架材と垂直材では、**荷重《かじゅう》の負担の仕方**が違うからだよ。部材の**計算**方法も分けて考えるんだ。

「荷重の負担の仕方が違う？」

横架材は横向きに架け渡されているから、上からの荷重（**鉛直方向の荷重**）によって、**部材全体が曲がる**ように変形するよね。一方、**垂直材**は長細くて、立っているから、上からの荷重（鉛直方向の荷重）によって押されると、**折れ曲がる**ように変形するんだよ。

「だから計算方法が違うんだね！」

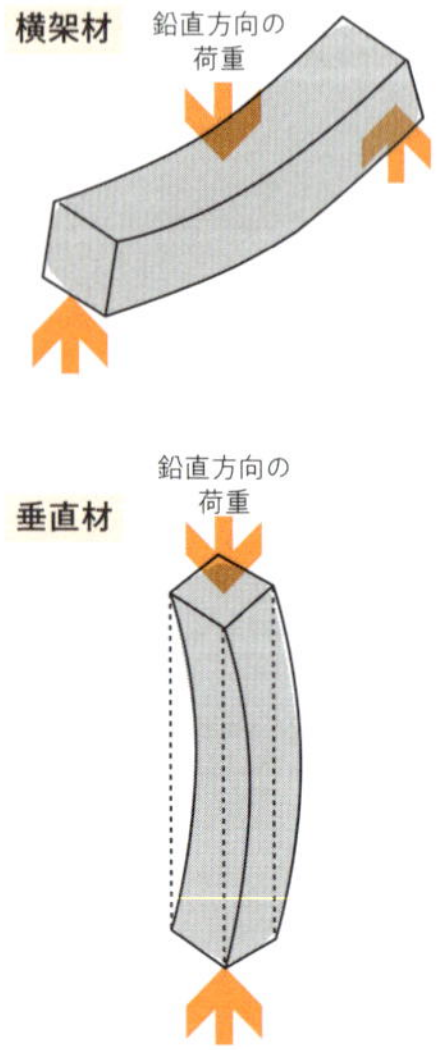

横架材と垂直材の計算項目

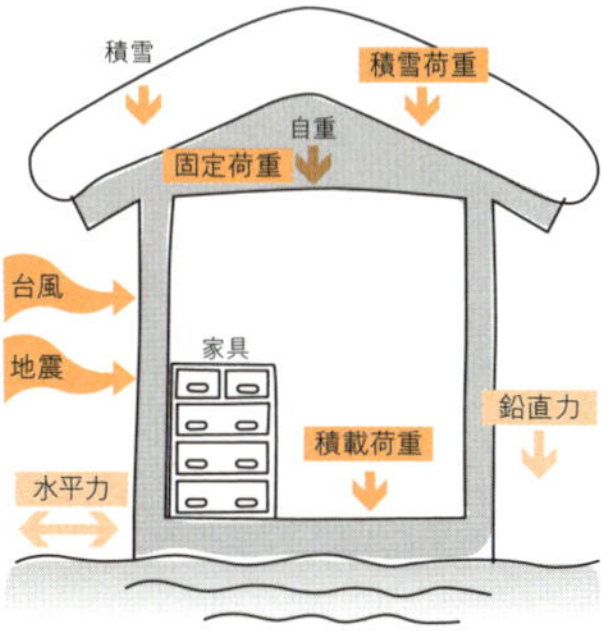

水平(方向)荷重

- 地震
- 台風

鉛直(方向)荷重

- 固定荷重（建物自体の重さ）
- 積載荷重（家具や人などの重さ）
- 積雪荷重（豪雪地では雪の重さ）

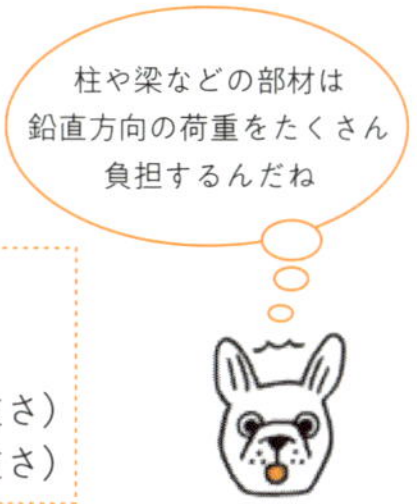

横架材は曲がったり、大きくたわんだりしないように計算します。
それに対して垂直材は、折れないように計算します。

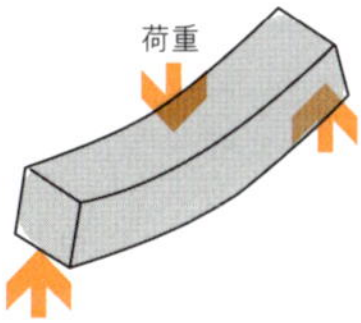

横架材の計算項目

- せん断力の検討
- 曲げの検討
- たわみの検討
- めり込みの検討

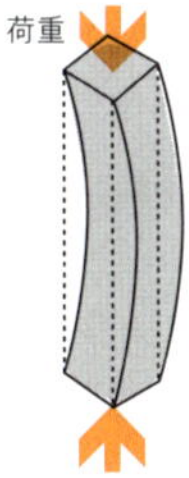

垂直材の計算項目

- 座屈《ざくつ》の検討

ちなみに…
吹抜けがある場合、吹抜けに面する柱や梁は、風圧力による影響を受けます。

柱を通している場合

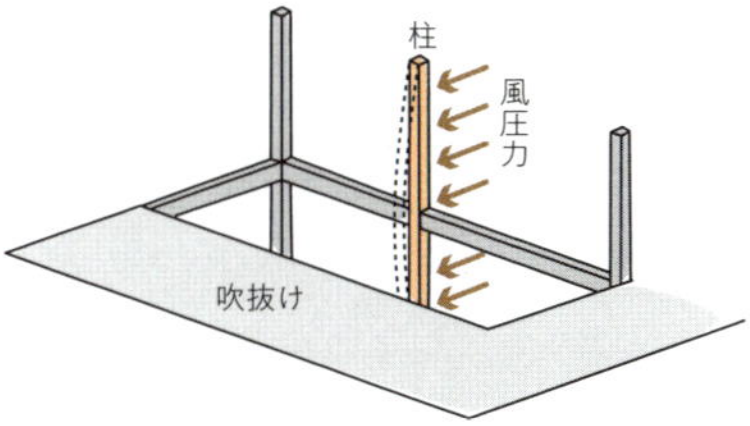

梁を通している場合

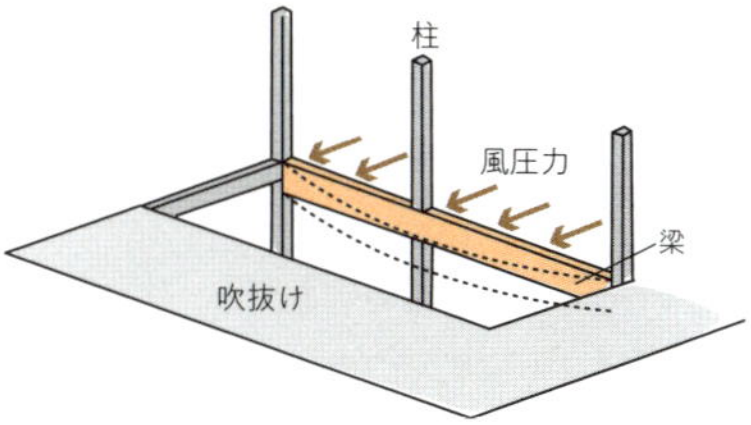

建物に作用する荷重のうち、**柱や梁などの部材は鉛直方向を多く負担**します。
水平方向の荷重は耐力壁《たいりょくへき》が負担し、梁や柱、土台、基礎へと伝達します。

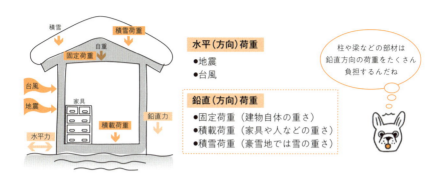

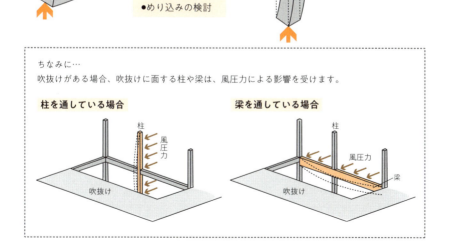

FILE 082

無垢材と集成材はどちらが強い？

**無垢材と集成材を、
部材としての強度という視点で考えます。**

「無《む》垢《く》材《ざい》と集《しゅう》成《せい》材《ざい》ってどっちが強いの？」

簡単にどっちが強いとは言えないよ。それぞれに**基準強度**が高いものも低いものもあるからね。でも、集成材の方が基準強度の高いものが多いから、強いイメージがあるかもしれないな。

「部材の計算をするときは、どっちを使ってもいいの？」

基本的にどちらを使ってもいい。ただ、集成材が**日本農林規格（JAS）**で規定されて、強度や品質が安定しているのに比べて、無垢材はJAS規格品が少ないから、強度や品質にばらつきがあるんだよ。だから無垢材は「無等級材」として基準強度が決められているんだ。

「集成材は小さな部材（ラミナー）を接着してつくるんだよね」

そうだよ。**ラミナー**の強度をうまく組み合わせて、図のような集成材もつくれるんだ。**同一等級構成**は主に**柱**に、**対称異等級構成**は主に**梁**に使う。

●集成材の種類

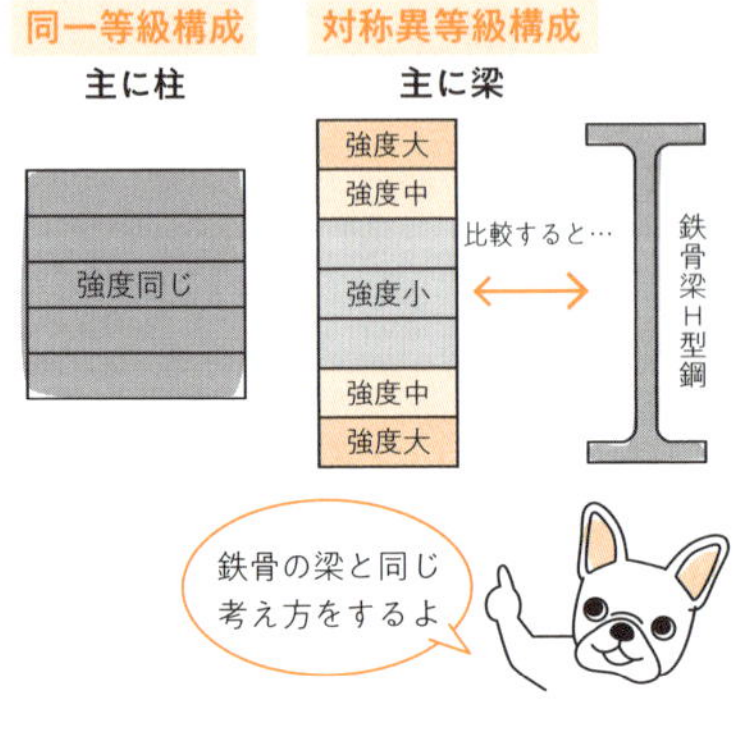

無垢材、 集成材には、 それぞれに以下のような特徴があります。

●無垢材の特徴

■**原木から切り出すため、 大きな部材には大きな原木が必要**
■**大きな部材は、 内部まで乾燥させるのに時間がかかる**
■**乾燥させる過程で割れが生じる**　など、 扱いには注意が必要です。
JAS規格品が少ないため、「**無等級材**」として計算することが多いことも、使いにくい原因になっています。

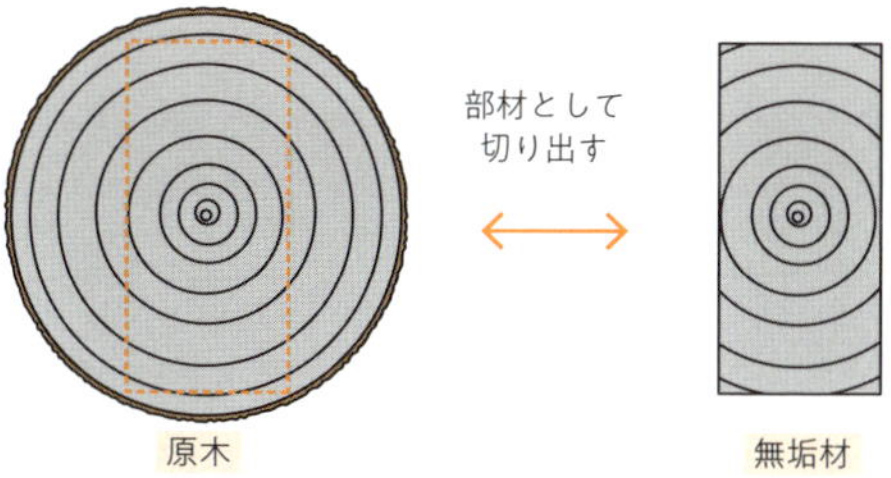

●集成材の特徴

■**原木から小さな部材(ラミナー)として切り出すため、 大きな原木が必要ない**
■**ラミナーは小さいため、 内部まで乾燥するのに時間がかからない**
■**小さいため、 乾燥させる過程で割れが生じにくい**
■**乾燥後に必要な部材サイズに合わせて接着できる**

基本的にJAS規格品のため、 強度と品質が確保されています。

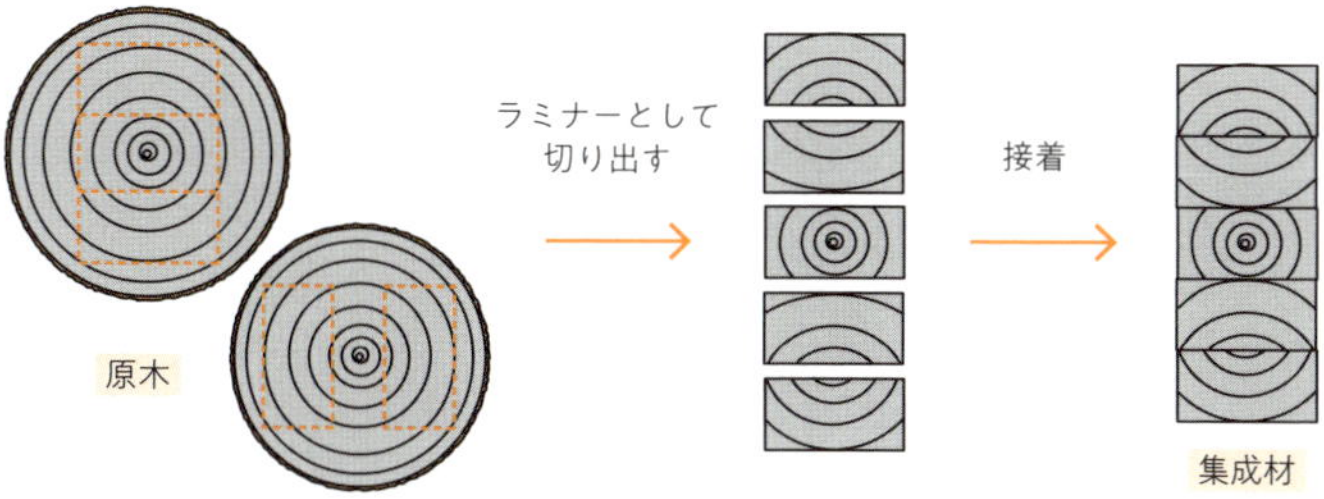

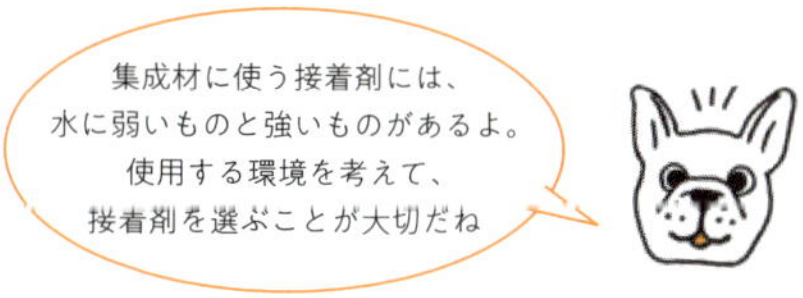

FILE 083

合板を正しく知ろう

補強に大切な合板は、設計や施工の人たちでも、
正確に理解されてないことが多い部材です。正しい知識をもちましょう。

合板《ごうはん》は知ってる？

「知ってるよ。木でできている板みたいなものでしょ」

そうだね。でも、合板はよく理解されずに呼ばれていたり、使われていたりするんだよ。

「呼び方も間違っているの？」

そう。構造で取り扱うものは**構造用合板**だけど、正確に呼ばれることはあまりなくて、**合板**、**ベニヤ**、**コンパネ**なんて呼ばれているよ。

「何で間違われているの？」

一般的な合板やベニヤ、コンクリートパネル（コンクリート型枠用合板）と混同して考えられているからだよ。

ベニヤは、丸太をかつらむきにしてカットし、乾燥させた単板のことで、このベニヤを奇数枚、繊維方向を直行させて張り合わせたものが**合板**。その中でも構造上主要な部分に使うためにつくったものを**構造用合板**というんだ。

「全然違うものなんだね」

- 合板
  - 普通合板
    一般的な用途で広く使われる合板。

    (1類・2類)
  - コンクリート型枠用合板
    コンクリート打ち込み用の型枠として使われる合板。コンクリートパネル、略してコンパネとも呼ばれる。

    (1類)
  - 構造用合板
    構造上主要な部分に使われる合板。耐力壁、水平構面(床、屋根)などに用いられる。

    (特類・1類)

    (1級・2級)

接着耐久性能

特類(フェノール樹脂接着剤など)	屋外または常時湿潤状態となる場所(環境)において使用
1類(メラミン樹脂接着剤など)	断続的に湿潤状態となる場所(環境)において使用
2類(ユリア樹脂接着剤など)	時々湿潤状態となる場所(環境)において使用

強度等級

1級	高度な構造的利用を考慮
2級	構造的な耐力を必要とする壁・床・屋根の下地板などの用途

●合板

合板はプライウッド(Plywood)とも呼ばれ、「ply」は層を意味します。

単板(ベニヤ)を乾燥させ、**繊維方向が直行するように、奇数枚を層のように重ねて接着したもの**です。

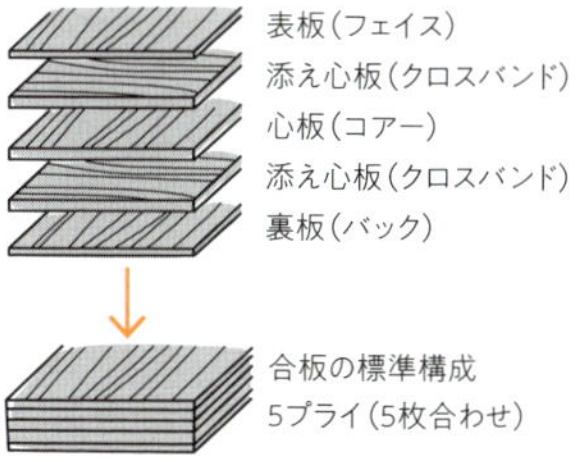

●ベニヤ

ベニヤ(Veneer)は**単板**のことです。

合板のように重ねて接着したものではありません。

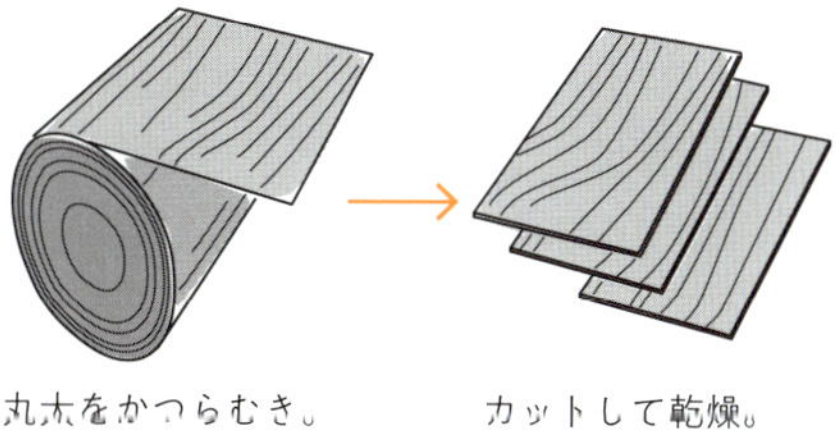

合板の特徴、ベニヤとの違いを覚えておきましょう。

FILE 084

公式の簡単な使い方

公式を使って、実際に梁の曲げの強さを計算してみます。
ちょっと工夫をすると、構造の公式も楽しく覚えられます。

「部材の検討って、どんな計算をするの？」

部材に作用する**荷重**《かじゅう》によって、部材にどのような力が働くか、どんな変形をするかを考慮して計算するんだよ。この部材の内部に働く力を**応力**って言うんだ。

たとえば横架材《おうかざい》の場合、荷重を受けた部材に働く**せん断応力**、**曲げ応力**と**たわみ**、**めり込み**について安全性を検討するんだよ。

「難しそうだね」

公式もたくさん覚えないといけないから、慣れるまでは難しいかもね。

「でもさ、建築の学校で勉強するんでしょ？」

勉強はしているよ。でも、構造の勉強、つまり**構造力学**は実務に沿って教えないんだ。部材の検討でも、各パートを断片的に教えるから、つなげて**イメージ**できないんだね。

「だから構造って難しいと言われちゃうんだね」

そうだね。もっと楽しく簡単に学んでもらえるように、ここでは公式を使ったおもしろい計算をしてみるよ。

横架材である梁の「曲げ」に対する強さを、 イメージをもとに、 公式で計算してみましょう。

●梁の曲げ強さを計算するときに使う公式

断面係数$Z=bh^2/6$

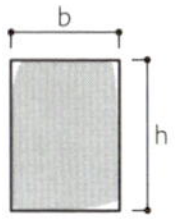

梁の断面

Q1：どっちの梁が強いでしょう？ その理由は？

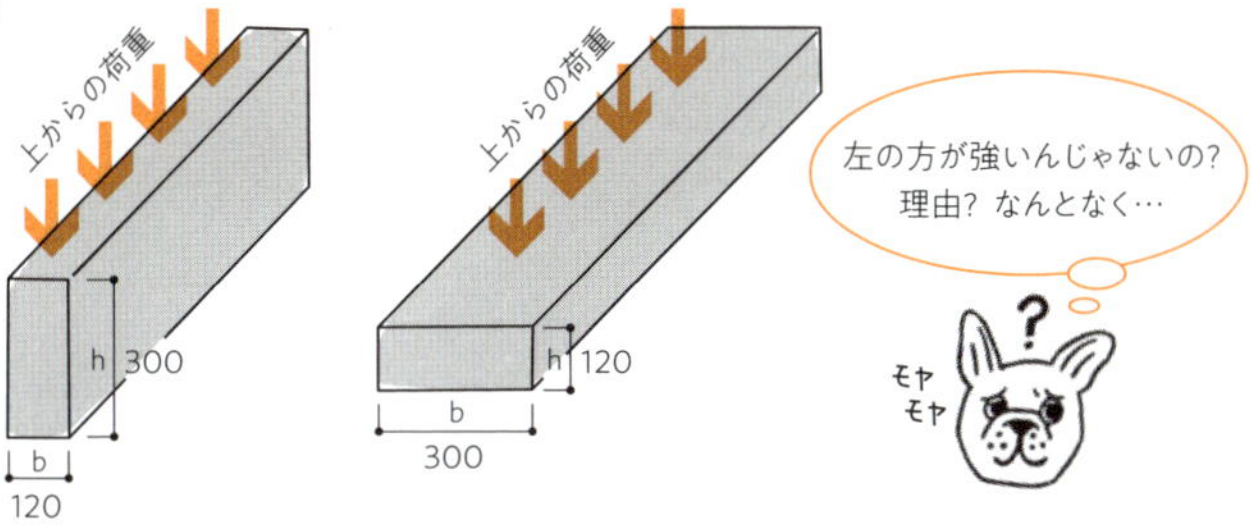

A：左の梁が強いことは、日常生活での経験で想像できます。
でも曲げ強さの公式$Z=bh^2/6$を使うとすっきり解決!

左の梁 Z=120×300×300/6＝1,800,000㎣

右の梁 Z=300×120×120/6＝720,000㎣

左の梁の方が2.5倍、曲げに強い!

Q2：どっちの梁が強いでしょう？ その理由は？

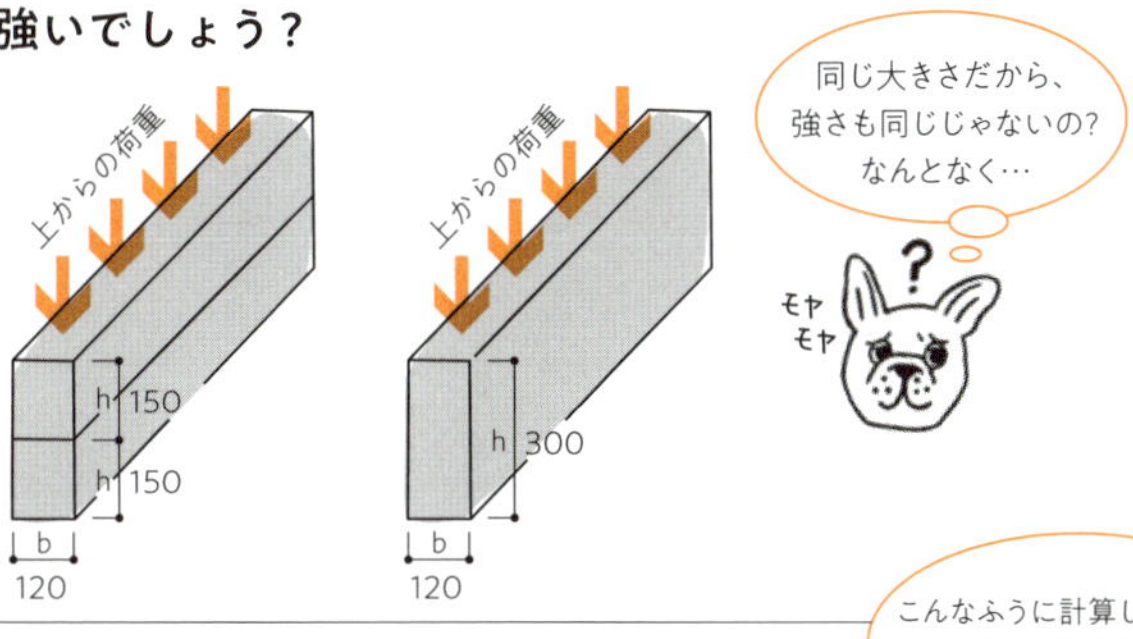

A：これも曲げ強さの公式$Z=bh^2/6$を使うとすっきり解決!

左の梁 Z=120×150×150/6×2本＝900,000㎣ ←2本で計算

右の梁 Z=120×300×300/6＝1,800,000㎣

右の梁の方が2.0倍、曲げに強い!

FILE 085

片持ち梁は断面欠損に注意

第2節では、構造計算の視点からプレカットを考えます。プレカットのメリットとデメリットを把握しましょう。

「家の骨組みとなる部材を加工したり組み立てるのは、大工さんだよね？」

いや、最近は大工さんが加工をしなくなってきた。機械で加工する**プレカット**が主流なんだよ。

「プレカット？」

現場に持っていく前に、工場で柱や梁を長さに合わせて切ったり、接合部を機械でつくったりすることだよ。今までは大工さんが手作業で行っていた部分を**機械化**して、効率をアップさせているんだ。

「プレカットってすごいんだね！」

現在では、柱や梁の加工は90％以上プレカットになっているよ。でもね、問題点もあるんだ。

「問題なんてなさそうだけど…」

1つは、大工さんの**技術の衰退**だね。プレカットは便利だけど、**手加工**ができない大工さんが増えていくよね。それと、プレカットによって、**構造的に危険**な建物になってしまうこともあるんだよ。

建物から飛び出しているバルコニーなどは、梁を建物から飛び出させてつくります。このときの梁を「**片持ち梁**」と言い、バルコニーを支えるために、重要な役割を果たします。

にもかかわらず、プレカットでは直行する梁を接合するために、大切な片持ち梁を断面欠損させていることがあります。

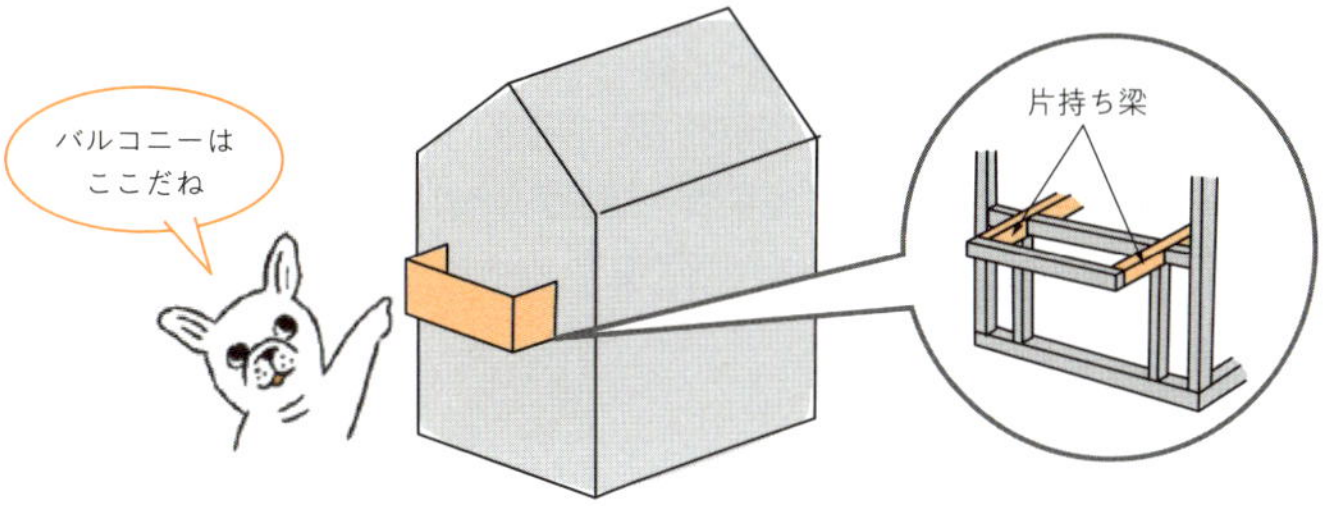

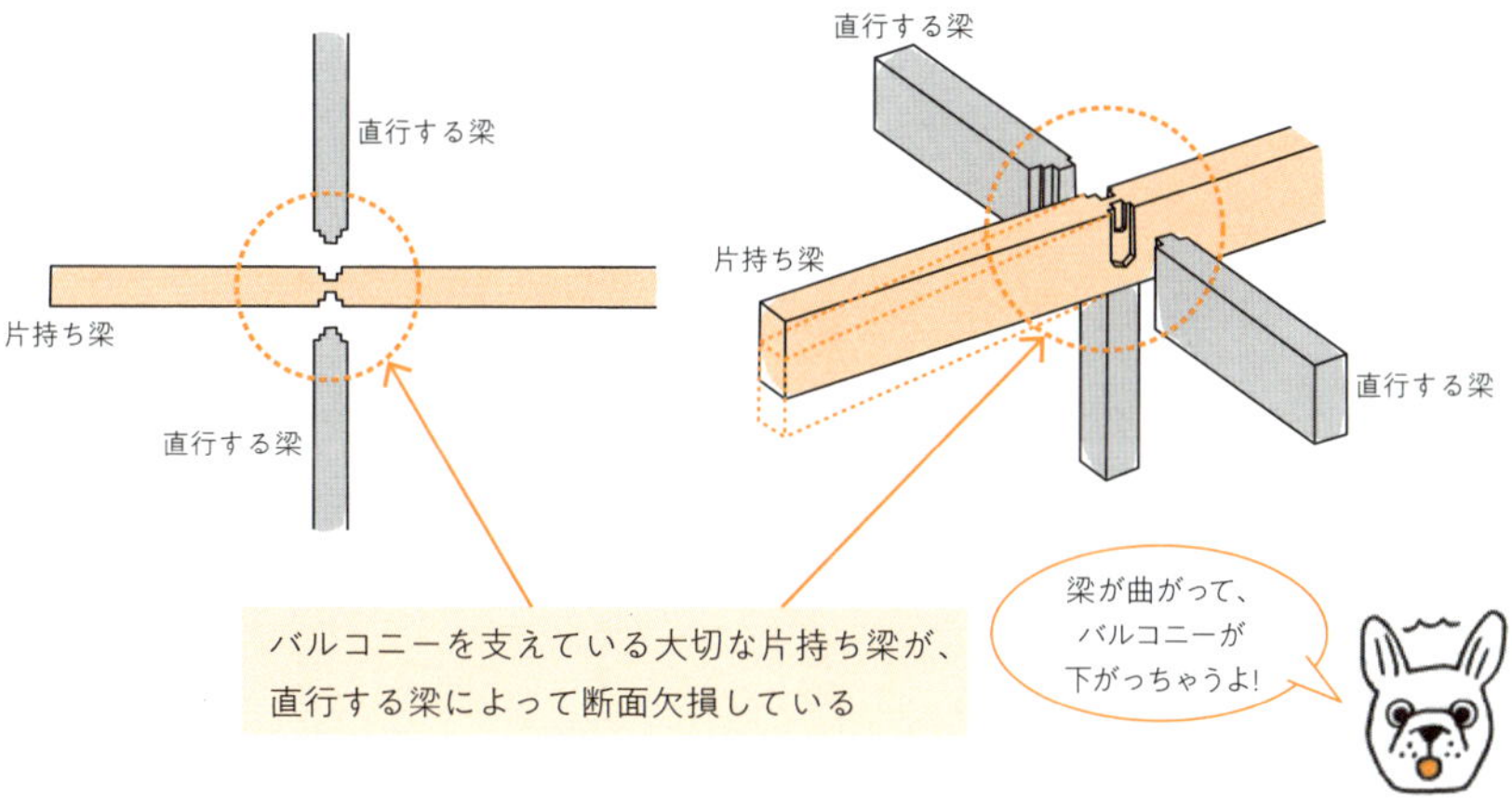

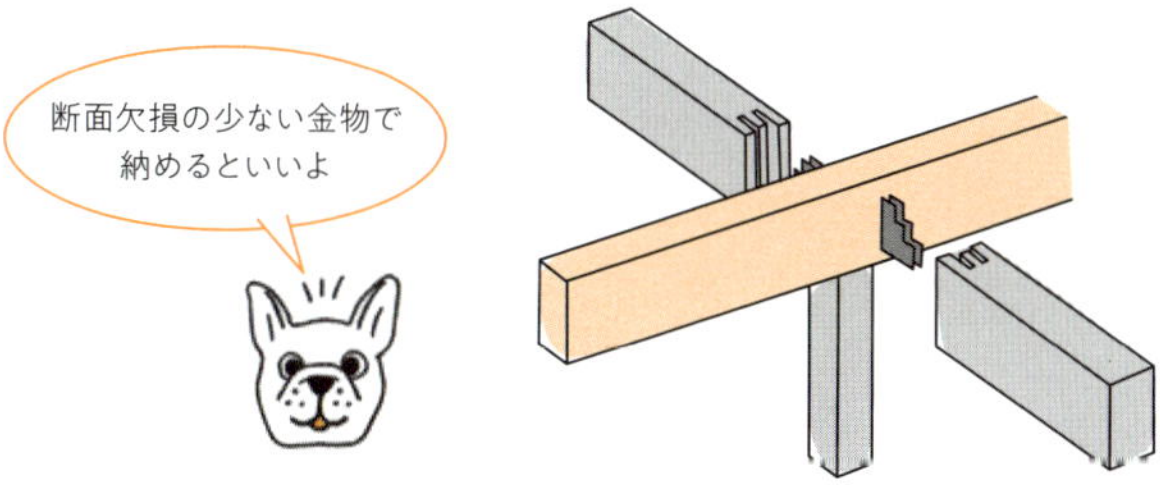

FILE 086

危ない間柱の欠き込み

プレカットの注意点として、梁に施される間柱のための欠き込みを考えます。プレカットでは当たり前でも注意が必要です。

次は**間《ま》柱《ばしら》の欠き込み**について説明するよ。**プレカット**では、間柱を取り付けやすいように梁の下側に欠き込みをしているんだよ。でも、この梁の欠き込みに注意が必要なんだよ。

「親切そうなのに、何で？」

梁の下側には欠き込みをしてはいけないからだよ（192ページ参照）。どうしても欠き込みをするときは、欠き込みを考慮して梁の寸法を決めなければいけないんだ。そのうえ、梁下に欠き込みがあるときは、欠き込み寸法を差し引いた梁寸法の梁よりもさらに**弱く**なってしまうんだ。

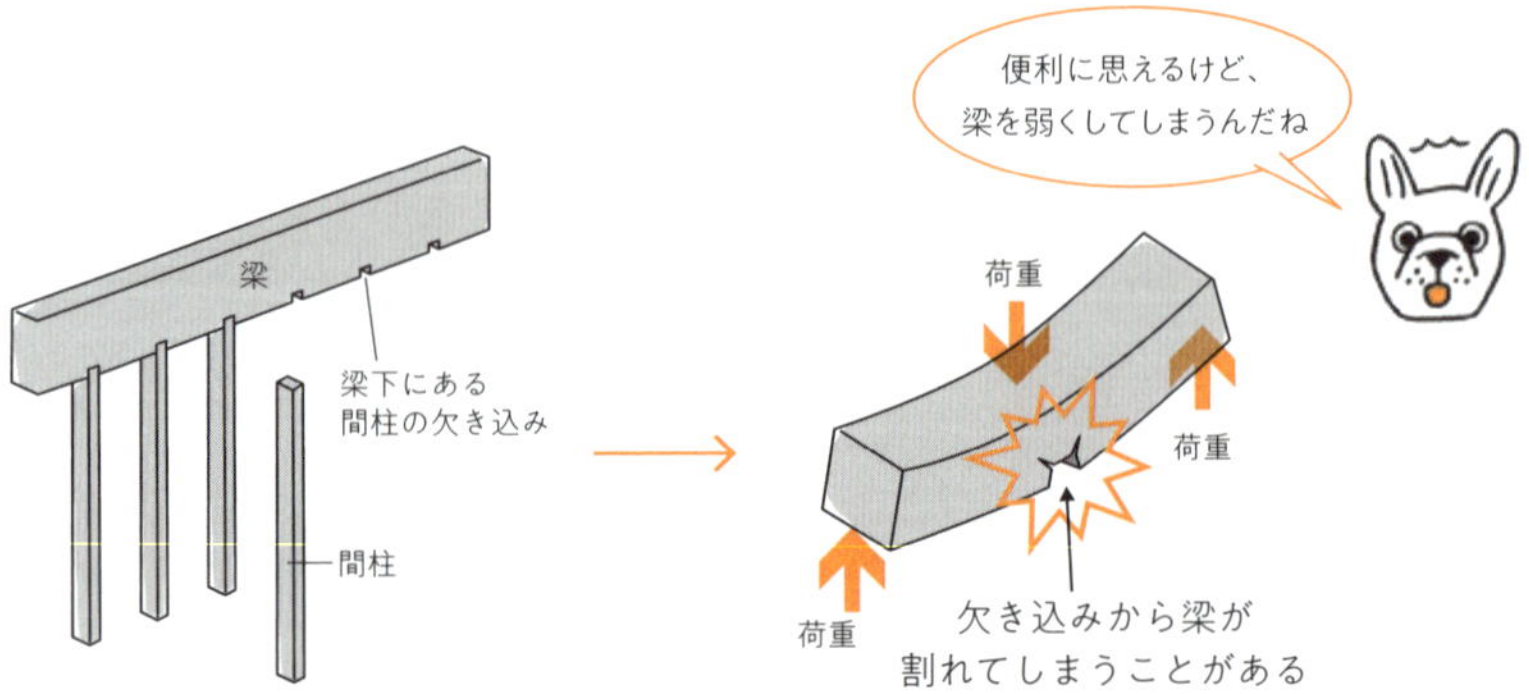
便利に思えるけど、
梁を弱くしてしまうんだね
梁
梁下にある
間柱の欠き込み
間柱
荷重
荷重
荷重
欠き込みから梁が
割れてしまうことがある

数字で確認してみよう

曲げに対する強さを表す断面係数（Z）での比較です。

$Z=bh^2/6$ （213ページ参照）

●引張側

■梁せいの1/3以下の欠損の場合

有効断面係数Ze=0.45Z

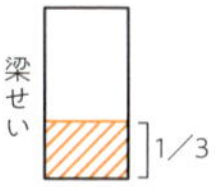

■梁せいの1/4以下の欠損の場合

有効断面係数Ze=0.6Z

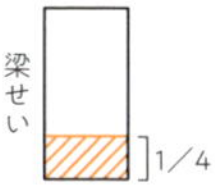

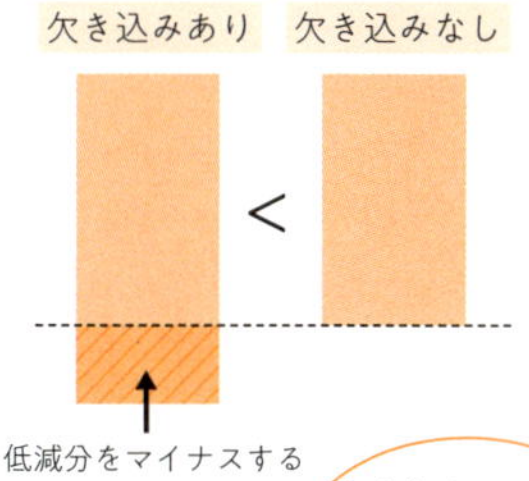

欠き込みの大きさにより、曲げ強さ（断面係数）を0.45または0.6掛けに低減します。

欠き込んでいない部分が同じでも、欠き込みのある方が弱いんだね！

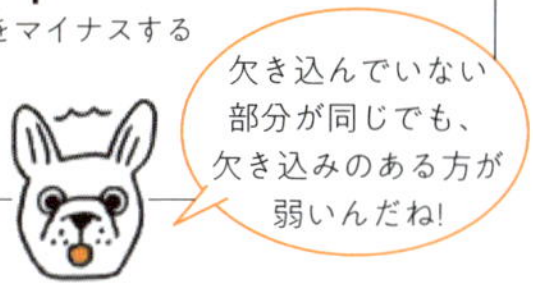

●梁欠き込みの計算例（右図の断面寸法で計算）

❶欠き込みがない梁 幅b105㎜、**梁せいh´** 235㎜

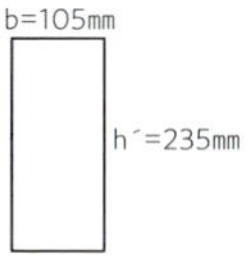

断面係数$Z=bh^2/6$

計算式のうち、「梁幅b」と「/6（割る6）」は欠き込みがある場合の計算でも同じため、「h'^2」で比較します。

h'^2＝235㎜×235㎜＝55,225㎟

❷欠き込みがある梁 幅b105㎜、**梁せいh**240㎜（欠き込み5㎜含む）→欠き込み除く**梁せいh´**235㎜、欠き込み5㎜

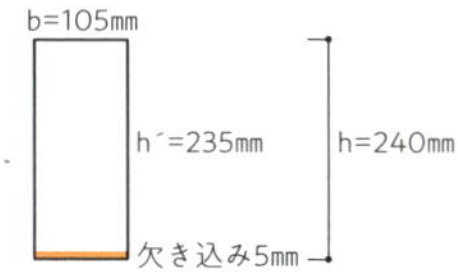

h'^2＝235㎜×235㎜＝55,225㎟

欠き込みが梁せいの1/4以内のため、0.6Zより

h'^2×0.6＝55,225㎟×0.6＝33,135 ㎟

❶と比較すると、55,225 ／ 33,135＝1.67倍、

欠損がない梁が強いことがわかります。

欠き込みがある梁を❶と同等の断面性能にするための設計は…

❶のh'^2＝55,225㎟より、

55,225㎟／ 0.6=92,041.6㎟

$\sqrt{92{,}041.6}$㎟＝303.4㎜の断面（欠き込み後）となり、

ここに欠き込み寸法5㎜を加えると、

303.4㎜＋欠き込み5㎜＝308.4㎜の梁せいが必要となります。

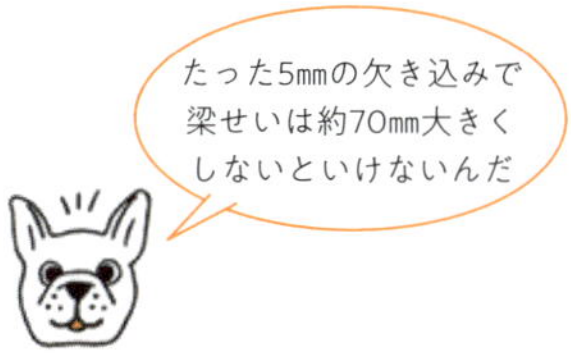

たった5mmの欠き込みで梁せいは約70mm大きくしないといけないんだ

よって、梁せい240㎜の下側に5㎜の欠き込みをした梁は、欠き込みのない梁せい235㎜と同等の断面性能とするには、梁せい308.4㎜以上必要になります。

やむを得ず、欠き込みをするときは、欠き込みを考慮して、梁の寸法を決める必要があります。

FILE 087

たわみの規定

プレカットの作業が構造上の危険を引き起こしていないか確認する際に、注意したい梁のたわみについて紹介します。

「プレカット業者が構造計算をしているかを確認することは大切だね」

そうだね。プレカット業者が構造計算をしていなければ、建築士が構造計算しなければいけないんだよ。

もし、構造計算をしていなくて、梁がたわみすぎたりしたら、その責任は、設計者である建築士にあるんだよ。

「やっぱり構造計算は建築士の仕事なんだね」

それが基本だね。

プレカットの注意点の最後として、**たわみ制限**について説明するよ。

「たわみって何？」

梁が荷重を受けて、**湾曲**《わんきょく》するように**変形**することだよ。

たわみには制限があるので、プレカット業者が構造計算をしていても、建築士が自分で確認してほしいんだ。

特に注意が必要なケース

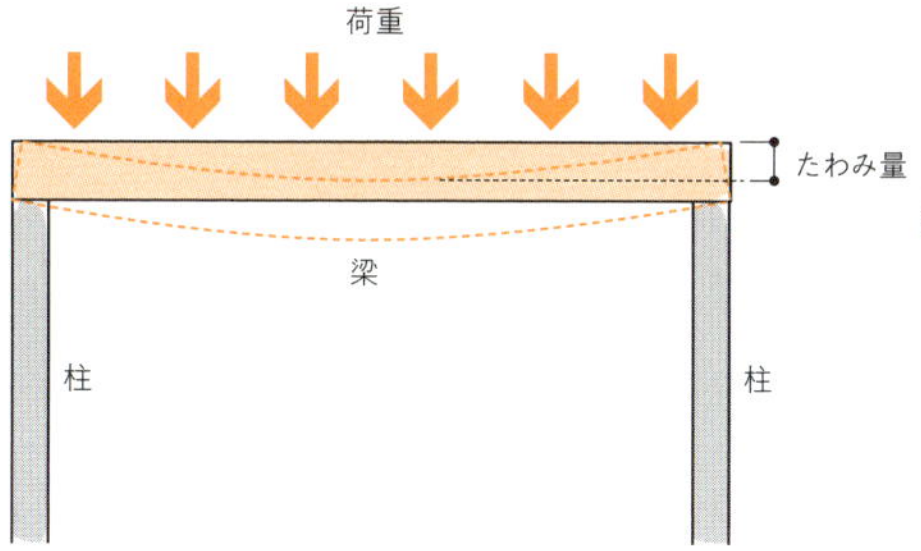

●たわみ量の制限（平12建告1459号）

横架材のたわみ

- ■**変形増大係数：2** →計算のたわみ量を2倍にします
- ■**たわみ制限比：**床面に用いる梁の長期（常時）荷重に対して**スパンの1/250以下**
- ■**『木造軸組工法住宅の許容応力度設計』**（2017年版）では、**スパンの1/300以下**かつ**20㎜**

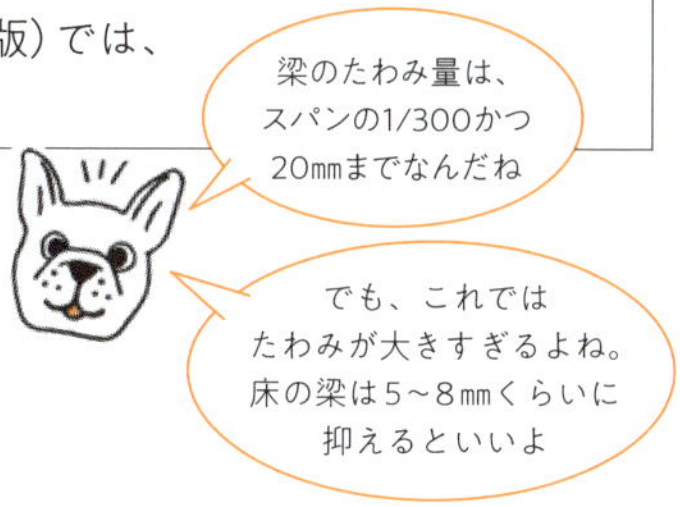

たわみ制限で注意が必要なのは、下の図のような場合です。

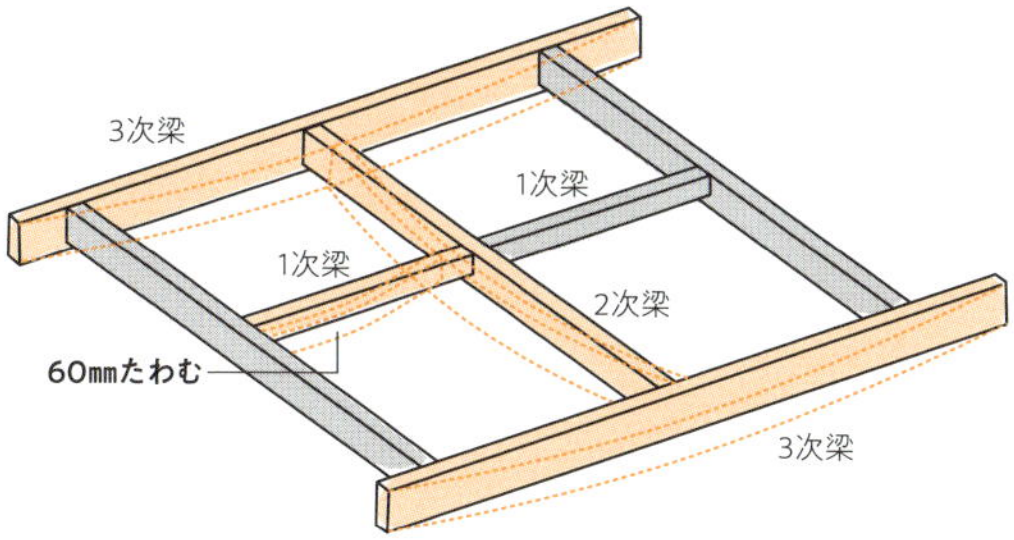

たわみ量を20㎜とした場合、**1次梁で20㎜**、**2次梁で20㎜**、**3次梁で20㎜**となり、**合計で60㎜**たわみます。
こういう場合は間違えやすいので、特に注意して、たわみ制限をクリアしているかを確認してください。

梁は荷重を受けることで、湾曲するように変形します。この変形を「**たわみ**」と言い、プレカット業者が構造計算を済ませていても、建築士が確認しましょう。

「当たり前のルール」と思うか、「制約」と思うか

「構造塾」で推奨している構造計画ルールは、間取りをつくるときに考えるべき構造の基本事項です。構造上の無駄をなくし、効率よくコストダウンが図れるルールとなります。

ときどきあるのが、構造計画ルールにより間取りの自由度がなくなる、デザインが悪くなるという考えです。構造計画ルールは、間取りつくりにおいて、当たり前すぎるルールです。当たり前のことを「制約」と思い込む思考、これはかなり危険なことです。

・耐震等級3は間取りに制約がある、そう思い込んでいませんか？

・耐震等級1は自由設計？　その自由って一体何ですか？

何でもありの間取り、力業の構造計算、結果、無駄にコストが掛かります。性能を下げてコストダウン？ コストダウンとは、性能を下げることではありません。あるべき性能を確保し、無駄をなくすことでコストダウンを実現するべきです。

耐震等級3はコストアップする、間取りに制約がある、かっこいいデザインができない。こんな思い込みはなくしたいものです！

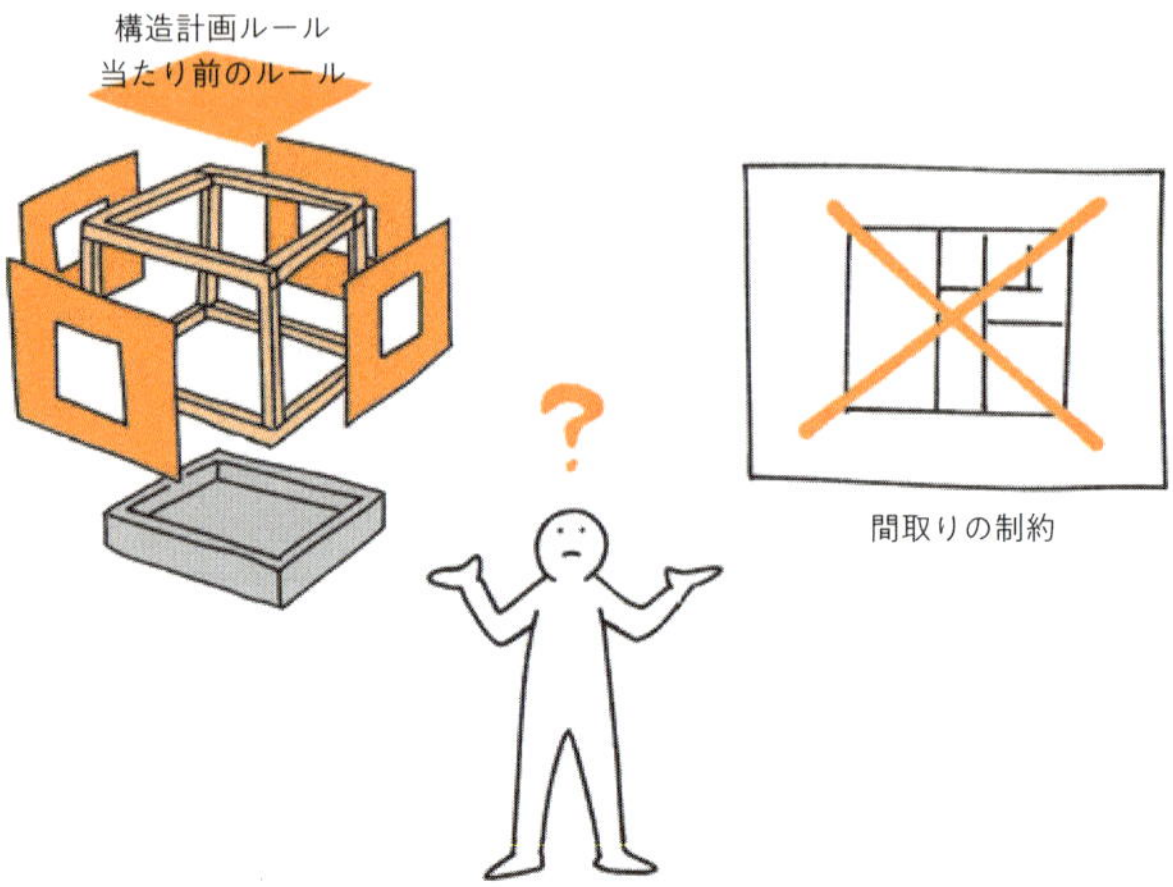

第7章

基礎と地盤

第7章に掲載の内容は、2025年4月に予定されている建築基準法改正前のものです

第1節

基礎編

第2節

地盤調査編

第3節

地盤補強工事編

家の要、基礎の種類を探る

基礎がもろいと災害に弱い家になってしまいます。建築の現場でも「基礎をしっかり」が鉄則。「基礎とは何か」から学んでいきましょう。

「そもそも、基礎って何なの？」

基礎は家を支えている一番大切な部分だよ。

「どうして大切なの？」

地震などで家が壊れないように、一生懸命に構造計算をして、頑丈なつくりにしても、足元を支えている基礎がしっかり者じゃないと…家は崩れちゃうよね。

「そうか、基礎って大切なんだね。基礎は何でできているの？ しっかり者かどうかはどうやってわかるの？」

一般的な基礎は鉄筋コンクリートでできている。建物と地盤の関係から最適な基礎の形を選ぶけど、**木造の場合は直接基礎が多い**よ。

その**基礎の大きさを決めるのが構造計算**なんだ。

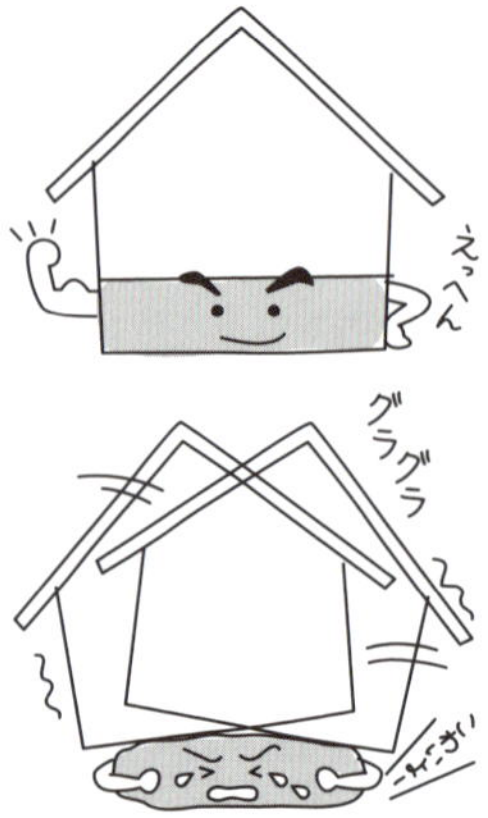
えっへん
グラグラ

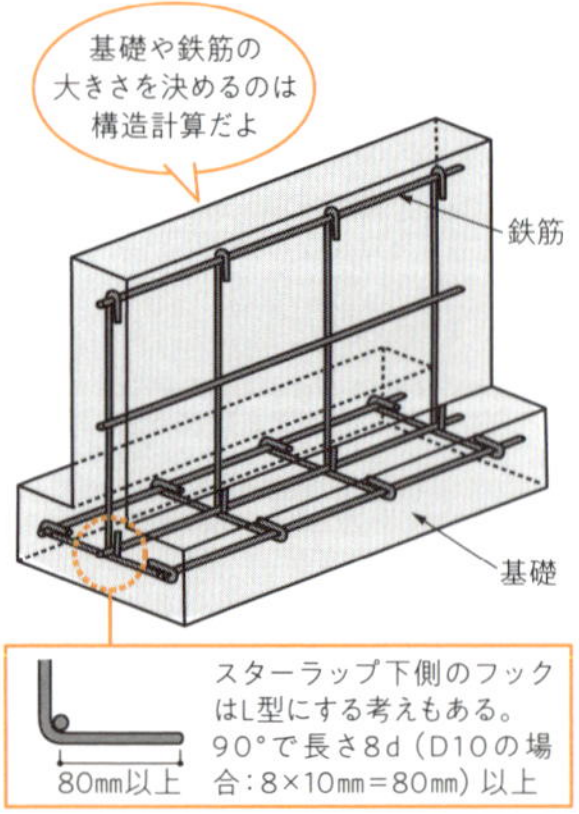
基礎や鉄筋の
大きさを決めるのは
構造計算だよ
鉄筋
基礎
スターラップ下側のフック
はL型にする考えもある。
90°で長さ8d（D10の場
合：8×10㎜＝80㎜）以上
80㎜以上

木造の杭基礎とは？

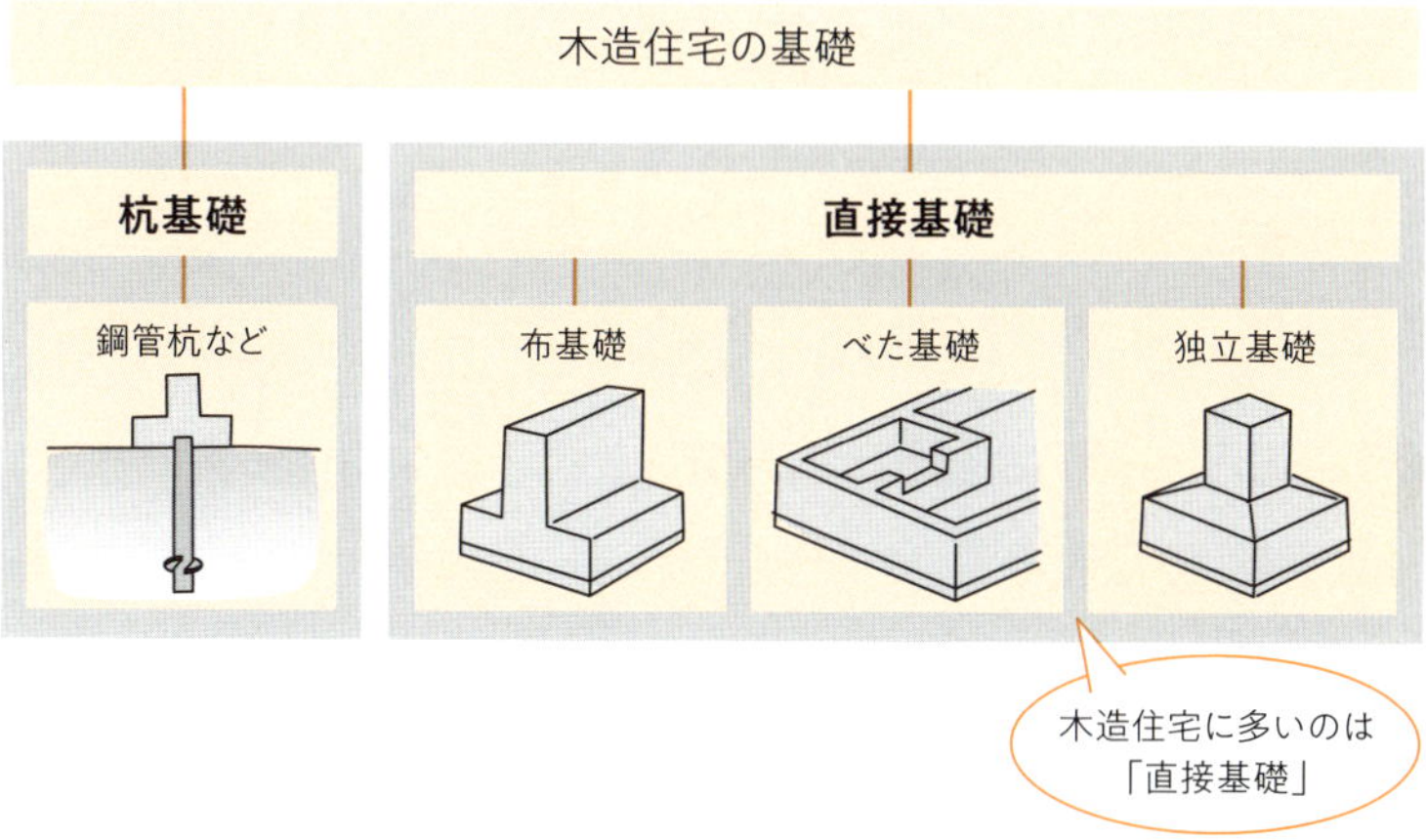

杭基礎は、弱い地盤の上に家を建てる場合、深いところまで杭を打ち込んで、地盤を補強した上に基礎をつくる方法。ただし、木造の場合、RC造など一般的な杭基礎とは方法が異なります。

●一般的な杭基礎の場合

杭の頭を基礎に飲み込ませて、建物の鉛直方向の荷重と水平方向の荷重を杭に負担させます

●木造の場合

杭で地盤を補強しても、杭の頭を基礎に飲み込ませることはあまりありません

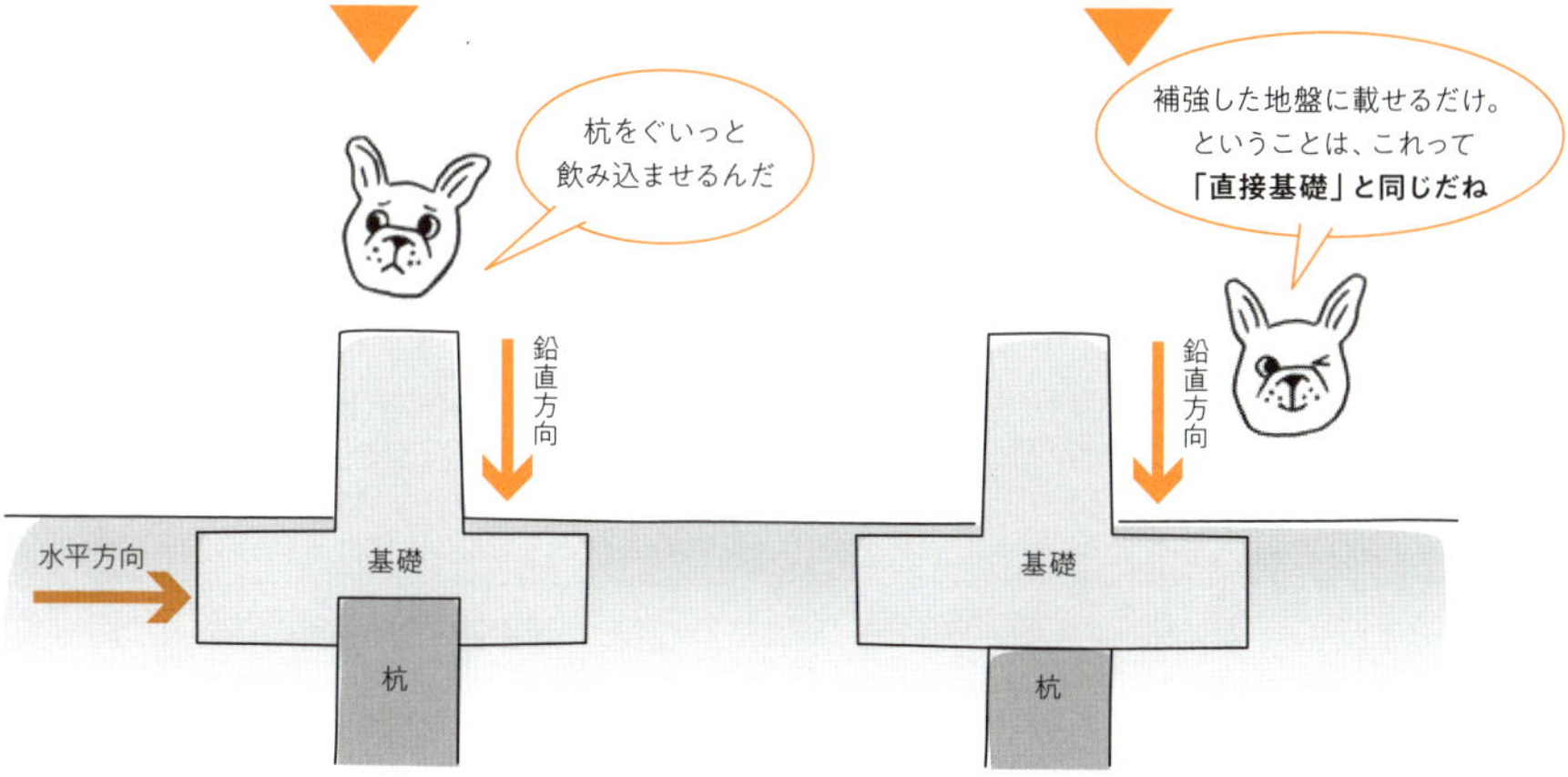

木造の場合、**鉛直荷重だけで支持させるため、杭を基礎に飲み込ませないことが多くなります。水平力は基礎と土の摩擦力と、基礎側面の土圧で抵抗**します。

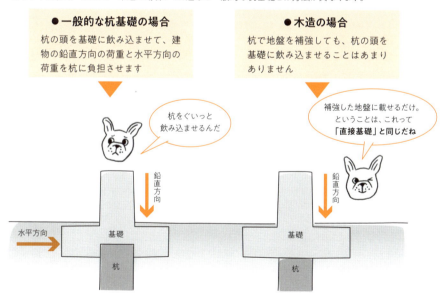

FILE 089

コンクリートの基礎知識

基礎に使うコンクリートについても、準拠すべき決まりがあります。
コンクリートの強度についての考え方と決まりを紹介します。

「基礎に使うコンクリートに決まりはあるの？」

あるよ。ただ、**机の上で構造計算するときの強度**と、**現地で基礎として使う**（施工時に打ち込む）ときに設定する**強度**は違うよ。

「何で違うの？」

コンクリートを施工現場で打ち込むとき、季節や天候によって**気温**や**湿度**はさまざまに変わる。それを考えて実際の打ち込みのときは、構造計算の数値よりも強度を上げて施工するんだよ。

「でも、木造の家はあんまり構造計算していないよね。どうやってコンクリートの強度を決めているの？」

なんとなくかな。実際にコンクリートのことを理解して強度を決めている建築士さんは少ないと思うよ。

「そんなことで大丈夫なの？」

一般に使っているコンクリートは問題になるほど弱くはないから、そんなに心配することはないと思う。それよりも、コンクリートの場合は**施工をしっかり行う**ことが大切だよ。

基準となる強度の関係性

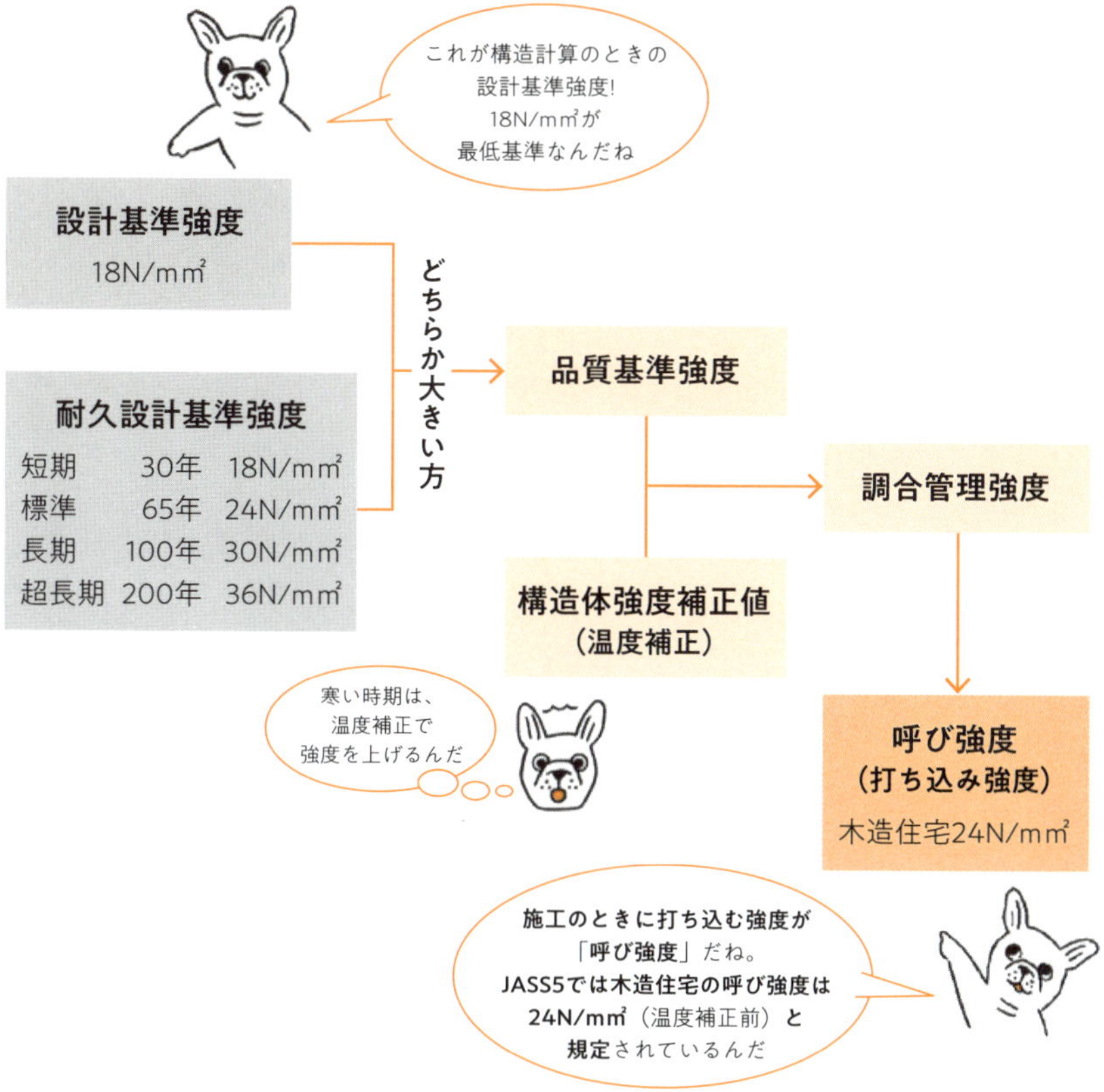

設計基準強度、温度補正、呼び強度を理解する

基礎のコンクリートについては、(一社)日本建築学会の建築工事標準仕様書「**JASS 5**」に規定があり、この規定に従って**構造計算時**の「**設計基準強度**」、**施工時の打ち込み強度**「**呼び強度**」を決めます。なお、JASS5は建築基準法などの法律ではないため、強制力はありませんが、基準として準拠した方がよいでしょう。

FILE 090

基礎の選び方

基礎の種類、基本となる知識を知ったところで、基礎の選び方を紹介します。何を基準に選ぶべきかきちんと理解しましょう。

「家の基礎にはいろいろな種類があるけど、どうやって選んでいるの？」

本来はね、**地盤の強さ**と**建物重量**を考慮して、最適な**基礎形状**を決めるんだよ。

「本来は、ということは、そうやって決めていないの？」

木造の家は構造計算をしていないから、建物の重量がわからないんだ。

「えっ、じゃあ基礎の形が決められないね」

そうだね。だから基礎形状を決めるのに、地盤の強さや建物の重量、基礎の特徴をまったく考慮していないのが一般的だよ。特に最近は**べた基礎**ブームだね。

べた基礎と布基礎の特徴

●べた基礎

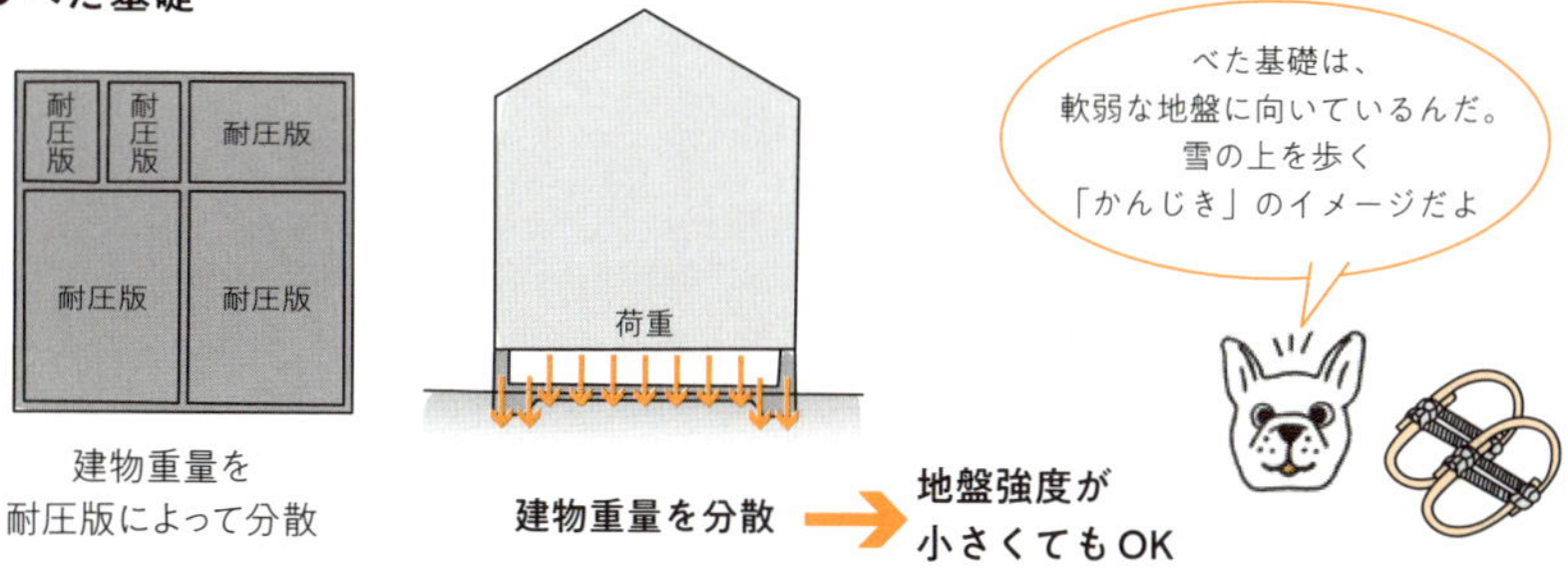

建物重量を
耐圧版によって分散

●布基礎

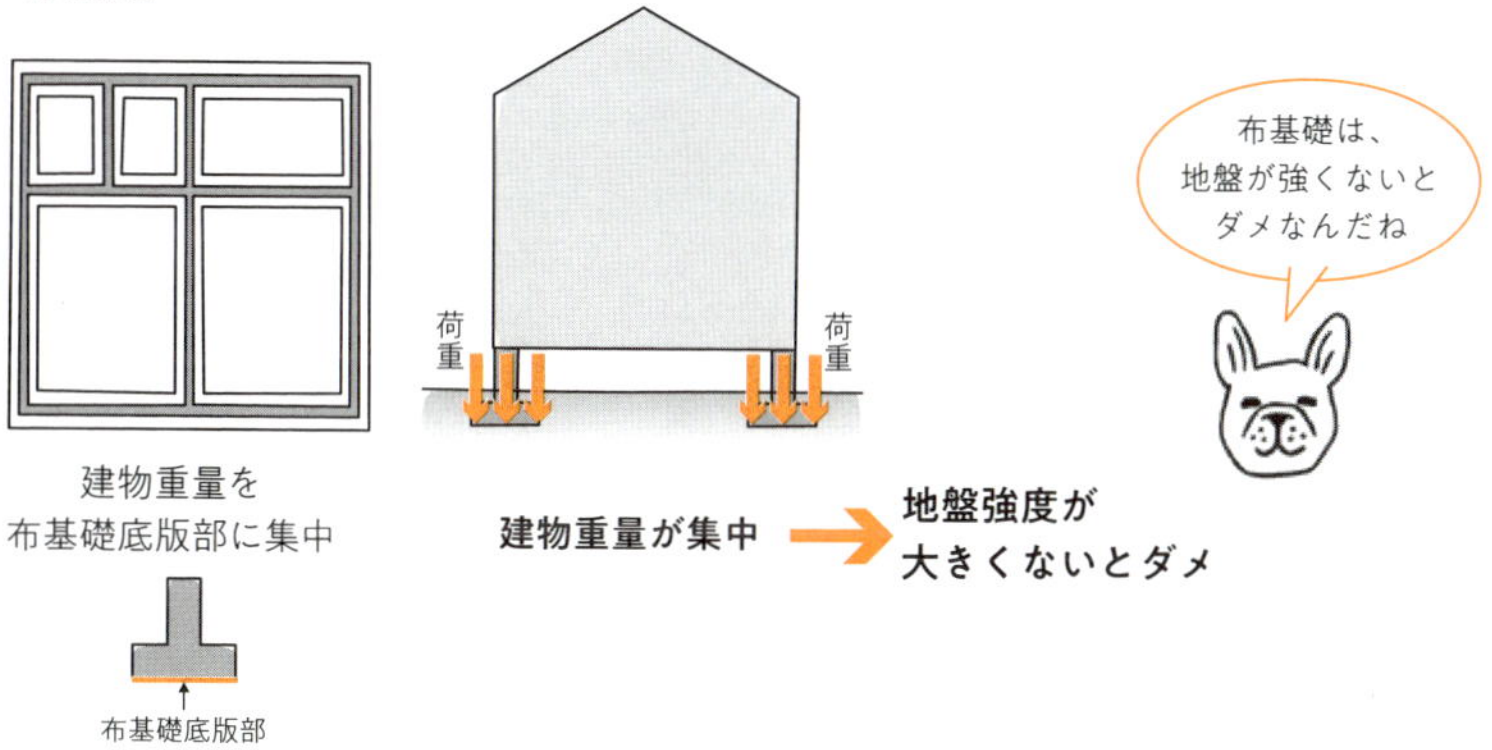

建物重量を
布基礎底版部に集中

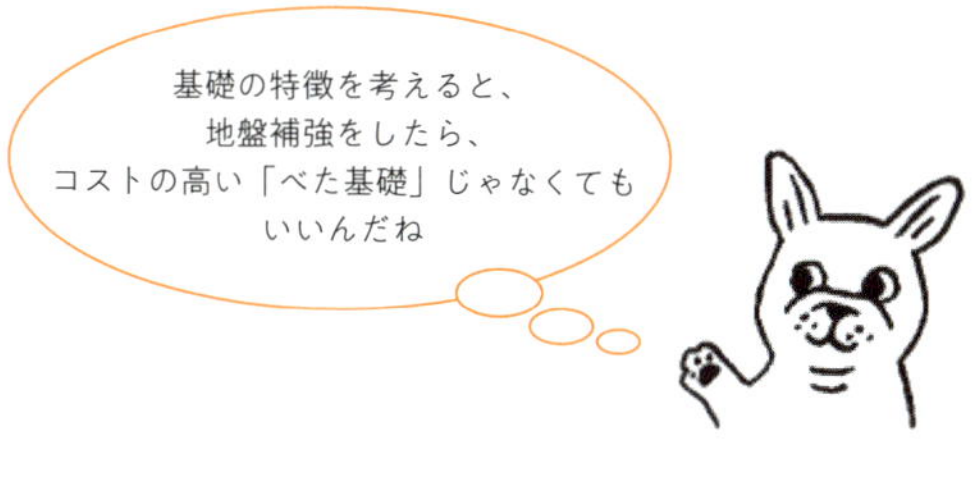

基礎形状は 「**地盤の強さ**」「**建物重量**」と「**基礎形状による構造的特性**」などを考慮して決めます。しかし、おかしなことに、現在の木造住宅業界では「べた基礎標準」などといって、最初から基礎の形状を決めてしまうことが多くなっています。

FILE 091

べた基礎神話の問題点

「べた基礎は強い」という神話のもと、現在、木造住宅の基礎の多くがべた基礎になっています。その問題点を考えます。

「さっき、『最近はべた基礎がブーム』って言っていたけど、基礎はブームで決めるものじゃないよね」

そうだね。**地盤の強さと基礎の関係**がわかれば、ブームで選ぶことが間違っていることはわかるよね。こんな単純なことさえ考えずに、「**べた基礎が強い！**」と言われているんだよ。

「どうして強いと言えるの？」

見た目のイメージだね。

「えっ、それだけ？」

それだけだよ。違うという意見もあるかもしれないけど、構造的な見地から言えば、一般的なべた基礎の大半は、見かけ倒しだよ。

「どういうこと？」

現在たくさん施工されている「べた基礎」は、**構造的に成立していないものが多い**ってこと。「べた基礎もどき」とも呼ばれているよ。

鉄筋コンクリート構造の特徴

鉄筋コンクリート構造では、梁に4周を囲まれた床スラブが基本。 また、スラブ区画の面積によって、スラブの厚さとスラブ区画内の鉄筋の大きさ（太さ）やピッチ（間隔）、 つまり配筋量が変わってきます。

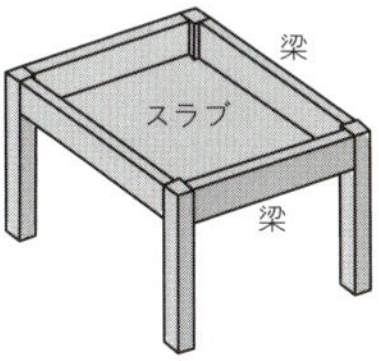

梁のスパンが小さい	梁のスパンが大きい
▼	▼
梁の断面→小さくなる	**梁の断面**→大きくなる
梁の配筋量→少なくなる	**梁の配筋量**→多くなる

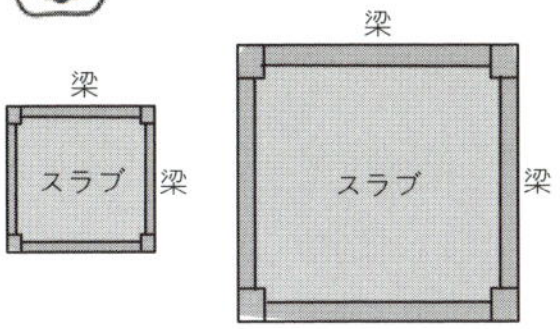

スラブ区画が小さい	スラブ区画が大きい
▼	▼
スラブの厚さ→小さくなる	**スラブの厚さ**→大きくなる
スラブの配筋量→少なくなる	**スラブの配筋量**→多くなる

べた基礎の問題点

現在、 つくられているべた基礎の大半は、 梁が切れて4周を囲まれていなかったり、 スラブ区画の面積によって厚さや配筋量を変える設計になっていたりしていません。

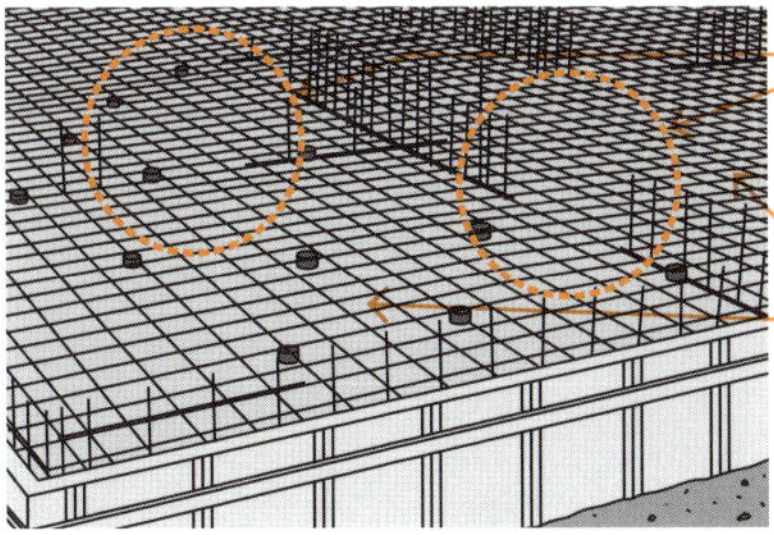

耐圧版を区画する立上りは「基礎梁」です。人通口（点検用の開口）で切れていると、「梁」としての機能はなし!

スラブ（耐圧版）が、面積にかかわらず、すべて同じ厚さ、同じ配筋

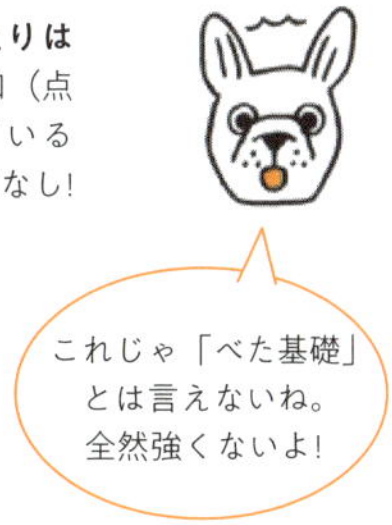

現在のべた基礎の多くが、鉄筋コンクリート構造として、成り立っていない

当たり前の話ですが、 「**べた基礎**」は鉄筋コンクリート構造です。 鉄筋コンクリート構造の基本は、 上図のように**柱間に梁があり、梁に囲まれた床スラブがあります。** これを逆さまにしたものが「べた基礎」なのです。

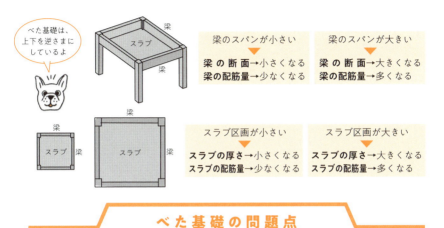

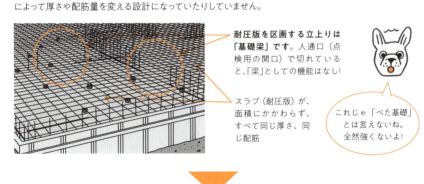

FILE 092

べた基礎の基本ルールを覚えましょう

意匠設計の段階でべた基礎の区画を考えることがべた基礎設計の基本です。意匠設計の後つけでは経済的で安全なべた基礎は期待できません・・・。

「家の基礎はいっぱい覚えておくことがあるんだね」

そうだよ。家を支えるもっとも重要な部分だから、しっかりと安全性に関する基準を理解してつくらないとね。コンクリートだから頑丈だとか丈夫だと簡単に考えすぎないことだよ。

「やっぱりしっかりとした基礎のお家に住みたいもんね」

今度は、べた基礎の設計に関する基本ルールを教えるよ。

「べた基礎の基本ルール？」

べた基礎を設計するときには、意匠設計のときに、べた基礎の区画を意識することが重要。それを知らずに意匠設計をして、後付けでべた基礎にしようとすると、構造安全性が確保できていなかったり不経済なべた基礎になるんだよ。

「布基礎はどうなの？」

布基礎はべた基礎に比べて意匠設計に左右されにくいよ。

❶べた基礎の基本構成

べた基礎は鉄筋コンクリート構造なので、**基礎梁+耐圧版（スラブ）**を基本として構成します。

意匠設計の段階で、基礎梁+耐圧版（スラブ）区画をどこに作るのかを意識する必要があります。

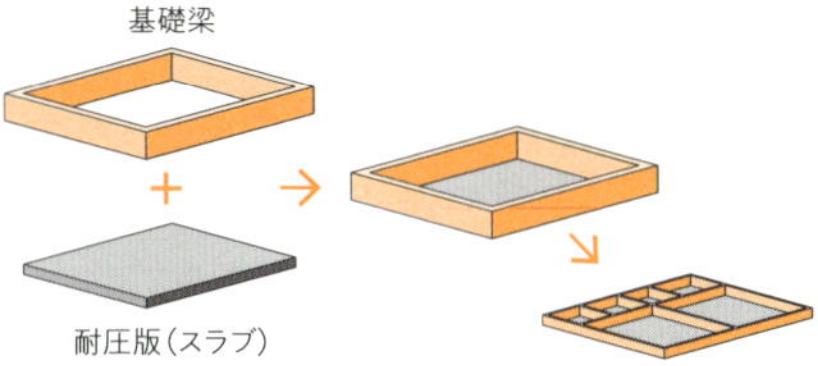

❷耐圧版（スラブ）区画の4隅には柱が必要

耐圧版（スラブ）区画の4隅には柱が必要です。したがって、耐圧版を区画する基礎梁端部には柱がくることになります。

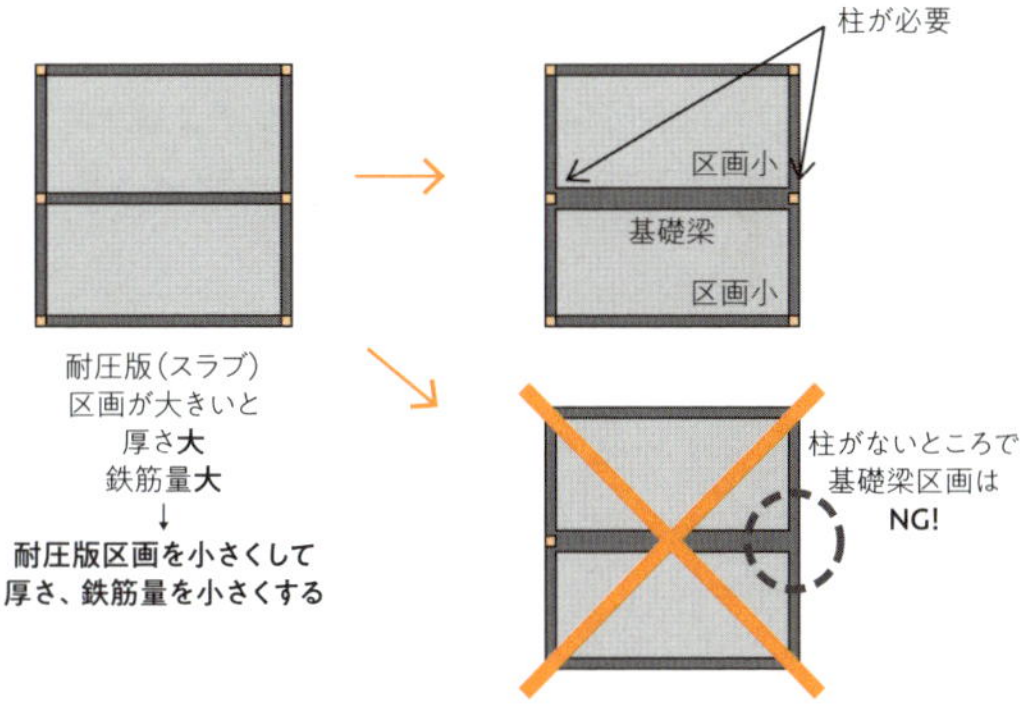

❸耐力壁下の基礎梁は半島型にしない

耐力壁下の基礎梁は半島型にしてはいけません。必ず直行する基礎梁まで伸ばしましょう。直行梁との交点には②で説明した通り柱が必要です。半島型にしてはいけない理由は、耐力壁両端の柱は引抜き力が発生することがあります。この**引抜き力による基礎梁を持ち上げようとするとき、半島型だと片持ち梁となり引抜き力に抵抗する力が弱くなる**からです。

（片持ち梁として引抜き力に抵抗できるよう基礎梁設計を行えば半島型も可能です）

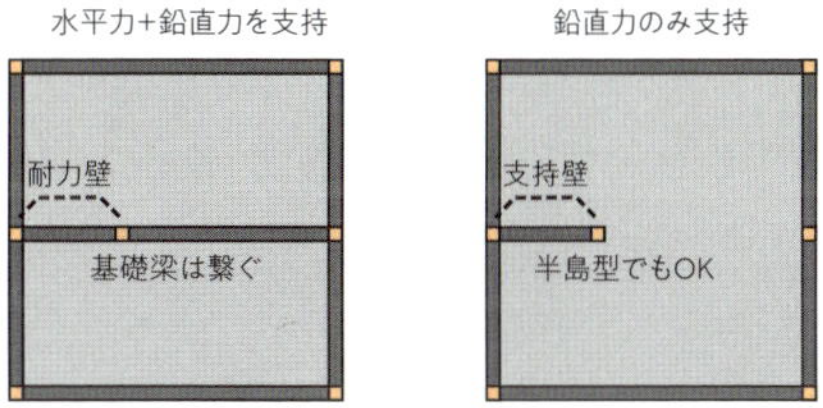

ちなみに、**耐力壁じゃない鉛直荷重のみ負担している柱と壁の下は、半島型の基礎梁でも構いません。**

この基本ルールを守った経済的なべた基礎とは、以下の通りです。

木造2階建て以下、多雪地域以外。 ❶耐圧版の短辺方向が3.64m以内 ❷耐圧版の長辺方向が5.46m以内 ❸基礎梁スパン（上部木造柱スパン）が1.82m以内

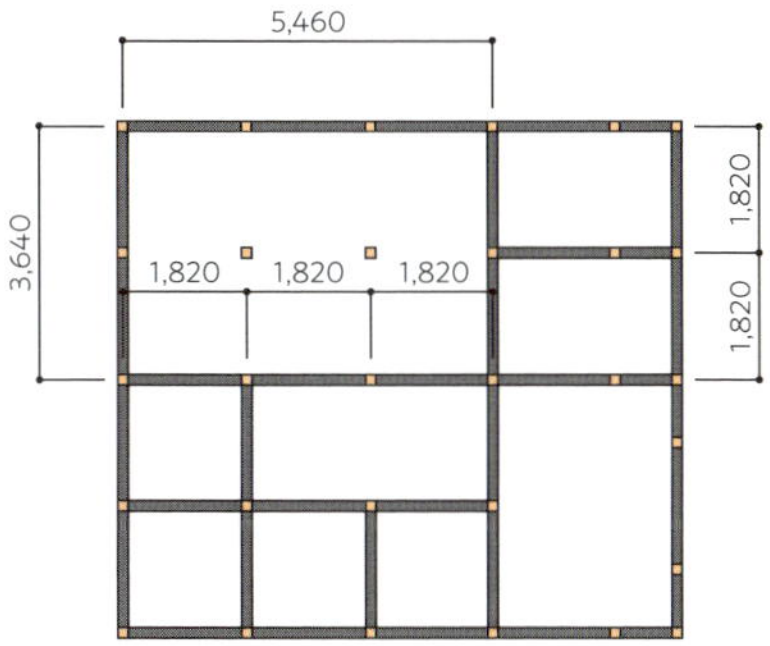

基礎への荷重と変形をイメージ

**べた基礎にはどんな荷重がかかって、どのように変形するのでしょう？
そのイメージがつかめると理解が深まります。**

「鉄筋コンクリートの特徴は知っているのに、どうしてべた基礎になると忘れちゃうの？」

それはね、**べた基礎**が**変形するイメージ**を描けないからだよ。

「変形するイメージ？」

空中（2階の床など）にある鉄筋コンクリートなら、荷重《かじゅう》を受けて下側に変形する様子をイメージできるよね。でも、それを逆さまにし、土の上に載るべた基礎が変形する様子はイメージしにくいんだよ。

「できないかも…。どのように変形するの？」

土が岩盤のように硬ければ変形しないかもしれないけど、土はそれほど硬いものではないから、建物の**荷重**を受けることで、**柱の下**がめり込むように**沈み込む**んだ。そして柱以外の部分は、**下側（土）から**圧力を受けるように**上側に変形**するんだよ。これがべた基礎の変形で、下側から受ける圧力を**地《ち》反力《はんりょく》**って言うんだ。

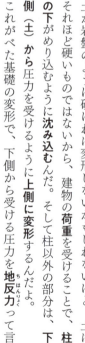

●基礎の変形するイメージ

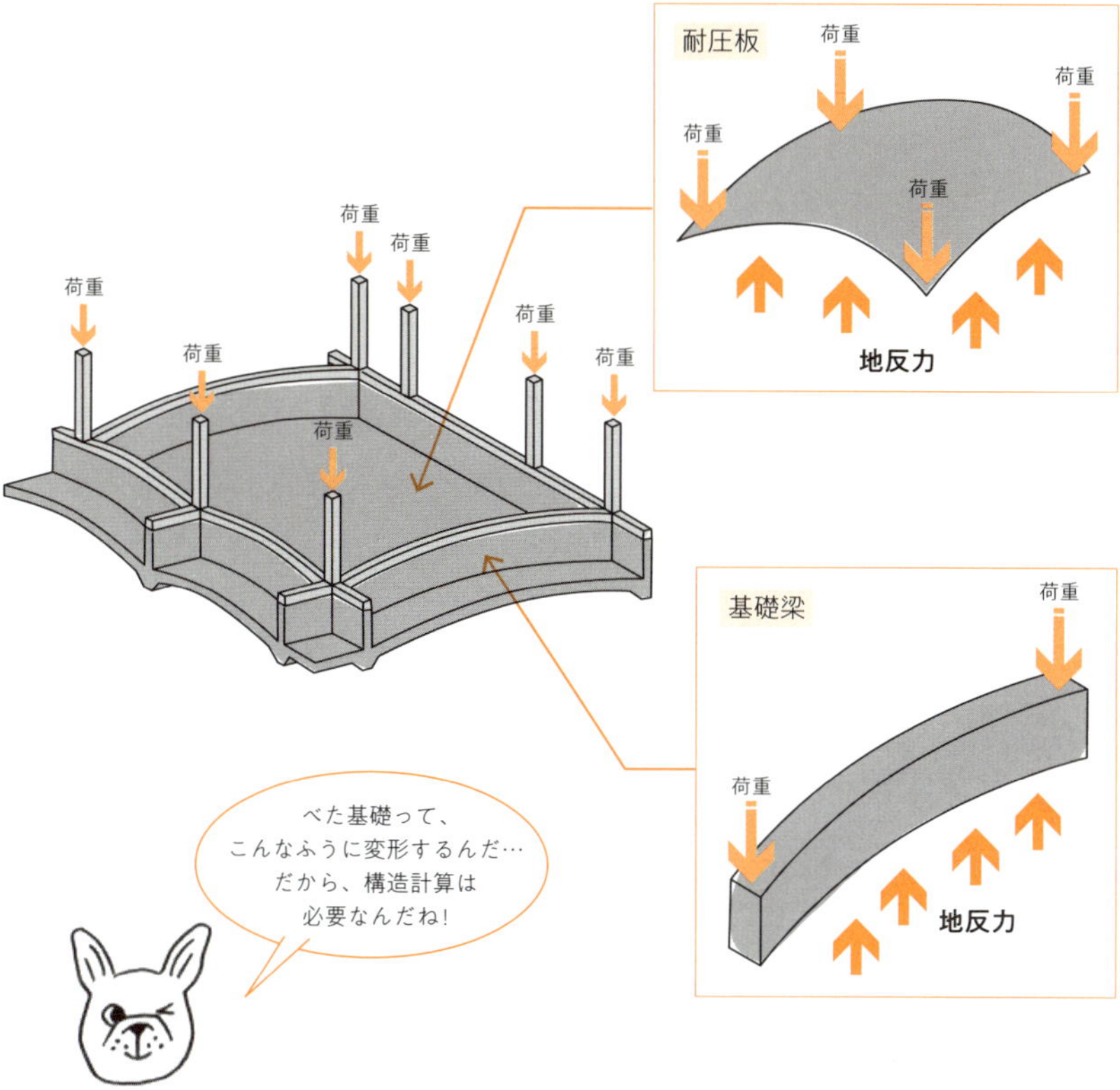

べた基礎の変形に対する安全性は、構造計算で確認する

べた基礎が変形するイメージをつかんでいれば、基礎梁を切りっぱなしにしたり、耐圧版の配筋をすべて同じにすることはなくなるはずです。

さらに、変形に対する安全性を確認するには、構造計算が必要であることが理解できるはずです。

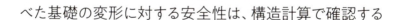

基礎の立上りは「梁」と考える

基礎を考えるときに、重要なポイントとなるのが、立上りと呼ばれる部分です。ここを梁と考えるとわかりやすくなります。

「基礎の構造計算をしなきゃいけない理由がわかったよ」

家の構造で、基礎が一番、みんなの知識があいまいで誤解されている部分だよ。しっかりと理解して、安全な基礎を設計・施工することが大切だね。

「そうだね。そこで1つわからないことがあるんだけど。耐圧版を区画する基礎の立上りを『基礎梁』って説明したよね（229ページ参照）。立上りと梁って何が違うの？」

同じだよ。でも、構造上は耐圧版を区画する立上りを「基礎梁」とし、それ以外を「立上り」と分けて考えたりもするよ。しかし、梁として重要な役割があることは理解されていないかもね。

「だから人通口《じんつうこう》の部分を平気で切っちゃうんだ！」

そのとおり！　基礎梁だと解釈していれば切ったりしないし、切ったとしても**補強**したり**地中梁**としたり、何らかの対策をとるはずだよね。それに**柱のスパン**が大きくなったり、負担する**荷重**が大きくなれば、梁の**断面**を大きくし、**配筋**を多くしなければいけないことも理解できるよね。

基礎梁の注意点

❶ **切ってはいけない。 連続させる**
❷ **一部切ったり穴を開ける場合は、 鉄筋などで補強する**
❸ **柱スパンが大きくなれば、 梁も大きくする**
❹ **負担荷重が大きいときは、 梁も大きくする**
❺ **梁せいを大きくする方が、 梁幅を大きくするより強度を増しやすい　など**

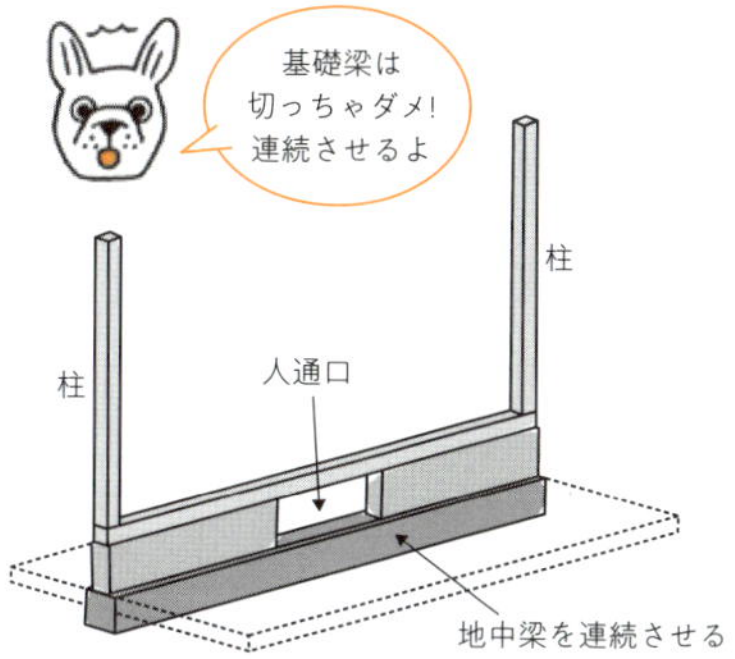

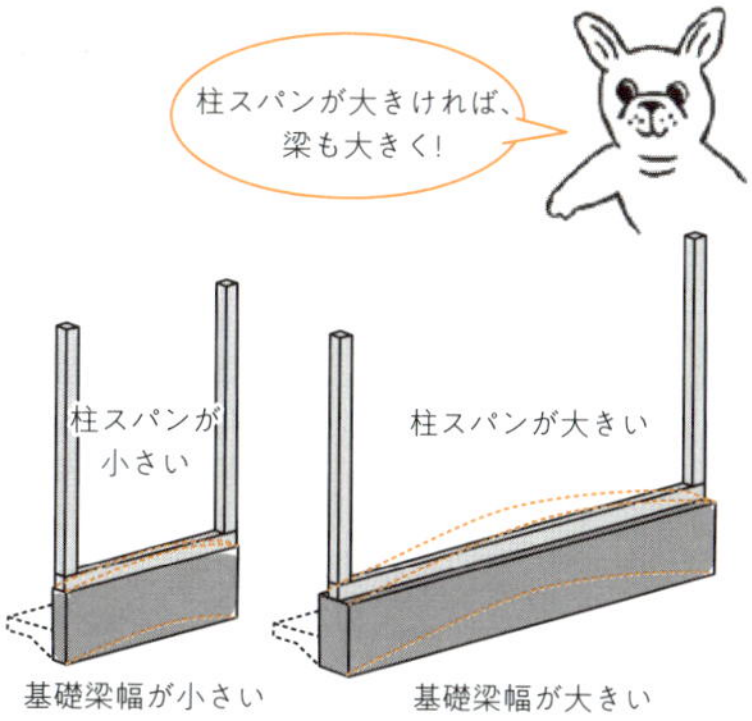

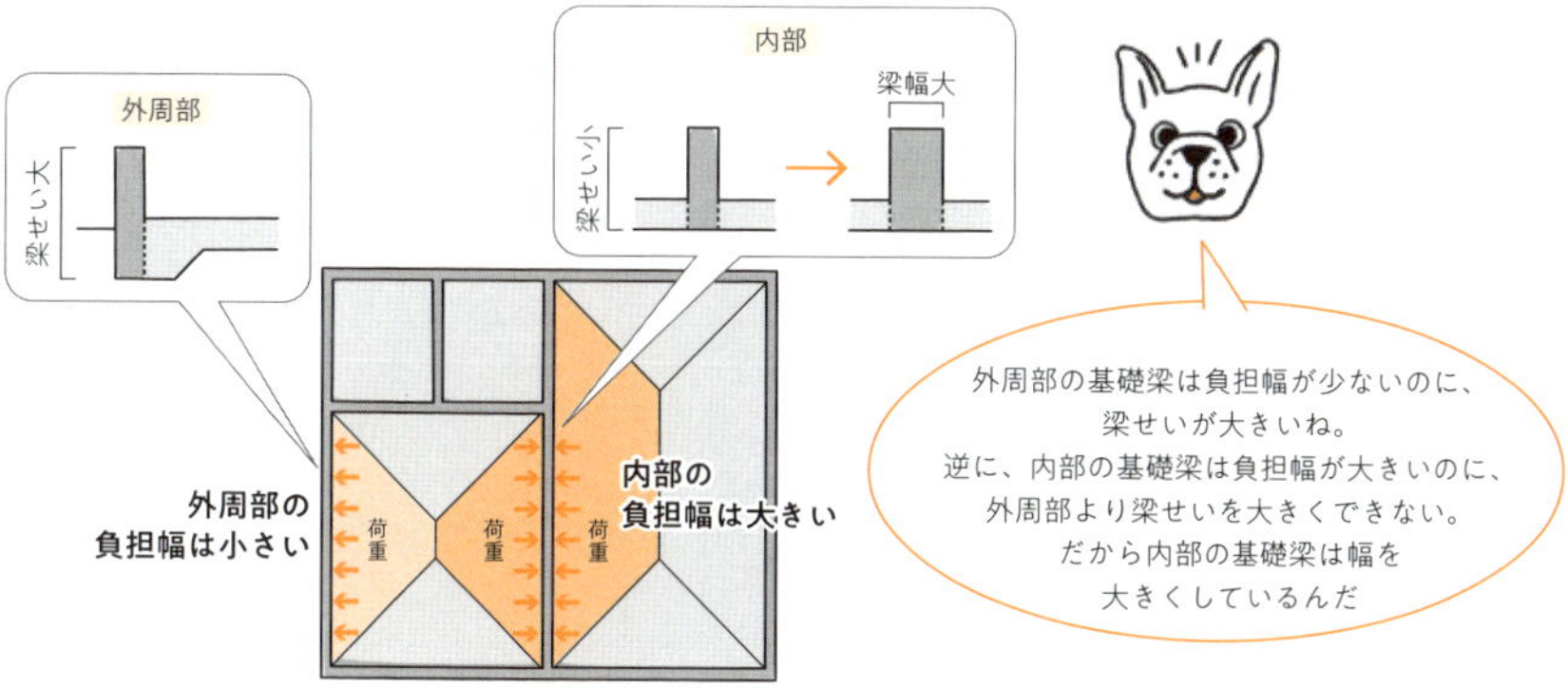

基礎にとって立上りは大切な「梁」にあたるため、 一般的な鉄筋コンクリート構造の梁と同様の注意が必要です。

FILE 095

基礎梁にフックは必要？

基礎の施工で、間違いが多いことの1つが、立上りの鉄筋のフックです。フックの正しい処理の仕方を知っておきましょう。

「基礎って、家を支えている大切な部分なのに、誤解されていることがたくさんあるんだね」

次に説明する**基礎梁の鉄筋フック**も、誤解が多い部分だよ。

「基礎梁のフック？」

基礎梁には、**主筋**と**せん断補強筋**（スターラップ）という鉄筋が入っていて、主筋にせん断補強筋をつなげているのがフックなんだ。

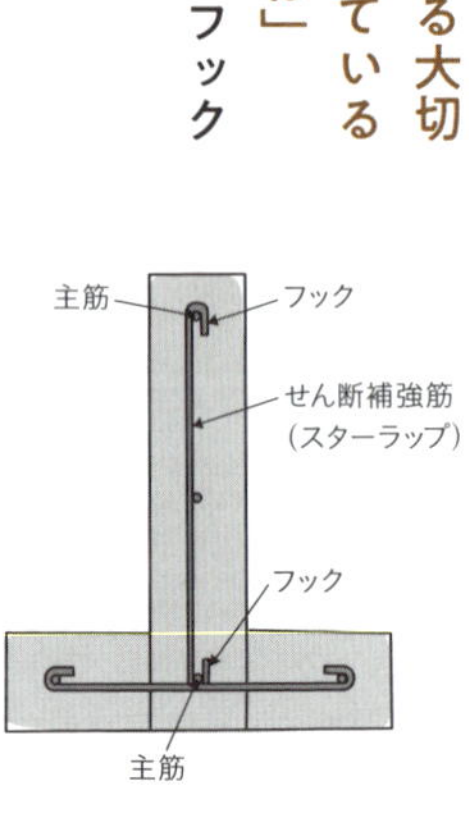

「そのフックにどんな問題があるの？」

フックをつけていない基礎が、結構多いんだよ。

「フックをつけないといけないんでしょ？」

フックを使わない場合は、別の正しい方法で設計や施工をしなくてはいけない。方法は2つ。1つ目は**構造計算をして**、フックがなくても安全であることを**確認する方法**（BCJ評定Bタイプ）。2つ目は、フック同等に**緊結された組立鉄筋**（BCJ評定Aタイプまたはcタイプ）**を使う方法**。これらの方法を使わずに、勝手にフックはなくせないよ。

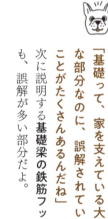

フックなしで対応する2つの方法

フックをつけるべきであっても、木造住宅の基礎梁の構造計算をすると「**せん断力**」は小さく、コンクリート断面だけでせん断力に抵抗できてしまいます。

さらに、木造住宅の基礎梁幅は120～150㎜程度で、ここにフックがついた鉄筋があると、かぶり厚さ(鉄筋をおおっているコンクリートの厚さ)が最低限になってしまいます。

そこで、これらを考慮して、フックを取り付けない2つの方法を紹介します。
❶構造計算をして、フックがなくても安全であることを確認する方法(BCJ評定Bタイプ)
❷フック同等に緊結された組立鉄筋(BCJ評定AタイプまたはCタイプ)**を使う方法**

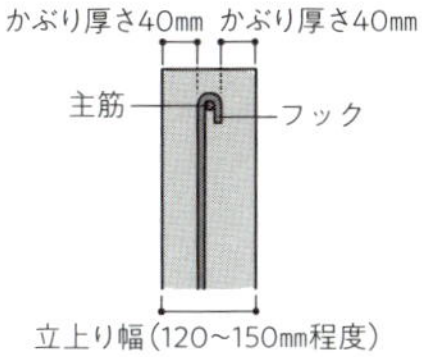

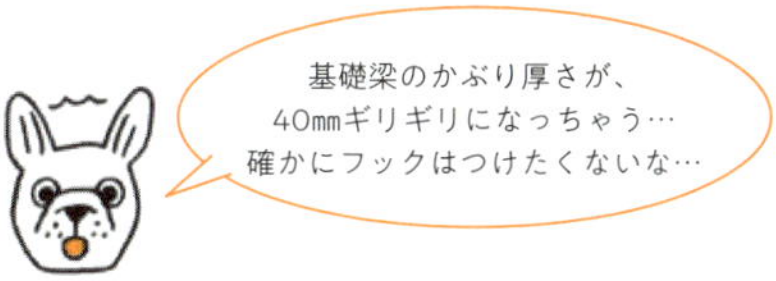

日本建築センター(BCJ)組立鉄筋の評定によるAタイプ、Bタイプ、Cタイプがあります。
評定のない鉄筋を構造計算してもフック同等にはなりません。

実際にはどのような力が働き、どのように抵抗しているのかを考えると…

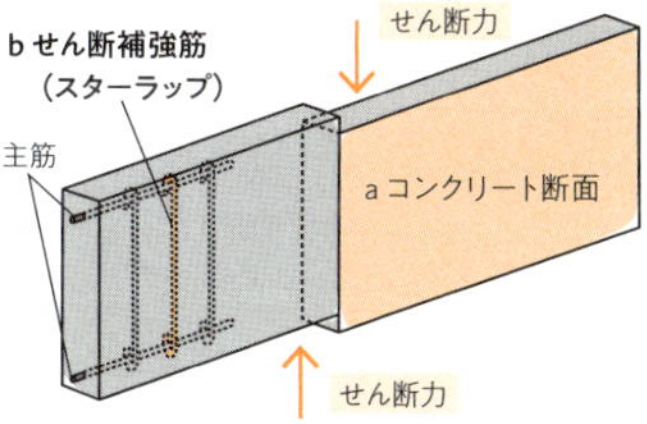

せん断力には、**aコンクリート断面**と、**bせん断補強筋**で抵抗します。
しかし、せん断力は小さいため、コンクリート断面だけで抵抗できます。

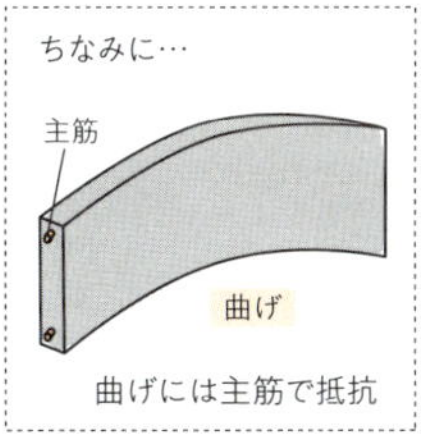

では、両フックまたは下側のフックを使わずに済む方法は?

❶構造計算
(BCJ評定Bタイプ)

❷フック同等に緊結された組立鉄筋
(BCJ評定AタイプまたはCタイプ)

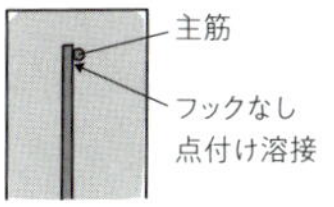

せん断補強筋(スターラップ)はフックによって主筋につながれ、せん断力に対する抵抗力を発揮することができます。

FILE 096

せん断補強筋のピッチも計算で！

主筋とともに基礎を構成するせん断補強筋の入れ方にも、
守るべき決まりがあります。ピッチの計算の仕方も紹介します。

次は、**せん断補強筋**（スターラップ）の**ピッチ**（間隔）について説明するよ。

「せん断補強筋のピッチに決まりがあるの？」

あるよ。**基礎梁**の**断面積**の**0.2％以上**の断面積が必要なんだ。この必要断面積を満たすように、鉄筋の種類とピッチが決まるよ。

「全然意味がわからない…」

だよね。図で説明すればわかるよ。

「せん断補強筋は、フックの規定だけじゃなく、鉄筋のピッチ（間隔）の決まりもあるの？」

あるよ。これは**最低限必要な数量**（**断面積**）として（一社）日本建築学会の「鉄筋コンクリート構造計算規準・同解説」で**規定**されている、仕様規定みたいなものだから。計算では考慮しなくても、必要なことに変わりはないんだ。

せん断補強筋のピッチの計算

基礎立上りの断面積から、 ピッチを計算する方法を紹介します。

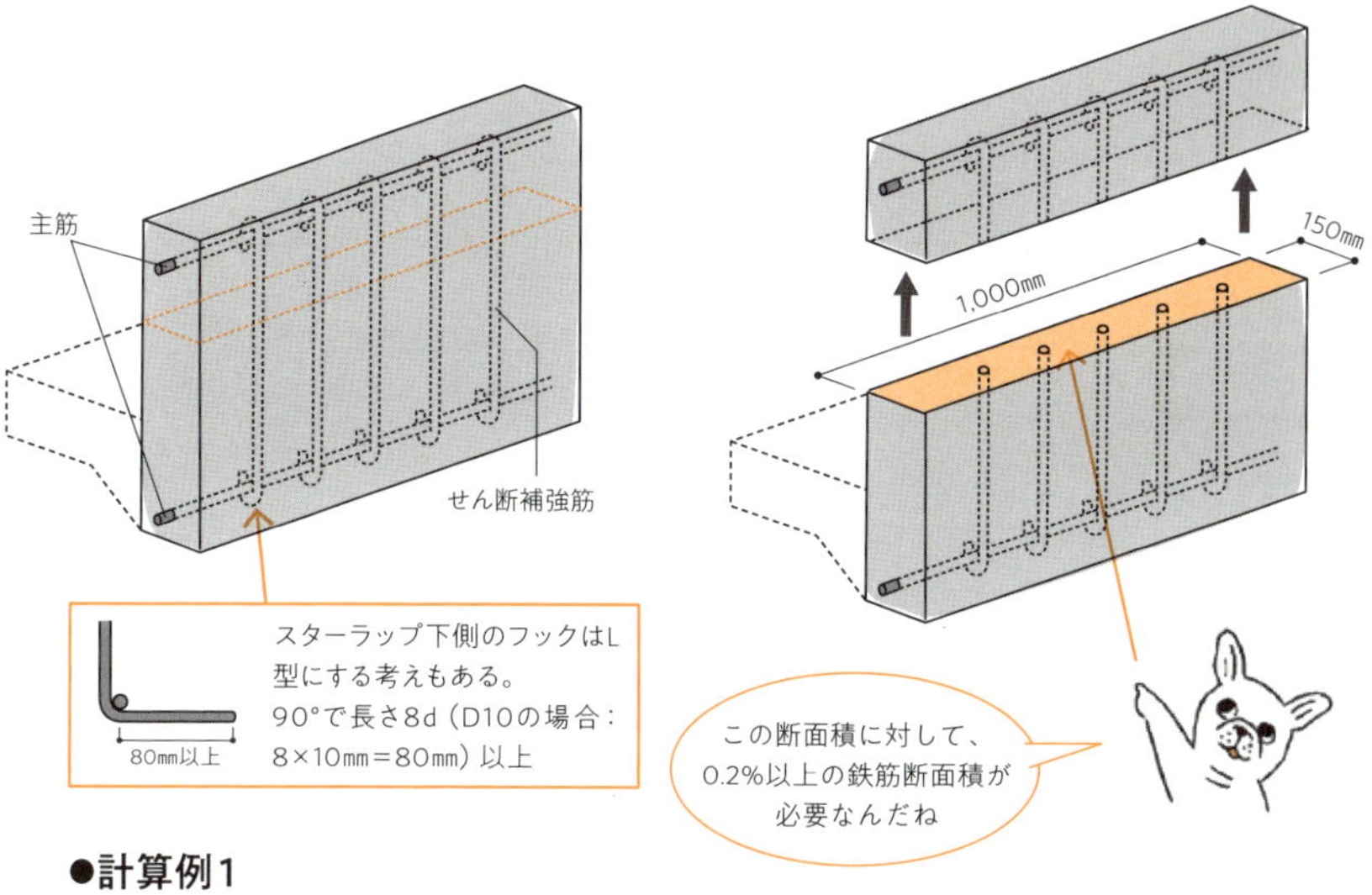

●計算例1

必要な断面積＝150㎜×1,000㎜×0.2%＝300㎟

せん断補強筋D10の断面積（1本当たり）＝71㎟

必要本数＝300㎟/71㎟≒4.23本

せん断補強筋ピッチ（間隔）＝1,000㎜/4.23本＝236.4㎜　→**設計200㎜**

（基礎立上り1m当たりで計算）

せん断補強筋ピッチはD10@200となります。

基礎梁せいの1/2以下という規定もあるよ。

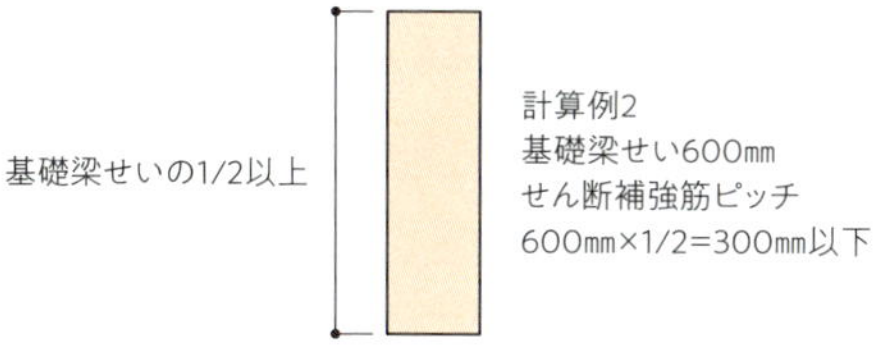

＊どちらか小さいほうのピッチになります。

せん断補強筋は、基礎梁断面積に対して0.2%以上の断面積が必要です。 これは基礎梁のせん断力に対する設計を、 コンクリート断面積のみで行った場合にも必要なことです。

※せん断補強筋の断面積は、（一社）日本建築学会の「鉄筋コンクリート構造計算規準・同解説」に規定されている。
この規定は建築基準法などの法律ではないため強制力はないが、 基準として準拠した方がよい

FILE 097

べた基礎に向かない間取り

布基礎よりも、注意すべきポイントが多いべた基礎。
その特徴がわかると、べた基礎に向いていない間取りもわかります。

べた基礎は**布基礎以上に間違えやすい**から、**構造的な特徴**をしっかりと理解してつくらないと、必要な強度が出ないよ。

「布基礎以上に間違えやすいって、どうして？」

1つは**人通口**《じんつうこう》の処理の問題だね。布基礎は人通口をつくっても、基礎梁がちょっと残るので扱いやすいんだけれど、べた基礎では、人通口の部分で梁が完全になくなってしまうんだ。

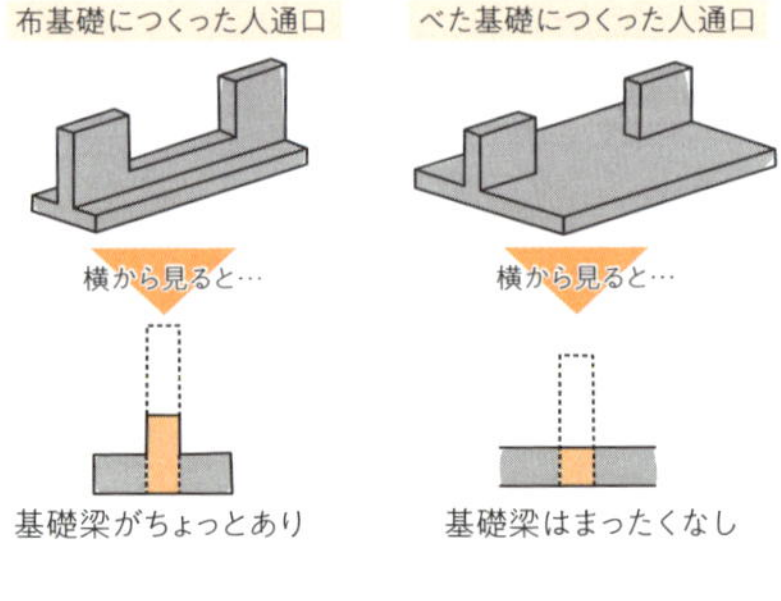

布基礎につくった人通口
横から見ると…
基礎梁がちょっとあり
べた基礎につくった人通口
横から見ると…
基礎梁はまったくなし

「それ以外にも、べた基礎の注意点はあるの？」

あるよ。べた基礎は布基礎と違って、**間取り**に大きく左右されるんだ。べた基礎は耐圧版と基礎梁で構成されているから、耐圧版に合ったきれいな**区画**をつくる必要があるんだよ。さらに、べた基礎の**耐圧版**の**厚さ**は150㎜が一般的だから、この厚さで納まるように区画の大きさも考えないといけない。だから、どうしてもべた基礎にしたいのならば、べた基礎の構造を理解して、間取りを決めることが大切だよ。

べた基礎に向かない間取り

❶基礎梁の端部に柱がない

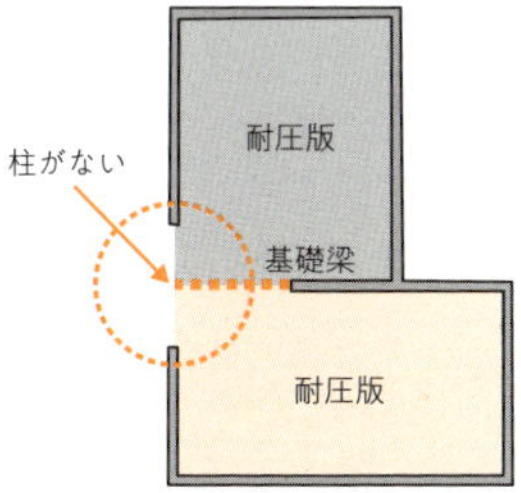

❷耐圧版の区画が広すぎる

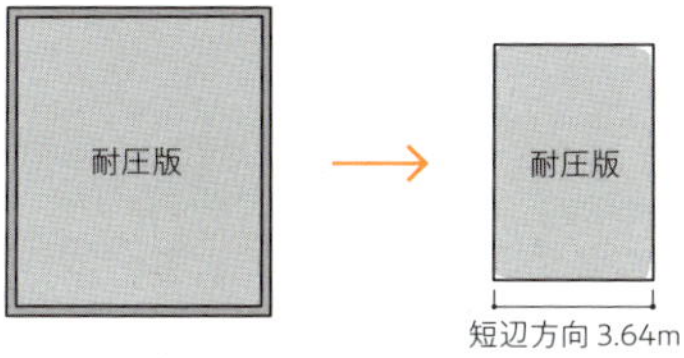

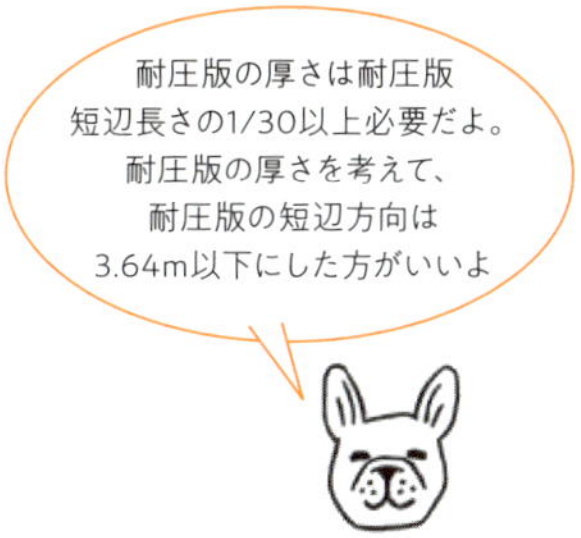

❸基礎梁スパンが長くて、大きな基礎梁になる

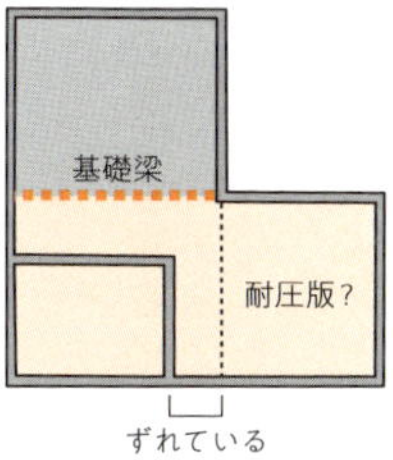

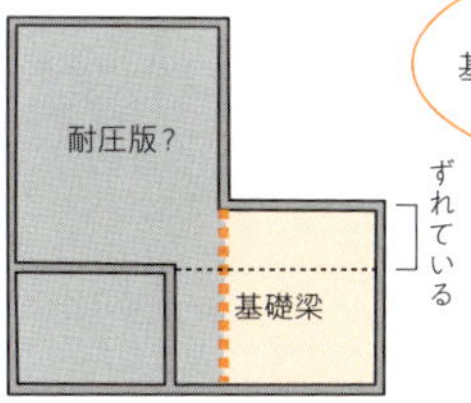

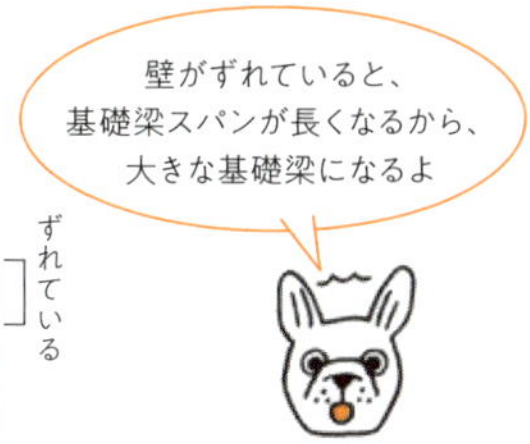

良い例

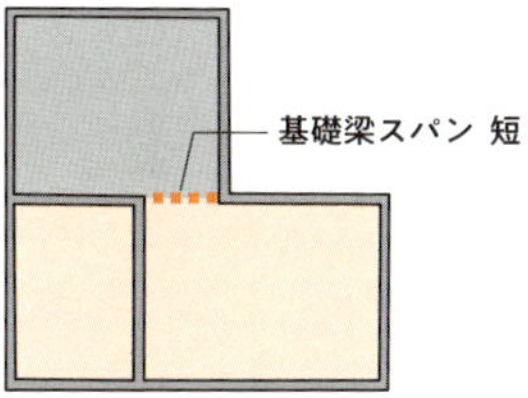

べた基礎は間取りに大きく左右されます。 基礎梁で囲まれた耐圧版の区画を考えましょう。

FILE 098

基礎設計で間違えやすい鉄筋の位置（基礎梁編）

**構造計算ソフトの充実により、木造住宅の構造計算を行う方が増えてきました。
しかし構造に関する規定など理解しなしで構造計算ソフトを使う
「オペレーター」が増えているのも事実です。
まずは、基礎設計の基準を確認してみましょう。**

「家の基礎はどうやって構造計算しているの？」

基礎の設計は構造計算ソフトで行うことが多いけれど、**基礎の構造を理解せず構造計算ソフトを使っているケースが多い**よ。

「えっ、基礎の構造を知らなくても構造計算ソフトって使えるの？」

これが残念なことに使えてしまうんだ。

「どうして？」

最近の構造計算ソフトはとても親切にできていて、構造を理解していなくても入力ができるし、わからないことがあればヘルプ機能で教えてくれる。そして構造計算をしてエラーがでるとこれもまた丁寧にエラーの解消方法を教えてくれるから、構造計算ソフトを使っているうちにいつの間にかエラーがなくなり、プリントアウトすると立派な「構造計算書」ができてしまうよ。

「構造計算している人が、計算の意味を理解していなかったら空っぽの計算書だね」

そうなんだよ。「構造計算ソフトのオペレーター」が多くなっている。そこで今回は、構造計算ソフトを使った基礎設計でよく間違える**「鉄筋の位置」**について説明するよ。

鉄筋コンクリートでは鉄筋の位置がとても重要です。

基礎梁も耐圧版も地反力を受けて変形します。変形したときの引張側の鉄筋が抵抗します。この引張側とは曲げモーメントの出る側、曲げモーメント図を描いたときに鉄筋の位置がおおよそわかります。

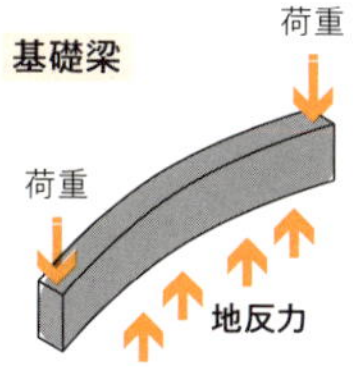

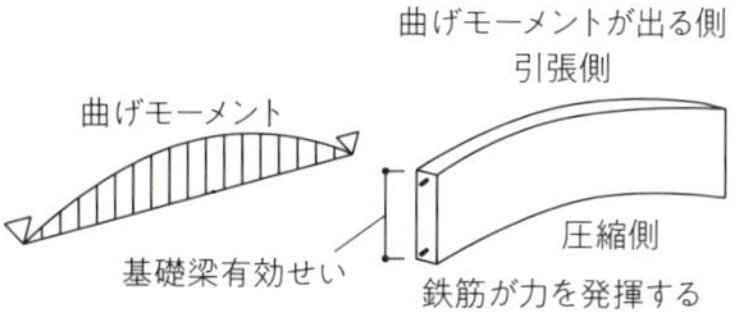

ところが、木造住宅の基礎はかなり簡略化されているため、曲げモーメントの出る引張側の最適な位置に鉄筋が来るとは限りません。そこで、木造住宅の基礎と施工の状況を考えて実際の基礎鉄筋位置を見てみましょう。

鉄筋の位置はかぶり厚さから決まります。

基礎で土に接する部分のかぶり厚さは6cm、土に接しない部分は4cmです。

基礎梁の場合、上下の鉄筋を異形鉄筋D13とすると図のようになります。

●せん断補強筋フックなしの場合

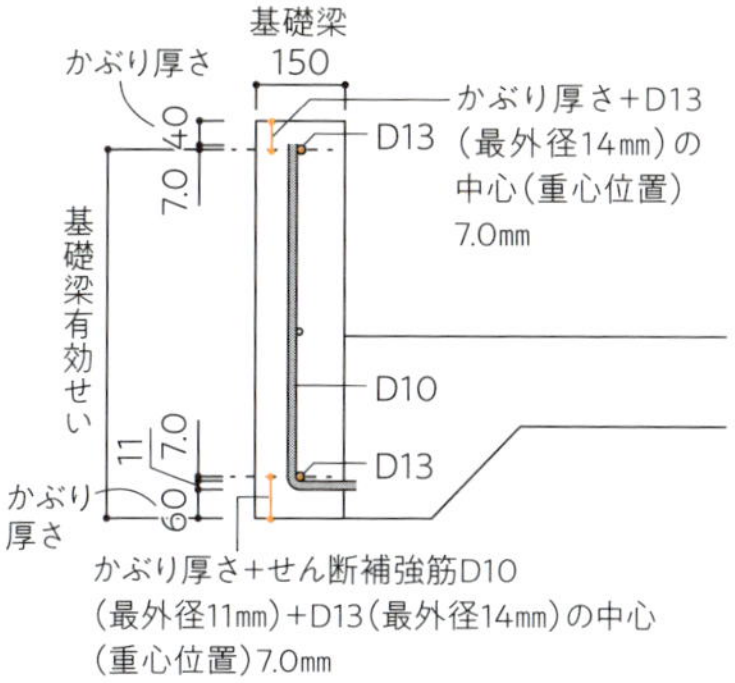

構造計算をして基礎梁の鉄筋量が不足していると、エラーが出ます。「D13が2本必要です」こんな感じに。
そこで単純にD13を2本とし計算するとエラーが消えます。
ここで、注意が必要です。
基礎梁幅150㎜を大きくしたくないため、追加、したD13はこんな風に入れていませんか?

●上下鉄筋2段の場合

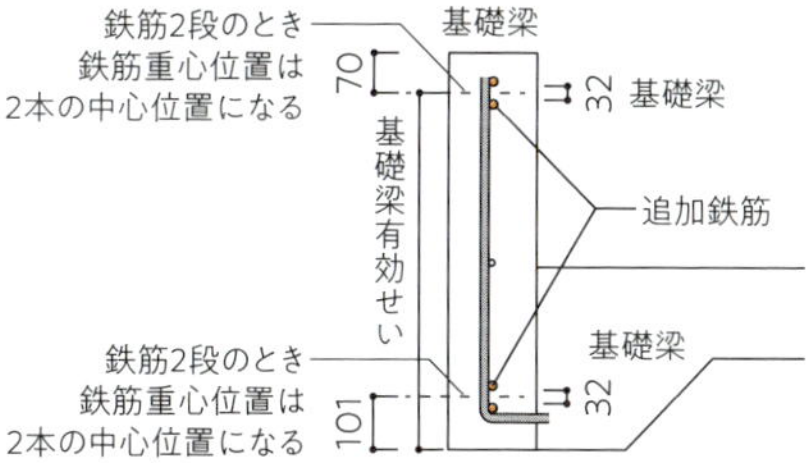

基礎梁の有効せいは、圧縮側のコンクリート縁から、引張側の鉄筋(主筋)重心位置となります。

基礎梁設計で、**主筋が不足して主筋を追加する場合、主筋重心位置が変わり基礎梁有効せいは小さくなる**(計算上不利)。

この**主筋を追加することによる基礎梁有効せいが小さくなることは、構造計算ソフトでは自動認識しません**。

したがって、設計者が都度変更する必要があります。

または、主筋が2本になっても良いように、あらかじめ主筋2本を想定した基礎梁有効せいで構造計算を行うことも危険な設計にならずオススメです。


鉄筋の間隔の最小値は、以下のうち最も大きい値となる
- ●粗骨材の最大寸法の1.25倍+鉄筋の最外径
- ●25㎜+鉄筋の最外径
- ●隣り合う鉄筋の呼び径の1.5倍+鉄筋の最外径

＊粗骨材の最大寸法:25㎜、鉄筋:D13とすると、
- ・25㎜×1.25+14㎜=45.25㎜
- ・25㎜+14㎜=39㎜
- ・13×1.5+14㎜=33.5㎜

よって、鉄筋の間隔は45.25㎜以上となる

FILE 099

基礎設計で間違えやすい鉄筋の位置（耐圧版編）

木造住宅のべた基礎耐圧版はシングル配筋が一般的となっています。
シングル配筋は経済的に思われていますが、
構造安全性を確保するには問題がたくさん！
シングル配筋の注意点を良く理解して安全性を確保しましょう。

「基礎鉄筋位置は気を付けないといけないね。」

とっても大切なところだよ。**鉄筋追加による変更**は、**設定が構造計算ソフトでは連動していない**ので、構造設計者が基礎の構造や基準を理解して手動で設定しないといけないよ。

「構造計算ソフトも連動すればいいのにね」

それはそれで便利だけど、せめてこのくらいの基準は理解してから構造計算してほしいと思うよ。

「そりゃそうだね！」

次は、**べた基礎耐圧版の鉄筋位置**の注意点を説明するよ。構造計算ソフトで**耐圧版の鉄筋位置を設定する際、基礎梁の主筋位置で間違えている**よ。基礎梁のように主筋の追加のときではなくて、最初の設定から間違えていることが大半なんだよ。

「なんでそんなことになっているの？」

それはね、木造住宅のべた基礎耐圧版は「シングル」配筋が主流だからなんだよ。本来、**耐圧版はダブル配筋であるべき**なんだけど、経済的、合理的と、構造安全性を無視して勝手にシングル配筋にしていることに問題があるんだよ。

まず、耐圧版に地反力が作用したときの曲げモーメントの出方を見てみましょう。


耐圧版は四周を基礎梁に囲まれています。

隣り合う耐圧版の状態により、 耐圧版四周それぞれの「**固定度**」が違ってきます。


難しい説明は省きますが、右図のように**耐圧版の隣に耐圧版がない場合は端部の固定度が「低く」、曲げモーメントは「中央部」に集中**します［①］。

耐圧版の隣に耐圧版がある場合は端部の固定度が「高く」、 曲げモーメントは「端部」にも出てきます［②］。

つまり、 **曲げモーメントが中央部と端部に分散**したことになります。


曲げモーメントの出る位置は「引張側」で鉄筋を配置する側です。

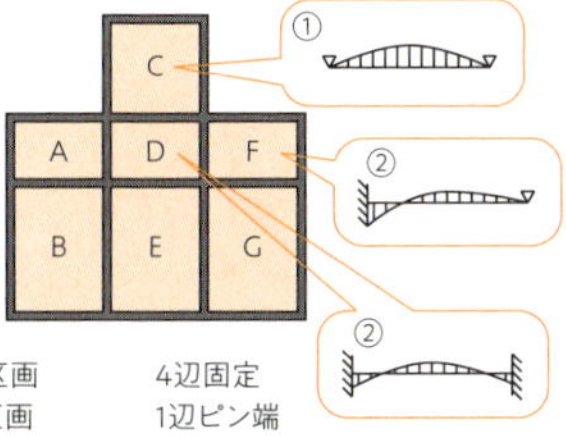

D区画　4辺固定
E区画　1辺ピン端
A、B、F、G区画　2隣辺ピン端
C区画　3辺ピン端だが
中央部モーメントは4辺ピン端として計算
固定端モーメントは2隣辺ピン端として計算

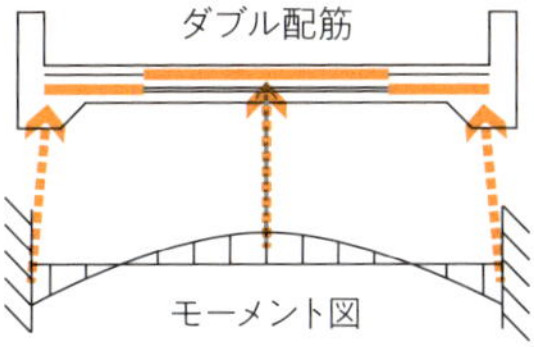

右図のような曲げモーメントの場合、 **耐圧版端部は鉄筋を下側に配置し、 中央部は鉄筋を上側に配置**します。
だから**耐圧版はダブル配筋が基本**なのです。

ところが、 木造住宅の基礎は耐圧版がシングル配筋です。

シングル配筋として上下の曲げモーメントに抵抗するため、 効率がとても悪く鉄筋量は増えます。


ここで、 構造計算ソフトの設定では問題が発生しているのです!

構造計算ソフトでは、 かぶり厚さから鉄筋位置を決める設定になっています。

上側の鉄筋位置は、 かぶり厚さ40mm+鉄筋中心位置（D13最外径14㎜ /2=47㎜）。

下側の鉄筋位置は、 かぶり厚さ60mm+鉄筋中心位置（D13最外径14㎜ /2=67㎜）。

これって、 図にするとこんな感じ、 ダブル配筋なのです。

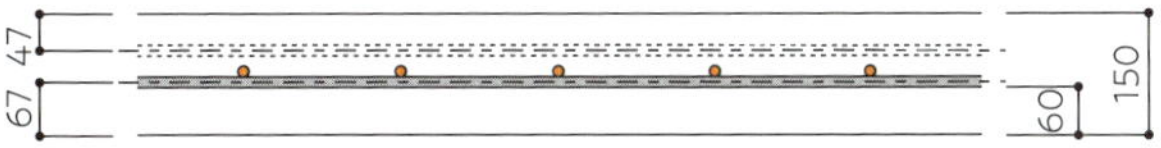

×シングル配筋の場合　間違った設定→ダブル配筋として設定している

もうすでに有利に計算されてしまう危険側の設計となっています。


では、 耐圧版の鉄筋位置はどのように決めるとよいのでしょう。

耐圧版の施工を考えてみると、 先ず、 60mmのスペーサーでかぶり厚さを確保しています。 このスペーサー上に鉄筋を組んでいます。 このように鉄筋位置を決めておくと、 短辺、 長辺の鉄筋を上下どちらに組んでも大丈夫です。

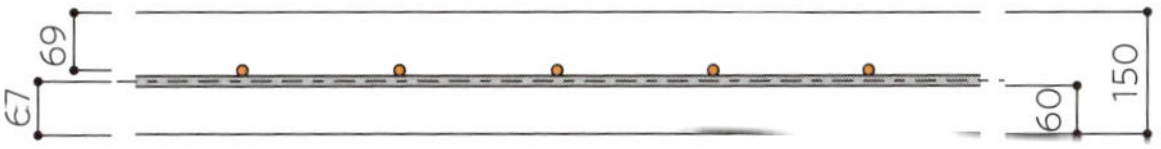

○シングル配筋の場合　正しい設定

正確に鉄筋位置を設定すると、 考えているよりも鉄筋量が増えると思いますよ。

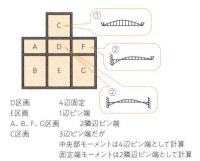

地盤調査の種類と特徴

第2節では、基礎を支える地盤の調査について考えます。
まずは、どのような調査方法があるのかを知ることから始めます。

今度は**地盤調査**についてだよ。

「地盤調査って何？」

家が建つ場所の**地盤の強さ**や、**土質**《どしつ》などを確認するための調査だよ。

「地盤調査には、いろいろな方法があるの？」

そうだね。**たくさんの方法がある。**木造の住宅を建てるときには、**スクリューウェイト貫入試験（SWS試験）**が多く使われる。**表面**《ひょうめん》**波**《は》**探**《たん》**査**《さ》**法**《ほう》も採用されているよ。

「どっちの地盤調査がいいの？」

それぞれ特徴があるからどちらがいいとは一概に言えないな。だけどね、注意してほしいことはこっちの地盤調査をすると「地盤改良が減る」みたいな売り込みは要注意だよ！

スクリューウェイト貫入試験(SWS試験)と表面波探査法の、 それぞれの特徴を見てみましょう。

●スクリューウェイト貫入試験(SWS試験)

スクリューポイントにロッドを取り付け、おもりを載せ、ロッドを回転させて地盤の硬軟を測定します。

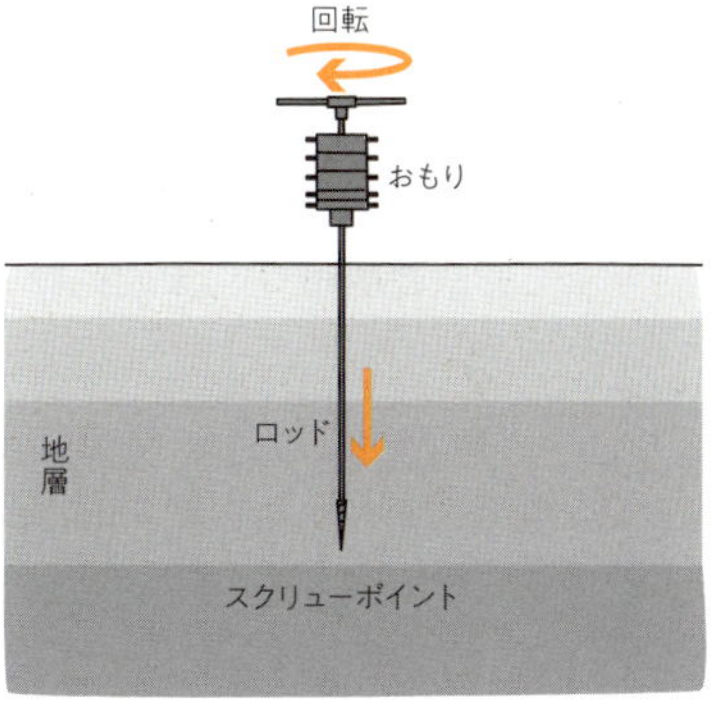

特徴

- ■10m程度まで測定可能
- ■大まかな土質を判断できる
- ■地層の高低差がわかる

●表面波探査法

物理探査法の一種です。起振器《きしんき》で振動を起こし、振動の伝播《でんぱ》する速度をセンサーで測定。地盤の硬軟を判断します。

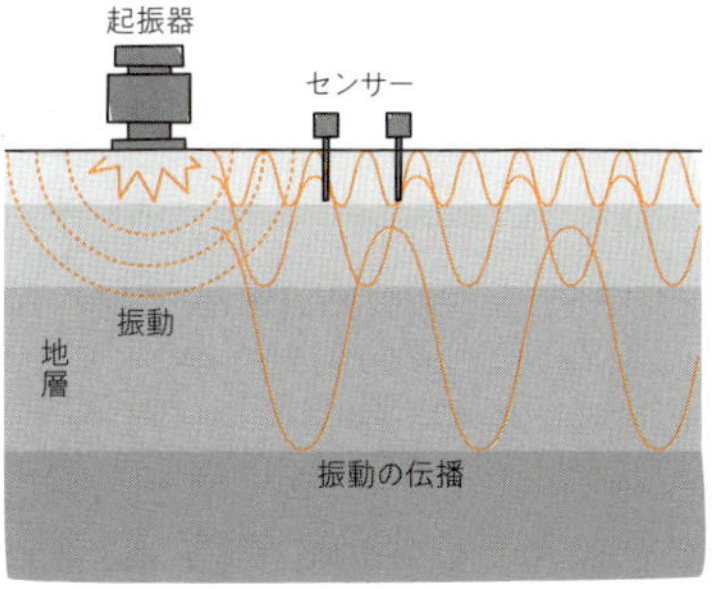

特徴

- ■10m程度まで測定可能
- ■土中障害物の有無がわかる
- ■土質は判断できない

●その他の調査方法

標準貫入試験《ひょうじゅんかんにゅうしけん》や平板載荷試験《へいばんさいかしけん》などがあります。

特徴

- ■標準貫入試験は調査費用が高価
- ■平板載荷試験は試験面から60㎝程度しか測定できない

既存擁壁のチェック

地盤のチェックを行うときに注意しなければならないことの1つが、擁壁の存在です。段差のある敷地では、擁壁の位置を確認します。

地盤調査では、敷地にある既存の**擁壁**《ようへき》のチェックも欠かせない部分だよ。

「ようへきって何？」

敷地内に段差がある場合、土が崩れ落ちないために設置する壁だよ。

「見たことがある！」

擁壁がある場合、**家を建てる位置**によっては、擁壁に**家の重量**が影響することがあるから、土の中での位置を確認することが大切だよ。

「見えないのに、どうやって位置を確認するの？」

スクリューウェイト貫入試験（**ＳＷＳ試験**）で確認できるんだ。

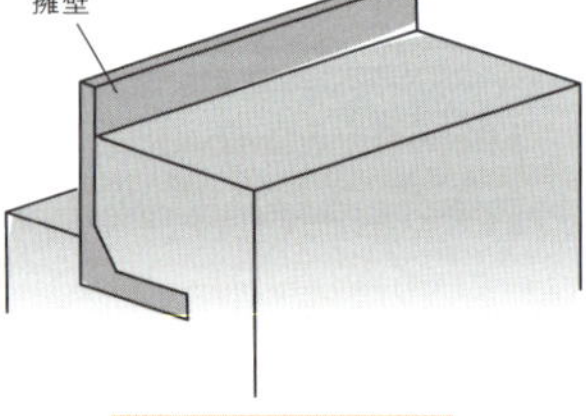

敷地に段差がある場合

擁壁位置のチェック方法

スクリューウェイト貫入試験で、 チェックする場所を少しずつ移動して行います。

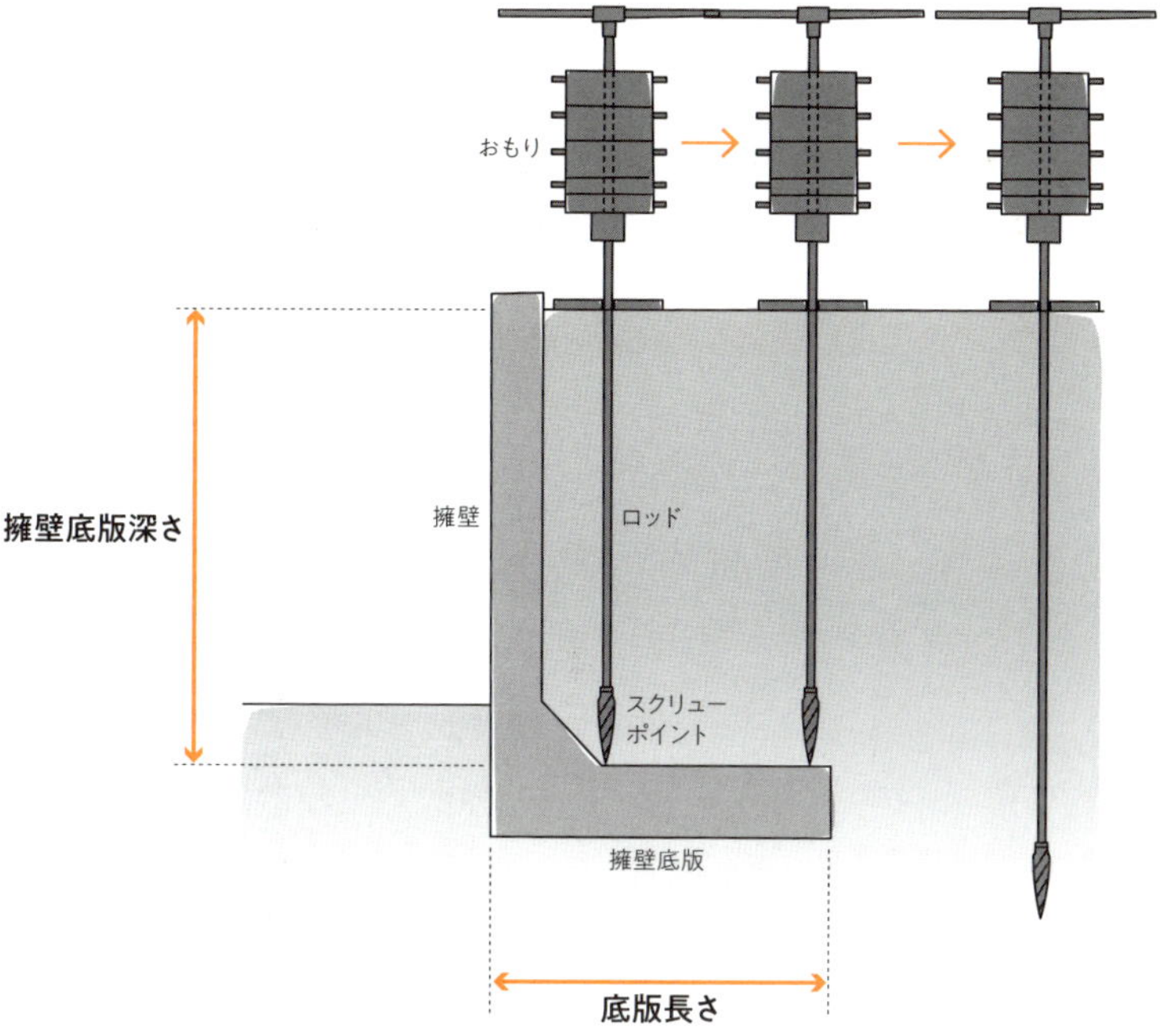

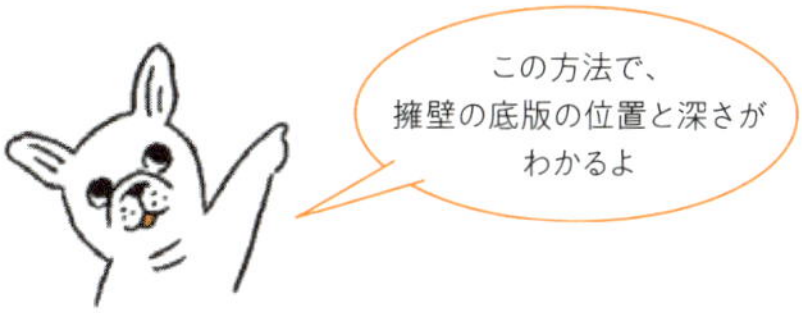

敷地にある既存の擁壁の位置は、 スクリューウェイト貫入試験（SWS試験）で確認できます。
擁壁の底版《ていばん》位置と、 深さを測定します。

FILE 102

既存擁壁を考慮した基礎

建物の荷重が、擁壁の壁に当たってしまうこともあります。既存の擁壁に負担をかけずに安全な家をつくる方法を紹介します。

「スクリューウェイト貫入試験（SWS試験）で擁壁《ようへき》の位置を確認したら、次はどうするの？」

擁壁の断面図と家を建てる位置を図面化して、**家の重量が擁壁に与える影響**を確認するよ。

「どんなふうに影響するの？」

家の重量は、基礎の角から**約45度**の角度で下側に分散していくんだけど、この**荷重《かじゅう》の影響する線**が擁壁の壁を押す力になっていると、**擁壁を倒す**可能性がある。これを確認するんだよ。

「擁壁を押していたら、どうしたらいいの？」

擁壁の構造計算で家の重量が考慮されていれば問題はないけど、大半の擁壁は家の重さの影響を考えていないと思う。そんなときは、**家の位置を変えたり**、**基礎を深く**したりするんだ。それから、地盤が弱くて**地盤補強**をする場合は地盤補強工事と擁壁の関係を考えて、**基礎の構造計算**をする必要があるよ。

建物荷重が擁壁に影響してしまう場合

対策❶ 建物位置を移動

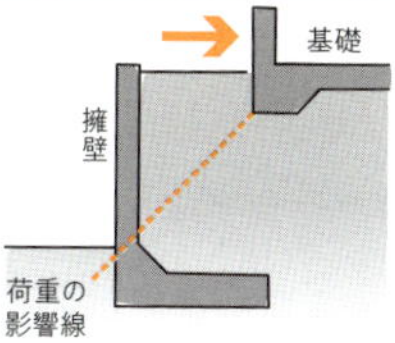

対策❷ 基礎を深くする

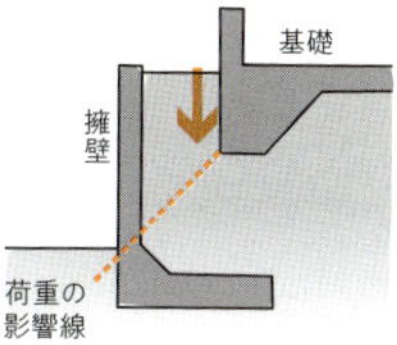

地盤補強がある場合

地盤補強（258ページ参照）の種類に応じて、対策は異なります。

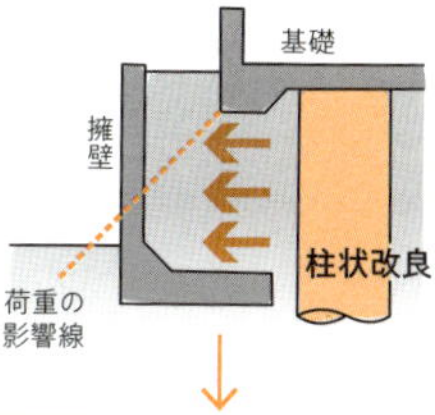

対策 基礎を片持ち設計にする

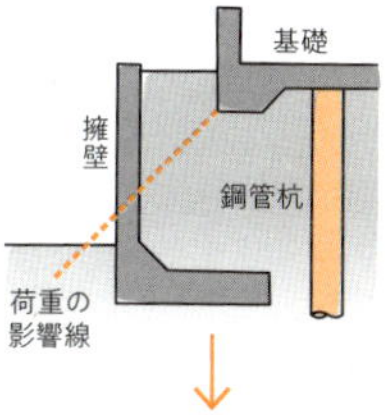

対策 基礎を片持ち設計にする

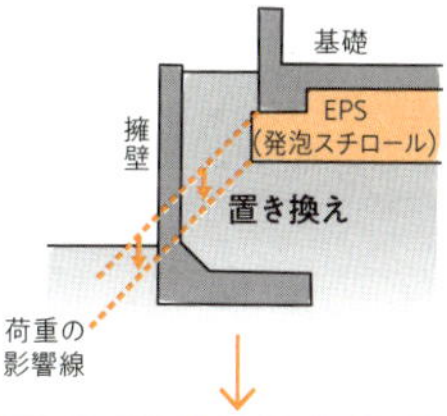

対策 荷重影響線を下げる

片持ち基礎とは、バルコニーのように、柱状改良体や杭を支点としてはね出す基礎で、基礎の下の土に建物重量が作用しないようにつくられます。

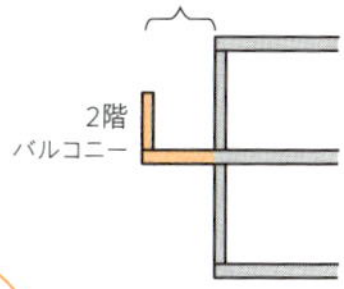

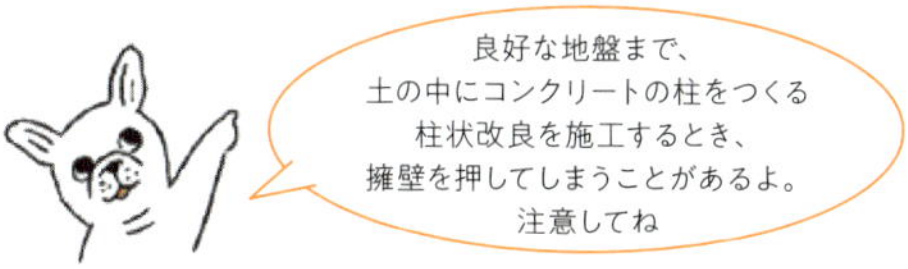

既存の擁壁の位置が確認できたら、建物の荷重が与える影響をチェックします。
荷重影響の考え方は、地盤補強があるときとないときで違ってきます。**このチェックを怠ると、擁壁を倒す可能性があるので、必ず行ってください。**

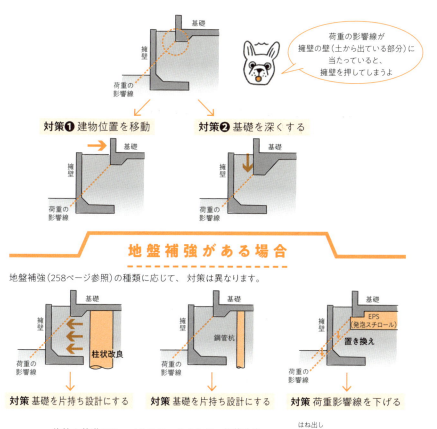

FILE 103

SWS試験の結果の読み取り方

木造建築の地盤調査で、最も多く採用されているスクリューウェイト貫入試験（SWS試験）。その結果を正確に読み取る方法を覚えます。

木造の家では、**手軽**に**安価**で**地盤調査**ができる**スクリューウェイト貫入試験**（ＳＷＳ試験）が多く採用されているよ。

「お手軽な調査でも、地盤のことが詳しくわかるの？」

残念ながら詳細にわかるものではないよ。でも、大まかな**地盤の硬さ**の具合と、地層の傾斜などがわかる。**土質**《どしつ》（砂や粘土など）や**水位**（地盤にある水の位置）は大雑把にわかるかな。

「そんな程度で大丈夫なの？」

大丈夫なデータとして扱えるように、しっかりと**調査結果を読み取り**、さらに近隣の**ボーリングデータ**なども参考にしながら、地盤の状況を判断することが大切なんだ。

「ボーリング？」

ボーリングデータというのは、**標準貫入試験**《ひょうじゅんかんにゅうしけん》の結果として得られる**ボーリング柱状図**《ちゅうじょうず》など、詳細な地盤の状況を判断できるデータだよ。自分で試験をしなくても、全国各地のデータが閲覧できるようになっているんだ。国土交通省や各自治体などがデータベース化しているよ。

※国土地盤情報検索サイト　https://www.kunijiban.pwri.go.jp/jp/

SWS試験の手順

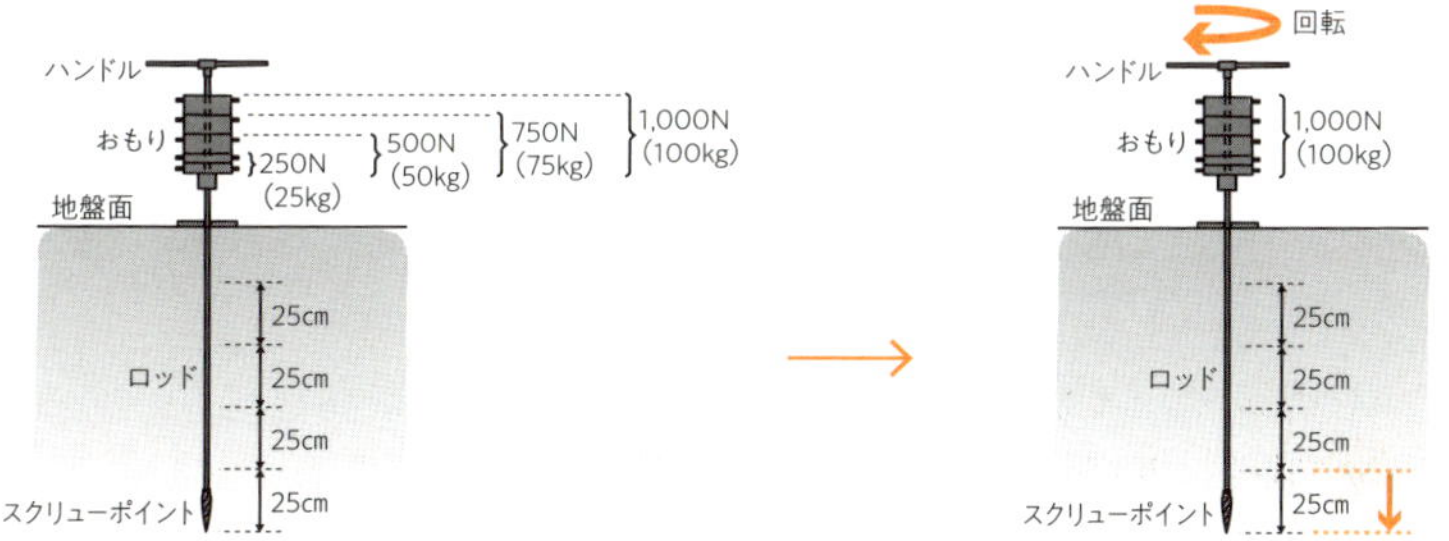

手順❶ ロッドの先にスクリューポイントを取り付け、荷重を増やす。
最大で1,000N(100kg)まで積荷。積荷の段階で沈み込むことを「**自沈**」と言う。

手順❷ 最大で1,000N(100kg)まで積荷しても自沈しない場合は、ハンドルを回転させる。25cm貫入させたときの「**半回転数**」をカウントする。

結果の読み取り方

深度 D (m)	荷重 Wsw (N)	半回転数 Na (回)	1m当半回転数 Nsw (回)	貫入状況	推定柱状図	土質成分	荷重 Wsw(N) 250 500 750	貫入1m当半回転数 Nsw 0 50 100 200 300 400	換算N値	支持力 qa (kN/㎡)
0.25	1000	18	72			S			6.8	73.2
❶	❷	❸	❹							

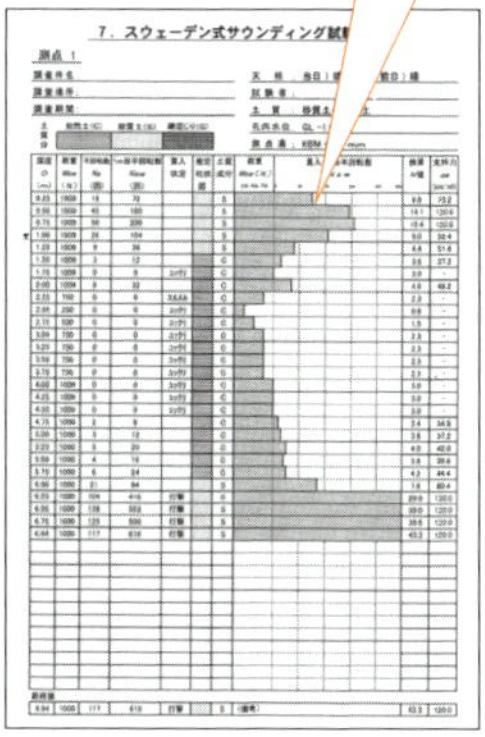

スクリューウェイト貫入試験記録

地盤面から25cm貫入させるのに❶、1,000Nの荷重Wswで❷、半回転を18カウント(9回転)❸させました。それを1mに置き換えたものが❹Nswです。

❹Nsw=❸×4 (1mは25cmの4倍)=18×4=72 となります。

2.00	1000	8	32			C		4.6	49.2
2.25	750	0	0	スルスル		C		2.3	–
2.50	250	0	0	ユックリ		C		0.8	–
2.75	500	0	0	ユックリ		C		1.5	–
3.00	750	0	0	ユックリ		C		2.3	–
3.25	750	0	0	ユックリ		C		2.3	–
3.50	750	0	0						

自沈層は半回転さえさせないから、
❸Naと❹Nswはゼロになるんだね

調査結果を読み取り、総合的に地盤の状況を判断する

スクリューウェイト貫入試験(SWS試験)の調査結果を読み取るには、調査の概要を理解しておく必要があります。

FILE 104

SWS試験の結果を評価する

スクリューウェイト貫入試験（SWS試験）の結果を評価・検討し、基礎に生かすことで、ムダな地盤補強工事を防げます。

「SWS試験の結果が出たら、次はどうするの？」

この調査結果から、次の4つのことを検討するんだよ。**❶自沈層**の確認（平成13年国土交通省告示1113号）**❷砂質土《さしつど》**の場合：**液状化の検討** **❸粘性土《ねんせいど》**の場合：**圧密沈下《あつみつちんか》の検討** **❹地盤の支持力の算定**

「この検討で、何がわかるの？」

液状化は地震のときに水が地面から噴き出す現象だから、地下水位の高い砂質であれば、発生しやすいことがわかる。圧密沈下は、粘性土に含まれる水が家の荷重で少しずつ抜けていき、水がなくなった部分の地盤が沈下する現象だから、これは、自沈層《じちんそう》の厚さで判定するよ。**地盤の支持力**は**地盤の強さ**のことで、基礎形状を決定するために必要なんだ。

「簡易的な調査の割には、ちゃんと検討するんだね」

このほかにも、地形や地質などを資料で確認（資料調査）したり、現地での周辺状況の確認（現地ロケーション）などによる総合的な判断で、地盤補強の有無などを判定しているんだよ。

4つの検討をしよう

❶自沈層の確認

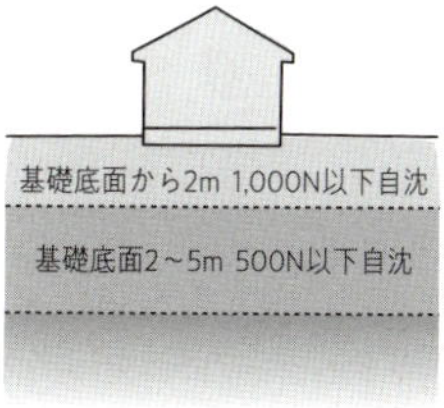
基礎底面から2m 1,000N以下自沈
基礎底面2～5m 500N以下自沈

平成13年国土交通省告示1113号
■基礎底面から2mまで　1,000N以下自沈
■基礎底面2～5mまで　500N以下自沈
→沈下検討などの対策が必要

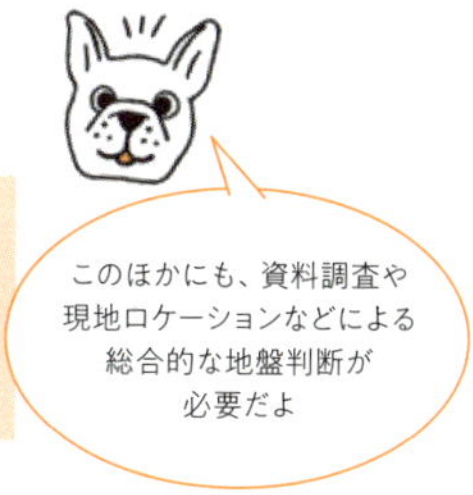
このほかにも、資料調査や
現地ロケーションなどによる
総合的な地盤判断が
必要だよ

❷砂質土の場合

液状化の検討

❸粘性土の場合

自沈層

圧密沈下の検討
不同沈下の検討

❹地盤支持力の算定

深度 D (m)	荷重 Wsw (N)	半回転数 Na (回)	1m当半回転数 Nsw (回)	貫入状況	推定柱状図	土質成分	荷重 Wsw (N) 250 500 750	貫入1m当半回転数 Nsw 0 50 100 200 300 400	換算 N値	支持力 qa (kN/㎡)
0.25	1000	18	72			S			6.8	73.2

●告示式
$qa=30+0.6\overline{Nsw}$ ※自沈層なし
●粘性土
$qa=38\overline{Wsw}+0.64\overline{Nsw}$
●砂質土
$qa=30\overline{Wsw}+0.72\overline{Nsw}$
●日本建築学会推奨式
$qa=30\overline{Wsw}+0.64\overline{Nsw}$
●住品協推奨式
$qa=30\overline{Wsw}+0.6\overline{Nsw}$

$\overline{Wsw}$、$\overline{Nsw}$：平均値

基礎形状決定

表　基礎の構造（地盤改良後）

地盤の長期に生ずる力に対する許容応力度（地盤改良後）	基礎の構造
20kN/㎡未満（2t/㎡未満）	基礎ぐい
20kN/㎡以上30kN/㎡未満（2t/㎡以上3t/㎡未満）	基礎ぐい べた基礎
30kN/㎡以上（3t/㎡以上）	基礎ぐい べた基礎 布基礎

※木造の茶室、あずまや、延べ面積10㎡以内の建物を除く
※地盤の長期に生ずる力に対する許容応力度が70kN/㎡以上の場合の木造建築物等で、令第42条ただし書きの規定により土台を設けないものに用いる基礎を除く
※門、塀等の基礎を除く

（令38条、平12建告1347号）

基礎底面から2mまで、および2～5mまでに自沈層がある場合、沈下検討などの対策をとるようにと告示で規定されています。しかし、木造住宅の場合、構造計算されている建物が少なく、正しい沈下判定は難しいと思われます。そのため、自沈層が存在することで地盤改良判定に進むケースが見られます。

FILE 105

沈下の検討をしよう

前ページで紹介した自沈層があるケースでの、地盤の検討の仕方を考えます。建物の重量を正確に算出することが大前提です。

「スクリューウェイト貫入試験（SWS試験）では、自沈層《じちんそう》が出たら、圧密沈下《あつみっちんか》の検討をするんだよね」

そうだよ。自沈層は通常、粘性土《ねんせいど》だから、圧密沈下の検討をするんだ。

「どんなふうにするの？」

圧密沈下の検討は、**不同沈下《ふどうちんか》の検討とセット**で行うよ。手順としては、

❶**沈下量**の検討
❷**傾き**の検討
❸**傾斜角**の検討

で、❶が圧密沈下の検討、❷、❸が不同沈下の検討だよ。

「全部の検討がＯＫじゃないとダメなの？」

すべてＯＫじゃないとダメ。１つでもＮＧがあると、家が傾いて、住めなくなっちゃう可能性が出てくるんだ。

「圧密沈下の検討はいつやるの？」

主には、告示１１１３号による自沈層が存在するけれど、**地盤改良不要と判定された場合にも圧密沈下の検討**を行うよ。地盤改良判定を覆すために行う検討じゃないよ。

圧密沈下・不同沈下の検討方法

圧密沈下の検討は、建物の重量を平均値で考えると、正確な沈下量が確認できません。また、建物の中心など1カ所の沈下量を算出しても、その後に行う「不同沈下の検討」ができません。

よって、詳細な建物重量を許容応力度計算で算出し、SWS試験による各測点ごとの沈下量を算出し、その後、不同沈下の検討を行います。

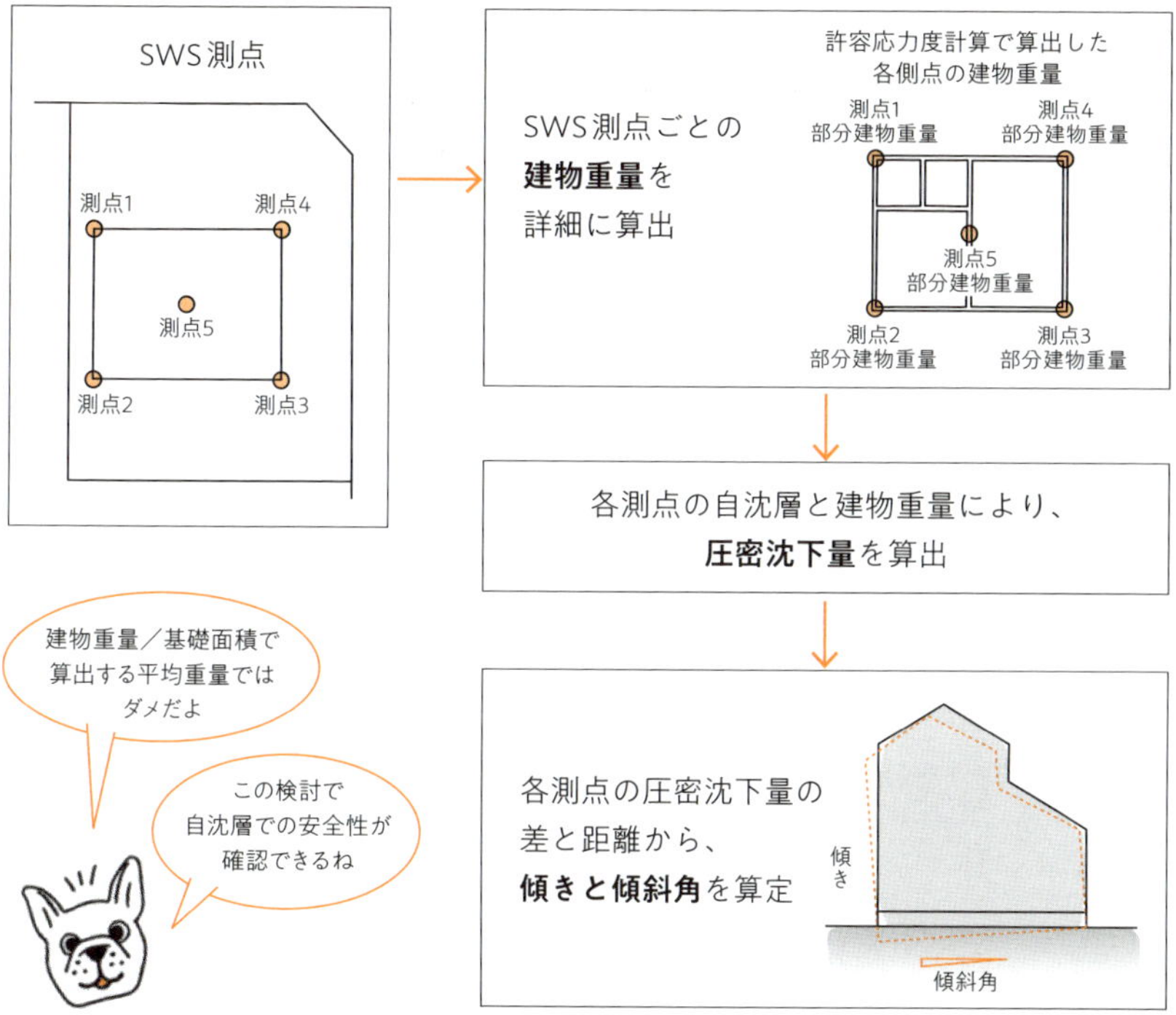

沈下の検討は、地盤改良判定を覆すために行うものではありません

砂質土で発生する沈下は即時沈下です。即時沈下の検討は、地盤支持力による接地圧の検討を行います。

地盤補強工事の種類と選び方

地盤の調査に続いて、第3節では、地盤補強工事について紹介します。まずは、どのような種類があるのかを確認しましょう。

「柱状改良《ちゅうじょうかいりょう》のほかに、どんな地盤補強方法があるの？」

木造住宅で採用されている地盤補強には大きく分けて、**地盤改良と杭、置き換え**があるよ。

「地盤改良」は**地盤全体を硬く補強**して、建物を支持する方法。「杭」は杭の位置で、**ピンポイント**で建物を**支持**する方法で、木造住宅には**小口径の鋼管杭**がよく使われるよ。「置き換え」は地盤改良に似ているけど、重量の大きい土を超軽量の**EPS（発泡スチロール）などに置き換え**て、地盤支持力を確保する方法だよ。でも、木造住宅の場合、地盤補強に関しては、「地盤改良」として設計されることが多いよ。

「地盤改良として設計されるって、どういうこと？」

木造住宅の場合、構造計算されていないことが多いので、杭による地盤補強であっても柱軸力と杭の支持力による設計ができないんだよ。

だから、地盤改良として設計しているよ。

「難しくてよくわからない……」

難しいよね。

簡単に言えば、本来の設計ができていないってことなんだよ。

地盤補強工事の種類と選び方

木造住宅で採用される地盤補強の種類と、 支持層の深さの程度を理解しましょう。

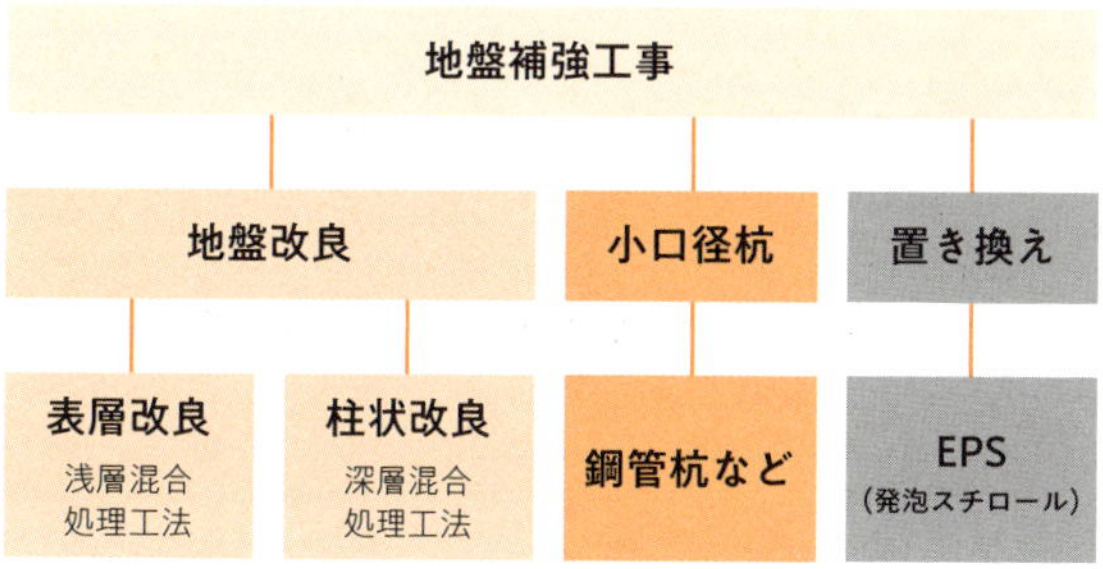

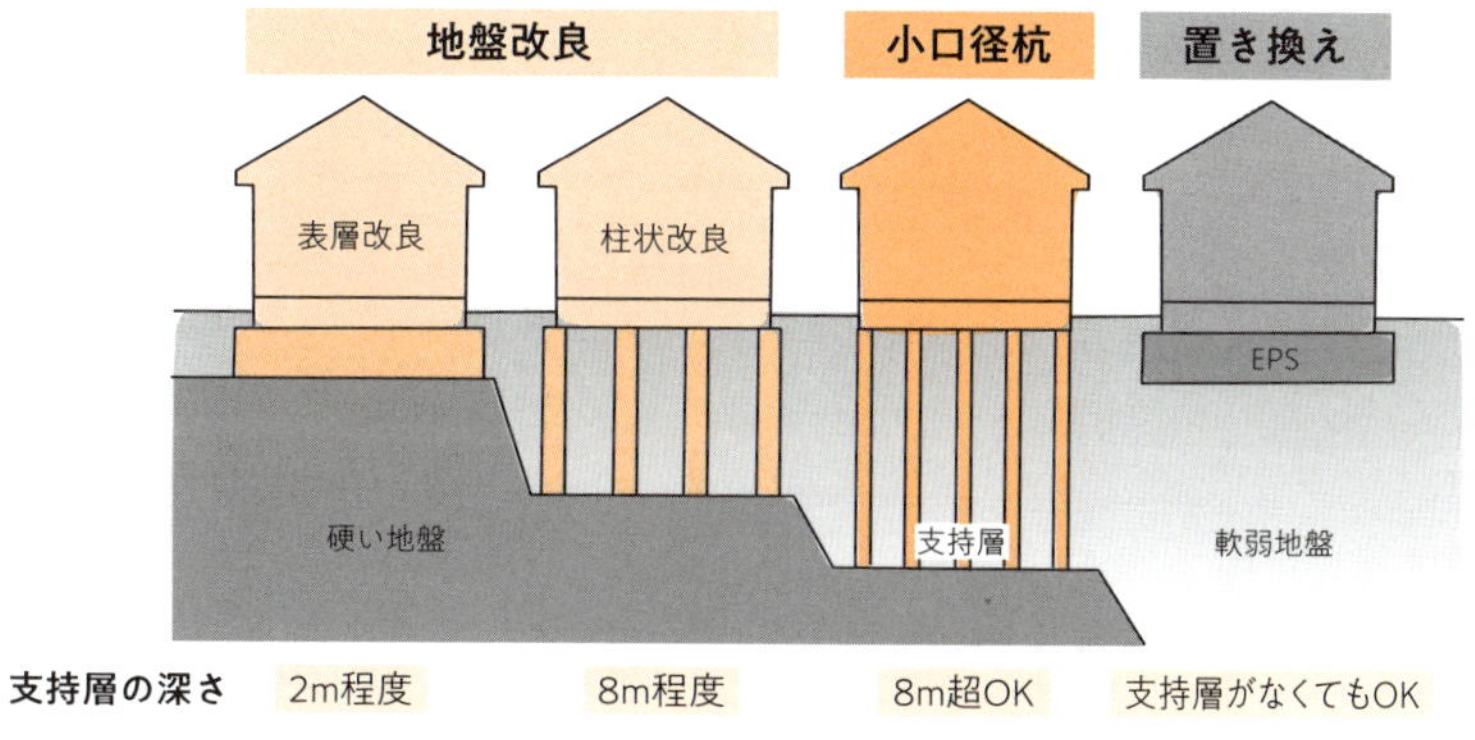

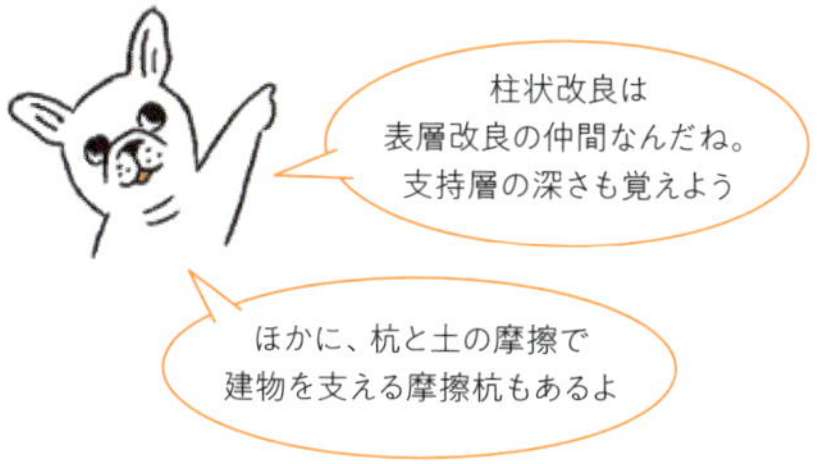

地盤調査の結果で、**「自沈層の確認」「液状化検討」「圧密沈下検討」「地盤支持力算定」の4つの検討によりNGが出た場合、 地盤補強工事を行う**こととなります。 その際、 建物重量、 地盤支持層の深さなどを考慮して、 最適な地盤補強を選択します。

FILE 107

柱状改良と基礎の相性をチェック

地盤補強方法と基礎形状の組み合わせについて考えます。それぞれの特徴を理解すれば、特徴を生かした組み合わせがわかります。

「木造の家は柱状改良《ちゅうじょうかいりょう》で地盤補強されることが多いけど、その場合、基礎は布基礎、べた基礎のどっちがいいの？」

基礎編でも説明したけど、それぞれの特徴を理解して組み合わせれば、基礎形状はどっちでもいいんだ。

でも、**柱状改良するのであれば、布基礎にして建物重量**を**柱状改良体に集中**させてしまう方がいいよ。

「そうなんだ。でも、べた基礎は耐圧版があるから、地面からの湿気防止効果もあっていいんじゃないの？」

よく知っているね。でも、だからといってべた基礎にする必要はない。

布基礎と柱状改良で建物荷重を負担し、**床下部分**に**防湿用のコンクリート**などを使って、湿気を防げばいいんだ。

「建物を支持することと、湿気防止とを分けて考えればいいんだね」

そうなんだよ。**柱状改良と基礎形状の相性**を考えるポイントを詳しく説明するね。

柱状改良と基礎の相性

●全体で見た場合

べた基礎

べた基礎は荷重を分散する基礎なので、**耐圧版全体に柱状改良を配置**することになります。

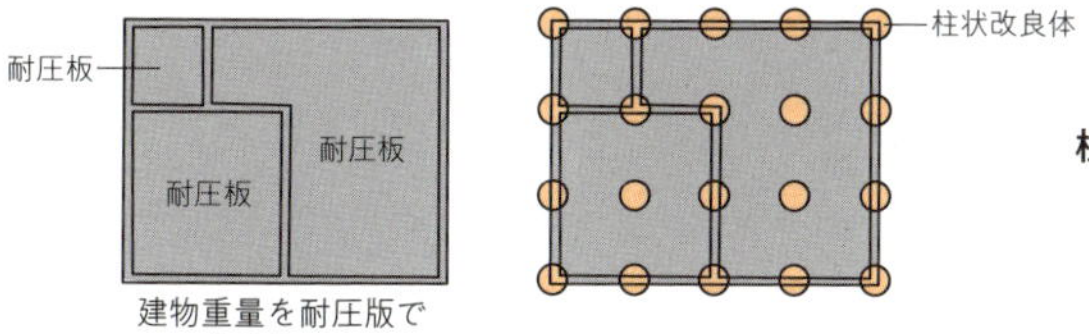

建物重量を耐圧版で
分散させる

柱状改良体の本数→多い!

布基礎

布基礎は底版部分で荷重を集約させる基礎なので、**底版位置に柱状改良を配置**すれば
OKです。

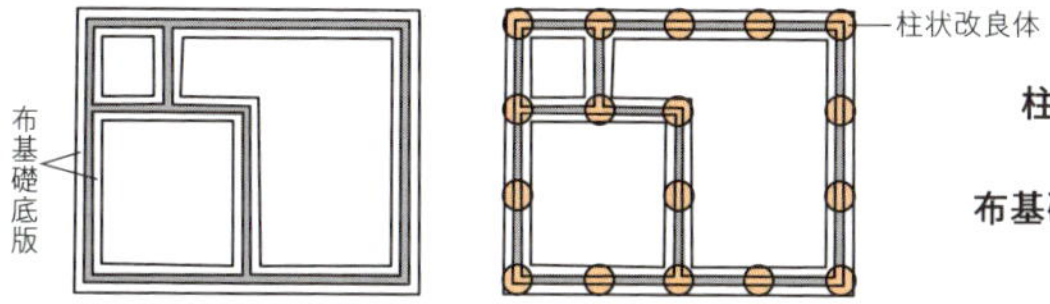

建物重量を布基礎底版に
集中させる

柱状改良体の本数→少ない!

▼

布基礎の方が本数が少なくて済む

●各所で見た場合

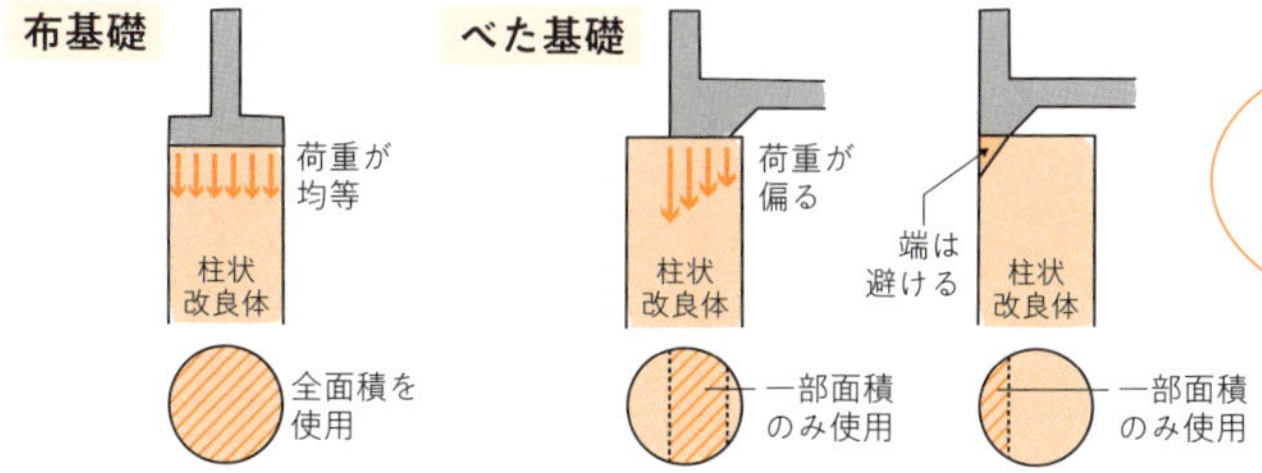

▼

布基礎の方が配置しやすい

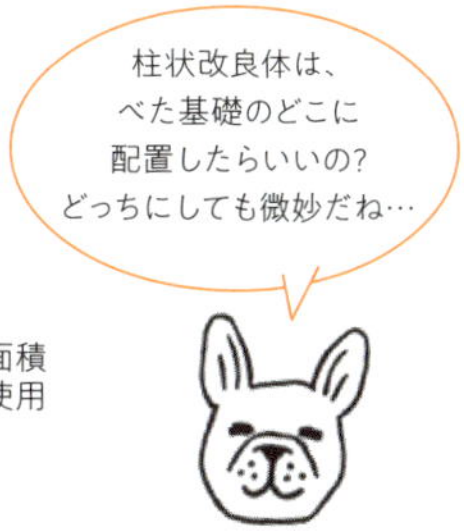

木造住宅で最も多く採用されている地盤補強方法は「**柱状改良**」です。
柱状改良と基礎形状との相性を考慮して、 最適な基礎形状を選択してください。

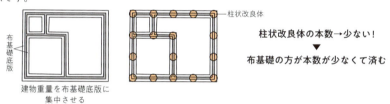

FILE 108

上部構造との整合をとる

木造住宅で最も採用されている柱状改良では、建物の重量をしっかり計算することが大切です。その理由を理解しましょう。

「上部構造との整合をとるって、どういうこと？」
基礎より上の部分と地盤との間で、荷重の釣り合いをとるということだよ。そのためにも**柱状改良体**《ちゅうじょうかいりょうたい》の設計は**家の重量**を考慮して行うべきなんだけど、大半の場合は実際に建てる家の重量を算出せずに設計しているんだ。

「えっ、家の重さを出さないで、どうやって柱状改良体の設計をしているの？」
杭や柱状改良体の1本当たりの**支持力**（1本で負担できる荷重）を算出して、家の**平均的な重量**から柱状改良体の本数を割り出すんだ。

「平均的な重さでいいの？」
あんまりよくないね。家は1棟1棟重さが違うし、**重量のばらつき**もあるから、実際に建つ家の重量を算出して柱状改良体を設計するべきだよ。

「やっぱりそうだよね」
それにね、木造の家は**柱の下に荷重が集中する**から、そこも考えて柱状改良の配置をしないと整合がとれないよね。

重量計算などが必要な理由

建物の重量計算、 柱の軸力の考慮、 基礎梁計算は、 なぜ必要なのでしょう。

●建物の重量計算

図のように、重さにばらつきがある可能性があるため、 平均値ではなく、 実際に建つ建物重量を算出して、 柱状改良体の設計を行います。

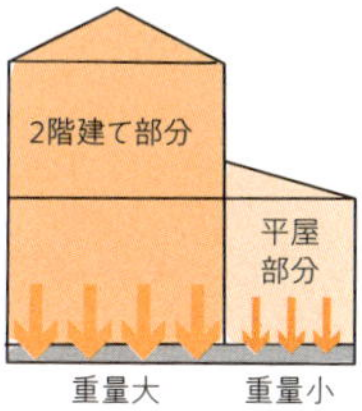

●柱の軸力の考慮

柱の下に荷重が集中します。 そこで、柱の軸力に床や基礎の重量を加えて、柱状改良体の安全性を1本ずつ確認していきます。

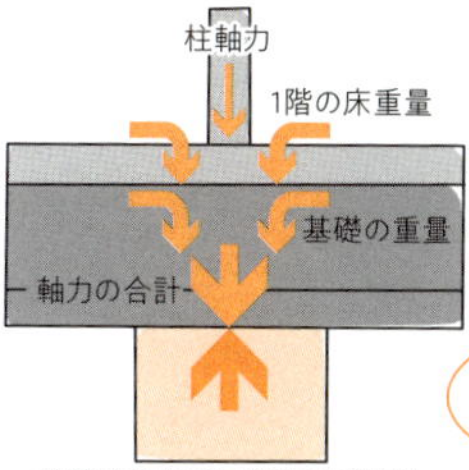

●基礎梁設計

柱軸力の位置と柱状改良体の位置がずれるときは、基礎梁に荷重が伝達します。 そのため、 基礎の構造計算を行って、 基礎梁を設計します。

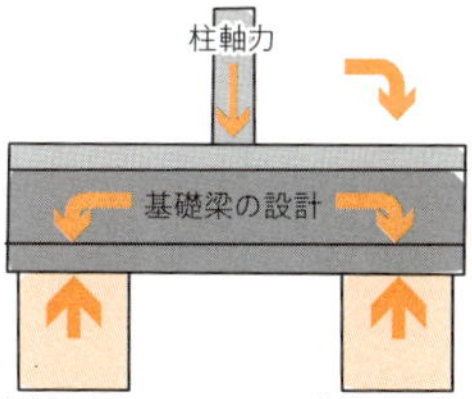

現在行われている**柱状改良体の設計と配置は、 実際に建つ建物重量を考慮していないことがほとんど**です。

では、 どうしているかと言えば、 計算せずに**建物重量を平均値とし、 柱状改良体の配置も「2m以内に配置すること」を基本としています。** また、 **建物の柱に集中する荷重（柱の軸力《じくりょく》）を考慮することもほとんどありません。**

さらに、 **柱の軸力と柱状改良体の位置がずれている場合には、 柱軸力を基礎梁で負担し、 柱状改良体へと伝達するのですが、 この基礎梁設計もされていないのが現状です。**

※鋼管杭や既製コンクリート杭なども同様の設計です。

FILE 109

柱状改良の施工方法が重要

柱状改良では、設計や配置だけでなく、施工においても注意が必要です。家の安全性に直結するので、しっかり理解しましょう。

柱状改良体《ちゅうじょうかいりょうたい》の最後は、**施工**での注意点だよ。

「施工では、何に注意するの？」

いくつかあるよ。その中でも特に注意が必要なところを説明するよ。

「特に注意が必要って、どういうこと？」

注意を怠ると、柱状改良体の**支持力が確保できない**可能性があるような、**危険**につながる注意点ってことだよ。地盤補強としての効果が出ずに、家が**沈下**したり**傾いたり**してしまうことがあるんだ。

「そんなことってあるの？」

地盤の中は見えないから、危険な施工をしていても気がつかないことが多い。だから、意外と起こるんだ。最近は、柱状改良を施工する会社が多くなって、価格競争が激しいから、激安で仕事を受注して、危険な施工をする会社も増えてきているよ。

地盤の中は見えないため、施工次第で、支持力のない危険な柱状改良体になることがあります。危険な施工のケースを見てみましょう。

支持層まで届いていない

敷地内の支持層の深さは、一様であるとは限りません。 各柱状改良体がしっかりと支持層まで達するように施工することが大切です。

しかし、安さを売りにしている業者の中には、支持層の深さを無視して、すべて同じ長さの柱状改良体を施工するところもあるため、注意が必要です。

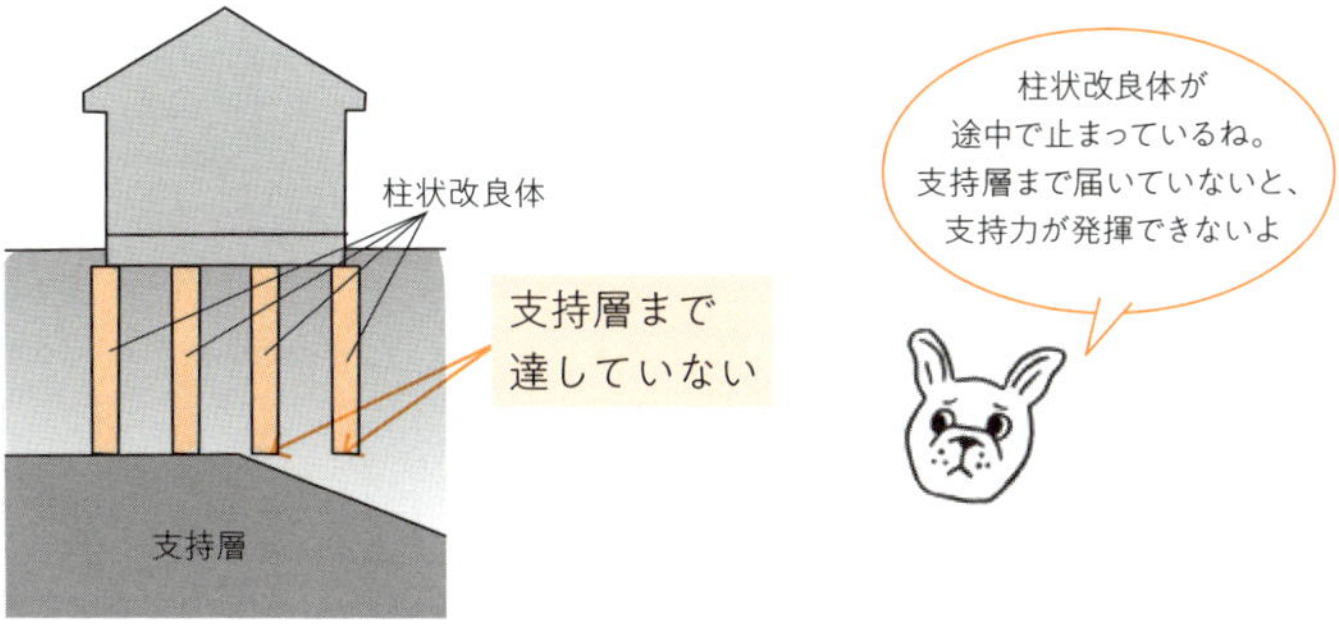

腐植土に対応していない

植物などが堆積した腐植土《ふしょくど》があるときは、柱状改良体が固まりません。 そこで、腐植土でも柱状改良体が固まる「**固化剤**」を使用しますが、腐植土対策用の固化剤は高価であるため、使わない業者もいるので、注意が必要です。

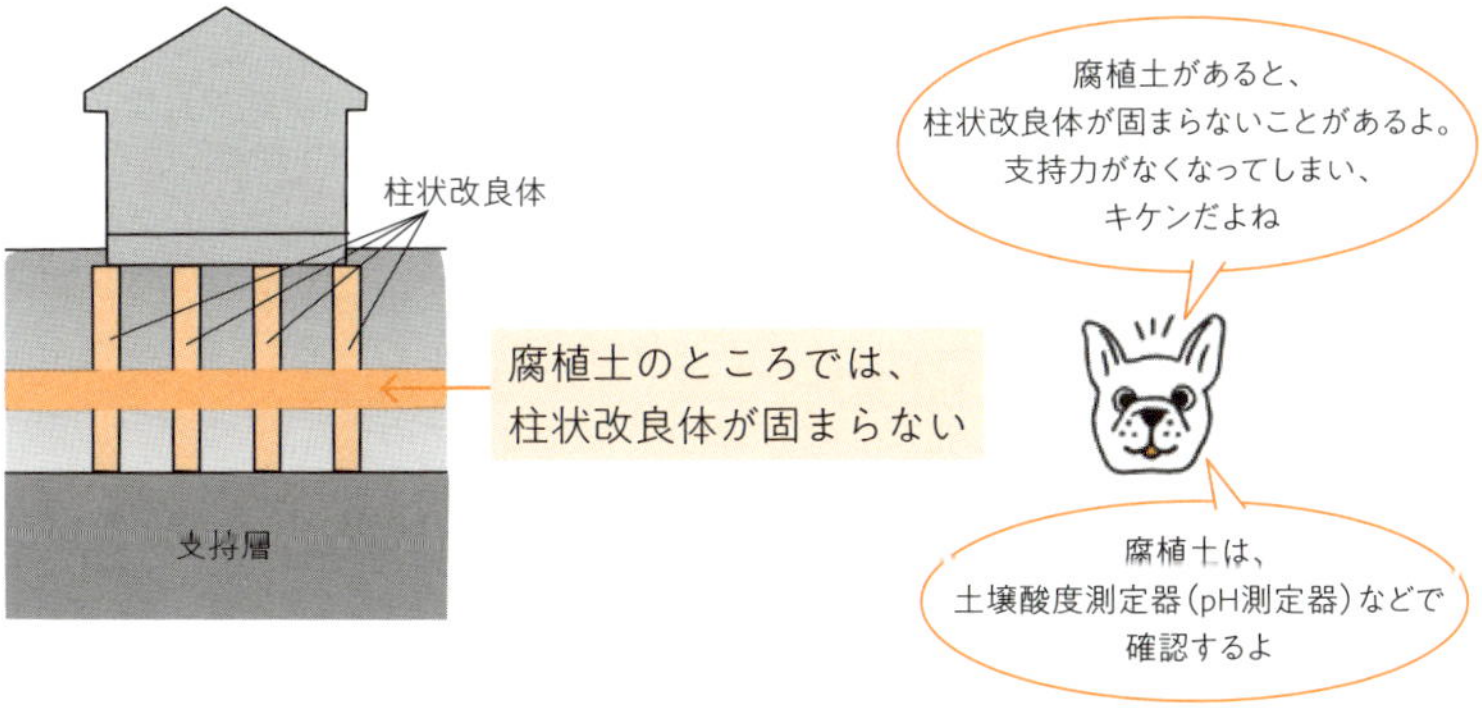

接合部の仕様とN値（平12建告第1460号表3より）

	接合具の種類		必要耐力（kN）	N値
（い）	短ほぞ差し、かすがい打ち 又はこれらと同等以上の接合方法としたもの	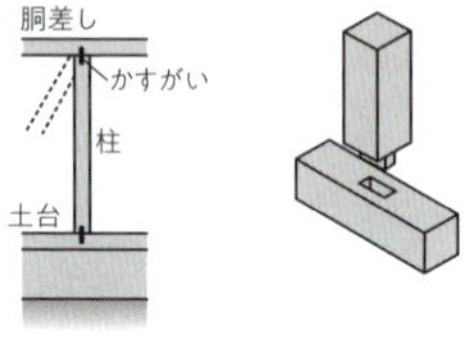	0.0	0.0 以下
（ろ）	長ほぞ差し込み栓打ち もしくは厚さ2.3㎜のL字型の鋼板添え板を、柱及び横架材に対してそれぞれ長さ6.5㎝の太め鉄丸くぎを5本平打ちとしたもの 又はこれらと同等以上の接合方法としたもの	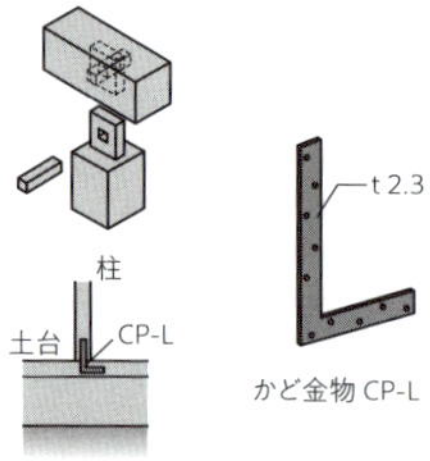	3.4	0.65 以下
（は）	厚さ2.3㎜のT字型の鋼板添え板を用い、柱及び横架材にそれぞれ長さ6.5㎝の太め鉄丸くぎを5本平打ちしたもの もしくは厚さ2.3㎜のV字型の鋼板添え板を用い、柱及び横架材にそれぞれ長さ9㎝の太め鉄丸くぎを4本平打ちとしたもの 又はこれらと同等以上の接合方法としたもの	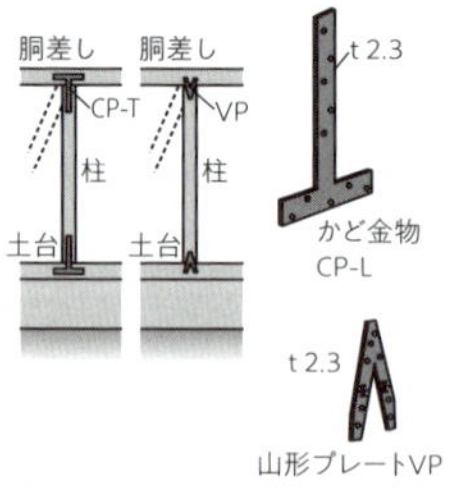	5.1	1.0 以下
（に）	厚さ3.2㎜の鋼板添え板に径12㎜のボルトを溶接した金物を用い、柱に対して径12㎜のボルト締め、横架材に対して厚さ4.5㎜、40㎜角の角座金を介してナット締めをしたもの もしくは厚さ3.2㎜の鋼板添え板を用い、上下階の連続する柱に対してそれぞれ径12㎜のボルト締めとしたもの 又はこれらと同等以上の接合方法としたもの	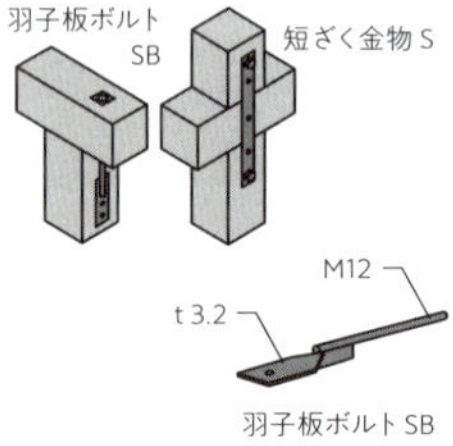	7.5	1.4 以下
（ほ）	厚さ3.2㎜の鋼板添え板に径12㎜のボルトを溶接した金物を用い、柱に対して径12㎜のボルト締め及び長さ50㎜、径4.5㎜のスクリュー釘打ち、横架材に対して厚さ4.5㎜、40㎜角の角座金を介してナット締めしたもの 又は厚さ3.2㎜の鋼板添え板を用い、上下階の連続する柱に対してそれぞれ径12㎜のボルト締め及び長さ50㎜、径4.5㎜のスクリュー釘打ちとしたもの 又はこれらと同等以上の接合方法としたもの	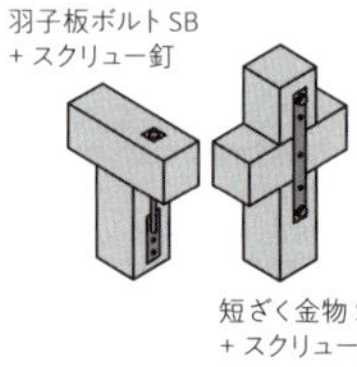	8.5	1.6 以下

	接合具の種類		必要耐力(kN)	N値
(へ)	厚さ3.2㎜の鋼板添え板を用い、柱に対して径12㎜のボルト2本、横架材、布基礎もしくは上下階の連続する柱に対して当該鋼板添え板に止め付けた径16㎜のボルトを介して緊結したもの 又はこれと同等以上の接合方法としたもの	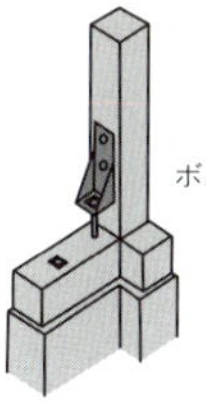	10.0	1.8 以下
(と)	厚さ3.2㎜の鋼板添え板を用い、柱に対して径12㎜のボルト3本、横架材（土台を除く。）、布基礎もしくは上下階の連続する柱に対して当該鋼板添え板に止め付けた径16㎜のボルトを介して緊結したもの 又はこれと同等以上の接合方法としたもの	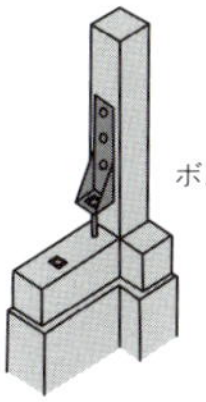	15.0	2.8 以下
(ち)	厚さ3.2㎜の鋼板添え板を用い、柱に対して径12㎜のボルト4本、横架材（土台を除く。）、布基礎もしくは上下階の連続する柱に対して当該鋼板添え板に止め付けた径16㎜のボルトを介して緊結したもの 又はこれと同等以上の接合方法としたもの	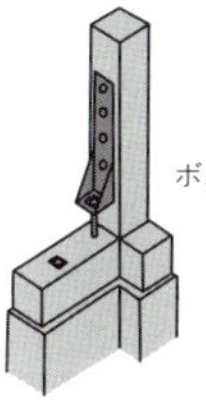	20.0	3.7 以下
(り)	厚さ3.2㎜の鋼板添え板を用い、柱に対して径12㎜のボルト5本、横架材（土台を除く。）、布基礎もしくは上下階の連続する柱に対して当該鋼板添え板に止め付けた径16㎜のボルトを介して緊結したもの 又はこれと同等以上の接合方法としたもの	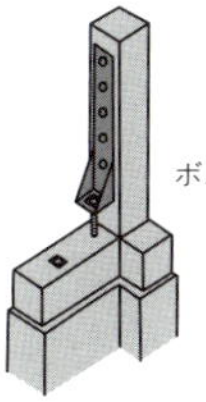	25.0	4.7 以下
(ぬ)	(と)に掲げる仕口を二組用いたもの	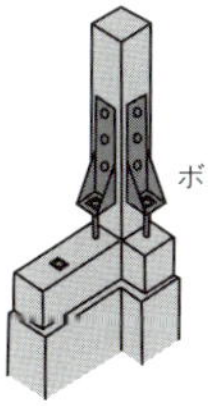	30.0	5.6 以下

柱に取り付く筋かいの種類と位置による補正値

		木材 15×90㎜以上 又は鉄筋 直径9㎜以上	木材 30×90㎜以上	木材 45×90㎜以上	木材 90×90㎜以上	備考
柱の片側のみに筋かい有り		0	0.5	0.5	2.0	0 
		0	-0.5	-0.5	-2.0	
柱の両側に筋かい有り	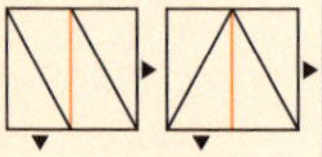	木材 15×90㎜以上 又は鉄筋 直径9㎜以上	木材 30×90㎜以上	木材 45×90㎜以上	木材 90×90㎜以上	備考
	木材 15×90㎜以上 又は鉄筋 直径9㎜以上	0	0.5	0.5	2.0	0 
	木材 30×90㎜以上	0.5	1.0	1.0	2.5	
	木材 45×90㎜以上	0.5	1.0	1.0	2.5	
	木材 90×90㎜以上	2.0	2.5	2.5	4.0	
	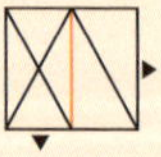	木材 15×90㎜以上 又は鉄筋 直径9㎜以上	木材 30×90㎜以上	木材 45×90㎜以上	木材 90×90㎜以上	備考
	木材 15×90㎜以上 又は鉄筋 直径9㎜以上 のたすきがけ	0	0.5	0.5	2.0	0 
	木材 30×90㎜以上 のたすきがけ	0	0.5	0.5	2.0	
	木材 45×90㎜以上 のたすきがけ	0	0.5	0.5	2.0	
	木材 90×90㎜以上 のたすきがけ	0	0.5	0.5	2.0	
		0				

索引

索引

著者紹介

佐藤　実（さとう みのる）

株式会社M's構造設計 代表取締役
一級建築士、構造設計一級建築士

1968年新潟県生まれ。1990年東北工業大学工学部建築学科卒業。

（株）佐藤住建を経て、2006年（株）M's構造設計設立、現在に至る。2010年東京大学大学院修士課程修了。2010年「構造塾（http://www.ms-structure.co.jp）」を設立し、木質構造に関するセミナー・構造計算技術者育成講座の開催、構造計画ルールのコンサルティングを行っている。

ハム（フレンチブルドッグ）

2007年生まれ。女の子。
人見知り、犬見知りが激しいが、「かわいい」と言われると人見知りはなくなる。

参考文献

『木造軸組工法住宅の許容応力度設計　2017年版』（（公財）日本住宅・木材技術センター）
『木造軸組構法住宅の構造計画の基礎と演習』（（公財）日本住宅・木材技術センター）
『イラストでわかる建築構造』（ナツメ社）
『小規模建築物基礎設計指針』（（一社）日本建築学会）
『鉄筋コンクリート構造計算規準・同解説』（（一社）日本建築学会）
『建築工事標準仕様書・同解説JASS5鉄筋コンクリート工事2022』（（一社）日本建築学会）
『ローコストで安全な構造の伏図の描き方が誰にでも分かる本』（エクスナレッジ）
『ぜんぶ絵でわかる6 建物が壊れない仕組み』（エクスナレッジ）

楽しく分かる!
木構造入門［増補改訂版］

2024年11月2日　初版第１刷発行

著　者 ｜ 佐藤 実
発行者 ｜ 三輪浩之
発行所 ｜ 株式会社エクスナレッジ
｜ 〒106-0032　東京都港区六本木7-2-26
https://www.xknowledge.co.jp
問合せ先 ｜ 編集　TEL：03-3403-1381
FAX：03-3403-1345
info@xknowledge.co.jp
｜ 販売　TEL：03-3403-1321
FAX：03-3403-1829

無断転載の禁止
本誌掲載記事（本文、図表、イラスト等）を当社および著作権者の承諾なしに
無断で転載（翻訳、複写、データベースへの入力、インターネットでの掲載等）することを禁じます。落丁、乱丁本は販売部にてお取替えします。